Hemma Häfele, Hartmut Häfele

Buchreihe:
Bessere Schulerfolge für legasthene und lernschwache Schülerinnen durch Förderung der Sprachfertigkeiten

Band 1:
Informationen zu Theorie und Diagnose
für Therapeutinnen, Lehrerinnen und Eltern

Für Elias und Anna, deren kindliche Neugier uns gelehrt hat,
Vieles mit anderen Augen zu betrachten :-)

Bibliografische Information der Deutschen Nationalbibliothek
Die Deutsche Nationalbibliothek verzeichnet diese
Publikation in der Deutschen Nationalbibliografie;
detaillierte bibliografische Daten sind im Internet
über http://dnb.d-nb.de abrufbar.

Die Informationen in diesem Buch werden ohne Rücksicht auf einen eventuellen Patent-
schutz veröffentlicht. Warennamen werden ohne Gewährleistung der freien Verwendbarkeit
benutzt. Bei der Zusammenstellung von Texten und Abbildungen wurde mit größter Sorgfalt
vorgegangen. Trotzdem können Fehler nicht vollständig ausgeschlossen werden. Der Verlag
und die Autorinnen können für fehlerhafte Angaben und deren Folgen weder eine juristische
Verantwortung noch irgendeine Haftung übernehmen. Für Verbesserungsvorschläge und
Hinweise auf Fehler sind wir dankbar.

© Hemma Häfele, Hartmut Häfele, www.lernpraxis.org

Lektorat: Kornelia Maier-Häfele
Layout & Satz: Hartmut Häfele

Herstellung und Verlag: Books on Demand GmbH, Norderstedt

ISBN-13: 978-3-8370-9019-2

Inhalt

Vorwort

„Wir behalten von unseren Studien am Ende doch nur das, was wir praktisch anwenden."
~ Johann Wolfgang von Goethe

Die meisten Praktikerinnen unter Ihnen, die sich im Alltag um das Wohl lern-problematischer Kinder bemühen, werden sich vielleicht Folgendes denken: „Theorie? Hirngespinste weltfremder Wissenschaftler! Diagnose? Ist nur etwas für Fachleute, die nichts von der Praxis verstehen!" Da wir - die Autorinnen dieser Buchreihe - selbst in der Praxis tätig sind, können wir dies angesichts vieler wenig praxisorientierter Theoretiker verstehen, wenn auch nur teilweise.

Die uns des Öfteren von Kolleginnen, Lehrerinnen oder Eltern gestellte Frage, warum wir uns im Zugriff auf bestimmte Therapiemethoden so sicher seien, wollen wir hier versuchen, möglichst kurzbündig zu beantworten: „Weil die zugrunde liegenden Theorien und Untersuchungen, die wir in diesem Buch darstellen, belegen, dass bestimmte Therapiemethoden wirksam und auch von uns in der Praxis erprobt sind". So erleben wir beispielsweise immer wieder, dass die Förderung von Sprache den gesamten schulischen Erfolg der Kinder verbessert (Reich, Roth, 2003). Unsere theoretischen und praktischen Erkenntnisse geben uns recht, wenn wir uns bei Legasthenikern nur wenig mit der isolierten Förderung der Rechtschreibkompetenzen beschäftigen.

Die Theorie lehrte uns, in der Praxis das genau zu beobachten, was wir ohne dieses spezifische Wissen gar nicht wahrgenommen hätten. Umgekehrt dirigierten unsere praktischen Erfahrungen unsere Blickrichtung auf bestimmte Theorien und Diagnostik-Formen.

Am meisten aber lehrten und lehren uns die von uns betreuten Kinder, die uns immer wieder den Anreiz gaben, weiter nachzudenken und weiter auf innere und äußere „Forschungsreisen" zu gehen. Manchmal auch erlebten wir ein „Wunder", das wir durch die uns bekannten Theorien nicht erklären konnten, das uns aber bestärkte, Kindern, Eltern und uns selbst auch bei schwersten Defiziten die Hoffnung nicht zu nehmen und Selbstheilungskräfte wirken zu lassen.

Es ist durchaus verständlich, dass Praktikerinnen sich eher von der Theorie abwenden, da die Beschäftigung mit der „grauen" Theorie häufig keinen großen Anreiz bietet und viel Zeit und Mühe beansprucht. Außerdem braucht es einigen Mut und auch Selbstüberwindung, lange und von vielen begangene und ausgetrampelte Pfade zu verlassen und neue Wege, auf denen man leicht straucheln kann, zu erkunden. Üblicherweise nimmt man vor allem nur die Informationen auf, die zu den bereits vorhandenen passen und betrachtet grundlegend Neues und Fremdes eher mit Argwohn und Ablehnung. Das liegt in der menschlichen Natur - dennoch rentiert es sich, neuen Ideen und Theorien kennen zu lernen, kritisch zu begutachten und bei Aussicht auf Bewährung anzuwenden, um eine Weiterentwicklung zu fördern und nicht an Ort und Stelle zu „trampeln".

Durch die noch ständig zunehmende Masse an Therapieangeboten für den Lernerfolg unserer Kinder ist es für Praktikerinnen kaum mehr möglich, die Spreu vom Weizen zu trennen, bzw. schamanistische von fundierten Therapiemethoden mit reellen Erfolgschancen zu unterscheiden. In all den Jahren der therapeutischen Arbeit mit lernschwachen, sprachgestörten oder legasthenen Kindern waren wir sehr bemüht, anhand der Erkenntnisse der Wissenschaft und einer fundierten Diagnostik den Kindern mit einer dementsprechenden Therapie möglichst rasch und effektiv zu helfen. Dies ist uns in der Praxis - neben manchen Misserfolgen - häufig auch wirklich gelungen.

Daher wollen wir unsere Erfahrungen in allen drei Bereichen - Theorie, Diagnose und Praxis - vermitteln, um weiterhin und in weitläufigerem Ausmaß zu nützen. Sollte uns dies mit unserer Buchreihe gelingen, würde es uns erfüllende Augenblicke erleben lassen, zu welchen wir sagen möchten: *„Verweile doch, du bist so schön!"* (Goethes Faust II).

„Ein Rabbi sagte: Viel habe ich gelernt von meinen Lehrern,
mehr noch von meinen Schulkollegen, am meisten von meinen Schülern".
~ Aus dem Babylonischen Talmud (religiöse jüdische Gesetze).

Hohenems, Vandans, im Jänner 2009

Einleitung

„Also lautet ein Beschluss,
dass der Mensch was lernen muss.
Nicht allein das Abc
bringt den Menschen in die Höh'.
Nicht allein in Schreiben, Lesen
übt sich ein vernünftig Wesen;
nicht allein in Rechnungssachen
soll der Mensch sich Mühe machen,
sondern auch der Weisheit Lehren
muss man mit Vergnügen hören."

~ Wilhelm Busch

Wilhelm Busch sagt uns hier - in einem **Reim-Rhythmus**, der für Lese-Rechtschreib-gestörte Kinder sehr förderlich ist - was wichtig wäre für den Bildungserwerb. Er stellt das Verständnis von *„der Weisheit Lehren"* als Ziel des schulischen Lernens dar. Leider achten Lehrerinnen und Therapeuten häufig immer noch zu sehr auf gute Erfolge im Rechtschreiben und zu wenig auf das **Lese- und Sprachverständnis** des Kindes, damit das Kind *„der Weisheit Lehren"* auch verstehen kann. Eine mangelhafte Rechtschreibung hat keine negativen Konsequenzen auf den Lernerfolg in den anderen schulischen Fächern. Ein mangelndes Leseverstehen oder gar ein eingeschränktes Sprachverständnis beeinflusst die gesamte Schulkarriere negativ, sondern auch die gesamte Lebenskarriere.

Leider weisen auch die **Legasthenie-Erlässe** im gesamten deutschen Sprachraum kaum darauf hin und legen ebenfalls den Schwerpunkt auf die Rechtschreibung; das Lese- und Sprachverständnis wird kaum erwähnt. Das ist umso problematischer, da es nur wenig Legastheniker gibt, die nur mit Problemen im Bereich der Rechtschreibung zu kämpfen haben. 50-70 % der Lese-Rechtschreib-Störung (LRS) gehen von einer frühkindlichen **Sprachentwicklungsstörung** aus, sodass sich in der Schule die Auswirkungen dieser Sprachstörung häufig als sehr folgenschwer für das gesamte Lernen erweisen. Aber auch Legastheniker ohne diese Vorgeschichte beherrschen wegen ihrer **sprachlichen Merkschwäche** die Grammatik ihrer Muttersprache für höhere schulische und berufliche Anforderungen nicht genügend. Ihr Ausdrucksvermögen, sowie das differenzierte **Sprachverstehen** sind nicht selten erheblich eingeschränkt.

Die PISA-Studie, welche die Basiskompetenzen von Schülern im internationalen Vergleich prüfte, enthüllte die ernüchternde Tatsache, dass der prozentuelle Anteil der deutschsprachigen Kinder mit extremen **Leseschwierigkeiten** überdurchschnittlich hoch ausfällt (Baumert et al., 2001). Eine Wiener Längsschnittstudie zeigte, dass die Fähigkeiten der schwächsten Leser am Ende der achten Klasse dem Stand eines unauffälligen Kindes in der ersten oder zweiten Klasse entsprechen (Klicpera, Gasteiger-Klicpera, 1993). Nicht allein der Schriftspracherwerb, sondern auch die Leistungen in mehreren anderen Fächern, wie vor allem auch in der Mathematik, bleiben nachhaltig beeinträchtigt (Baumert et al., 2001), sodass bei einer Leserechtschreibstörung nicht selten die **gesamte schulische und berufliche Entwicklung** markante Einbußen erleidet. Die Leistungsrückstände werden im Laufe der Schulzeit trotz normaler Intelligenz und guter sozialer Herkunft immer größer. Die Betroffenen schließen ihre Schullaufbahn seltener mit Abitur ab (Strehlow et al., 1992) und wählen überwiegend handwerkliche Berufe, die keine sprachlichen Kompetenzen erfordern. Auch **Folgeprobleme** in psychischen und zwischenmenschlichen Bereichen treten überzufällig häufig auf, wie z.B. Schul- und Versagens-Ängste, mangelnder Selbstwert, psychosomatische Symptome (wie häufige Kopf- und Bauchschmerzen), sowie Aggression und im schlimmsten Falle dissoziale Verhaltensweisen und kriminelle Aktivitäten (Warnke, Roth, 2000; Esser et al., 2002).

Immer wieder treffen wir in unserer Praxis auf Klienten, die die Schule nur mit Mühe durchlaufen und abgeschlossen haben und dann ständig versuchen, ihr „Manko" bezüglich Leistung und Selbstwert zu kompensieren, indem sie meist als Erwachsene **mehrere berufliche Ausbildungen** absolvieren und im Beruf sehr ehrgeizig und leistungsfähig werden.

Eine junge Klientin, welche sich nach eigener Aussage in der Sekundarschule nur *„durchgequält und durchgeschummelt"* hatte, soll hier als Paradebeispiel für einen typischen „legasthenen Weg" angeführt werden. Die junge Frau hatte als Erwachsene nach einer bereits abgeschlossenen Spezialschule für Gartenbau die Ausbildung zur psychiatrischen Krankenschwester angefangen. Sie suchte unsere Hilfe auf, da sie *„keine Sätze bilden könne"* und diese aus dem Internet *„stehlen"* müsse, um ein Portfolio für die Schule anzufertigen. Die Diagnostik ergab nicht nur ein Problem in der **Satzbildung**, sondern auch ein höchst eingeschränktes **Satzverstehen** und ein mangelndes **Satzgedächtnis**. Beim Sätze Nachsprechen half sich die junge Frau, indem sie die Inhalte in innere Bilder umwandelte - eine Strategie, die für Legastheniker oft sehr hilfreich ist. Außerdem erzählte sie, dass sie in der Gruppenarbeit mit drei Kollegen einen wissenschaftlichen Text bearbeiten musste, diesen aber im Gegensatz zu ihren Mit-Studentinnen auch beim dritten Mal Durchlesen nicht verstanden hatte (**Leseverständnis**). Als wir ihr empfahlen, täglich Hörbücher zu hören, musste sie dies ablehnen, da sie dabei inhaltlich nicht folgen könnte. Wir konnten uns darauf einigen, dass sie neben der Therapie täglich Wilhelm-Busch-Verse lesen würde, um ihr **sprachrhythmisches Empfinden** und damit ihr Sprachgedächtnis zu fördern. Das Leseverständnis wird dort sehr durch die Bilder unterstützt, was auch verstehen lässt, dass Wilhelm Busch-Bücher immer die Lieblingslektüre der Klientin darstellten. Der in diesen Büchern verwendete Sprachrhythmus fördert das Sprachgedächtnis, das bei einem Großteil der Legastheniker stark reduziert ist und ihr gesamtes Lernvermögen beeinträchtigt. In der Verwandtschaft dieser jungen Frau fanden sich fünf Legastheniker, die alle unsere Praxis aufsuchten. Dass unsere Klientin selbst Legasthenikerin ist, ist ihr erst durch uns bewusst geworden und wurde während ihrer Schulzeit weder untersucht noch erkannt.

Legastheniker sind in unseren Schulen sehr gefordert, meistens **überfordert**. Ihr Lernaufwand übertrifft das von nicht legasthenen Altersgenossen um ein Vielfaches. Somit stellt die Leserechtschreibstörung eine enorme Belastung für Kinder, Eltern und Lehrkräfte dar, sodass Prävention, Förderung und Therapie in Wissenschaft und Forschung zu vordringlichen Themen werden sollten. Eine sehr früh ansetzende Förderung oder Therapie dieser Kinder - möglichst schon im frühen Vorschulalter - sowie eine adäquate schulische **Förderung** können zu einer Verringerung der oft schwerwiegenden Folgeprobleme mangelnder Sprach- und Schriftsprach-Kompetenzen beitragen (Hasselhorn et al., 2000).

Die Forschung im Bereich der **Theorie und Diagnostik** der LRS nimmt in den letzten Jahre kontinuierlich zu (Hasselhorn et al., 2000); die Forschung über **Behandlungskonzepte** hinkt jedoch leider stark hinterher, sodass Anspruch und Realität im Bereich der vorschulischen sowie schulischen Förderung weit auseinander klaffen (Marx, 2000).

Daher bemühen wir uns, sowohl in diesem, als auch in den folgenden Bänden zu den Themen Theorie und Handlungsmöglichkeiten bei Störungen des Sprach- und Schriftspracherwerbs und damit des schulischen Lernens, allgemein verständliche, wissenschaftlich begründete und hilfreiche Konzepte vorzustellen und damit eine **Brücke zwischen Wissenschaft und Praxis** zu schlagen.

Im vorliegenden Band beschäftigen wir uns mit der Definition und der ausführlichen Beschreibung der **LRS** und deren langfristigen - nicht selten auch schwerwiegenden psychischen - Auswirkungen, da die Irrmeinung immer noch weit verbreitet ist, unter Legasthenie oder LRS nur die Rechtschreibstörung und nicht realistischerweise eine **allgemeine Lernstörung** für die Mutter- und die Fremdsprachen, für Mathematik und alle Lernfächer zu sehen, die die Zukunftschancen dieser Kinder beträchtlich schmälert. Um dies wirklich zu verstehen und zu glauben, ist es notwendig, sich mit den **Grundvoraussetzungen** für einen ungestörten Lese-Rechtschreib-Erwerb und ein erfolgreiches Lernen auseinanderzusetzen.

Beginnend beim Ursprung unseres Denkens und Handelns - beim Gehirn und seinen Verarbeitungswegen wollen wir darstellen, warum und wie welche Therapiemethoden effektiv wirken können und welche eher in den Bereich der Esoterik einzuordnen sind. Das Wissen über die **neuronale Plastizität**, die Fähigkeit von Nervenzellen und deren Kontaktstellen, den Synapsen oder sogar von ganzen Hirnarealen, sich in Abhängigkeit von der Betätigung zu verändern oder neu zu bilden, zeigt neue Therapiewege auf, deren Effektivität sich in der Praxis beweist und beweisen wird.

Die **Zeitverarbeitung** des Gehirns ist in den letzten Jahren sehr in den Fokus des wissenschaftlichen - und leider auch kommerziellen - Interesses gerückt und scheint uns neue - bisher allerdings noch nicht abgesicherte - Möglichkeiten der Therapie zu eröffnen.

Die **Sprachmelodie oder Prosodie** stellt laut wissenschaftlichen Erkenntnissen einen wichtigen Grundpfeiler im frühkindlichen Spracherwerb dar, deren Eigenschaften wir uns - belegt durch mehrere Untersuchungen und Erfahrungen in der Praxis - in der Sprach- und Lerntherapie dank der Plastizität des Gehirns bis ins hohe Erwachsenenalter nutzbar machen können und sollen.

Die Lauterkennung und -unterscheidung ist bei sprachgestörten und legasthenen Kindern häufig eingeschränkt und stellt hiermit bei einem guten Teil der betroffenen Kinder einen wichtigen Therapie-Baustein dar.

Einen großen, vielleicht auch überbetonten „Schlager" des letzten Jahrzehnts stellte der Bereich der (bei Legasthenikern eingeschränkten) **Phonologischen Bewusstheit** über den Laut- und Silben-Aufbau der Sprache dar. Nach unseren praktischen Erfahrungen wird diese Fertigkeit durch die Beschäftigung mit dem Hören von Reimen sehr verbessert, was sich dann auch in einem verbesserten **sprachlichen Arbeitsgedächtnis** ausdrückt.

Da die Verminderung des sprachlichen Gedächtnisses bei Legasthenikern und bei spezifisch sprachgestörten Kindern eine wichtige Begründung der Lernstörung darstellt, kann sich somit die gesamte Lernfähigkeit des Kindes erhöhen.

Über **(zentrale) visuelle Verarbeitungsstörungen** bei LRS gibt es noch wenig abgesicherte Erkenntnisse, wobei jedoch die sprachliche Störung bei Legasthenikern im Vordergrund zu stehen scheint und nach unseren Erfahrungen der visuelle Kanal häufig kompensatorisch in der Therapie genützt werden kann.

Inwieweit die Bevorzugung der rechten oder linken Hand, die **Handpräferenz** und der Zusammenhang zur **Sprachdominanz** im Gehirn einen Einfluss auf die Entstehung der Sprachstörung oder der Legasthenie hat, ist bislang nicht sichergestellt. Ebenso weiß man nicht, ob oder wie sehr **motorische Störungen** oder die **Berührungs- und Bewegungs- Wahrnehmung**, sowie Funktionsdefizite im **Kleinhirn** ursächlich mit der Legasthenie im Zusammenhang stehen. Therapieformen, die die Zusammenarbeit der beiden Hirnhälften oder die Funktionen einzelner Hirnbereiche stärken wollen, sind bislang nicht fundiert bewiesen und daher mit Vorsicht zu „genießen".

Aufmerksamkeitsstörungen, sowie **psychische und Verhaltens-Probleme** kommen häufig noch als zusätzliche Schwierigkeiten hinzu und verdienen eine besondere therapeutische Rücksicht, da diese jede andere Förderung unwirksam machen können.

Die **Vorhersage** einer LRS sollte so bald wie möglich passieren, da frühzeitige therapeutische Interventionen die negativen Konsequenzen der Lernstörung sehr vermindern, ja manchmal vielleicht sogar vermeiden können.

Eine umfangreiche und durchdachte **Diagnostik** hilft uns, die **Stärken und Schwächen** des Kindes sozusagen im Zeitraffer mehr oder weniger umfassend und sicher kennen zu lernen um diese dann in der **Therapie** vorteilhaft zu nützen. Die Bestimmung des Intelligenzquotienten ist wohl nur für das Amt sinnvoll, für den Praktiker ergibt sich aber daraus der Vorteil, dass man bei der Testung die Arbeitsweise und die Ressourcen des Kindes in Erfahrung bringen kann. Eine sinnvolle Auswahl fundierter **Tests** ist natürlich für eine gute Diagnostik zwingend notwendig, um sichere Aussagen zu erhalten. Vor allem sollte eine fundierte **Sprachdiagnostik** bei der Beurteilung der (Schrift)Sprachstörung Legasthenie für eine effektive **Lerntherapie** im Vordergrund stehen. Dazu gehört auch eine genaue Untersuchung des Leseverständnisses, das ja für das Lernen weittragende Folgen hat. Die Begutachtung der **Rechenfertigkeiten** kann über die Gedächtnis- und Sprach-Kompetenzen und über die Wahrnehmungskanäle des Kindes Auskunft für eine hilfreiche **Lerntherapie** geben.

In **Band zwei und drei** wollen wir uns ausschließlich auf die praktische Anwendung der Legasthenie-Förderung konzentrieren - und zwar zuerst in einer allgemeinen Übersicht mit vielen praktikablen Hinweisen und dann im nächsten Band mit ganz konkreten Handlungsanweisungen in einer sehr einfach zu handhabenden Form - sodass die Anwender die beschriebenen Anleitungen gleichsam wie ein Rezept verwenden können.

Wir hoffen, mit unseren Werken möglichst vielen betroffenen Kindern in der Schule den Weg zu erleichtern. Die meisten unserer Lernhinweise können **nicht nur legasthenen Schülerinnen zugute** kommen, sondern auch nicht Lese-Rechtschreib- gestörten Kindern mit schlechten Schulleistungen. Auch mathematische und andere Lern- Probleme und entsprechende Fördertipps werden thematisiert. Viele der Anweisungen können von Lehrerinnen für die gesamte Schulklasse im Unterricht verwendet werden.

„Es ist des Lernens kein Ende."
~ Robert Schumann

Erfolgreiche Legastheniker

Zum Troste aller betroffenen Eltern und Kinder seien hier noch einige berühmte Personen angeführt, von denen man sagt, dass sie sprachgestört oder Legastheniker waren und trotz ihres Handicaps in sehr unterschiedlichen Berufen viel im Leben erreicht haben:

Die Kriminalautorin Agatha Christie, der Musiker John Lennon, der Politiker Winston Churchill, der Physiker Albert Einstein, das Universalgenie Leonardo da Vinci, der Bildhauer Auguste Rodin, der Sänger Harry Belafonte, der Filmproduzent Walt Disney und viele andere[1].

Albert Einstein, Leonardo da Vinci, Walt Disney

---

[1] Dyslexia Association of Birmingham: www.da-bham.org/textcontent/success.pdf

Anmerkungen zur Handhabung dieses Buches

- Das Wort *Legasthenie* bedeutet übersetzt nur *Leseschwäche*, daher haben wir uns in diesem Buch überwiegend für den Ausdruck Lese-Rechtschreibschwäche entschieden.

- Wir verwenden in unserem Werk für die Sprachbeispiele nicht das internationale phonetische Alphabet[2], sondern die normalen Buchstaben des Alphabets (also z.B. „Backe" statt / ˈbakə/), da nicht alle Leserinnen diese Lautschrift beherrschen.

- Der einfachen Schreibweise wegen benützen wir jeweils abwechselnd die männliche und weibliche Form (z.B. *Schüler - Schülerin*).

- Wir führen der Lesbarkeit halber fast immer nur einen oder zwei Autorinnen bzw. empirische Belege an, welche aber jeweils in ihren Werken über weitere wissenschaftliche Untersuchungen berichten.

- Die Namen der Klienten in den Beispielen aus der Praxis wurden verändert.

---

[2] Das Internationale Phonetische Alphabet ist eine Sammlung von Zeichen, mit deren Hilfe die Laute aller menschlichen Sprachen relativ genau beschrieben und notiert werden können. Es wurde von der International Phonetic Association entwickelt und ist das am weitesten verbreitete Lautschriftsystem.

A. Die Leserechtschreibstörung (LRS)

„Das menschliche Gehirn ist unvergleichlich komplexer als etwa ein Stern;
und darum wissen wir auch so viel mehr über Sterne als über das menschliche Gehirn.
Und der komplexeste Aspekt des menschlichen Gehirns ist seine Intelligenz."
~ Isaac Asimov

1. Definition der LRS

Entsprechend internationaler Studien tritt in unserer Zivilisationsgesellschaft die Leserechtschreibstörung (LRS) in einer **Häufigkeit** zwischen 4 und 5 Prozent auf, wobei Jungen etwa 3-mal häufiger als Mädchen betroffen sind (Schulte-Körne, 2003). Die Dunkelziffer dürfte wahrscheinlich noch höher liegen. In der Literatur finden sich auch Untersuchungen, die eine Häufigkeit bis zu 15 % angeben (Schulte-Körne, Remschmidt, 2003).

Man spricht von einer LRS, wenn ein Kind über eine **normale Intelligenz** verfügt, aber deutlich **schlechtere Lese-Rechtschreibleistungen** aufweist als seine Mitschüler und als es seinem Alter und seiner schulischen Ausbildung angemessen ist. Dieses Maß liegt innerhalb fließender Grenzen, da es keine zwangsläufige Vorschrift gibt, wie stark eine Minderleistung ausgeprägt sein muss, um als leserechtschreib-gestört zu gelten (Klicpera et al., 2003). Die Angaben zur Häufigkeit einer LRS hängen natürlich davon ab, welche Grenzwerte man festlegt, das heißt - ab welchem Grenzwert eine schwache Leserechtschreibleistung als LRS definiert wird (Strehlow, Haffner, 2002).

Wie wir später sehen werden, hängt die Festlegung einer LRS- Diagnose bis zu einem gewissen Grad auch von der Art der jeweils eingesetzten Intelligenz- und Leserechtschreibtests ab (Reuter-Liehr, 2003). Dies spielt vor allem für die Kinder eine Rolle, deren Leistungsfähigkeit knapp oberhalb bzw. unterhalb der jeweils definierten Grenze liegt. Schon geringe Abweichungen der Testwerte vom definierten Grenzwert können die jeweilige Diagnose beeinflussen.

Es empfiehlt sich daher für den erfahrenen Diagnostiker, sich den statistischen Normwerten nicht allzu starr zu unterordnen (Deimel, 2002), sondern noch andere, später genauer zu besprechende Kriterien zur Erstellung einer Diagnose mit einzubeziehen.

Die Leserechtschreibstörung (LRS) gilt als eine Entwicklungsstörung des Lese-Rechtschreib-Erwerbs und stellt eine **komplexe Störung** mit meist vielfältigen

Symptomen dar, unter welchen das Rechtschreibproblem nur einen und nicht den wichtigsten Stein im **Mosaik** bzw. im *„neurowissenschaftlichen Puzzle"* (Njiokiktjien, 1994) des Gesamtbildes der Problematik darstellt. Neben der reduzierten Leserechtschreibleistung gibt es noch sehr unterschiedliche **Teilleistungsdefizite**, die sich sehr störend auf das Lernen auswirken, wie z.B. ein herabgesetztes sprachliches Gedächtnis.

Die Weltgesundheitsorganisation vertritt eine international verbreitete Definition der LRS, welche sich ausschließlich an den Defiziten im Lesen und Schreiben und an der Intelligenz orientiert. Eine Lese-/Rechtschreibschwäche (LRS / Legasthenie[3]) wird nach der internationalen Klassifikation psychischer Erkrankungen (ICD-10)[4] als eine zentralnervös (= durch das Gehirn) begründete **Entwicklungsstörung** mit ausgeprägter Beeinträchtigung der Entwicklung der Leserechtschreibfertigkeiten definiert.

> Durchschnitt:
> IQ = 85 - 115

Die **Diagnose** einer LRS wird dann gestellt, wenn die Lese-Rechtschreib-Fertigkeiten weit unter dem Niveau der Altersgenossen (dies nennt sich Alters-Diskrepanz-Kriterium) bzw. unter dem Durchschnitt der Schulklasse und unter der **durchschnittlichen Intelligenz** (IQ 85-115) liegt (dies nennt sich Intelligenz-Diskrepanz-Kriterium). Allerdings wird schon seit Jahren über die Gültigkeit dieser schon veralteten Diskrepanzdefinition in verschiedenen Forschergruppen kritisch diskutiert. Die Größe dieser Diskrepanzen wird von unterschiedlichen wissenschaftlichen Gruppierungen unterschiedlich festgelegt[5].

Die **Erfassung der Intelligenz** durch Tests ist natürlich nur ansatzweise möglich, da diese den weitaus komplexesten Aspekt unseres Gehirns darstellt und wir nur wenig über die Funktionsmechanismen des Gehirns wissen. Intelligenztests stellen also eine nur behelfsmäßige Maßnahme zur Einschätzung der intellektuellen Fähigkeiten einer Person dar. Leider müssen wir uns dennoch auf diese lückenhaften Instrumente bei der Erstellung einer Legasthenie-Diagnose stützen, da wir für Schulen, Ämter und Krankenversicherungen ein allgemein gültiges Kriterium

---

[3] Legasthenie heißt übersetzt eigentlich Leseschwäche, wird aber noch vielerorts auch für die Rechtschreibstörung verwendet.

[4] International Classification of Diseases.

[5] Die Angaben zu den geforderten Abweichungen erstrecken sich in der Literatur von einer bis zu zwei Standardabweichungen (Strehlow, Haffner, 2002). So muss z.B. nach den Leitlinien der Deutschen Gesellschaft für Kinder- und Jugendpsychiatrie und –psychotherapie das Ergebnis der Rechtschreibleistung 37 T-Wert Punkte betragen und eine T-Wert Diskrepanz zum Gesamt-IQ von > 12 T-Wert Punkten bestehen. Die ICD fordert eine Diskrepanz von 2 Standardabweichungen, was die Fallzahlen auf unter 2 Prozent reduziert. Da dies eine deutliche Unterdiagnostizierung der LRS im Praxisalltag zur Folge hatte, konnte sich dieses Modell nicht durchsetzen (Strehlow, Haffner, 2002).

zur Definition der Legasthenie brauchen. Für den Praktiker ist es jedoch wesentlich wichtiger, zu erfahren, auf welche Art ein Legastheniker welche Probleme löst, um dem Betroffenen adäquat helfen zu können. Dazu verhilft uns ein Stück weit die Durchführung eines breit angelegten Intelligenztests, mit welchem man mehrere Fähigkeiten und Fertigkeiten oder Schwächen eines Menschen darzustellen versucht.

Als **Kriterien zum Ausschluss einer Leserechtschreibstörung** gelten eine allgemeine intellektuelle Behinderung, massive Defizite im Hören und/oder Sehen, eine neurologische und/oder psychiatrische Störung oder eine unangemessene schulische Betreuung.

Intelligenz (lateinisch intellegere *„verstehen"*) bedeutet Einsicht, bzw. Erkenntnisvermögen und bezeichnet die Fähigkeit zum Erkennen von Zusammenhängen und zum Finden optimaler Problemlösungen. Die meisten Intelligenzdefinitionen beschreiben die Intelligenz als allgemeine Denk- und Problemlösefähigkeit, bzw. „die Art der Bewältigung einer aktuellen Situation (Binet, Simon, 1905) oder als die *„zusammengesetzte oder globale Fähigkeit eines Individuums, zweckvoll zu handeln, vernünftig zu denken und sich mit seiner Umwelt wirkungsvoll auseinanderzusetzen"* (Wechsler, 1964).

Intelligenz stellt somit einen Sammelbegriff für die gesamten geistigen Fähigkeiten des Menschen dar, nämlich die Fähigkeiten zu verstehen, zu abstrahieren und Probleme zu lösen, sowie Wissen und Sprache anzuwenden.

2. Charakteristika der LRS (Übersicht)

LRS-Kinder bieten - für viele das eindrücklichste Symptom - eine Häufung von **Rechtschreibfehlern.** Dazu kommen meist eine verlangsamte **Lesegeschwindigkeit** und/oder **Lesefehler** und/oder ein mangelndes **Leseverständnis**. Es gibt Kinder, bei denen nur der Erwerb des Rechtschreibens oder nur das Erlernen des Lesens oder - und das ist die Mehrzahl - beides gestört ist. Das ICD-10 unterscheidet die Isolierte Rechtschreibstörung (ohne Lesestörung) und die Lese-Rechtschreib-Störung (wobei beides beeinträchtigt ist).

Mit zunehmender Schuldauer bekommen Legastheniker sehr häufig auch **in anderen Fächern** Probleme – sei es wegen dem eingeschränkten Leseverständnis, dem schwachen sprachlichen Arbeitsgedächtnis oder wegen der zusätzlichen geistigen Beanspruchung bei der schriftlichen Bearbeitung von Lernaufgaben.

Die Probleme bestehen von Anfang an und werden nicht erst später während der Schullaufbahn erworben. Erste Hinweise auf eine LRS kann man schon im **Vorschulalter** erkennen, wie beispielsweise ein reduziertes sprachliches Arbeitsgedächtnis (Schöler et al., 2003) und Schwächen in der phonologischen Bewusstheit, die eine Leserechtschreibstörung schon im Kindergartenalter zuverlässig vorhersagen lassen (Schneider, Näslund, 1993).

Charakteristika der Lese-Rechtschreib-Störungen nach den diagnostischen Leitlinien nach ICD-10[6]

- Primäre **Schwierigkeiten** beim Erlernen **des Lesens u. Rechtschreibens**
- Lese- und/oder Rechtschreibfertigkeiten liegen **unterhalb der Klassennorm**
- **Durchschnittliche Intelligenz**
- Die **LRS ist nicht bedingt durch eine/n:**
  - Intelligenzstörung
  - Seh- oder Hörstörung
  - hirnorganische Erkrankung
  - emotionale Störung
  - anregungsarme Umwelt
  - mangelhaften Schulunterricht
  - Seh- oder Hörbehinderung
  - Psychiatrische Erkrankung

- **Die LRS ist häufig verbunden mit:**
  - Sprachstörungen
  - Auditiven Wahrnehmungsstörungen
  - Wortschatzmängeln
  - Auditiven, visuellen und/oder feinmotorischen Schwächen
  - Psychischen Auffälligkeiten

Von einer Lese-Rechtschreib-Störung wird also nur dann gesprochen, wenn es sich um eine umschriebene Teilleistungsstörung im Erlernen des Lesens und Rechtschreibens bei besseren sonstigen geistigen Fähigkeiten handelt. Bei Kindern mit einer Intelligenzstörung wird die Diagnose „Lese-Rechtschreib-Störung" auch bei ausgeprägten Schwächen im Schriftsprachbereich nicht gestellt. Die **Intelligenz** von LRS-Kindern muss nach den Leitlinien der Weltgesundheitsorganisation definitionsgemäß im Normbereich liegen.

---

[6] International Classification of Diseases; F81.0, F81.1

Die **Überprüfung von Intelligenz und Sprache** (!) sollte grundsätzlich bei allen Kindern mit Schwierigkeiten beim Erlernen der Schriftsprache erfolgen, damit weder Eltern noch Lehrkräfte die Fähigkeiten des Kindes über- oder unterschätzen. Eine falsche Einschätzung der Betroffenen kann leicht dazu führen, dass diese aufgrund unangemessener Anforderungen demotiviert werden und sich dann häufig auch psychische Probleme wegen möglichem Versagen und/oder Überlastung einstellen. Eine auf die individuelle Leistungsfähigkeit abgestimmte Förderung des betroffenen Kindes ist eine wesentliche Voraussetzung für dessen stabile Entwicklung.

Die Definition der **Weltgesundheitsorganisation** berücksichtigt allerdings nur die Intelligenz und die unterdurchschnittlichen schulischen Leistungen im Lesen und Schreiben. Würde man nur diese Kriterien in Diagnostik und Therapie beachten, so wäre das bei Weitem zu kurz gegriffen. Die LRS ist eine **multifaktoriell bedingte Störung** mit einer Reihe von Teilleistungsstörungen im auditiven und visuellen Bereich (Schulte-Körne, Remschmidt, 2003), ein Störungsbild, das die persönliche, emotionale und soziale Entwicklung der Betroffenen maßgeblich beeinflussen kann. Durch die hohe Stabilität der Störung wird die persönliche und soziale Entwicklung bis ins Erwachsenenalter ausschlaggebend geprägt. Etwa 8% der deutschen jungen Erwachsenen erreichen lediglich ein Rechtschreibniveau von durchschnittlichen Viertklässlern (Haffner et al., 1998).

Alle **Legasthenie–Erlässe**, die uns bekannt sind, berichten überwiegend über die Rechtschreibschwäche, die eher nur einen kosmetischen Fehler darstellt, aber kaum massive Folgekonsequenzen hat und lassen die mitbeteiligten Beeinträchtigungen mit oft schwerwiegenden Auswirkungen außen vor. Beschäftigt man sich in der einschlägigen Fachliteratur und in der Praxis näher mit der LRS, wird man bald merken, dass die mangelnde Rechtschreibung bei weitem nicht das einzige und eher das unwichtigste Problem in dieser spezifischen Entwicklungsstörung darstellt. So zeigte z.B. eine Gruppe von LRS- Kindern in einer Untersuchung Defizite in mehreren Bereichen der **Automatisierung** des Lernens unter vielen anderen auch bei Aufgaben, die das räumliche Vorstellungsvermögen beanspruchen (Vicari et al., 2005).

Die „**Störung des schriftlichen Ausdrucks**" wird im Manual für mentale Erkrankungen der amerikanischen psychiatrischen Gesellschaft (DSM[7]-IV/315.2) als Subgruppe der Störung der Schriftsprachentwicklung eingeführt. Dabei kommt es beim freien Schreiben neben Rechtschreibfehlern und schreibmotorischen Unzulänglichkeiten zu **grammatikalischen Fehlern, Fehlern des sprachlichen Aus-**

---

[7] Diagnostic and Statistical Manual of Mental Disorders, 4th Edition, herausgegeben von der „American Psychiatric Association".

drucks und der Interpunktion. Im deutschen Sprachraum fehlen hierzu jedoch leider weitgehend die diagnostischen Instrumente. Diese gravierenden Defizite, die häufig weittragende negative Folgen für einen der Intelligenz angemessenen Schulerfolg nach sich ziehen, stellen und stellten wir bei einem Großteil der LRS-Betroffenen - auch noch im **Erwachsenenalter** - in unserer Praxis fest. Häufig liegt dieser Problematik eine spezifische Sprachentwicklungsstörung zugrunde.

Die Mehrheit der leserechtschreibgestörten Kinder hat unter einer häufig massiven Beeinträchtigung des **sprachlichen Gedächtnisses** für Fakten und Daten (wie z.B. eine Reihe von Buchstaben, Zahlen oder neuen Ausdrücken) zu leiden. Die **Geschwindigkeit** beim schnellen Benennen von Zahlen, Buchstaben, Farben, Bildern oder Dingen ist meist vermindert. Schwächen in **spezifischen visuellen Aufgaben** (Vergleich von buchstabenähnlichen Zeichen und Wortbildern) können ebenfalls den Lese-Rechtschreiberwerb erschweren.

Durch das eingeschränkte sprachliche Merkvermögen kann somit der **gesamte Schulerfolg** – trotz der meist außerordentlich erhöhten Anstrengung – gefährdet sein. Schwierigkeiten beim Lesen können zusätzlich noch eine eingeschränkte Wissensaufnahme in allen Lernfächern verursachen, weil sprachliche Informationen nicht im vorgegebenen Zeitrahmen aufgenommen bzw. niedergeschrieben werden können oder das Gelesene nicht präzise genug verstanden wird. Die grammatikalischen, sowie die Lese- und Rechtschreibschwierigkeiten treten auch in allen später zu erlernenden **Fremdsprachen** auf.

Wir werden in späteren Kapiteln noch im Detail darstellen, wie die Einschränkung des sprachlichen Gedächtnisses und die häufig vorhandenen Lese- und Grammatikschwächen große und äußerst problematische Auswirkungen auf das gesamte schulische Lernen zur Folge haben können. An eine LRS ist also nicht nur bei Kindern mit Versagen im Deutschunterricht zu denken. Somit ist auch bei einem **allgemeinen Schulversagen** eine LRS in Erwägung zu ziehen und diese als Ursache auszuschließen.

Wir erleben in unserer Praxis immer wieder Kinder, die kaum mehr **Freizeit** haben und ihr Kindsein nicht leben können, da sie den größten Teil der Zeit am „Pauken" sind – am stundenlangen Erlernen von schulischen Fakten und Daten, die sie nur mit viel Mühe in ihrem Gedächtnis behalten können. Namen wie z.B. *Subersach, Rätoromanen, Partennen, Bezirkshauptmannschaft, Addition, Subtraktion* oder das 1x1 werden zu allen möglichen Zeiten und Unzeiten - vor dem Schlafengehen, im Bett, beim Frühstück, beim Autofahren, über das Wochenende und über die Ferien - wiederholt, damit die Tests in der Schule ja gut ausfallen. Doch während der Leistungsüberprüfung in der Klasse ist es vielleicht für das Kind zu laut, die Angst zu groß..., nur mehr wenig ist noch abrufbar: *„Ungenü-*

gend" ist das Ergebnis! Dieses hier nachgezeichnete Stress-Szenario ist jedoch nicht fiktiv, sondern leider häufig bittere Realität und bedeutet viel Druck, Leid und Stress für das Kind und nicht selten für die ganze Familie.

Bei der LRS stehen Schwierigkeiten in der Verarbeitung sprachlicher Informationen im Vordergrund[8]:

- Der **Abruf** von sprachlichen Informationen aus dem Langzeitgedächtnis ist eingeschränkt und kann über das **schnelle Benennen** von Objekten und Zahlen überprüft werden.
- Das **Zusammenfügen einzelner Laute** zu einem Wort oder Wortteil im meist **reduzierten sprachlichen Gedächtnis** bereitet erhöhte Mühe. Dies kann über das Nachsprechen von sinnlosen Silbenfolgen getestet werden.
- Die Fähigkeit zur **Einsicht in den Lautaufbau** von Wörtern, welche als phonologische Bewusstheit bezeichnet wird, ist meist stark reduziert. Diese Schwächen werden darauf zurückgeführt, dass die lautsprachlichen Informationen im Langzeitgedächtnis unscharf eingetragen werden (Snowling, 2000).

Diese Defizite entstehen bei den betroffenen Kindern nicht erst, wenn sie das Lesen und Schreiben lernen, sondern sind bereits vor dem Schuleintritt angelegt. Die mangelnden Fertigkeiten im Bereich Sprache können mit der notwendigen Fachkompetenz eventuell schon im **Kleinkindalter** beobachtet werden (Snowling, 2000). Meistens jedoch werden diese entweder nicht bemerkt oder nicht ernst genommen. Ein verzögerter Sprechbeginn, ein eingeschränktes Sprachverständnis- und/oder -gedächtnis, Sprechschwierigkeiten, sowie Probleme beim Erkennen von Reimen sollten so früh wie möglich beobachtet und behandelt werden, um spätere Lernprobleme zu vermeiden oder abzuschwächen.

Werden diese sprachlichen Schwierigkeiten frühzeitig erkannt und behandelt, können Probleme im Schriftspracherwerb wenn auch nicht gänzlich verhindert, so doch vermindert werden.

---

[8] Wagner und Torgesen, 1987.

3. Risikofaktoren und beeinflussende Rahmenbedingungen für die Entstehung der LRS

Als Risikofaktoren (Schulte-Körne, 2001b) für die Entstehung einer LRS gelten vor allem **Sprachentwicklungsstörunge**n (mit Schwierigkeiten bei der grammatikalisch richtigen Produktion und dem Verstehen von Sprache und einem geringen Wortschatz), sowie Schwächen der **phonologischen Bewusstheit** (dem Wissen über Laute und der Umgang mit diesen in einem Wort, wie Reime erkennen usw.) und **erbliche Faktoren**; das heißt, wenn **bei Eltern oder Geschwistern eine LRS** vorkommt, ist dies als Risikofaktor anzusehen.

Risikofaktoren für die Entwicklung einer Leserechtschreib- Störung[9]

- Sprachentwicklungsstörung bezüglich Produktion und Verstehen von Sprache (in den Bereichen Grammatik und Wortschatz)
- Schwächen in der phonologischen Bewusstheit (Wortaufbau, Reim usw.).
- Reduzierte Benennungsgeschwindigkeit für Zahlen, Buchstaben, Farben, Dinge
- Schwaches sprachliches Gedächtnis für Wörter, Zahlen, Kunst-Silben
- Visuelle Schwächen bei der Erfassung von Buchstaben und Zahlen
- Erbliche Belastung

Zusätzliche **ungünstige familiäre oder schulische Bedingungen, sowie biologische Risiken** für eine optimale mentale Entwicklung - wie z.B. Erkrankungen der Mutter während der Schwangerschaft, Geburtskomplikationen und Erkrankungen des Kindes bis zu zwei Jahren nach der Geburt (z.B. häufige Mittelohrentzündungen) stellen verstärkende Faktoren dar.

Als beeinflussende, aber nicht verursachende Rahmenbedingungen gelten[10]:

- Chronische Hausaufgabenkonflikte zwischen Eltern und Kind
- Mangelnder Selbstwert
- Bestrafung, Bloßstellung in der Schule, Hänseleien
- Art und Schweregrad von psychischen Begleitstörungen, wie z.B. Aggression oder Depression
- Nicht adäquate elterliche und kindliche Leistungserwartungen

---

[9] Nach Schulte-Körne, 2001b.
[10] Nach Schulte-Körne, 2001b.

- Nicht adäquate Beschulung
- Biologische Risiken für eine optimale geistige Entwicklung:
Erkrankungen der Mutter in der Schwangerschaft
Erkrankungen des Kindes in den ersten zwei Lebensjahren

4. Zusammenhänge
mit anderen Entwicklungsauffälligkeiten

Wie wir schon mehrfach betonten, stellt die LRS keine isolierte Schwäche dar. Häufig treten kombiniert mit der Leserechtschreibstörung ein **Aufmerksamkeitsdefizit** mit und ohne Hyperaktivität, sowie Entwicklungsstörungen der motorischen Funktionen, des Sprechens und der Sprache, sowie Rechenstörungen und anderes auf.

Die LRS steht in vielfältigen, miteinander verknüpften **Zusammenhängen mit anderen Entwicklungsauffälligkeiten**, die hier anhand einer Untersuchung beispielsweise aufgezählt werden sollen (nach Schydlo, 1993)**:**

- **50-70 %** der LRS- Kinder hatten eine **Spezifische Sprachentwicklungsstörung.** Diesen Kindern fällt es meist auch noch im Schulalter schwer, zusammenhängend in komplexeren Sätzen grammatikalisch richtig zu erzählen oder zu schreiben oder komplexe Sprache präzise zu verstehen.
- 54 % **zentrale Fehlhörigkeit**
(durch eine Störung der Verarbeitung des Gehörten durch das Gehirn).
- 14 % **visuelle** Wahrnehmungsstörungen
- 47 % **grobmotorische** Störungen
- 16 % **feinmotorische** Störungen:
In der Praxis scheint der Anteil viel höher zu sein. Wir kennen kaum ein legasthenes Kind ohne schreibmotorische Probleme.
- 20 % **hyperkinetisches Syndrom** (psycho-motorische Unruhe)

24

5. Psychische Begleitstörungen

„Es gibt kaum etwas, das uns so erschüttert wie das eigene Versagen." ~ Brigitte Fuchs

Trotz intensiver Anstrengungen gelingt es LRS-Kindern viel schwerer als den anderen, Buchstaben und Zahlen zu erfassen, zu verarbeiten und schriftlich zu produzieren. Meist treten deshalb schon früh beim Umgang mit schulischen Anforderungen **Selbstwertprobleme und Ängste** auf - bis hin zur **Schulangst** mit Verweigerung.

Da LRS-Kinder in anderen Bereichen über gute Fähigkeiten und Fertigkeiten verfügen, wird das schulische Versagen in der Regel auf mangelnde Anstrengungsbereitschaft, Interesselosigkeit und Faulheit zurückgeführt. Die Kinder werden häufig ermahnt, intensiver und fleißiger zu üben,

Volksschulkinder, die drei bis vier Stunden am Nachmittag mit Lernen beschäftigt sind, stellen nach unserer Erfahrung keineswegs Ausnahmen dar.

Wie alle Kinder wollen auch LRS- Betroffene - entsprechend ihrer natürlichen kindlichen Neugier - lernen und den Erwartungen von Eltern und Lehrern gerecht werden. Trotz aller Anstrengungen gelingt es ihnen aber viel schwerer als ihren Mitschülerinnen, sich Lesen und Schreiben oder auch Rechnen anzueignen und sich schulische Daten auswendig zu merken. Ihre mühevollen und wenig erfolgreichen Versuche, etwas schnell auswendig abzurufen, vorzulesen oder an die Tafel zu schreiben, werden nicht selten von ihren Klassenkameraden verspottet.

Die Schul- und Hausaufgabensituation gestaltet sich mit steigenden Anforderungen zunehmend problematischer, da die Betroffenen trotz häufigen Übens nur wenig oder keine schulischen Erfolge erzielen und Kinder wie Eltern frustriert und nicht selten schon ausgepowert und erschöpft sind. Als Schüler nehmen sie leichter eine **Verweigerungshaltung** ein, sobald es um für sie schwierige Aufgaben geht. Die Schul- und Hausaufgabensituation belastet oft die gesamte familiäre Atmosphäre.

Die **Eltern** – vor allem die meist mehr involvierten Mütter – entwickeln **Ängste** bezüglich schulischer und späterer beruflicher Zukunft ihrer Kinder und versuchen deshalb durch immer intensiveres und längeres Üben, den Rückstand aufzuholen. Dem Kind steht immer weniger Zeit zum Spielen, zur Erholung und zu einer stabilen Persönlichkeitsentwicklung zur Verfügung. Diese Überforderung führt des Öfteren zu einer Frustration bezüglich schulischer Anforderungen mit Schulängsten und **körperlichen oder psychischen Beschwerden**.

Das meist angespannte Verhältnis zwischen Schule und Elternhaus wird häufig durch gegenseitige Schuldzuweisungen immer mehr belastet und bietet so einen wenig fruchtbaren Boden für eine gute Entwicklung des Kindes.

Die **Selbstzweifel** der Kinder werden mit steigenden Schulstufen immer größer und die Betroffenen zeigen sich massiv verunsichert im Umgang mit schulischen Anforderungen. Sie erleben in vielen Fällen täglich massive **Misserfolge** und Frustrationen, halten sich schon ziemlich früh für dumm und geben sich irgendwann einmal innerlich auf.

Die Häufung psychischer Auffälligkeiten bei LRS-Kindern ist belegt und ist auch in unserer Praxis immer wieder festzustellen. Emotionale und soziale Schwierigkeiten stellen sich oft schon im frühen Schulalter ein. Nicht selten leiden die Betroffenen im Zusammenhang mit schulischen Anforderungen an Schlafstörungen, Übelkeit, Erbrechen, Bauch- und Kopfschmerzen, Einnässen oder Einkoten (Esser, 2002). LRS-Kinder reagieren vermehrt mit verstärkten Trotz- und Wutreaktionen, aggressivem Verhalten und sozialen Fehlentwicklungen. Die **Begleitstörungen** treten häufig schon im Laufe der ersten Schulklasse auf und sind meist an Wochenenden oder in Ferienzeiten geringer ausgeprägt. Bei bis zu **40 %** der betroffenen Schülerinnen treten **klinisch bedeutsame Störungen** auf. Vorrangig finden sich **Anpassungsprobleme** begleitet von Angst und Depression, Schulangst, mangelnder Aufmerksamkeit, Hyperaktivität und Störungen des Sozialverhaltens. Von Bedeutung ist - nicht zuletzt auch hinsichtlich der möglichen Fördermaßnahmen - die Prüfung, ob die psychischen Begleitstörungen im Zusammenhang mit der Lese- und Rechtschreibstörung bzw. **Rechenstörung** stehen. Bei der Abklärung von psychischen und sozialen Störungen bei Schulkindern sollte immer auch an eine spezifische Entwicklungsstörung im Bereich der Sprache oder der schulischen Fertigkeiten (LRS und Rechenstörung) gedacht werden.

Die zum Teil verzweifelten **Kompensations- und Selbststärkungsversuche** der Kinder äußern sich häufig in einer **Verhaltensstörung** und sehen je nach schulischer und familiärer Situation und Unterstützung individuell sehr unterschiedlich aus. Die Ergebnisse der **Mannheimer Längsstudie** (Esser und Schmidt, 1993) gewähren durch eine Auflistung der auftretenden psychischen Probleme einen guten Einblick in die negativen Folgeerscheinungen der schulischen Überlastung vieler LRS- Kinder.

Mannheimer Längsstudie (Esser und Schmidt, 1993)

1. **Emotionale Störungen**
    Leistungsängste, überempfindliche Reaktionen, Verstimmungszustände. Schulunlust und Schulangst, Schulverweigerung
2. **Psychosomatische Beschwerden**
    Übelkeit, Bauchschmerzen, Erbrechen, Kopfschmerzen, Schlafstörungen, Einnässen oder Einkoten
3. **Hyperkinetische (=Bewegungsunruhe) und Aufmerksamkeitsstörungen**
    (häufig kombiniert mit Rechenstörungen). Mangelnde Konzentration, Ablenkbarkeit, verstärkte motorische Unruhe
4. **Störungen im Sozialverhalten**
    Verstärkte Trotzreaktionen, Wutanfälle und aggressives Verhalten, Kontaktstörungen, mitunter auch dissoziale Verhaltensauffälligkeiten, Lügen und Stehlen, kriminelle Fehlentwicklungen

6. Verlauf der Lese-Rechtschreib-Symptomatik[11]

„Es gibt Augenblicke, in denen man nicht nur sehen, sondern auch ein Auge zudrücken muss." ~ Benjamin Franklin

Die Lese-Rechtschreib-Symptome ändern sich im Laufe der Zeit. In den **ersten Schuljahren** stehen überwiegend größere Probleme beim **Lesen** im Vordergrund. Schriftsprachprobleme, die noch in der 3. Klasse vorhanden sind, bleiben bis in das Erwachsenenalter bestehen. Obwohl LRS-Kinder durch ein fachspezifisches Training ihre Rechtschreibfertigkeiten im Laufe der Jahre deutlich verbessern können, erreichen sie dennoch nicht die Leistungen von Kindern ohne LRS. Da Letztere schneller hinzulernen, wird der Abstand zu Gleichaltrigen im Laufe der Schuljahre sogar häufig immer noch größer. Darum suchen die meisten Eltern mit ihren Kindern erst in der 3. – 4. Primarschulstufe fachliche Hilfe auf.

In höheren Schulstufen und im Erwachsenenalter ist die **Rechtschreibstörung** vorrangig auffällig. Vor allem die mangelnde Groß-/Kleinschreibung, sowie Fehler bei Regel- Ausnahmen und seltenen oder fremden Wörtern bleiben bestehen.

Eine Verbesserung der **Lesefertigkeit** erfolgt kontinuierlich von der Kindheit bis ins Erwachsenenalter. Die altersabhängige Verbesserung der Lesefähigkeit unterscheidet sich dennoch von einer normgerechten Leseentwicklung. Das exakte, fehlerfreie Lesen fällt den Erwachsenen in der Regel immer noch schwer, vor allem bei längeren, unbekannten Wörtern. Beim Pseudowortlesen sind diese schlechter als normal lesende Kinder und erreichen darin kaum bedeutende Verbesserungen (Klicpera und Gasteiger-Klicpera, 1994). Erwachsene mit LRS erreichten in einer Untersuchung beim Wortlesen im Durchschnitt die **Fertigkeiten Neunjähriger ohne LRS**.

Das **Leseverständnis** zeigt meist vordergründig eine gute Besserungstendenz, so dass bei vielen Erwachsenen mit einer LRS nennenswerte Beeinträchtigungen im Leseverständnis nicht mehr beobachtbar oder zumindest nicht mehr so leicht nachweisbar sind. Zahlreiche Längsschnittstudien zeigen, dass das Rechtschreiben und das Lesen bis weit über die Schulzeit hinaus eingeschränkt bleiben. Vier bis acht Prozent der deutschen **Erwachsenen** verfügen über ein durchschnittliches Les-Rechtschreibniveau von **Viertklässlern** (Esser et al., 2002; Klicpera et al., 1995)

---

[11] In Anlehnung an Schulte-Körne, 2004.

Einschlägige Untersuchungen, welche die Entwicklung achtjähriger LRS- Kinder bis ins Erwachsenenalter verfolgten, belegen übereinstimmend eine ungünstige Prognose (Klicpera, Gasteiger – Klicpera, 1995) bei LRS. Es zeigte sich, dass der **Schulerfolg** von Kindern mit Lese- Rechtschreibschwächen deutlich schlechter war als der von Kindern mit gleicher Intelligenz ohne Lese- Rechtschreibschwäche (Esser und Schmidt, 1993). Die Betroffenen bleiben in ihren **schriftsprachlichen** Leistungen bis ins **Erwachsenenalter** benachteiligt.

7. Langfristige Auswirkungen von LRS

Die Fähigkeiten des Rechtschreibens und Lesens werden in unserer leistungsorientierten Gesellschaft von allen Seiten gefordert. Es konnte gezeigt werden, dass die Rechtschreibleistung einen höheren statistischen Zusammenhang zum notenbezogenen Schulerfolg aufweist als der nicht sprachliche IQ. Die Schulzensuren entscheiden über die Schulkarriere und über die Berufsmöglichkeiten.

Die größte Hürde in der gesamten Ausbildungslaufbahn von LRS-Kindern stellt die Schule mit ihren breitgestreuten Anforderungen dar. Der Schulerfolg ist sowohl im Grundschulalter, als auch in den anschließenden Schulen erheblich beeinträchtigt. Die Chancen, **weiterführende Schulen** zu besuchen, sind für die Betroffenen nicht groß. Lediglich ein Drittel der Kinder mit einer Rechtschreibschwäche erreicht den Übergang in weiterführende Schulen (Haffner et al., 1998). Weniger als 10 % der deutschen LRS-Kinder schließen eine Realschule ab und weniger als 2 % ein Gymnasium; sogar von den überdurchschnittlich intelligenten deutschen LRS- Betroffenen absolvieren weniger als 10 % das Abitur (Esser und Schmidt, 1993). Ein Sechstel der LRS- Kinder muss eine **Förderschule** besuchen. Aus den geringen schulischen Erfolgen ergibt sich, dass im Alter von 18 Jahren mit einer drei mal höheren Rate von **Jugendarbeitslosigkeit** (12 % vs. 4 %) zu rechnen ist (Esser et al., 2002).

LRS-Kinder erzielen im Allgemeinen häufiger als Personen ohne LRS einen schlechteren oder gar keinen **Schulabschluss** und erlangen meist auch nur unterdurchschnittliche **Berufsabschlüsse** und zwar überwiegend für Berufe mit körperlicher Arbeit. Beispielsweise wiesen in einer umfangreichen Untersuchung in London (Maughan et al., 1993) nur 50 % der LRS-Kinder einen Berufsabschluss auf und nur ein Prozent konnte eine akademische Ausbildung in Anspruch nehmen. Insgesamt lag das Ausbildungsniveau der Untersuchten durchschnittlich sogar unter dem ihrer Eltern.

Die **Schullaufbahnen** deutscher LRS-Kinder entsprechen in Ihrem Niveau etwa denen von minderbegabten Kindern in einem IQ-Bereich von 70 – 85 % (Schmid, 2004). Lediglich 34 % der Kinder mit LRS zeigen eine Besserungsrate ihrer **Schriftsprachkompetenz**[12] (Esser und Schmidt, 1993).

Soziale Faktoren üben einen deutlichen Einfluss auf die Lese- und Schreibentwicklung aus. Prognostisch gefährdet scheinen insbesondere Kinder aus sozial schwachen Familien zu sein, die wenig Unterstützung für die Bewältigung ihrer Schwierigkeiten erhalten (Esser et al., 2002). Verständnis, Geborgenheit und eine spezifische fachliche Förderung in Schule und Elternhaus können ganz offensichtlich den LRS- Kindern den Weg zu einem adäquaten Berufsabschluss ebnen. Die **beruflichen Aussichten** von LRS-Kindern mit stark **unterstützenden Eltern** erwiesen sich nicht als schlechter als die anderer Kinder mit vergleichbaren Schulabschlüssen (Esser und Schmidt, 1993) – allerdings wurde dies auch meist mit wesentlich größerem Zeit- und Energieaufwand erreicht. Haben Legastheniker ein Abitur geschafft, studieren sie gleich häufig wie andere Abiturienten. In der Berufsausbildung bzw. der Berufsausübung stehen sie dann nicht mehr hinter Nicht- Legasthenikern zurück.

Exemplarisch sei hier noch die **Übersicht** einer für die Situation in der Gesamtbevölkerung repräsentativen deutschen Langzeit-Untersuchung dargestellt, die sehr klar zeigt, dass ein Großteil der LRS-Kinder keinen ihrer Intelligenz entsprechenden Beruf erlernt und ein guter Teil von ihnen sogar straffällig wird.

Ausschnitt: Auswirkungen der LRS (Mannheimer Längsschnitt-Studie[13])

- Bereits Ende der 2. Klasse kann 70% der LRS-Kinder nur noch durch eine **außerschulische** Therapie geholfen werden.
- Lediglich 34 % der Kinder mit LRS zeigen eine **geringe Besserung** der Rechtschreibleistungen während der Grundschulzeit. Nur 12,5 % der Kinder mit LRS besuchen das **Gymnasium** gegenüber 40,6 % ohne LRS. Auch der Einstieg in das **Berufsleben** erweist sich für diese Kinder als erschwert.
- Lese-rechtschreibschwache Kinder zeigen vermehrt **Verhaltensauffälligkeiten**, was sich über die gesamte Entwicklungszeit nachweisen lässt.
- Zusätzliche **psychische Auffälligkeiten** sind auch später im Jugendalter deutlich erhöht (Schule schwänzen, Lügen, Weglaufen, Nikotin-, Alkohol-, Drogenmissbrauch, Zerstören fremden Eigentums...).

---

[12] Wie Sie auch hier sehen können, wurde vorrangig die Rechtschreibleistung untersucht, über Lesevermögen oder Leseverständnis oder gar über das sprachliche Gedächtnis wird hier nicht gesprochen.

[13] Esser und Schmidt, 1993.

- 25 % werden im Alter von 18 Jahren **strafauffällig**, gegenüber 5,3 % ohne Lese- und Rechtschreibproblemen.

Zusammengefasst lässt sich also sagen, dass eine LRS im Grundschulalter langfristig mit einer ungünstigen Prognose für den schulischen und den beruflichen Erfolg, sowie auch für die seelische Entwicklung verbunden ist. Diese ernüchternden Fakten weisen auf die brisante Ernsthaftigkeit der LRS-Symptomatik hin und zeigen, dass viele der betroffenen Kinder dringend therapeutische, familiäre und schulische Hilfe brauchen.

„Lieber, guter Nikolaus,
lösch uns unsere Fünfen aus,
mache lauter Einsen draus,
bist ein braver Nikolaus!"

~ Berliner Kinderreim

B. Der Schriftspracherwerb

„Das Lernen vieler Dinge lehrt nicht Verständnis." ~ Heraklit

1. Schriftspracherwerb-Modell nach Uta Frith (1985)

„Die Schrift hat das Geheimnisvolle, dass sie redet." ~ Paul Claudel

Es gibt mehrere theoretische Modelle des Schriftspracherwerbs, welche den Ablauf des Lernprozesses darstellen. Wir beziehen uns hier überwiegend auf das **Modell nach Uta Frith (1985)**, da sich die späteren Erklärungsansätze grundsätzlich an diesem orientieren. Nach diesem Modell werden **3 Stufen des Schriftspracherwerbs** durchlaufen:

a. Die Logographische Stufe: Die Kinder erfassen beim Lesen die charakteristischen „Bild"-Merkmale des ganzen Wortes, ohne dass sie dieses in Buchstaben zergliedern. Beim Schreiben reihen sie nicht einzelne Buchstaben aneinander, sondern malen ein **Wortbild**.

b. Die Alphabetische Stufe: Die Kinder erkennen, dass Buchstaben stellvertretend für Laute stehen und beginnen **buchstabenweise** zu lesen und „lautgetreu"

zu schreiben; das heißt auch, dass die Buchstaben und Wörter geschrieben werden, wie man diese hört. Da aber im Deutschen nur etwa 50 % der Wörter des Grundwortschatzes oder weniger lautgetreu, also ohne Rechtschreibbesonderheiten wie langes *ie*, Dehnungs- *h* usw. geschrieben werden und zudem nicht jeder Laut genau einem Buchstaben entspricht und umgekehrt, reicht ein lautgetreues Vorgehen für das richtige orthographische Schreiben nicht aus. Dementsprechend sagen wir z.B. nicht *Peter* mit hartem *p* am Anfang und -*er* am Schluss des Wortes, sondern *Beta*. Dieses „Ungleichgewicht" zwischen Buchstaben und Lauten stellt anfangs - und für LRS-Kinder auch später - eine große Fehlerquelle dar.

c. Die Orthographische Stufe: Die Kinder erlernen **Rechtschreibregeln** und wenden diese an. Der Legastheniker kennt meist die orthographischen Regeln, kann diese jedoch nicht adäquat anwenden (Klicpera, Gasteiger-Klicpera, 1995). Das in den Schulen sehr häufig praktizierte **Auswendig- Lernen** der Rechtschreibwörter stellt für den Legastheniker eine schier unüberwindliche Hürde dar. In der deutschen Sprache gibt es 530 Buchstaben-Kombinationen für 59 Laute aus 28 Buchstaben (Mangold, 1961), sodass die Buchstaben-Lautzuordnung den ersten Stolperstein für eine korrekte Schreibung darstellt. Mit seinem meist stark reduzierten sprachlichen Gedächtnis soll sich der Legastheniker insgesamt 212 Rechtschreibregeln zuzüglich der Ausnahmen merken. Im Duden-Wörterbuch finden sich 12.000 Schreibungsarten für 115.000 eingetragene Wörter. Man braucht nicht viel Phantasie, um verstehen zu können, dass ein Leseechtschreib- gestörtes Kind ohne adäquate Hilfe nur sehr ungenügend das Lesen und Schreiben erlernen kann.

Stufen des Schriftspracherwerbs (Uta Frith, 1985)

a. Logographische Stufe: Das ganze **Wortbild** wird erfasst.

b. Alphabetische Stufe:
Erlernen der Buchstaben für die Laute → LAUT-TREUES SCHREIBEN
Nur **50 %** des Grundwortschatzes ist jedoch lauttreu.
Oder weniger, Beta (= Peter)?
Es gibt 530 Buchstaben-Kombinationen für 59 Laute aus 28 Buchstaben!

c. Orthographische Stufe:
212 Rechtschreibregeln + Ausnahmen
12.000 Schreibungsarten für 115.000 Wörter im Duden-Wörterbuch

2. Leseerwerb

„Lesen ist für den Geist das, was Gymnastik für den Körper ist." ~ *Joseph Addison*

2.1 Prozesse beim Lese-Erwerb

Die geistigen Prozesse beim Lesen sind wesentlich komplexer, als sich das der kompetente Leser vorstellen würde. Um ein Wort zu erlesen, müssen die gesehenen **Buchstaben** zuerst im sprachlichen Arbeitsgedächtnis in die entsprechende **Lautform** umgewandelt und zu einem Wort zusammengefügt werden. Dabei muss das visuelle Bild mehrmals wiederholt werden. Dann soll das Gelesene im sprachlichen **Arbeitsgedächtnis** über ein mehrmaliges, **inneres Wiederholen** verfügbar gehalten werden, da der Lautbestand mit dem Wortschatz, der im **Langzeit-**

gedächtnis[14] gespeichert ist, **verglichen** wird (Wagner, Torgesen 1987). Alle Eigenschaften eines Wortes, wie Bedeutung, Stellung im Satz, Klang, Aussprache und Schriftbild werden gleichzeitig abgespeichert, um bei Bedarf auch gemeinsam abgerufen werden zu können (Dell, 1986).

Sind aber im Langzeitgedächtnis keine oder nur **ungenaue Einträge** vorhanden, kann der gesuchte Buchstabe, die Silbe oder das Wort nicht oder nur verlangsamt und ungenau abgerufen werden.

Wird ein neues Wort oft genug **buchstabenweise** erlesen, gelingt es früher oder später, das Wort visuell in Silben, Wortstämme oder häufige Buchstabengruppen zu **unterteilen** (indirekter Zugang des Worterkennens), bis es dann letztendlich im Langzeitgedächtnis als Sprechwort und Schreib-Wort gemeinsam mit seiner Bedeutung eingetragen wird. Das Wort kann dann als ein **Ganzes aus Ton, Schrift, Bedeutung und Aussprache** direkt aus dem Langzeit-Gedächtnis abgerufen werden; es wird automatisiert erkannt und flüssig gelesen.

Beim **Abruf** eines Wortes aus dem mentalen Lexikon werden **mehrere Wörter** ausgesucht, die in Aussehen, Klang und/oder Bedeutung ähnlich sind, aus welchen dann der endgültige Begriff ausgewählt wird.

Der Abruf eines gelesenen Wortes aus dem Langzeitgedächtnis.

---

[14] So genanntes inneres oder mentales = geistiges Lexikon

Die Geschwindigkeit des Wort-Abrufs beim Lesen hängt vom Wissen über folgende **Eigenschaften des Wortes** ab:

- Wortbedeutung innerhalb des Satzes
- Wort-Klang
- Wort-Bild

Beim **Abruf** eines Wortes aus dem Langzeitgedächtnis werden alle jeweils möglichen Wortbedeutungen zugleich mit dem jeweils dazugehörenden Wortklang aktiviert, wobei das Wissen über das **Wortbild** und damit über den **Rechtschreibaufbau** des Wortes mit beteiligt ist[15] (z.B. Lied oder Lid?). Man kann sich hier natürlich lebhaft vorstellen, dass es bei ähnlichen Wörtern bezüglich Bedeutung, Wortklang und Wortbild vor allem beim Lesen häufig zu Fehlinterpretationen kommen kann: z.B.: Seine Lider (Lieder) erschienen geschwollen (dick oder protzig?).

Unter folgenden **Bedingungen** werden Wörter weniger schnell und weniger sicher abgerufen:

- Wörter mit vielen **Nachbarswörtern** (Nachbarschaftseffekt): Wenn viele Wörter im Langzeitgedächtnis nebeneinander zum Abruf aktiviert werden, wird das erwünschte Wort etwas verzögert abgerufen. Vor allem, wenn Bedeutung, Rechtschreibung, Form oder Klang eines Wortes nicht ganz klar sind, braucht man mehr Zeit zur Auswahl zwischen mehreren Alternativen.
- **Ähnliche Wörter** wie *Maut, Maus, raus* (Ähnlichkeitseffekt), die sich im Klang, in der Bedeutung oder im Schriftbild ähnlich sind.
- **Selten benutzte Wörter**
- **Nichtwörter** (Nicht-, Kunst-, Pseudo- oder Quatschwörter), die keinen Sinn haben: *Nulpe, Upa, Kluter* usw.

Es lässt sich logisch schlussfolgern, dass das Lesen, insbesondere die **Leseerwartung** - was als nächstes im Text folgen könnte - und das **Leseverständnis** nicht zuletzt auch durch eine Vergrößerung eines sicher verfügbaren **Wortschatzes** gefördert werden kann. Eine Erweiterung des Wortschatzes sollte durch die Arbeit im Bereich des Wortklanges und des dazugehörigen Wortbildes erreicht werden, sowie auch durch die Arbeit an der Wortbedeutung und der Wortstellung im Satz (siehe die Therapiebände).

---

[15] Interaktives Aktivierungsmodell von Dell, 1986.

Die Wortproduktion beim Lesen benötigt neben der Fähigkeit Wörter zu speichern und abzurufen auch noch zusätzlich Fertigkeiten auf den Ebenen der **phonologischen und sprachlichen Bewusstheit.** Die phonologische Bewusstheit ist das Wissen über den lautlichen Aufbau des Wortes, während mit sprachlicher Bewusstheit das Wissen über den Sprachaufbau innerhalb eines Satzes und Textes gemeint ist. Verfügt ein Leser über diese Kompetenzen, wird er diese Wörter und Phrasen leichter erkennen und eine vorausschauende **Leseerwartung** aufbauen.

Um Wörter korrekt beim Lesen und Schreiben erfassen und produzieren zu können, muss man über eine intakte phonologische und sprachliche Bewusstheit verfügen und über folgende **Fragen** Bescheid wissen:

- Welche **Lautfolgen** sind möglich?
- Welche **Wortstämme und Silben** gibt es?
- Wie werden Wörter zu **Sätzen** verknüpft?

Wir können anhand unseres **intuitiven Wissens** über mögliche Lautfolgen, Wortstämme und Satzregeln neue Wörter und Sätze konstruieren. So weiß z.B. ein Deutsch Sprechender, dass das Pseudowort „Schnulf" eine im Deutschen mögliche Lautfolge hat, sodass das Wort beim Lesen mit einem Blick erfasst werden kann. Dagegen wird auch der kompetente Leser Wörter wie z.B. „wlnje" eher buchstabenweise erlesen (Maas, 2003). Genauso können wir neue Wortstämme erkennen und grammatisch richtig abwandeln, sowie neue Sätze entsprechend **bekannter grammatischer Muster** bilden (Eisenberg, 1998a, b). Da SSES[16]- und LRS-Kinder nur eingeschränkt über dieses intuitive Wissen verfügen, bauen sie beim Lesen auch weniger eine Erwartung punkto Wort- Phrasen und Satzaufbau auf.

Beim Lesen des folgenden tschechischen Zungenbrecher- Satzes kann man vielleicht nachempfinden, welche Mühe ein Legastheniker beim Lesen hat und warum er so ungern liest:

T itisícet istat icett i st íbrných st íka ek st íkalo p es t itisícet istat icett i st íbrných st ech.	Dreitausenddreihundertdreiunddreißig silberne Feuerwehr-Spritzen spritzten über dreitausenddreihundertdreiunddreißig silberne Dächer.

Alle oben besprochenen Regel-Prozesse bilden zusammen im Voraus eine Art leerer **„Gussformen"** für die folgenden sprachlichen Inhalte. Während des Spre-

---

[16] SSES = Spezifische Sprachentwicklungsstörung.

chens werden diese leeren Formen nach ganz bestimmten Einsetzungsregeln mit den jeweils passenden sprachlichen Inhalten wie Laut- und Wortformen, sowie Reihenfolgen im Satz aufgefüllt. (Gerken, 1994; Leo, Demuth, 1999).

Anhand dieses sprachlichen Wissens entstehen beim Lesen und Schreiben schon im Voraus ganz bestimmte **Erwartungen** bezüglich Laut- und Wortabfolge und Bedeutung, sodass die Erfassung von ganzen Buchstabengruppen und Wörtern - und damit ein flüssiges Lesen - möglich werden.

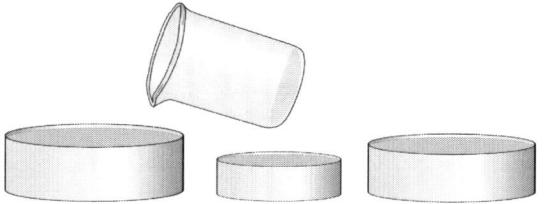

Laut- und Buchstabenkombinationen, Wortstämme, grammatische Formen des Wortes und Satzes usw. werden in die „Gussformen" eingefüllt.

Zusammenfassung: Für das Worterkennen und die Wortproduktion beim Lesen ist eine sichere **Buchstaben- Lautzuordnung** notwendig. Einzelprozesse wie **Speicherung**, **Abruf** und **Aussprache**, sowie auch das **Kennen von Wörtern** und Wortbedeutungen spielen beim Lesen eine tragende Rolle. Auf Satz- und Textebene gehören **grammatische** Fertigkeiten und das Wissen über bestimmte **Textmuster**, das die **Leseerwartung** prägt, zu den grundlegenden Voraussetzungen.

2.2 Das Dual-Route-Lesemodell nach Castels / Coltheart (1983)

Das Dual-Route-Lesemodell beschreibt das Erlesen eines Wortes als **direkten Weg** des Lesens, wenn das **Wortbild** von häufig gelesenen Wörtern als Ganzes orthografisch im Gedächtnis gespeichert ist und als Ganzes erlesen wird. Charakteristische **Buchstabenkombinationen** rufen das gesamte Wortbild im Gedächtnis auf, ohne dass das Wort in Buchstaben untergliedert wird. Gleichzeitig werden weitere Informationen, wie z. B. die **Bedeutung** des Wortes aktiviert, sodass das Gelesene auch verstanden wird.

Der indirekte Weg wird eingeschlagen, wenn Wörter noch nicht so bekannt sind, sodass man ein Wort **Buchstabe für Buchstabe** erlesen muss. Ein solches Vorgehen dauert wesentlich länger als ein Lesen auf direktem Wege. Diese Phase steht auch am Anfang eines jeden Leselernprozesses und dauert für Legastheniker viel länger. Letztere greifen lange Zeit und häufig auf das lautierende Lesen besonders bei unbekannten und schwierigen Buchstaben- und Wortfolgen zurück.

Ein eindrückliches Beispiel für das ganzheitliche Erfassen von Wörtern bietet das folgende Textbeispiel[17], welches für den durchschnittlich guten Leser mühelos zu erlesen und zu verstehen ist. Für Legastheniker, die sehr lange buchstabenweise lesen, ist dieser Text zum großen Teil nicht verständlich.

> Gmeäss eienr Stduie eienr elgnihscen Unveirtsiät mahct es nihcts aus, in weclher Rihenefgole die Bhcusbaten in eniem Wrot agnoerdent snid. Das enizig wigitche ist, dass der estre und lztete Bhcusbate am rchitiegn Paltz snid. Der Rset knan ein vllöiegs Druhecniadenr sein, man knan es imemr ncoh perlolmobs leesn. Deis pasesirt, weil wir nchit jeedn Bchutsaben ezinlenn, sndoren das gnzae Wort lseen. Nciht sheclhct, oedr?

Zahlreiche Untersuchungen stellten fest, dass das **sprachliche Gedächtnis und das Wissen** über diese beschriebenen Prozesse bei der LRS meist erheblich **beeinträchtigt** sind (Schulte-Körne, 2001). Das eingeschränkte Sprachgedächtnis bewirkt, dass die Kinder sich nur sehr mühevoll und langsam Buchstaben- und Wortfolgen, grammatische Endungen oder Satzstrukturen merken können, sodass dadurch auch der Leseerwerb meist nur sehr verzögert und mangelhaft vollzogen wird.

2.3 Leseverständnis

Das Leseverständnis baut sich entsprechend dem **Lese-Verständnismodell „Simple-View-of-Reading"** (Gough et al., 1996) aus dem Erlesen oder Erkennen des Wortes und aus dem Verstehen des Satzes und des Textes auf. Das Leseverständnis ist primär abhängig von den **basalen Lesetechniken** und vom **Hörverstehen**. Um einen Satz zu verstehen, müssen dessen Wörter nach grammatischen und inhaltlichen Gesichtspunkten miteinander in Beziehung gesetzt werden (Christmann, Groeben, 1999). Neben der Fähigkeit zur Erfassung der Wortbedeutung ist das Wissen notwendig, wie diese Bedeutung durch die jeweilige grammatische Einbettung im Satz verändert wird (Klicpera, Gasteiger-Klicpera, 1995), wie z.B.: *„Sie setzte sich auf die Bank". „Sie ging in die Bank".*

---

[17] Quelle: www.hogrefe.de/design/standard/images/dsb/Vortrag_marx.pdf.

Zur Herstellung von Beziehungen zwischen verschiedenen Sätzen oder Textstellen gibt es in unserer Sprache **Bindeglieder und Verweise** zwischen diesen (Christmann, Groeben, 1999) wie z.B.:

„Die Lehrerin hat heute Geburtstag. Die Kinder überreichen ihr ein Geschenk".
„Anna hat Heidrun eingeladen. Aus Krankheitsgründen kam diese leider nicht".

Die Fähigkeit zur Verknüpfung zweier Sätze durch solche Pro-Formen (ihr, diese, usw.) entwickelt sich **im Alter von fünf bis sieben Jahren** (Grimm, 1998). Fünfjährige Kinder erkennen oft noch nicht, wenn die Verknüpfung zweier Sätze durch ein rückverweisendes Fürwort unplausible Geschichten ergeben: *„Die Prinzessin ist fröhlich. Sie weint den ganzen Tag."*

Siebenjährige Kinder sind normalerweise dazu immer in der Lage. Andere rückverweisende Formen (z.B. innerhalb eines einzelnen Satzes) können hingegen noch Probleme bereiten, z.B.: *„Das ist der Mann, von dem alle wissen, dass kein Geld bei ihm sicher ist".* Für LRS und SSES–Kinder können derartige Formulierungen mitunter bis über die Grundschulzeit hinaus nicht präzise verständlich sein.

Zusammenfassung: Faktoren des Leseverständnisses

- Phonologische Bewusstheit
- Wortschatz, Wortfindung, Kennen der Wortbedeutung
- Verständnis grammatikalischer Formen von Wörtern und Sätzen
- Verständnis von Texten

---

3. Rechtschreib-Erwerb

„Das Beste beim Diktieren ist: Man kann Worte verwenden, von denen man keine Ahnung hat, wie sie geschrieben werden." ~ William Shakespeare

3.1 Rechtschreibmodell nach Simon & Simon, 1973

Ganz ähnlich wie beim Lesen werden im Rechtschreib-Erwerb **Wortbilder** von Wörtern, die bereits häufig geschrieben wurden, als Ganzes aufgerufen und in ein **motorisches Schreibprogramm** übersetzt, welches das Niederschreiben des Wortes regelt. In einem gleichzeitig auftretenden **Kontrollprozess** wird das geschriebene Wort auf seine Richtigkeit hin überprüft.

Für Wörter, die nicht mit kompletten Wortbildern im Gedächtnis abgespeichert sind, ist eine Untergliederung in **Silben** und weiter in einzelne Laute erforderlich. Die Laute werden in Buchstaben verwandelt, als **Buchstabenfolge** zwischengespeichert und niedergeschrieben. Dieser Prozess ist recht langwierig und schwierig und führt häufig zu Fehlern, da lautgetreues Schreiben eine genaue Wortanalyse erfordert, die nicht immer möglich ist. Und selbst bei exakter Lautanalyse wären Fehler nicht auszuschließen, da viele Wörter nicht lautgetreu zu schreiben sind.

Legastheniker können sich sehr lange nicht das Wortbild als Ganzes merken und müssen deshalb auf die einzelnen Buchstaben zurückgreifen. Dabei entstehen viele Fehler, da das Wissen der Betroffenen über die Buchstaben-Laut-Beziehung eingeschränkt ist und eine schnelle und exakte Lautanalyse schwer fällt.

Infolge ihres meist reduzierten sprachlichen Arbeitsgedächtnisses haben Legastheniker dann auch Schwierigkeiten, sich die erlesenen Buchstabenfolgen zu merken. Daher müssen leseschwache Personen sich über einen langen Zeitraum Wörter immer wieder neu und mit viel Mühe erlesen. Es ist durchaus verständlich, dass Legastheniker keine Freude haben, ein Buch zu lesen, da es sie viel zu sehr anstrengt und sie häufig auch nicht alles inhaltlich verstehen.

C. Grundvoraussetzungen für den Lese-Rechtschreib-Erwerb

*„In gewissem Sinne ist **Sprache** Vorstellung und die **Vorstellung** der Rahmen der Wahrnehmung."*
~ Susanne K. Langer

Für eine normale Entwicklung und Aufrechterhaltung aller Hirnfunktionen spielen **Zeitprozesse** eine zentrale Rolle und sind somit natürlich auch für den Sprach- und Schriftspracherwerb maßgeblich. In wissenschaftlichen Untersuchungen mehren sich die Hinweise, dass für Störungen des Sprach- und Schriftspracherwerbs eine mangelhafte zerebrale Zeitverarbeitung verantwortlich ist.

Bereits schon kurz vor und nach unserer Geburt erwerben wir die **melodischen und rhythmischen (prosodischen) Strukturen der Sprache**, welche die Grundvoraussetzungen für eine reguläre Sprachentwicklung und damit auch für den späteren Schriftspracherwerb darstellt.

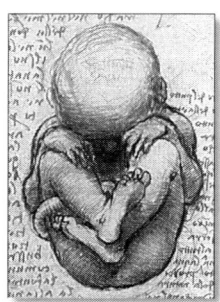 Schon als Ungeborene mit **28-36 Wochen** zwinkern wir ganz deutlich, wenn wir die Stimme unserer Mutter vernehmen oder eine Sprache hören, die der mütterlichen ähnelt. Bereits zwei Tage nach der Geburt wenden wir das im Mutterleib Gelernte an und bevorzugen vor allem anderen die mütterliche Stimme (Grimm, 2003). Und nur zwei weitere Tage später unterscheiden wir schon anhand der Sprachmelodie (Prosodie) zwischen einer Fremdsprache und der Muttersprache, wenn sich diese sprachrhythmisch unterscheiden (z.B. das eingedeutschte Wort *Mama* gegenüber *maman* im Französischen; für die französische Sprache ist die fixe Festlegung der Wortbetonung auf die letzte Silbe typisch).

Wir leiten schon als ganz kleine Kinder von Anfang an rein intuitiv aus den verschiedenen Merkmalen der Sprache **lautliche und grammatikalische Sprachregeln** ab. Dabei bedienen wir uns der Länge und Tonqualität des Selbstlautes, sowie seiner Lautstärke und Tonhöhe. Wir lesen sozusagen aus dem zeitlichen Rhythmus, der Betonung und den Pausen in Worten und Sätzen, die man zu uns als Säugling spricht, wichtige Sprachregeln heraus.

Dementsprechend ist es auch unser Ziel, diese Intuition für Sprachregeln in der Therapie anhand der Arbeit am Sprachrhythmus ein Stück weit nachzuholen und mit möglichst wenig auswendig gelernten Regeln auszukommen. LRS-Kinder merken sich vielleicht die Regel, wenden diese aber meist nicht oder falsch an (Klicpera, Gasteiger-Klicpera, 1995).

Wie wir später noch eingehender zeigen werden, gehört ein funktionierender Zugang zu Sprachrhythmus und Sprachmelodie zu den wichtigsten Grundvoraussetzungen für den ungestörten Erwerb des Lesens und Schreibens. Die Prosodie (Sprachmelodie) erleichtert es uns, **Silben und Laute** eindeutig aus dem fortlaufenden, mit wenigen Pausen unterbrochenen Sprachfluss herauszuhören. Die Sprechpausen stimmen meist nicht mit den Wortgrenzen überein, sondern entstehen dort, wo der Atemstrom – auch mitten innerhalb der Wörter - vor den sogenannten **Stoppkonsonanten** oder **Verschlusslauten** t - k - p kurz gestoppt wird, wie man in der folgenden grafischen Aufzeichnung sehen kann:

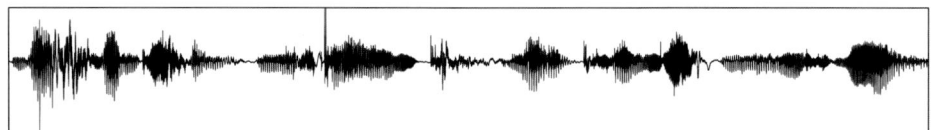

„Was Hänschen nicht lernt, lernt Hans nur mehr schwer.“

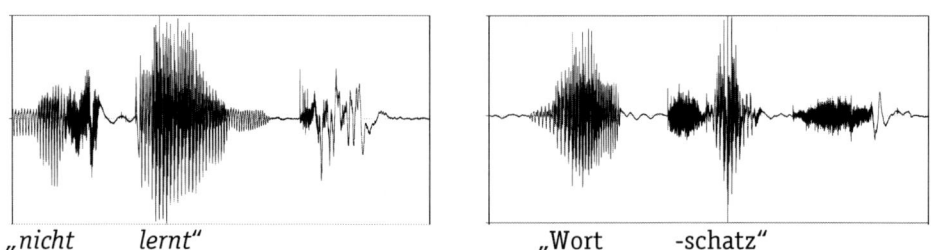

„nicht   lernt“   „Wort   -schatz“

Sonagramme (visuelle Darstellungen von Sprachsignalen) zur Darstellung von Sprechpausen.

Als weitere Bedingung für einen erfolgreichen Schrifterwerb gilt das später erworbene bewusste Wissen und Reflektieren über sprachliche Strukturen, die so genannte **metalinguistische Bewusstheit**, die beim Spracherwerb intuitiv, beim Schrifterwerb später dann bewusster erworben wird (Schneider et al., 1994). In der heutigen Schrifterwerbsforschung wird die sprachliche Bewusstheit, also das bewusste Nachdenken über die Struktur der Sprache, als eine der wichtigsten Voraussetzungen für den Leserechtschreiberwerb angesehen. Die gesprochene

Sprache muss auf einem bestimmten Niveau auf verschiedenen Ebenen beherrscht werden, wie z.B. in den Bereichen **Wortschatz, Wortbau, Satzbau, freies Sprechen, Artikulation und Sprachverständnis** (Schenk, 1997). Die Schule ist sehr bemüht, die Bewusstheit unserer Kinder im Bereich der deutschen Grammatik zu fördern, was wiederum dem Fremdspracherwerb zugute kommen soll. Leider können LRS- und SSES- Kinder häufig eher wenig damit anfangen, da sie die Komplexität der Sprachstrukturen und der neuen grammatikalischen Ausdrücke nicht durchschauen und auch nur schwer erinnern und anwenden können.

Als weltweit anerkannte Grundlage für den Lese-Rechtschreib-Erwerb gilt die **phonologische Bewusstheit**, welche das Wissen darstellt, wie ein Wort aus Lauten und Silben aufgebaut ist (z.B.: Laute im Wort heraushören: *„Hörst du ein E in Esel"-„ Ja"*; oder einzeln gesprochene Laute zu einem Wort zusammensetzen: *„Was heißt das: O - M - A"? „Ja, es heißt Oma"*). Die Wahrnehmung und Manipulation von Reimen, Silben, Lauten und häufigen Lautkombinationen im Wort sollen bewusst vorgenommen werden können (z.B.: *Was reimt sich auf Maus? Lasse den ersten oder letzten Laut bei OMA aus...*). Viele Längsschnittstudien weisen den Zusammenhang zwischen der phonologischen Bewusstheit und dem späteren Schriftspracherwerb nach. Wie wir in späteren Kapiteln noch ausführlicher zeigen werden, steht vor allem die Wahrnehmung und Arbeit mit Einzellauten in engem Zusammenhang mit dem Erwerb der Schriftsprache (Osburg, 1997; Küspert, 1998).

Das **sprachliche Arbeitsgedächtnis** stellt eine weitere wichtige Fähigkeit zum Erlernen des Lesens und Schreibens dar. Es speichert und „bearbeitet" die Informationen, die zur Lösung komplexer Aufgaben notwendig sind. Darüber hinaus ermöglicht es uns, unsere momentane Umwelt zu verstehen, sich aktuelle Ziele vorzunehmen, Probleme zu lösen und neues Wissen zu erwerben. Ein mangelndes sprachliches Gedächtnis beeinträchtigt nicht nur den **LRS-Erwerb, sondern auch die allgemeine Lernfähigkeit** erheblich.

Voraussetzungen für einen ungestörten Sprach- und Schriftspracherwerb:

- Zeitliche Verarbeitung
- Sprachprosodie
- Sprachliche Bewusstheit
- Phonologische Bewusstheit
- Sprachliches Gedächtnis

1. Die Zeitverarbeitung des Gehirns

„Die Zeit ist die wichtigste Zutat im Rezept des Lebens." ~ Charles Darwin

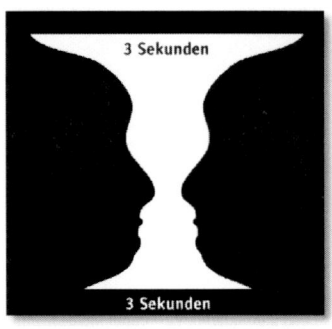

Unser Bewusstsein nimmt Neues in **Drei-Sekunden-Einheiten** auf: *„Ein Händedruck, ein Blick zurück, eine Zeile eines Gedichts, ein Schluck Wein"*, dauern jeweils ca. drei Sekunden (Pöppel, 1985). Auch Kippbilder springen ungefähr alle drei Sekunden um (siehe die Abbildung links: Zwei seitliche Gesichtsprofile - Vase).

Bei langen Sätzen sollte demnach das **sinnmäßig Zusammengehörige** nicht durch eingefügte Sätze auseinander gerissen werden, die mehr als 3 Sekunden Lesedauer beanspruchen. Ansonsten kann das Gelesene nicht mühelos verstanden werden.

Beispiel: *Das Auto, das von einer durch eine 12- stündige durchgehende Fahrt übermüdeten und relativ untrainierten siebenunddreißigjährigen Fahrerin aus Steyr bei Linz an der Donau gelenkt wurde, geriet ins Schleudern.*

Eine korrekte zerebrale Zeitverarbeitung ist von besonderer Bedeutung für das normale Funktionieren aller Teilleistungen. Vor allem gilt die **schnelle** zeitliche Verarbeitung für einige Wissenschaftler als **die** Schlüsselfunktion für eine ungestörte auditive Verarbeitung und Wahrnehmung von gehörten sprachlichen Reizen (Benasich et al., 2002).

Gesprochene Sprache besteht aus sich zeitlich schnell ändernden akustischen Informationen. Um Sprache richtig zu verstehen, ist also eine hohe zeitliche Auflösung notwendig. Viele akustische Eigenschaften der sprachlichen Reize sind äußerst kurz dauernd und folgen sehr rasch aufeinander, sodass bei einer verminderten zeitlichen Verarbeitung weniger oder unrichtige Informationen aus dem sprachlichen Angebot entnommen werden. Die sich unterscheidenden Merkmale sind häufig nur sehr kurze Zeit hörbar. So hat man z.B. zur Unterscheidung von Silben wie *ba* und *pa* nur um die 40 Millisekunden Zeit (v. Steinbüchel et al., 1996).

Verschiedene Arten von Reizen erfordern verschiedene Verarbeitungszeiten. So werden zwei Töne ab einem Abstand von 3 Millisekunden als getrennt wahrgenommen, 2 Seh-Reize erst bei einem viel größeren Abstand von 20 bis 30 Millisekunden, was insgesamt als **Fusionsschwelle** bezeichnet wird. Die richtige Reihenfolge oder Ordnung der eintreffenden Reize nimmt man aber erst wahr, wenn der Abstand zwischen zwei Reizen nicht unterhalb der sogenannten **Ordnungsschwelle** von 30 - 40 Millisekunden liegt (Pöppel, 1985). Die Bestimmung der Ordnungsschwelle wird seit einiger Zeit zur Diagnostik einer Störung der Zeitverarbeitung bei Leserechtschreib- und Sprachstörungen eingesetzt. Dementsprechend wurden auch Trainingsverfahren zur Herabsetzung der Ordnungsschwelle entwickelt, mit dem Ziel, auf diese Weise die LRS oder SSES erfolgreich zu therapieren. Der Nachweis der Effektivität dieser Behandlungsform wurde allerdings bisher noch nicht erbracht.

Anhand von **Tonhöhe, Dauer und Lautstärke** können wir Sprachlaute erkennen und unterscheiden. **Stimmlose** Konsonanten (Stoppkonsonanten oder Plosive: *p, t, k...*) liegen im Hochtonbereich (über 6000 Hz). **Hochtongestörte** Kinder haben deshalb bei der Erkennung unterschiedlicher **Plosivlaute**[18] (*b-p, d-t, g-k*) häufig besondere Schwierigkeiten (Hess & Sendlmeier, 1992). Die Unterscheidung zwischen Mitlaut und Selbstlaut, sowie zwischen stimmhaften[19] (mit Stimmeinsatz) und stimmlosen[20] (ohne Stimmeinsatz) Mitlauten ist von einer funktionierenden zeitlichen Analyse hoher Frequenzbereiche abhängig.

Da die phonologische Bewusstheit die Fähigkeit zur Lautunterscheidung und -manipulation beinhaltet, stehen zeitliche Verarbeitungsprozesse wohl auch im Zusammenhang mit der Entwicklung der **lautlichen und sprachlichen Bewusstheit**, d.h. mit dem bewussten Wissen über den Aufbau der Sprache. Zukünftige Untersuchungen werden die ursächliche Bedeutung der zeitlichen Verarbeitung für die SSES und für die LRS noch näher beleuchten und eventuell therapeutische Handlungsmöglichkeiten aufzeigen können.

„Eins zwei drei, im Sauseschritt
läuft die Zeit; wir laufen mit."

~ Wilhelm Busch

„Es gibt ein sehr probates Mittel,
die Zeit zu halten am Schlawittel:
Man nimmt die Taschenuhr zur Hand
und folgt dem Zeiger unverwandt."

~ Christian Morgenstern

---

[18] Plosivlaute oder Stoppkonsonanten werden die Mitlaute genannt, bei deren Artikulation der Atemluftstrom vollkommen blockiert wird; durch die darauf folgende Wieder- Freisetzung des angestauten Luftstroms entsteht eine kleine „Explosion", die den Klang erzeugt.
[19] Stimmhafte Laute sind Selbstlaute, sowie *m, n, ng, r, l* und *j, w,* sowie auch *b, d, g* usw.
[20] Stimmlose Laute sind *p, t, k* und *f* in Fisch, *h* in Hand, *s* in Bus, Tasse, Straße usw.

2. Prosodie: Der Ton macht die Musik

Das aus dem Griechischen stammende Wort Prosodie bedeutet wortwörtlich „das hinzu Gesungene", womit das „Klangbild" unserer Sprache gemeint ist. Entscheidend beim Sprechen ist nicht nur, was gesagt wird, sondern natürlich auch, wie es gesagt wird. Die Sprachmelodie ermöglicht es, unsere **Einstellungen, Absichten und Emotionen** auszudrücken und die Wahrnehmung des Zuhörers zu steuern. Menschen, deren Stimme die Prosodie fehlt, können sich daher weniger gut verständlich machen und sind häufig auch nicht fähig, die Bedeutung der Sprachmelodie anderer ausreichend zu entschlüsseln.

Die Sprachprosodie kommt durch das **Zusammenspiel** verschiedener sprachlicher Merkmale wie Betonung, Lautstärke, Tonhöhe, Zeitdauer, Laut-Qualität zustande.

Bestimmungsmerkmale der Prosodie

- Tonhöhe
- Dauer
- Akzent oder Betonung
- Rhythmus

- Lautstärke
- Pausen
- Sprechgeschwindigkeit
- Fokus:
  Heraushebung von Bedeutendem

Je nachdem, wie hoch oder tief, wie laut oder leise, wie schnell oder langsam wir etwas sagen, bekommen unsere Äußerungen verschiedene **inhaltliche und emotionale Bedeutungen**. Je nachdem, was wir betonen, wo wir Pausen einsetzen, welchen Rhythmus wir benutzen, bekommt das Gesagte unterschiedliche Wichtigkeit oder Bedeutung. Eine Pause, ein Verlängern der letzten Silbe und/oder eine höheres Tempo der nicht betonten Silben zeigen eine **Grenze** an. Eine fallende Betonung bedeutet im Allgemeinen, dass der Satz hier enden könnte. Heben wir unsere Stimme an, zeigt dies, dass wir unser Sprechen fortführen wollen.

Beim Sprechen steigt und fällt unsere Stimme im ständigem Wechsel der Sprechmelodie, was man als **Intonation** bezeichnet (siehe die folgenden Grafiken von gesprochenen Sätzen). Die Betonung signalisiert, ob wir eine Frage oder eine Antwort, einen Hauptsatz oder einen Nebensatz äußern.

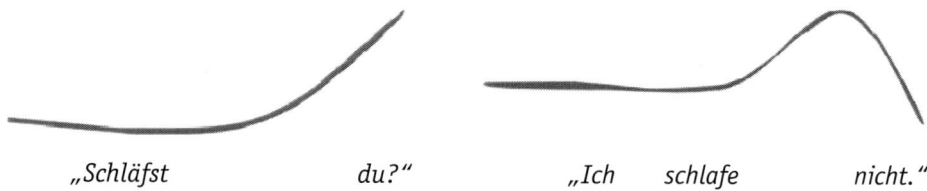

„Schläfst   du?"   „Ich   schlafe   nicht."

Unsere Äußerungen können in **Intonationsphrasen** unterteilt werden, welche meist am Ende durch eine starke Sprechpause gekennzeichnet sind. In einer normalen Intonationsphrase fällt die Tonhöhe unserer Stimme ab, bei Fragen wird das Ende der Phrase durch ein Ansteigen angezeigt oder bei Weiterleitung der Phrase durch ein Halten der Stimmhöhe.

Eine Intonationsphrase entspricht ungefähr einem **Haupt– oder einem Nebensatz**: Der Satz *„Ich habe gehört (1), dass du mit deinem Vater nach Schweden gefahren bist (2)"* enthält z.B. zwei Intonationsphrasen.

Innerhalb einer Intonationsphrase können mehrere **prosodische Phrasen (Sinn-Einheiten)** auftreten: *„mit deinem Vater", „nach Schweden".*

Beide – die Intonationsphrasen und die prosodischen Phrasen werden meist durch die **Grammatik** bestimmt. Die Wortstellungsregeln im Satz können daher auch an der Prosodie erkennbar sein. So geht z.B. das immer betonte Objekt (Satzgegenstand) dem Verb voran: *„Anna hat Suppe gegessen."* Dabei wird das Objekt *Suppe* durch die stärkere Betonung hervorgehoben und dadurch als das Objekt von *gegessen* erkennbar.

Eine phonologische Phrase enthält mehrere **phonologische Wörter** mit einer betonten ersten und einer unbetonten zweiten Silbe. (*deinem, Vater, Schweden*). Das phonologische Wort besteht aus einem oder mehreren sogenannten Füßen. Ein **Fuß** besteht aus mindestens 2 **Silben** und enthält genau eine betonte Silbe, die den Kopf des Fußes darstellt. Alle anderen Silben sind unbetont (-*fahren* in *gefahren*).

Unterteilung sprachlicher Äußerungen

Unsere Äußerungen werden nach einer ganz bestimmten **Rangordnung** betont (Wiese 1996): Die Betonung wird meist von der **Grammatik** bestimmt.

Intonationsphrase: Haupt- oder Nebensatz:
Ich habe gehört (1),
dass du mit deinem Vater nach Schweden
gefahren bist (2).
phonologische Phrase: *mit deinem Vater, nach Schweden*
phonologisches Wort: *habe, deinem, Vater, Schweden*
Fuß: *fahren in gefahren*
Silben: *ha – be*

Die Sprachmelodie **hebt wichtige Informationen hervor** und vermittelt uns unterschiedliche Gefühlsqualitäten und soziale Botschaften. Wir benutzen vor allem die Tonhöhe, um den Zuhörer auf uns wichtige Aspekte hinzuweisen oder um Emotionen, wie Freude, Wut oder Trauer auszudrücken.

Alle diese Qualitäten und Fertigkeiten sind bei einer mangelnden Prosodiefähigkeit häufig beeinträchtigt, sodass **inhaltliche oder emotionale** Botschaften leicht missverstanden werden können. Sprachgestörte und legasthene Kinder zeigen wohl nicht zuletzt auch deshalb vermehrt soziale Schwierigkeiten im Vergleich zu Kindern ohne Sprachprobleme.

Für das Verständnis eines Satzes ist es also nicht nur wichtig, dass dieser grammatikalisch richtig formuliert wird, auch die Betonung von Wörtern bestimmt deren Bedeutung, wie z.B.: *Kindergarten-Party* oder *Kinder-Gartenparty*. Die Prosodie lässt uns vor allem **grammatische Beziehungen und dadurch inhaltliche Zusammenhänge** erkennen.

So kann der Satz *„Die Mutter sagt der Lehrer ist schuld"*, je nach Betonung entweder bedeuten, dass die Mutter schuld ist: *„Die Mutter"*, sagt der Lehrer, *„ist schuld"* oder aber gerade das Gegenteil: Die Mutter sagt: *„Der Lehrer ist schuld"*.

Vor allem aber auch beim **Lesen** hilft uns die Prosodie, den **Text zu verstehen**, indem sie die Satzstruktur und damit die enthaltene Information unterteilt. Viele Legastheniker lesen häufig über alle Pausen, Beistriche und Punkte hinweg und betonen das Gelesene nicht dem Inhalt entsprechend, sodass dadurch das für das Lernen überaus wichtige Leseverständnis sehr eingeschränkt sein kann.

Im Folgenden wollen wir noch einige **Beispiele** anführen, bei welchen derselbe Satz durch eine unterschiedliche Prosodie eine andere, mitunter sogar gegenteilige Bedeutung bekommt.

Anna ruft Elias nicht. - Anna ruft. Elias nicht.
<u>Maria</u> trifft sich nicht mit Robert. - Maria trifft sich <u>nicht</u> mit Robert.

Zusätzlich zur Intonation wird unsere Sprache auch durch den **Rhythmus** untergliedert – damit ist die unterschiedliche Reihenfolge der betonten und unbetonten Silben gemeint, die verschieden laut oder lang ausgesprochen werden.

Im Versmaß **Hexameter** z.B. wird jede 3. Silbe betont (betont, unbetont, unbetont...): *<u>Pfing</u>sten, das <u>lieb</u>liche <u>Fest</u>, war ge<u>kom</u>men*[21]!

Der sogenannte **Trochäus** betont dagegen abwechselnd jede 2. Silbe (betont, unbetont, betont, ...):

<u>Ach</u>, da <u>kommt</u> der <u>Meis</u>ter! <u>Herr</u>, die <u>Not</u> ist <u>groß</u>!
<u>Die</u> ich <u>rief</u>, die <u>Geis</u>ter, <u>werd</u> ich <u>nun</u> nicht <u>los</u>[22].

Der Trochäus gilt im Deutschen wie auch im Englischen als das vorherrschende Betonungsmuster (Wiese, 1996). Ca. 91% der häufig verwendeten Inhaltswörter (Haupt-, Zeit- und Eigenschaftswörter) weisen diese Betonungsart auf (Celex-Datenbank, elektronisches Wörterbuch für die linguistische Forschung).

Für den frühkindlichen regulären Worterwerb im Deutschen ist ausschlaggebend, dass die Grundbetonungsregel für das zweisilbige Wort der Trochäus ist - das heißt, die Betonung liegt am Wortanfang, auf der ersten Silbe (*<u>Ro</u>se, <u>Ha</u>se*). Die betonte Silbe ist ungefähr doppelt so lange, wie die unbetonte. Die letzte, unbetonte Silbe ist in der Regel eine **Reduktions- oder Schatten-Silbe**, die fast „verschluckt" wird. Sie wird durch den sogenannten „Schwa-Laut" (unbetonter Selbstlaut) gebildet (*e* in *Nase oder Banane*). Typische Wörter dafür sind **Zweisilber** mit einem langen Selbstlaut in der betonten Silbe und einem kurzen in der unbetonten Silbe (Penner et al., 2001), wie z.B.: *<u>Na</u>se, <u>Ha</u>se, <u>Va</u>se, <u>Ho</u>se, <u>Do</u>se, <u>Ro</u>se*. Die deutsche Sprache enthält ca. 73 % Trochäen und nur 27% Jamben[23].

---

[21] Aus: *Reinecke Fuchs* von Johann Wolfgang von Goethe.

[22] Aus: Der Zauberlehrling von Johann Wolfgang von Goethe.

[23] Der Jambus ist ein Rhythmus, in welchem die Betonung auf der 2. Silbe ist, wie z.B. *Kla<u>vier</u>, Ka<u>mel</u>, Sa<u>lat</u>* und *Pi<u>lot</u>*.

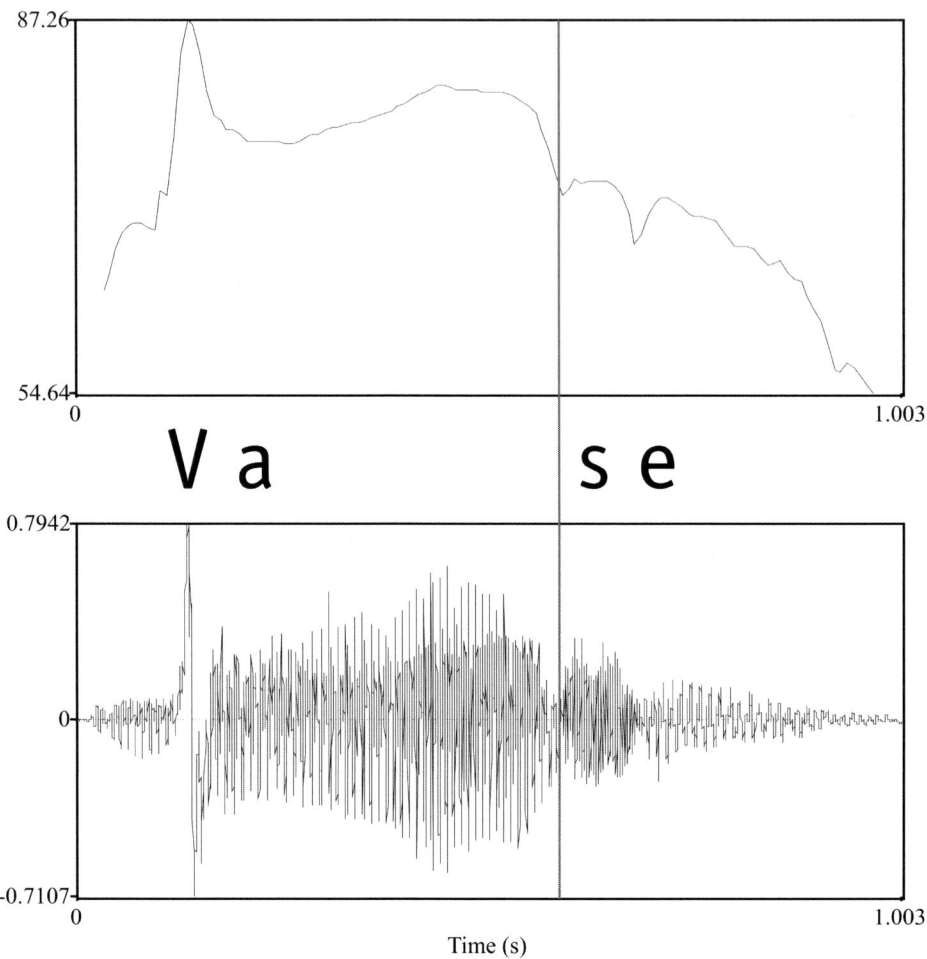

Dauer und Lautstärke des gesprochenen Wortes „Vase": Der Selbstlaut a hat die größte Dauer und eine relativ hohe Lautstärke im Wort, das e ist kurz und leise. Die erste Silbe Va- dauert ca. 600 Millisekunden (ms), ist also deutlich länger als die zweite Silbe -se mit 400 ms.

Viele der deutschen Wörter stellen **Varianten der trochäischen Grundform** dar: So gilt z.B. *Hunde* als die trochäische Grundform des Wortes *Hund*, da erst in der Mehrzahlform der Trochäus erkennbar ist: Die 1. Silbe ist betont und lang: *Hun*-, die 2. Silbe -*de* ist kurz und unbetont. Die trochäische Grundform von **einsilbigen Wörtern** stellt also immer die zweisilbige Wortform dar. Die **Rückführung auf die trochäische Grundform** ist vielfach behilflich, die richtige Rechtschreibung zu finden. So muss bei einsilbigen Wörtern die zweisilbige Form gebildet werden, um z.B. die Begründung für Doppelmitlaute oder das Silben-trennende *h* zu finden (*Bett* wegen *Betten, Schuh* wegen *Schuhe*).

> **Der Trochäus macht Rechtschreib- Besonderheiten klar**
> *geht - gehen, Schuh - Schuhe*
> *Bett – Betten, schnell – schneller*

Ein Trochäus ist charakterisiert durch eine sogenannte „fallende Fußstruktur", da dieser in der Regel mit einer betonten Silbe beginnt *Ro – se*, worauf eine unbetonte Silbe folgt.

Es kann aber als **Auftakt** eine unbetonte Silbe vor die betonte treten: ge-geben. Verwirrend scheinen Wörter wie *Gebell*[24], die wie Wörter mit einem echten steigenden Fuß also wie ein Jambus (*Kamel*) aussehen, bei welchem die 2. Silbe betont wird. Echte **Jamben** kommen aber nur in Wörtern vor, die aus anderen Sprachen entlehnt wurden (*Kamel, Notar*). Bei Wörtern wie Gebell bildet das *Ge*-den Auftakt und –*bell* stellt den von *bellen* auf *bell* degenerierten trochäischen Fuß dar.

> Folgende **Fußstrukturen** sind möglich:
>
> **Trochäus:**
> Fallend: *leben, Schimmel, Rabe, reines, Puter, ölig, Atem, Ameise, kleinere, spannendere*
> Degeneriert fallend: *Fall – Fälle, kennt - kennen, blau - blaue*
> Fallend mit Auftakt: *Gebell(e), Verlust(e), Libelle*
>
> **Jambus:**
> Steigend: *Kamel, banal, Salat, Tenor, Balkon*

Babys bevorzugen schon mit **13 Wochen** in ihren Lalläußerungen das der deutschen Sprache zugrunde liegende rhythmische Muster des Trochäus (*ba-ba*). Dieser Rhythmus ermöglicht dem Kind, Wörter aus dem kontinuierlichen Sprachsignal herauszufiltern und sich anzueignen. Sehr früh, höchst wahrscheinlich schon ab dem Zeitpunkt des ausgebildeten Gehörs in der 20. Woche holen wir uns gleichsam als Sprachdetektive schon im **Mutterleib** Hinweise für den Aufbau unserer Sprache (Morgan et al., 1996). Wie schon erwähnt, gibt es deutliche Hinweise, dass Kinder bereits ab den letzten Schwangerschaftswochen beginnen, die rhythmisch-prosodischen Merkmale des Sprachangebots zu nutzen, um daraus

---

[24] Degenerierter trochäischer Fuß mit Auftakt.

- zunehmend im Laufe der weiteren Entwicklung - wichtige Sprach-Regeln für den Spracherwerb abzuleiten (Grimm, 1999). **Neugeborene** verfügen also bereits über die notwendigen Fähigkeiten, um zwischen verschiedenen **Lauten** und verschiedenen Betonungsmustern zu unterscheiden. Die **Grenzen** von Wörtern, Phrasen und Sätzen können anhand prosodischer Informationen deutlich erkannt werden und das **Sprachverstehen** wird so erst möglich (Steinhauer et al., 1999; Wiese, 2000).

So können z.b. verschiedene **Wortklassen** mit Hilfe der Prosodie unterschieden werden (Kelly, 1996):

Hauptwörter und Zeitwörter sind häufig **trochäisch**: *Rose – Rosen, Apfel - Äpfel, Tiger - des Tigers; sagen, sage, sagte - aber – sagt, gesagt.*

Eigenschaftswörter werden bei der grammatikalischen Abwandlung nach dem Rhythmus **Daktylus betont**, einem Versmaß, in welchem die erste Silbe betont ist und die zwei folgenden Silben unbetont sind: *Heiter → heitere, heiteres.*

Funktionswörter wie Artikel, Vorwörter (*aus, mit..*) und Nebensatz einleitende Wörter (= Konjunktionen: *weil, als, dass...*) sind häufig einsilbig. Diese bestimmen, wie ein Satz verstanden werden soll und sind daher von größter Wichtigkeit. Schon Neugeborene können anhand des Sprachrhythmus Funktionswörter von Sinn tragenden Inhaltswörtern (wie *Haus, essen, schön...*) unterscheiden, obwohl sie noch kein einziges Wort verstehen (Weißenborn, 2000). Mit Hilfe dieser Funktionswörter werden Satzstrukturen unterteilt und erkannt. Die Funktionswörter bestimmen einen großen Teil der Satzgrammatik, auf deren Basis weitere Regeln abgeleitet werden können.

Prosodisch gegliederte Sätze werden von größeren Kindern **besser erinnert** als prosodisch nicht gegliederte, wie man anhand von Nachsprech- und Verstehensleistungen von Sätzen zeigen konnte - eine Tatsache, die in Unterricht und Therapie unbedingt und eindringlich beim **Vorlesen, Erzählen, Lernen und vor allem beim Grammatikerwerb** genützt werden sollte (Weinert, 1996).

Wir haben bereits darauf hingewiesen, dass die prosodische Gliederung des Sprachangebots auf die **grammatische Gliederung** der Sprache hinweist und dadurch das **Sprachverstehen** erleichtert. Zusätzlich ergibt sich durch die prosodische und grammatische Gliederung des Sprachangebots eine wesentlich **Gedächtniserleichterung** für Silben, Wörter und Sätze und deren Rechtschreibung (siehe die Therapiebände sowie das Fallbeispiel am Ende dieses Kapitels). Die mangelhafte Nutzung rhythmisch-prosodischer Informationen kann sich negativ auf das sprachliche **Arbeitsgedächtnis** auswirken und damit wiederum den **Grammatikerwerb** erschweren (Weinert, 2002).

Es stellt sich konsequenterweise als sinnvoll heraus, die betroffenen Kinder in der Nutzung prosodischer Informationen zu fördern und so Wege zu einem besseren **Arbeitsgedächtnis und Sprachverständnis** zu vermitteln (Weinert, 2002).

Viele Gedichte-Schreiber - wie z.B. Wilhelm Busch oder Christian Morgenstern - verwenden das Versmaß des Trochäus, wohl in dem Wissen, dass dieses der Grund-Rhythmus der deutschen Sprache ist. Wir verwenden in unserer Praxis viele **Trochäusgedichte** zur Förderung der Sprachprosodie und damit der phonologischen Bewusstheit und der Rechtschreibung, sowie des sprachlichen Arbeitsgedächtnisses, was wiederum dem gesamten sprachlichen Lernen zugute kommt.

Anhand der folgenden Verse können Sie überprüfen, inwieweit die oben beschriebenen Regularitäten auch hier zutreffen.

Wilhelm Busch
Ach, was <u>muss</u> man <u>oft</u> von <u>bö</u>sen
<u>Kin</u>dern <u>hö</u>ren <u>o</u>der <u>le</u>sen!
Wie zum Beispiel hier von diesen,
Welche Max und Moritz hießen;
Die, anstatt durch weise Lehren
Sich zum Guten zu bekehren,
Oftmals noch darüber lachten
Und sich heimlich lustig machten.

Ja, zur Übeltätigkeit,
Ja, dazu ist man bereit!
Menschen necken, Tiere quälen,
Äpfel, Birnen, Zwetschgen stehlen,
Das ist freilich angenehmer
Und dazu auch viel bequemer,
Als in Kirche oder Schule
Festzusitzen auf dem Stuhle.

3. Lauterkennung und -Unterscheidung[25]

Die Silbenanzahl, der Silbenaufbau aus Lauten, die Vorkommenshäufigkeit sowie die Positionierung von Lauten, Silben und Wörtern stellen eine tragende Rolle für das korrekte Erkennen und Verstehen sprachlicher Informationen dar (Höhle, Hofmann, Friederici, 1995).

Das sichere Wissen über die Möglichkeiten des Silbenaufbaus hilft uns bei der Lauterkennung und – Unterscheidung.

Die Silbe besteht aus dem **Anfangsrand** (Mitlaut/e) und dem sogenannten **Reim**, welcher in **Kern** (Selbstlaut) und **Endrand** (Mitlaut/e) aufgeteilt wird.

Bestandteile[26] einer Silbe: z.B. die 1. Silbe von *lernen: ler* → *l-er* → *l- e- r*

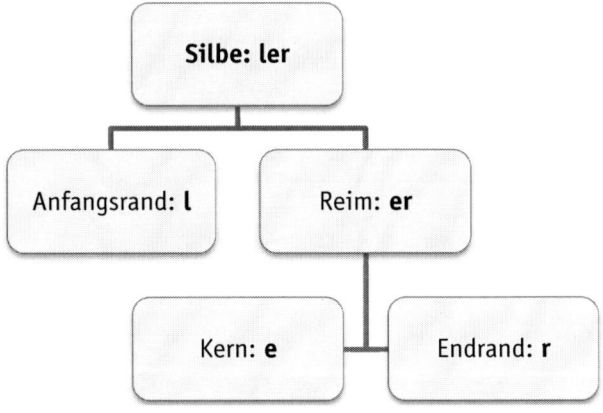

Silbenkerne bestehen immer aus **Selbstlauten:** *a e i o u ä ö ü ai au äu ei eu.*

Komplexe Silbenanfangs- und Endränder (z.B. *schm* von *schmal, -rst von Wurst*), welche LRS-Betroffenen im Leserechtschreib-Erwerb besondere auditive Probleme bereiten, können sich jeweils aus den untenstehenden Lauten oder Buchstaben aufbauen und müssen **extra geübt** werden:

---

[25] Lautdifferenzierung oder – Diskriminierung.

[26] Eisenberg, 1998a.

Komplexe Silbenanfangsränder (Röber-Siekmeyer, 2005):

PR	PL		GR	GL	GN		
TR			SCHR	SCHL	SCHN	SCHM	SCHW
KR	KL	KN	WR				
BR	BL		ZW				
DR			PFR	PFL			

Komplexe Silbenendränder (Röber-Siekmeyer, 2005):

rb	lb	mp	ft	st	scht	cht	rt	lt	mt	ld
md	nd	rkt	rg	lk	nk	rf	lf	nf	pf	rs
ls	rbst	ts	rl	rnst	nft	ngst	mpf	rz	rn	lm

Wörter mit diesen Buchstabengruppen sollten intensiv zu Hör- und Leseübungen verwendet werden.

Der Silbenaufbau[27]

Die anfänglich „skeletthaften" Verschriftungen der Erstklässler spiegeln die Wahrnehmung der Gliederung der Silbe in einen **Anfangsrand** und in einen **„Reim"** (Röber-Siekmeyer, 1993). Anfänger geben häufig zuerst nur den Anfangsrand jeder Silbe wieder: *Hase = HS, KS = Katze*. In einem weiteren Stadium kommt dann auch der Reim (*Hase*) dazu.

Bei mehreren Buchstaben schreiben sie anfangs nur den Laut, den sie am deutlichsten wahrnehmen, nämlich gerade den Silbenbeginn, der einen verstärkten Sprech-Druck aufweist. **Konsonanten** sind für die Kinder **besser wahrnehmbar** als Vokale, da dort bei der Artikulation **Engen und Reibungen** zwischen den Sprechorganen entstehen. Bei der Bildung von **Vokalen** strömt die Luft ungehindert durch den Mundraum (Röber-Siekmeyer, 1993). Diese körperlich spürbaren Eindrücke sind scheinbar intensiver als die auditive Wahrnehmung.

Die **Reihenfolge** der Laute innerhalb der Silbe ist genau festgelegt: In der Regel kommt es pro Silbe zu genau einer Öffnung – nämlich beim Selbstlaut - und

---

[27] Nur für Interessierte.

einer Schließung des jeweiligen Artikulationsorgans - beim Mitlaut.

Die Anfangs- und Endränder haben meist Laute mit stärkerem **Geräuschanteil** (Mitlaute). Der Selbstlaut, der Kern der Silbe und der Ort der maximalen Öffnung, hat die größere **Klangfülle**. Die Klangfülle steigt vom Anfangsrand bis zum Vokal stetig an, erreicht dort ihren Höhepunkt und nimmt dann zum Endrand hin wieder ab.

Dieser sogenannten **Sonoritäts-Hierarchie** folgend sind nur ganz bestimmte **Lautfolgen** in einem Wort möglich, die wir intuitiv einhalten. Wir wissen gefühlsmäßig, dass bestimmte Lautfolgen im Deutschen nicht möglich sind und dass andere wiederum häufig vorkommen: *Klein* nicht *Lkein*, *Brot* nicht *Rbot*, *Zorn* nicht *Zonr*, *Qualm* nicht *Quaml*. Dies hilft uns beim **schnellen Erkennen** von Wörtern beim Lesen und auch beim richtigen Schreiben. Dieses Wissen kann der Legastheniker beim Lesen jedoch meist nur eingeschränkt verwenden.

Ab der 28. Woche unsres Daseins im **Mutterleib** reagieren wir auf gehörte Töne und können diese auch wiedererkennen. Wir besitzen als **Säugling** nicht nur eine besondere Hellhörigkeit für die Sprachmelodie, sondern können auch sehr bald Laute aus Silben und Wörtern heraus hören. In den ersten 6 Lebensmonaten erwirbt das Kind insbesondere im Bereich der **Mitlaute** (Konsonanten) intuitives Wissen über den Wortaufbau. Die für das Sprachverstehen so wichtigen Funktionswörter (in, auf, weil usw.) werden vermehrt auch anhand ihrer **Lautreihenfolge** erkannt. Mit sechs Monaten können wir sämtliche Laute der verschiedenen Sprachen der Welt unterscheiden. Diese Fähigkeit geht uns ab dem 7. Monat wieder verloren und bleibt schließlich nur noch für die Laute der Muttersprache erhalten (Cheour, 1998). Stattdessen können wir die Lautstruktur der Muttersprache schon mit 10 Monaten vollständig unterscheiden (Grimm, 1998) und häufige Lautkombinationen zusammen mit deren Bedeutung speichern.

Eine **präzise Lautwahrnehmung und -Unterscheidung** hat einen deutlichen Einfluss auf die **phonologische Bewusstheit** und damit auf das **Lesen** (Schulte-Körne, 2001b) und das **Rechtschreiben**[28] (siehe hierzu auch das nachfolgende Beispiel aus der Praxis).

Es konnte auch ein direkter Einfluss der zerebralen[29] Sprachwahrnehmung von Lauten auf die phonologischen Fähigkeiten und damit auf das Lesen beobachtet werden.

---

[28] Wimmerl, Landerl, 1998; Marx, Schneider, 2000.

[29] = im Gehirn

Im Gegensatz dazu konnte im deutschsprachigen Raum **kein bedeutsamer Einfluss der nicht sprachlichen Informationsverarbeitung für Töne** auf die Sprachwahrnehmung, auf die phonologischen Fähigkeiten und auf das Lesen gefunden werden (Schulte-Körne et al., 1998a).

Beispiel aus der Praxis: Thomas, 4. Klasse Hauptschule, 14 Jahre

Anamnese: Thomas hatte als Säugling vermehrt **geschrien** und vor dem regulären Sprechbeginn **nicht gelallt**. Er reagierte auch als Kleinkind häufig mit Wutausbrüchen und verhielt sich oft sehr laut. Seine gesamte Sprachentwicklung sei unauffällig verlaufen und er verfügte laut Angaben der Kindesmutter über einen guten Wortschatz. Allerdings konnte sich Thomas **keine mehrteiligen Aufträge** merken. Er liebte das Vorlesen, hatte aber **nie gerne Märchenkassetten** gehört. Die Deutsch-Aufsätze waren inhaltlich gut, wiesen aber **grammatische Fehler** im Bereich der Artikel und Vorwörter auf (z.B.: *Er beobachtete..Vögel im Himmel*). Im Aufsatz und im Rechtschreibtest fielen Fehler in der **Lautunterscheidung** auf. Er schrieb und sprach z.B. das Wort *Kupferdraht als Kuckerdraht*, schrieb statt *nutzte – muze*, Prinzip – *Prenzip*, Apparat – *Apperrat*, unsinkbar – *unsehbar*, leichtathletisch - *leichtathlitisch*. Laut Kindesmutter verstand man auch nicht immer alles, was Thomas erzählen wollte. Als Kleinkind soll der Junge über lange Zeit viele Lautverwechslungen geboten haben. So sagte er z.B. statt *Kopftuch – Topfkuch, statt Krokodil – Krikodol* usw. Thomas sei beim Zeichnen und Schreiben immer ungeschickt gewesen und vertauschte immer noch gelegentlich die Reihenfolge von Ziffern in mehrstelligen Zahlen. Beim Abschreiben von Texten machte er häufig Fehler. Nach dem Unterricht war Thomas manchmal **erschöpft** und reagierte mit Schulunlust, gelegentlichen Versagensängsten und Nägelkauen.

Befunde: Im Allgemeinen Intelligenzdiagnostikums AID erreichte Thomas einen gut durchschnittlichen **IQ von 105**, im **Rechtschreibtest** RST 7-9 eine weit **unterdurchschnittliche** Leistung (Prozentrang = 0). Im Zürcher **Lesetest** machte Thomas viele **Fehler** und brauchte überdurchschnittlich lange und konnte den Text nicht vollständig **nacherzählen**. Im Silben-Nachsprechen (Mottiertest), welches das **Silbengedächtnis** und die **Laut- Unterscheidung** im Silbenbereich prüft, zeigte Thomas **sehr stark reduzierte Leistungen** (15 richtige von 30 Beispielen). Er vertauschte sowohl Konsonanten wie auch Vokale wie z.B.: *katopinafe - katiponafe, gebidafino - gebidilafo, giboda – geboda*.

Besondere **Stärken** zeigte Thomas im AID bei Aufgaben, die das Allgemeinwissen, die logisch-praktische Denkfähigkeit und die sprachlich logischen Kompetenzen im Wort-, Satz- und Text- Bereich betrafen (T-Werte zwischen 64-66, überdurchschnittlich), was angesichts seiner mangelnden Lautunterscheidungsfähigkeit auf eine hohe kompensatorische Fertigkeit schließen ließ. Ausgeprägte **Teilleistungsschwächen** ergaben sich auch im visuellen Bereich (Ergänzen von unvollständigen Bildern: Realitätssicherheit T 34, Kodieren von Bildern mit buchstabenähnlichen Zeichen T40, (beide unterdurchschnittlich). Die mangelnden Leserechtschreibfertigkeiten erklärten sich wohl überwiegend aus seiner mangelnden **Lautunterscheidungsfähigkeit in Kombination mit den visuellen Defiziten.**

4. Phonologische Bewusstheit und Schriftspracherwerb

*„Es **hört** doch jeder nur, was er **versteht.**" ~ Johann Wolfgang von Goethe*

Die phonologische Bewusstheit stellt einen Teil der **Sprach- Bewusstheit** dar; das ist die Fertigkeit, die einzelnen Elemente der Sprache bewusst zu erkennen, darüber nachzudenken, zu reden, und diese zu verändern. Dazu gehören der bewusste Umgang mit Wörtern, Satzteilen und Sätzen, sowie das Erkennen der grammatischen Beziehungen zwischen diesen einzelnen Sprachteilen. Auch die Fähigkeit, grammatische Regeln zu erfassen, Fehler zu erkennen und zu korrigieren, gehört zur Sprachbewusstheit.

Die phonologische Bewusstheit bezieht sich auf das Umgehen speziell mit Wörtern und Reimwörtern und auf deren Aufbau in Silben und Laute. Manche Autoren unterscheiden zwischen der phonologischen Bewusstheit **im weiteren Sinn**, die sich auf die Wahrnehmung von Wörtern und Silben und Reimen bezieht und phonologische Bewusstheit **im engeren Sinn**, worunter die Fähigkeit verstanden wird, einzelne Laute in Silben oder Worten zu isolieren oder zu verändern (Skowronek, Marx, 1989; Schneider, 2000).

Anschließend wollen wir einige Beispiele aus dem Bereich der phonologischen Bewusstheit vorstellen, die in Diagnostik und Therapie eingesetzt werden.

Beispiele aus dem Bereich der phonologischen Bewusstheit

1. Laut-Wort-Zuordnung: „Kommt ein *au* in *Baum* vor?" „Ja". „In *Bär?*" „Nein".
2. Position eines Lautes:
   „Ist das *au* in *Baum* am Anfang, in der Mitte oder am Ende des Wortes?" „In der Mitte".
3. Erkennen oder Nennen von Reimen: „Reimt sich *Hose* und *Rose?*" „Ja". „Reimt sich *Nase* und *Name?*" „Nein".
4. Isolieren eines Lautes: „Was ist der erste Laut in *Affe?*" „A".
5. Lautsegmentierung: „Welche Laute hörst du in *Maus?*" „M AU S".

6. Laute verbinden: „Verbinde diese Laute *O - m - a*". „*OMA*".
7. Laute weglassen:
   „Welches Wort ergibt sich, wenn man *W* bei *Wal* weglässt?" „*AL*".
8. Laute austauschen: „Sag *Wal* und ersetze *a* durch *o*". „*WOL*".
9. Reihenfolge der Laute verändern:
   „Vertausche die ersten 2 Laute bei *Oma*". → „*Moa*".
10. „Sprich die Laute in der umgekehrten Reihenfolge aus: *Nase*". „*Esan*".

4.1 Erwerbs-Reihenfolge sprachlicher Einheiten

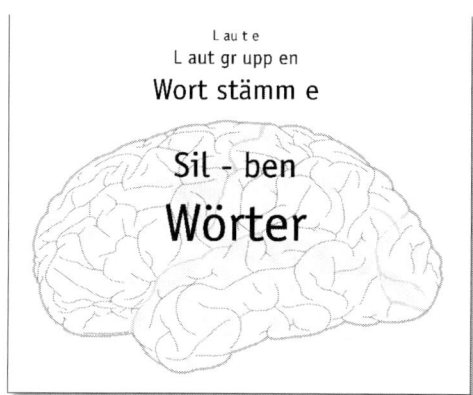

Im Laufe der Entwicklung wird die phonologische Bewusstheit zuerst im Bereich der **Wörter** erworben, dann der **Silben**, später der **Morpheme** (Wortstämme, Vor- und Nachsilben) und kleinere häufige **Buchstabengruppen** (schm-, schl-, ...). Zuletzt wird die bewusste Wahrnehmung von **Lauten** erreicht.

Im **Vorschulalter** entwickelt sich vor allem die phonologische Bewusstheit im weiteren Sinn. Kinder mit einer gut entwickelten phonologischen Bewusstheit können zuerst **Wörter**, dann Silben und dann Anlaute (wie A bei Ameise) aus größeren Spracheinheiten heraushören, sowie auch Reime erkennen und etwas später selbst produzieren. Das **Reime** Erkennen, sowie die Aufteilung von Wörtern in **Silben** bereitet selbst Drei- bis Vierjährigen in der Regel kein Problem.

Eine frühe und intensive Beschäftigung mit Kinderreimen trägt sehr zur Entwicklung einer intakten phonologischen Bewusstheit und damit eines regulären Schriftspracherwerbs bei. Immer wieder können wir beobachten, dass allein das regelmäßige **Vorlesen von Reimen** im Trochäus ganz automatisch verschiedene Fertigkeiten aus dem Bereich der phonologischen Bewusstheit im weiteren und auch im engeren Sinn verbessert, ohne dass man diese explizit übt.

Kinder sind sehr früh in der Lage, **Wörter und Silben** aus größeren Spracheinheiten herauszuhören. Fitte Kindergartenkinder können häufig auch schon sehr gut Silben zu Wörtern zusammensetzen und etwas später Wörter in Silben zerlegen. Die Fähigkeit zur Silben-Manipulation - wie Auslassen oder Vertauschen von Silben - beginnt erst mit sechs Jahren und wird dann durch den Unterricht in den ersten Schuljahren weiterentwickelt.

Das **Wissen über Laute** (Phonologische Bewusstheit im engeren Sinn) beginnt ansatzweise mit dem Erkennen der **Anlaute** im Vorschulalter und entwickelt sich mit den Schriftsprach- Erfahrungen vor allem in Bezug auf **End- und Inlaute** des Wortes weiter (Jansen 1992). Die einzelnen Laute innerhalb eines Wortes klar herauszuhören, stellt für die meisten Schulanfängerinnen noch eine Herausforderung dar und wird meist erst ab der Primarklasse durch den Schrifterwerb erlernt. Deshalb werden beim Schreiben - besonders bei Konsonantenhäufungen - anfangs noch öfters Buchstaben ausgelassen (*Graben – Gaben*) oder die zeitliche Reihenfolge derselben vertauscht (*Graben - Garben*). Im Laufe des Lesenlernens beginnen Kinder vermehrt, Laute (Phoneme) auch am Wortende und später in der Wortmitte bewusst wahrzunehmen und zu verarbeiten. Das Kind lernt dann gleiche und verschiedene Laute herauszuhören und diese verschiedenen Positionen innerhalb eines Wortes zuzuteilen. Es kann dann auch bald einzelne **Laute manipulieren**, wie z.B. Laute zu einem Wort zusammenziehen, Lautvertauschungen bewusst erkennen bzw. selbst produzieren und Wörter in Laute zerlegen.

Bei den **Konsonanten** werden Reibelaute (Frikative) wie *f, w, s, sch, r* und Nasenlaute (Nasale) wie *m-n* leichter erkannt als Verschlusslaute (Plosive) wie *p-b, t-d* und *k-g*. Die Analyse von **Konsonantenhäufungen** wie *kr, kn, schl* ... wird erst im Verlaufe des Schriftsprach-Erwerbs entwickelt (Jansen, 1992) und stellt für viele Legastheniker über längere Zeit ein großes Problem dar.

Alle oben genannten Fertigkeiten beeinflussen ganz maßgeblich die Lese- und die Rechtschreibleistungen jeweils zu einem unterschiedlichen Zeitpunkt im Laufe des Schriftsprach-Erwerbs (Klicpera, Gasteiger-Klicpera 1995). Die phonologische Bewusstheit gilt vor allem am **Beginn** des Schriftspracherwerbs als zentrale Fähigkeit zum **Buchstaben-Zugang** und damit zum lautgetreuen Lesen und Schreiben. Im weiteren Verlauf beeinflussen auch **grammatische Fertigkeiten** den Rechtschreiberwerb. Dies wird in späteren Kapiteln dargestellt.

4.2 Einfluss der phonologischen Bewusstheit auf den Lese-Rechtschreib-Erwerb

Es konnte gezeigt werden, dass eine gut ausgeprägte phonologische Bewusstheit im weiteren Sinn im Vorschulalter die Aneignung der **Buchstaben-Laut-Zuordnung** und damit das Lesen- und Schreiben-Lernen erleichtert. Es besteht ein statistisch bedeutsamer Zusammenhang zwischen phonologischer Bewusstheit im Kindergarten und der **Wortlesefähigkeit** in den ersten Grundschulklassen. Die frühe Kenntnis von **Kinderreimen** und spätere Leseleistungen wiesen bedeutsame Zusammenhänge auf (Bryant et al., 1989). Die Bedeutung der phonologischen Bewusstheit für den Schriftspracherwerb zeigten auch entsprechende Trainingsstudien im Kindergarten, wobei die **Lese- und Rechtschreib- Entwicklung** in den ersten Grundschulklassen bedeutsam gefördert wurde. (Schneider et al., 1997, 1998).

Ende des ersten Schuljahres zeigt die Fertigkeit mit **Lauten** umzugehen - die phonologische Bewusstheit im engeren Sinn - eine stärkere statistische Beziehung zur **Leseleistung** als der Umgang mit Reimen und Silben. Der Umgang mit Lauten beinhaltet dabei die Segmentation (ein Wort in Laute zerteilen), die Synthese (Zusammensetzung), sowie die Vertauschung und Lokalisation (Bestimmung des Ortes im Wort) von Lauten. Übungen mit komplexen Buchstabengruppen am Anfang, am Ende und dann in der Mitte des Wortes verbessern die Lesefertigkeit.

Die phonologische Bewusstheit sagt die **Leseleistung** des Kindes in der ersten und zweiten Klasse voraus und zeigt deutlich höhere statistisch bedeutsame Zusammenhänge mit dieser als mit der Intelligenz. Der Zusammenhang zwischen lautanalytischen Fähigkeiten (Zerlegung von Wörtern in Laute) und der **Rechtschreibleistung** bei Schülern und sogar noch bei Erwachsenen erwies sich auch im deutschen Sprachraum als statistisch bedeutsam (Schulte-Körne, 2001b).

Auch die bei Legasthenikern häufig eingeschränkte Fähigkeit des **Lesens von Kunstwörtern,** also Wörtern ohne Sinn, gehört in den Bereich der phonologischen Bewusstheit und eignet sich zur **Erfassung** der phonologischen Bewusstheit in der Schulzeit und im Erwachsenenalter (Schulte-Körne, 2001b). Das auch **therapeutisch** nutzbare Lesen solcher Nichtwörter erfordert Kenntnisse über eine exakte Buchstaben-Laut-Zuordnung und ist ansonsten nicht abhängig vom sprachlichen Gedächtnis und vom orthographischen Wissen.

Eine vorschulische und schulische Förderung von Laut-sprachlichen Fähigkeiten kann sich also deutlich erleichternd auf den gesamten Schriftspracherwerb auswirken. Umgekehrt verbessert das Erlernen des Lesens und Schreibens den bewussten Umgang mit Lauten.

Ein erfolgreicher Schriftspracherwerb ist aber natürlich auch von der Förderung und Unterstützung durch **Lehrer und Eltern** abhängig (Klicpera; Gasteiger-Klicpera, 1995). Eine solide familiäre Unterstützung und eine gute Zusammenarbeit zwischen Elternhaus und Schule können die kindlichen sprachlichen Fertigkeiten nachhaltig fördern. Umgekehrt beeinflusst der schulische **Erfolg** des Kindes wiederum das **Familienklima** und die Arbeit der Lehrkräfte. All diese beeinflussenden Faktoren stehen untereinander **in wechselseitiger Beziehung.**

5. Sprachliches Arbeitsgedächtnis

„Ein gutes Gedächtnis ist nicht so gut wie ein bisschen Tinte." ~ *Chinesisches Sprichwort*

Das sprachliche Gedächtnis gilt als **Grundlage für alle höheren geistigen Aktivitäten.** Es befähigt uns, Informationen wahrzunehmen, über verschiedene Lernprozesse hinweg zu behalten und bei Bedarf wieder abzurufen. Je nach der Dauer der Speicherung der Information wird zwischen dem kurzfristigen Arbeitsgedächtnis und dem Langzeitgedächtnis unterschieden, in welchem die Gedächtnisinhalte für eine längere Zeitspanne gespeichert werden.

Das sprachliche Arbeitsgedächtnis speichert und „bearbeitet" die Informationen, die **zur Lösung komplexer Aufgaben** notwendig sind. Es ermöglicht uns, unsere momentane Umwelt zu verstehen, sich aktuelle Ziele vorzunehmen, Probleme zu lösen und neues Wissen zu erwerben und zu bearbeiten. Ein mangelndes Arbeitsgedächtnis beeinträchtigt ganz erheblich die **allgemeine Lernfähigkeit.**

Zusätzlich ermöglicht das Arbeitsgedächtnis, während des kurzzeitigen Speicherns mehrere Informationen miteinander in Beziehung zu setzen und **komplexere Denkprozesse** durchzuführen (z.B. das Ausführen einer Division). Im Arbeitsgedächtnis findet auch der **Abruf** von Gelerntem aus dem Langzeitspeicher statt; Lernprozesse werden dadurch maßgebend beeinflusst (Wolf et al., 2000).

Anhand eines **Kopfrechenbeispiels** lässt sich anschaulich nachempfinden, was man unter Arbeitsgedächtnis versteht und wie ausschlaggebend dieses für die gesamte Schulleistung sein kann:

Kopfrechenbeispiel: 46 x 30= ?

Zuallererst müssen Sie natürlich die zwei Zahlen 46 und 30 im Arbeitsgedächtnis behalten. Im nächsten Schritt müssen Sie die im Langzeitgedächtnis gespeicherten 1x1–Regeln abrufen und anwenden, und dabei die jeweiligen Ergebnisse der Multiplikationen der einzelnen Zahlen errechnen und im Arbeitsgedächtnis zwischen-

speichern, um diese dann zusammenzuzählen – schwierig, oder?
Haben Sie die richtige Zahl **1380** heraus bekommen oder mussten Sie zwischendurch zu Papier und Bleistift greifen? Für ein Kind der 2. Klasse würde eine etwa gleich schwierige Rechnung vielleicht **6x8-7** lauten, aber dennoch keine kleinere Anforderung an das Arbeitsgedächtnis einer Achtjährigen darstellen.

Ohne Arbeitsgedächtnis könnten wir diese oder ähnliche Aufgaben nicht ausführen, bei welchen wir sowohl Zahlen und Zwischenergebnisse im Kopf behalten, als auch gleichzeitig mit anderen Zahlen rechnen müssen. Jede kleinste Ablenkung - etwa ein nicht dazu passender Zwischengedanke oder eine Fliege am Schreibtisch – könnte Sie vielleicht vollkommen durcheinander bringen, sodass Sie mit der Rechnung eventuell wieder und wieder von vorne beginnen müssten. Eine Multiplikation mit noch größeren Zahlen wird wahrscheinlich das Fassungsvermögen Ihres Arbeitsgedächtnisses übersteigen, obwohl diese keine größeren mathematischen Kenntnisse, sondern nur ein besseres Arbeitsgedächtnis erfordern würde. Bei einer Einschränkung dieser Fähigkeit zur kurzfristigen Erinnerung von sprachlichen Formulierungen wird man sich die Angaben und Zwischenergebnisse während des Rechnens nicht merken und nicht zu einem Ergebnis gelangen.

Auch beim **Zuhören oder Lesen** langer, eventuell auch noch verschachtelter Sätze benötigen wir diese Speicherfähigkeit, ansonsten können wir dem Text inhaltlich nicht wirklich gut folgen, wie beispielsweise bei folgendem **Satz:**

„Er unterhandelte noch in der ersten Station mit den Wirtsleuten über die Art und Weise, wie er seiner wieder los werden könne, als er schon auf Befehl der Polizei, welche davon Wind bekommen hatte, arretiert und unter einer Bedeckung, er, sein Sohn und Nicolo, so hieß der kranke Knabe, wieder nach Ragusa zurück transportiert ward[30]*".*

Wie wir schon erwähnten, sollten Formulierungen, die dem Sinn nach zusammengehören, nicht durch eingeschobene Formulierungen auseinandergerissen werden, die mehr als **3 Sekunden** dauern. Legastheniker können wegen ihres eingeschränkten sprachlichen Arbeitsgedächtnisses mitunter auch wesentlich kürzere Sätze nicht behalten oder verstehen. Alte Märchen (z.B. nach Grimm), Schulbücher für höhere Schulstufen und wissenschaftliche Lehrbücher beinhalten sehr oft Satzkonstruktionen, die diese Zeitdauer - mit auch noch schwierigen Formulierungen - überschreiten.

---

[30] Aus: „Der Findling" von Heinrich von Kleist.

Die geschilderten Faktoren können auch der Grund dafür sein, dass das legasthene Kind „nicht richtig zuhört", Gelesenes oder Aufträge vergisst oder die Erklärung der Lehrkraft nicht versteht und etwa deshalb den Ablauf einer Division nicht versteht.

Ein funktionierendes Arbeitsgedächtnis ist außerdem auch für die **Steuerung der Aufmerksamkeit** notwendig (Baddeley, 2003). Dementsprechend kann ein mangelndes Arbeitsgedächtnis die Aufmerksamkeit für sprachliches Material erheblich einschränken.

Beispiel aus der Praxis: Edith, 10 Jahre, 1.Kl. Gymnasium

Fragestellung: Die Kindesmutter wollte die erhebliche Konzentrationsstörung beim Lernen, die Leseschwierigkeiten und die Grammatikfehler in den Aufsätzen ihrer Tochter abklären lassen.

Anamnese: Außer den geschilderten Problemen gab es keinerlei Auffälligkeiten.

Befunde: Es wurde nach internationalen Kriterien eine Lese-Rechtschreibstörung anhand folgender Testergebnisse diagnostiziert: Ein in der oberen Norm liegender IQ von 115 und weit unterdurchschnittliche Rechtschreibleistungen (Diagnostischer Rechtschreibtest DRT 4-5: PR 2-5), sowie stark reduzierte Lesefertigkeiten. Im Salzburger Lesetest ergaben sich in allen Bereichen - mit Ausnahme der häufigen Wörter (mit PR 51-50) - weit unterdurchschnittliche Werte (Prozentränge 2-4–17). Das Leseverständnis schien unauffällig.

Im Intelligenztest K-ABC und beim Silben Nachsprechen im Mottiertest zeigten sich **ausgeprägte Teilleistungsschwächen im Bereich des sprachlichen Arbeitsgedächtnisses** (Nachsprechen von Zahlen- und Silbenreihen: stark reduziert). Dies erklärte, warum sich Edith besonders in den sprachlichen Bereichen schwer tat, bei welchen vor allem das **Auswendiglernen** von inhaltlich nicht zusammenhängenden Fakten gefordert wird - ein Defizit, das sich bei Edith in fast allen Lernstoffen auswirkte (Rechtschreibung, Musiknoten, Jahreszahlen, Physik- und Chemie-Fakten). Da Edith über viele überdurchschnittliche Fertigkeiten verfügte, war sie fähig, ihre Schwächen in vielen Bereichen zu kompensieren, allerdings kostete sie dies viel Mühe und einen sehr erhöhten Zeitaufwand beim Lernen.

Ediths Konzentrationsprobleme standen wohl im Zusammenhang mit ihren sprachlichen Schwächen. Die erschwerte Konzentration und der damit verbundene impulsive Arbeitsstil verursachten Minderleistungen, die nicht ihren intellektuellen Fähigkeiten angemessen waren.

5.1 Das Arbeitsgedächtnismodell nach Baddeley (2000)

Nach Baddeley (2000) gibt es folgende **3 Speicherformen** im Arbeitsgedächtnis, die von der sogenannten **zentralen Exekutive** gesteuert und koordiniert werden:

a. den räumlich-visuellen Notizblock,
b. die phonologische Schleife (sprachlich),
c. den episodischen Puffer.

Diese drei Gedächtnisfunktionen sind jeweils für die Speicherung visueller, sprachlicher und episodischer Informationen zuständig. **Die zentrale Exekutive** „managt" sozusagen das Zusammenspiel dieser Funktionen mit dem Langzeitgedächtnis und mit der Aufmerksamkeit.

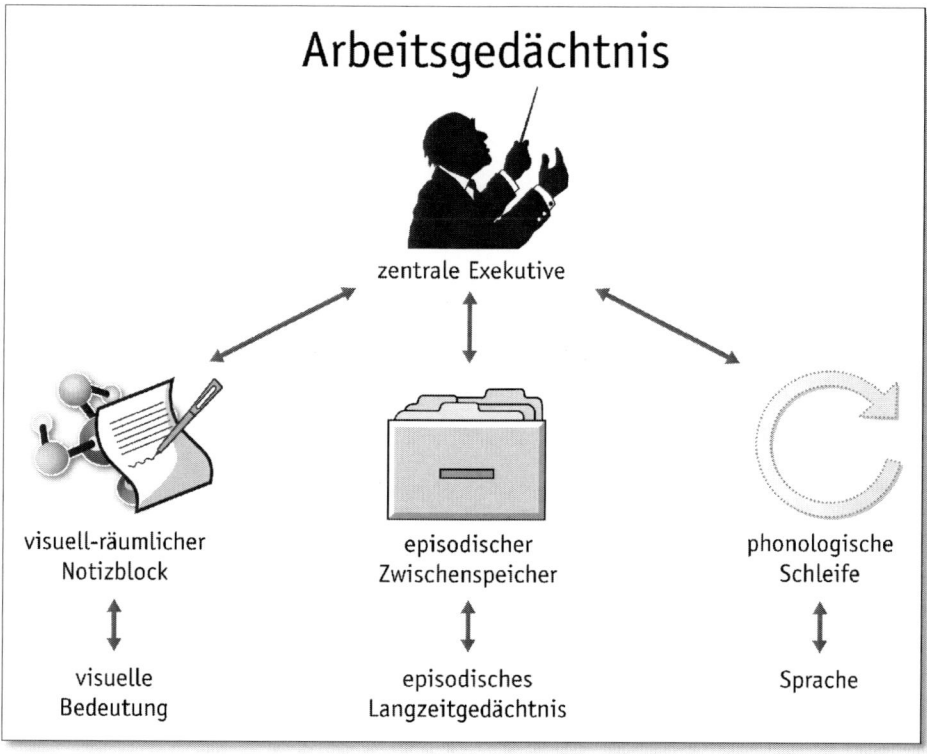

Die drei Speicherformen

a. Der visuell-räumliche Notizblock

„Der Mensch sieht niemals bloß mit dem Auge, sondern immer mit Hilfe des gestaltenden Sinnes." ~ Heymann Steinthal

„Gedichte enthalten Bilder und Bilder Gedichte." ~ Fernöstliche Weisheit

Wie der Name schon sagt, speichert und bearbeitet der visuell-räumliche Notizblock vorübergehend visuelle und räumliche Informationen. Er fungiert sozusagen als **„inneres Auge"**, um sich z.B. innerlich einen Weg oder einen Gegenstand **vorzustellen**.

Räumliche Informationen betreffen z.B. die **Lage und Bewegung** eines Objekts, zu den visuellen Informationen gehören unter anderem die **Form und die Farbe** eines Gegenstandes. Räumliche und visuelle Informationen werden getrennt verarbeitet und können sich nicht gegenseitig stören. Visuelle Informationen verblassen viel schneller als akustische, wenn sie nicht in Sprache umgewandelt werden (Suchan et. al., 2002).

Manche Menschen – wie z.B. Albert Einstein - scheinen dies anders zu erleben: *„Worte oder Sprache, wie sie geschrieben oder gesprochen werden, spielen in meinem Denkmechanismus anscheinend überhaupt keine Rolle [...]. **Vorstellungskraft** ist wichtiger als Wissen."*

Bei legasthenen und sprachentwicklungsgestörten Personen kann eventuell die sprachliche Einschränkung zum Teil durch visuell-räumliche Vorstellungskraft kompensiert werden.

b. Die phonologische Schleife

„Laut Denken gibt überhaupt unseren Begriffen einen neuen Grad von Klarheit und Bestimmtheit. Es bringt Sinnlichkeit und Verstand in eine engere Verbindung."
~ Johann Gottlieb Fichte

Die aufgenommene gesprochene Information wird zunächst im ***passiven phonologischen Speicher*** für 1,5 - 2 Sekunden aufrechterhalten und in der **phonologischen Schleife** zur weiteren Verarbeitung zur Verfügung gehalten.

In einem **stimmlosen artikulatorischen Kontrollprozess** („subvocal rehearsal") wird diese Information ab ca. 6-7 Jahren durch wiederholtes **„inneres Sprechen"** länger im phonologischen Speicher erhalten und damit der weiteren Verarbeitung zugänglich gemacht.

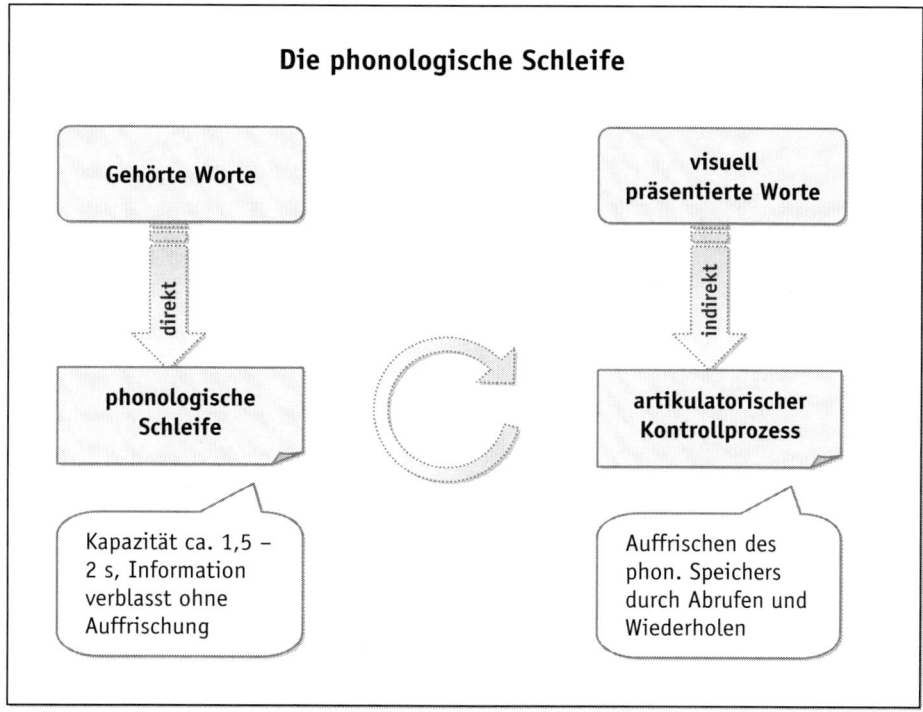

Dieses **automatische innere Nachsprechen** bzw. Wiederholen von Informationen verhindert, dass Informationen nach Bruchteilen von Sekunden wieder verloren gehen. Im Verlauf der Grundschulzeit entwickelt sich das relativ passive zu einem **aktiven Wiederholen**, das die Behaltensleistung erheblich verbessert. Normalerweise kann ein Erwachsener 7±2 Elemente im Arbeitsgedächtnis speichern, was als Gedächtnisspanne bezeichnet wird. Ist die Kapazität der phonologischen Schleife ausgelastet, übernimmt die zentrale Exekutive die Speicherfunktion. Dadurch verfügt das Arbeitsgedächtnis über eine **Speicherzeit von circa 20 Sekunden.** Nur die Information, die in diesem Zeitraum aktiv wiederholt wird, kann in das **Langzeitgedächtnis** aufgenommen werden.

c. Der Episodische Puffer

Im episodischen Puffer können sowohl **visuelle als auch sprachliche Informationen** in Form von ganzen „Episoden" zusammenfügt und gespeichert werden. Durch dieses „**Vernetzen**" wird es möglich, wesentlich **mehr Daten** im Arbeitsspeicher zu erhalten. Merkt man sich z.B. normalerweise nur 6-7 Wörter, steigt die Gedächtnisspanne bei **Bündelung** der Wörter zu Sätzen auf mehr als 15 Wörter an. (Baddeley, 2003). Auch das Bauen von **Eselsbrücken** beim Lernen stellt solch eine Bündelung verschiedener Informationen zu einer leichter zu merkenden Episode dar. Dabei werden schon bekannte Informationen aus dem Langzeitgedächtnis geholt und im episodischen Puffer vernetzt und zwischengespeichert (Baddeley, 2003).

Der „Manager": Die zentrale Exekutive

„Alle Fäden in der Hand halten." ~ Redensart

Die zentrale Exekutive hat sozusagen die Funktion, „alle Fäden in der Hand zu halten". Das heißt, sie stellt einen **Austausch** der verschiedenen Speicher mit dem Langzeit-Gedächtnis her und steuert zusätzlich die **Aufmerksamkeit**. Wird eine Person z.B. gebeten, neue Telefonnummern, die ihr vorgesagt werden, sofort aus dem Gedächtnis wiederzugeben, ist „nur" die phonologische Schleife gefordert. Sollen aber die Ziffern der Telefonnummern in umgekehrter Reihenfolge reproduziert werden, schaltet sich zusätzlich die zentrale Exekutive ein. Diese muss die in der phonologischen Schleife gespeicherten Inhalte zunächst „umkehren", bevor sie wiedergegeben werden können.

Die **Arbeitsweise der zentralen Exekutive** soll hier noch einmal anhand einer Kopfrechenaufgabe verständlicher gemacht werden:

Die zentrale Exekutive muss beim Lösen einer Aufgabe wie z.B. (27 + 39) : 3 zunächst in Erinnerung halten, wie die Aufgabe lautet; anschließend muss sie aus dem Langzeitgedächtnis die Zwischenergebnisse der Additionen (7+9=16 sowie 20+30=50) abrufen und dann noch die Ergebnisse addieren (16+50= 66). Die errechnete Summe muss wiederum im Gedächtnis bereitgehalten werden, um die Division durchführen zu können, wobei wieder auf Fakten im Langzeitgedächtnis zurückgegriffen werden muss (66:3=22). Während dieses ganzen Prozesses muss die ursprüngliche Aufgabe ständig im Arbeitsgedächtnis aufgefrischt werden. Eine mangelhaft funktionierende zentrale Exekutive macht das Lösen derartiger Kopf-Rechen-Aufgaben fast unmöglich.

5.2 Entwicklung des Arbeitsgedächtnisses bei Kindern

Kinder zu Beginn des **Grundschulalters** verfügen über einen Speicherumfang von drei bis vier Einheiten (Zahlen, Wörter, Silben). Die Gedächtniskapazität entwickelt sich hauptsächlich zwischen dem **6. und 10. Lebensjahr** und weist am Ende des Grundschulalters eine Zahlenspanne von etwa sechs Stück auf. Zwischen dem 14. und 18. Lebensjahr scheint sich diese kaum noch zu erhöhen und erreicht bis zum Ende der Jugendzeit einen Umfang von sechseinhalb bis sieben Elementen. Die Speicherdauer kann durch ein „erhaltendes inneres Wiederholen" (Rehearsal) aktiv verlängert werden - z.B. auch durch ein bewusstes lautes und leises Vorsagen beim Lernen – wodurch die Einspeicherung ins Langzeitgedächtnis erleichtert werden kann. In der zweiten Hälfte der Grundschulzeit scheint es zur Entwicklung von ursprünglich einfachen eher passiven Rehearsal-Prozessen zu aktiveren „kumulativen" Wiederholungen zu kommen, wobei größerer Informationsmengen - zu Gruppen zusammengefasst - wiederholt und dadurch besser behalten werden (Lingen, 2003). Die Hauptquelle für bedeutsame **Anstiege in der Gedächtniskapazität** scheint das **Rehearsal** zu sein (Mähler, Hasselhorn, 2003), wobei dieses aber bis zum Alter von 7 Jahren so gut wie gar nicht auftritt (Gathercole, Hitch, 1993). In der späteren Grundschulzeit bekommt die Kapazität des Arbeitsgedächtnisses eine vorhersagende Bedeutung für das Funktionieren dieses inneren Sprechens (Rehearsal).

5.3 Faktoren, die das sprachliche Arbeitsgedächtnis beeinflussen

WAS **man sich einprägen kann, hängt sehr vom** *WIE* **des Einprägens ab.** Dies sollte unbedingt in der Förderung berücksichtigt werden und wird deshalb in späteren Therapiekapiteln noch genauer besprochen.

Welche Menge man wie gut im **Arbeitsgedächtnis** behalten kann, hängt von folgenden **Faktoren** ab:

- **Material**: Ziffern, Wörter, Silben, Pseudowörter (Glück, 1998) und Sätze. Vertraute Wörter und Silben sind natürlich leichter zu behalten als unbekannte Wörter, Fremdwörter und Pseudowörter.
- **Darbietung**: Sprachlich, visuell, auditiv (Glück, 1998), durch Tasten oder Bewegung. Je nach den (eingeschränkten) Wahrnehmungsfähigkeiten des Kindes sollten die Materialien entsprechend des einen oder mehrerer gut ausgebildeter Sinne beim schulischen Lernen verwendet werden.
- **Lernstrategien** (Glück, 1998): Lautes und leises Wiederholen, Gruppieren von Fakten nach Zusammenhängen bezüglich Form, Farbe, Sinn usw.. Bearbeiten des sprachlichen Materials nach verschiedenen Aspekten, z.B. mit Aufgaben zur phonologischen Bewusstheit ...
- **Darbietungsgeschwindigkeit** (Glück, 1998): Je nach Aufnahmefähigkeit des Kindes, Einlegen von Pausen nach unterschiedlich langen sprachlichen Einheiten oder Lernperioden.

- **Metagedächtnis**: Die bewusste Auseinandersetzung mit dem eigenen Gedächtnis und den optimalen Erinnerungsmöglichkeiten beeinflusst die Art des inneren Sprechens (Rehearsal). Im sogenannten **kumulativen** Rehearsal werden mehrere Einheiten, bewusst in Gruppen zusammengefasst, wiederholt. Dies macht das Wiederholen besonders wirksam (Lingen, 2003).

- Je intensiver eine Information **aktiv bearbeitet** wird, umso besser wird sie behalten. Die Erinnerung an gelesene Worte wird z.B. schon allein dadurch erhöht, wenn man ein Reimwort mit einem bestimmten Anfangsbuchstaben zu den jeweiligen Worten sucht (Suchan et. al., 2002); z.B. finde auf *Molke* ein Reimwort mit dem Buchstaben *W.*: *„Wolke"*.

- Ein möglichst lückenloses und **kontinuierliches Üben** - das zum „endlosen Leid" des Legasthenikers gehört - führt eines Tages zur **Automatisierung** des Gelernten, sodass es nicht mehr über das Wochenende oder über die Ferien vergessen wird, als hätte man es nie gelernt. Das mühelose fast automatische Abrufen des Lernstoffs erfordert dann wesentlich weniger geistige Anstrengung und lässt mehr Kapazität für andere Aufgaben **frei** (Kail, 1992). Wenn man z.B. 1x1- Aufgaben schnell abrufen kann, ist die Division leichter erlernbar, welche ja für viele Legastheniker lange Zeit eine große Hürde bedeutet. So „verbraucht" auch der Leseanfänger all seine Konzentration für das Erlesen von Wörtern, so dass kaum geistige Reserven verbleiben, um auf den Inhalt des Stoffes zu achten. Wenn man fließend lesen kann, kann man sich besser auf den Inhalt konzentrieren, als wenn man sich noch mit den Buchstaben und Silben beim Lesen auseinandersetzen muss.

- Die altersabhängige **Geschwindigkeit der Artikulation und des inneren Mitsprechens** scheinen an der Zunahme der Gedächtnisspanne beteiligt zu sein. Je mehr Elemente in einer festen Zeitspanne wiederholt werden können, desto länger und besser werden diese auch erinnert (Kail, 1992).

- Eine gute **Sprach-Verarbeitungsqualität** beeinflusst das kurzfristige Behalten von sprachlichem Material positiv (Hasselhorn, Werner; 2000). Bei LRS- und SSES-Kindern ist die Verarbeitungsgenauigkeit, die z.B. beim Nachsprechen von Kunstwörtern überprüft werden kann, fast immer eingeschränkt. Meist werden dabei die Stoppkonsonanten vertauscht oder ersetzt (*tapikusawe = takipusawe* oder *tatibusawe*; siehe den Mottiertest im Diagnostik-Kapitel). Ähnliches passiert auch beim Erwerb von fremden und neuen Wörtern oder Vokabeln einer Fremdsprache.

- **Wortlängeneffekt:** Je länger die Wörter sind bzw. je größer die Anzahl ihrer Silben, desto kleiner ist die Gedächtnisspanne für diese Wörter (Grön, 1997). Kurze Wörter kann man sich besser und in größerer Anzahl merken, als sehr lange. Ebenso sind auch Wörter mit gleicher Silbenzahl, aber **verkürzter Artikulationsdauer** leichter zu erinnern. Dieser Effekt liegt vermutlich am rehearsal (innere Wiederholung), das für längere Worte länger dauert, so dass die Gedächtnisspur vorher dargebotener Wörter leichter zerfällt.

- **Phonologischer Ähnlichkeitseffekt** (Baddeley, 1966): Ähnlich klingende Buchstaben (*J, Q, T, G, P, W*) oder Wörter sind schlechter zu behalten und abzurufen, als unähnliche (*jassen, Tassen, Gassen, passen*). Es kommt dadurch auch leichter zu Verwechslungen: *Geologe, Theologe*).

- **Visueller Ähnlichkeitseffekt:** Wörter von Dingen, die ähnlich aussehen, werden vor allem von jüngeren Kindern leicht verwechselt, (z.B. *Kappe, Mütze, Kapuze*). Bei **visueller** Darbietung ergeben sich allerdings weniger Behaltensprobleme als bei akustischer.

- **Irrelevanter Spracheffekt:** Die Darbietung von irrelevanter, zu ignorierender gesprochener Sprache beeinträchtigt das Arbeitsgedächtnis z.B. für visuell präsentierte Ziffern. Der Effekt ist unabhängig davon ob die Sprache englisch, deutsch oder arabisch ist; irrelevante nicht sprachliche Stimuli - wie etwa Instrumentalmusik - erzeugen diesen Effekt aber nicht (Salamé, Baddeley, 1989). Scheinbar kann nur sprachliches Material in den phonologischen Speicher gelangen.

- **Geschriebene Informationen** müssen vor der Speicherung erst **in eine lautliche Form umgewandelt** werden. Wollen sie sich beispielsweise die Zahl *79*, die sie für zwei Sekunden auf einem Bildschirm sehen, merken, müssen Sie sich diese erst innerlich vorsprechen (rehearsal), damit Sie diese im Arbeitsgedächtnis aufbewahren können.

Bei **Überforderung der Speicherkapazität** sinkt die Verarbeitungsleistung. Je mehr Verarbeitungsressourcen zur Bearbeitung einer Aufgabe gebraucht werden, desto weniger stehen diese für andere Aufgaben zur Verfügung. Die **Aufmerksamkeit sinkt** wegen dieser überhöhten Beanspruchung ab, da sowohl das innere Wiederholen als auch die weitere Verarbeitung der Aufgabe Aufmerksamkeit beanspruchen (Glück 1998). Im Umkehrschluss ist dann auch zu erwarten, dass mit **verbesserter Leistung des Arbeitsgedächtnisses auch die Aufmerksamkeit zunimmt.** Wie hier klar wird, ist eine mangelnde Aufmerksamkeit nicht ohne genaue Diagnose einem Aufmerksamkeitsdefizitsyndrom zuzuschreiben.

Die **therapeutische Konsequenz** wäre hier eine intensive sprachliche Förderung, welche zu einer Verbesserung des sprachlichen Gedächtnisses und damit auch der Aufmerksamkeit führen kann.

D. Die sprachrhythmische Nutzung der Wort-Segmente Silbe, Morphem und Laut

„In der Musik des Gesprächs dient die Aufmerksamkeit als Begleitung." ~ Joseph Joubert

Die Fähigkeit, gesprochene Sprache in kleinere Einheiten zu unterteilen, hat sich als grundlegende Voraussetzung für einen erfolgreichen **Schriftspracherwerb** erwiesen. Das Wort und der Einzellaut sind beim Sprechen nicht automatisch als Segmente hörbar. Dementsprechend setzen auch viele LRS-Kinder die Wortgrenze nach ihrem Gehör oder ganz beliebig, wie man hier an einigen Beispielen aus dem Aufsatz eines Leserechtschreib-gestörten, überdurchschnittlich intelligenten Jungen der 1. Gymnasialklasse sehen kann:

Der Mittelalterlichemarkt statt der mittelalterliche Markt, Weg richtung statt Wegrichtung, einbischenhabn statt ein bisschen haben, steckein statt steckt ein.

Die **Silbe** (Röber-Siekmeyer, 2002) und auch das **Morphem**[31] (Schmid-Barkow, 1997) gelten als die **wichtigsten Gliederungseinheiten** im Schriftspracherwerb. Vor allem die kombinierte Einbeziehung von Silbe und Morphem ist für die Wortgliederung im Lese-Rechtschreib-Erwerb sehr sinnvoll. Bei der alleinigen Trennung in Morpheme kann es vorkommen, dass zu lange Einheiten mit zu vielen Lauten bzw. Buchstaben zurückbleiben, die das sprachliche Arbeitsgedächtnis überfordern. Z.B.: *Marmeladenbrötchen* würde nur in *Marmelad-en* und *Bröt-chen* zerlegt werden. Besonders für Leseanfänger und für Legastheniker ist aber *Marmelad* eine sehr lange und komplexe Buchstabengruppe, welche durch die Zerlegung in Silben viel **leichter zu erlesen und zu merken** ist: *Mar-me-la-den*. Der Wortteil *Marmeladen* stellt mit seinen zehn Buchstaben eine hohe Belastung für das lautsprachliche Gedächtnis (phonologisches **Arbeitsgedächtnis**) dar. *Mar-me-la-den* besteht dagegen nur aus vier Silben, welche das Arbeitsgedächtnis durch ihre **geringere Anzahl an Einheiten** deutlich weniger in Anspruch nehmen, sodass noch Reserven für andere Anforderungen übrig bleiben können (Walter, 2001).

Die **Speicherkapazität** im Arbeitsgedächtnis umfasst bei Erwachsenen 5-9 sprachliche Einheiten (durchschnittlich 7 Einheiten, z.B. Buchstaben, Silben oder Wörter). Bei LRS-Betroffenen liegt diese Merkfähigkeit meist deutlich unter dem Durchschnitt. Vier Silben zu je 2-3 Einheiten ergeben schon 8-12 Buchstaben (*Mar-me-la-den*). Diese Menge übersteigt beim buchstabierenden Lesen das Spei-

---

[31] Ein Morphem ist die kleinste Bedeutung enthaltende Spracheinheit: z.B. besteht das Wort *laufen* aus folgenden 2 Morphemen: *lauf – en*.

chervermögen von leseschwachen Kindern, sodass ein flüssiges Lesen und ein Erinnern an das Gelesene schwerer möglich werden.

Das Einbeziehen von Silben und Morphemen führt zum leichteren und schnelleren Lese- und Schreib-Erwerb. Man weiß, dass sich **gute Leser** beim Wortlesen nicht am einzelnen Buchstaben, sondern an Silben, Morphemen, Buchstabengruppen oder ganzen Wörtern orientieren (Walter, 2001; Röber-Siekmeyer, 2002). Dadurch werden **Rechtschreib**-Regelmäßigkeiten und –Besonderheiten in Buchstabenfolgen besser erkannt und behalten (Klicpera, Gasteiger-Klicpera, 1995).

| Zebrerde ?? |

Leseschwache Kinder machen häufig viele Fehler und lesen deutlich langsamer als der Durchschnitt ihrer Altersgruppe. Die hohe Fehleranzahl lässt sich überwiegend auf eine **mangelnde Segmentierungsstrategie** zurückführen, die es den Kindern nicht erlaubt, Wörter in Segmente zu gliedern (Valtin, 2000). Die Wörter werden dann über lange Zeit **lautierend** erlesen, indem jeder Buchstabe einzeln erfasst wird. Häufige Fehler wie Buchstabenauslassungen, -Verdreher oder -Verwechslungen sind die Folge (statt *Zebraherde* lesen sie etwa *Zebrerde*). Besonders bei langen, zusammengesetzten Wörtern und Mitlauthäufungen versuchen schlechte Leser, die Wörter zu **erraten** (*verdächtig* statt *verächtlich*). Dabei wird häufig der **Sinn des Textes** verändert und dann auch nur eingeschränkt erinnert oder verstanden.

Beispiel aus der Praxis: Anna Lena, 11 Jahre

Die 11-jährige Anna Lena, welche im Intelligenztest einen überdurchschnittlichen Intelligenzquotienten von 115 erreicht hatte, konnte weder beim Sprechen, noch beim Lesen oder Schreiben, Wörter in Silben unterteilen (z.B.: *si-sten = sitzen, pf-sten = Pfosten, durchsta-mpf-en = durchstampfen, Wa-sserlei-tu-ng = Wasserleitung*). Dazu passten auch Anna Lenas reduzierte Leistungen im Bereich der übrigen Aufgaben zur phonologischen Bewusstheit (im Test BAKO, siehe das Diagnostik-Kapitel).

Dementsprechend fielen auch ihre Leseleistungen aus: Das Mädchen las zwar aufgrund ihrer 5-jährigen Leseerfahrung nicht mehr lautierend, machte aber im Salzburger und Zürcher Lesetest in allen Subtests – vor allem auch beim Lesen von Pseudowörtern - überdurchschnittlich viele Lesefehler und las sehr langsam (weit unterdurchschnittliche Werte). Außerdem betonte sie die Quatschwörter falsch - meistens auf der letzten Silbe (*talire*) - was darauf hinwies, dass Anna-Lena auch im Bereich der Prosodie immer noch Probleme hatte. Auch ihr Leseverständnis erwies sich als eingeschränkt. Anna Lena konnte die Inhalte von zwei Texten zum Teil unrichtig und nur auf Nachfragen und nach nochmaligem Lesen wieder geben.

66. sitzen si - tz - en
67. Pfosten Pf - os - ten
68. durchstampfen dur - ch - stampfen
69. Straße Str - aße
70. Wasserleitung was - ser - leitung

si - tten
pf - stem
dur = rchsta = mpfen
stra = se
Wa = sserleit tu = ng

wasser - leitung
was - ser - lei - tung
sit - zen pf - sten
Stra - ße durcht stampfen

Drei Beispiele zur mangelhaften Silbentrennung von zwei 11-jährigen Sekundarschülerinnen und einer Gymnasiastin.

1. Die Bedeutung der Silbe
für den Erwerb des Lesens und Schreibens[32]

*Für den Erwerb des Lesens und Schreibens braucht es das Wissen über den **Unterschied zwischen Sprechsilben und Schreibsilben** (Butt, Eisenberg, 1990).*

Die Silbe – und nicht der Buchstabe oder der Laut - stellt die **kleinste Einheit** dar, die wir isoliert richtig aussprechen können. Buchstaben kann man nur innerhalb der Silbe prosodisch richtig „verlautlichen". Die isolierten Laute klingen meistens anders als im Lautverband der Silbe und sind auch nur in dieser in ihren charakteristischen Merkmalen aussprechbar.

Schon drei- bis vierjährige Kinder sind in der Lage, **Silben** im Wort anhand des Rhythmus, der Betonung und der Lautstärke herauszuhören. Die Fertigkeit der mündlichen Silbengliederung zählt zur phonologischen Bewusstheit und spielt vor allem am Beginn des Schrifterwerbs eine wichtige Rolle. Da in der frühkindlichen Sprachentwicklung zuallererst prosodische Einheiten aufgebaut werden, können etwa 50 Prozent der Kinder schon mit 4 Jahren und manche auch noch früher intuitiv Wörter mündlich in Silben teilen; am Ende des ersten Schuljahres können dies sogar über 90 Prozent (Tophinke, 2002).

Das Heraushören von **Lauten** wird meist erst schrittweise über den **Buchstabenerwerb** erlernt. Ein kleinerer Teil der Kinder ist jedoch selbst am Ende des ersten Schuljahres nur mangelhaft in der Lage, diese Aufgabe perfekt zu lösen. Laute richtig wahrzunehmen, erfordert ein erst im Laufe der Schulzeit erworbenes Wissen über die Abläufe der Artikulationsbewegungen, welche für die Kinder anhand der Buchstaben deutlicher und präziser entschlüsselbar sind als anhand der sprachlichen Höreindrücke.

Silben zeigen für den Lese-Rechtschreiberwerb wesentlich mehr an als nur einzelne Buchstaben oder Laute (Röber-Siekmeyer, 2006). An der **Buchstaben-Folge** erkennt man, wie man ein Wort aussprechen muss. Die Schreibweise stellt die **prosodische Gliederung** des gesprochenen Wortes und der Silben visuell dar. Sie zeigt die Grenzen und die Betonung der verschiedenen Silbentypen mit verschiedenen Rechtschreibmarkierungen an. Umgekehrt kann man als kompetent Deutsch–Sprechender aus der Aussprache einer Silbe Rückschlüsse auf die Rechtschreibung ziehen.

---

[32] Nach Röber-Siekmeyer, 2006.

Die Ausnutzung der Wort-Segmente erleichtert somit den Erwerb des Rechtschreibens und verhilft vor allem zum flüssigen **automatisierten Lesen** (Röber-Siekmeyer, 2002; Walter, 2001). Die Silben strukturieren als **visuelle Einheiten** die Wörter und werden vom guten Leser als ganze Einheiten erkannt und zum flüssigen Lesen genutzt. Wie schon gesagt, gibt die Silbe durch ihre Rechtschreibung viele Hinweise beim Lesen für die richtige Betonung und Aussprache der Vokale und Konsonanten.

> **Um ein Wort richtig zu schreiben, zu lesen und zu verstehen, muss man Folgendes können:**
>
> - Silben richtig **trennen**: *Tan–te* nicht *Tant-e*
> - Silben richtig **betonen**: *Tan-te*
> - **Selbstlaute** je nach Lage in der Silbe richtig **aussprechen**:
>   Esel: *Esl,* Ente: *Änte* nicht *Ente*
> - **Mitlaute** je nach Schreibung richtig **aussprechen**:
>   z.B. das *s* in *reisen – reißen,*
>   *x* und *chs* mit gleicher Aussprache: *Hexe - Achse*
> - Silben gemäß der Rechtschreibung im richtigen **Tempo** aussprechen:
>   *Lehrer* (Dehnungs-*h*), *Liebe* (*ie*), *Seele* (Doppelvokale)

Die Bedeutung der richtigen Betonung eines Wortes wird besonders klar, wenn man das Wort beim Lesen falsch betont und deshalb nicht richtig versteht:

Blumento–pferde – Blumen-topf-erde; hupf-rei – hup-frei, Urin-sekt - Ur-insekt.

Leseanfänger und Legastheniker lesen Wörter häufig noch mit falscher oder fehlender Betonung und können darum auch des Öfteren die **Bedeutung** des Wortes und damit vielleicht des ganzen Satzes nicht erfassen.

1.1 Die Sprechsilbe ist nicht gleich der Schreibsilbe[33]

„Alle Sprachverschiedenheit ruht auf der Mannigfaltigkeit der Organe, und diese hängen wieder von mannigfaltiger Totalität menschlicher Organisation ab... Sodann entscheiden Jugendeindrücke, Zusammenbildung der Gehör-, Sprach- und Denkwerkzeuge."
~ Johann Wolfgang von Goethe

Im Laufe des ersten Schuljahres entdecken die Kinder die großen Unterschiede zwischen der **Schriftsprache** und ihrer ureigensten **gesprochenen Sprache.** Nicht nur die unterschiedlichen Dialekte oder die Umgangssprache, auch die „Hochsprache" weist zwischen Sprech- und Schreibsilbe viele Unterschiede auf.

Die Sprechsilbe ist eine prosodische, natürliche Einheit, die Schreibsilbe hingegen eine visuelle, künstlich erzeugte, die die Aussprache der Sprechsilbe möglichst genau abbilden will. Wie bereits erwähnt, können schon Vorschulkinder Wörter ganz intuitiv in Sprechsilben teilen, ohne dass ihnen jedoch deren Laut-Aufbau bewusst ist.

Das Erkennen der **Silbengrenzen** beim Lesen ist deshalb so wichtig, weil die zu lesenden Buchstaben je nach Silbenstruktur unterschiedlich ausgesprochen und betont werden (Maas, 1999) und dann – je nach Aussprache - eventuell falsch verstanden werden (*Hasen – hassen*).

Sprechwörter kann man nicht wie geschriebene Wörter eindeutig in Silben zerlegen. Über die **Trennung von gesprochenen Wörtern in Silben** gibt es unterschiedliche Lehrmeinungen, vor allem bei der Trennung von zwei gleichen Mitlauten, die zu beiden Silben zu gehören scheinen[34]: Bei Wörtern, die man mit einem Doppelkonsonanten schreibt (*Betten*), ist es keineswegs klar, wo die Silbengrenze verläuft. Es ist nicht wirklich möglich beim Sprechen eine Pause zwischen den beiden *t*'s, oder anderen Doppel Buchstaben (*Hammer, Senner, Karren...*) zu machen, ohne das Wort rhythmisch zu verändern. Beim Schreiben des Wortes hingegen werden die Doppelbuchstaben künstlich ganz klar getrennt (*Bet-ten*). Daher stammt auch die unrichtige Meinung, bei deutlicher Aussprache seien zwei *t* zu hören. Was hingegen eindeutig auch schon für Vorschulkinder wahrnehmbar ist, ist die **andere Klang-Qualität** und die **verkürzte Dauer** des vorausgehenden **Selbstlauts** (das erste e in B<u>e</u>tten) im Vergleich zum Wort mit nur einem mittleren Mitlaut (*b<u>e</u>-ten*).

---

[33] Nach Röber-Siekmeyer, 2002.
[34] Beidsilbige bzw. ambisyllabische Mitlaute.

Vergleichen Sie die Aussprache zwischen „bättn" (Betten) und „beetn" (beten). Der Doppelkonsonant (t in Betten) nimmt dem e in der ersten Silbe „den Platz weg", sodass dieses ganz kurz und eher wie ein „ä" ausgesprochen wird: „bättn".

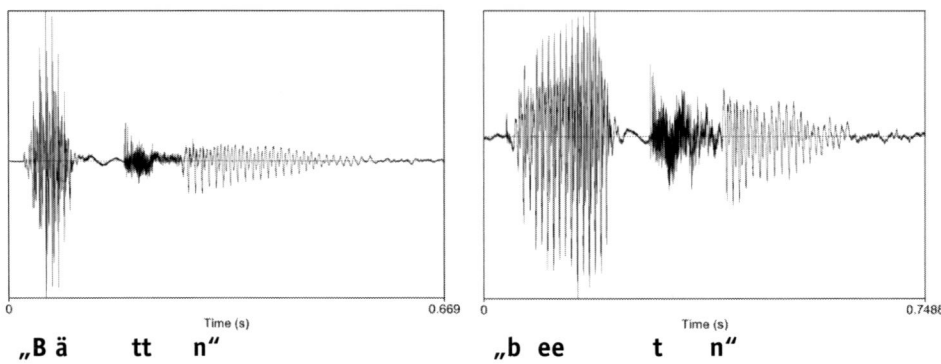

Akustische Messungen (Huneke, 2000) zeigen eindeutig, dass man bei Doppelkonsonanten nur einen einzigen Mitlaut (hier ein t) wahrnimmt oder spricht. Schulkinder schreiben deshalb anfangs auch keine Dopplungen, da diese nicht als Doppel-Mitlaute wahrnehmbar sind, wohl aber erkennen die Kinder dabei die andere Klangqualität der Selbstlaute.

So meinte der 5-jährige Elias: *Ente* schreibt man doch mit *ä*, nicht mit *e*, in der Schule wird er aber draufkommen, dass man anders spricht, als man schreibt.

Arbeiten Sie von Anfang an mit den Erstklässlern - auch anhand von Doppelkonsonanten - an diesen Lautunterschieden.

„Beim Dialekt fängt die gesprochene Sprache erst an." ~ Christian Morgenstern

1.2 Silbentypen (Maas, 1992, 1999)

Wie wir bereits ausführlich dargestellt haben, bedingen sich in der Schriftsprache Aussprache und Schreibung einer Silbe, bzw. eines Wortes weitgehend gegenseitig. Je nach Silbentyp wird ein Wort unterschiedlich geschrieben und je nach Schreibung beim Lesen verschieden ausgesprochen. Daher sollte man dem Kind beim Erlernen der Schriftsprache von Anfang an bestimmte Gesetzmäßigkeiten der verschieden ausgesprochenen und geschriebenen Silben bewusst machen, damit sozusagen eine **„prosodische Bewusstheit" für die Beziehung zwischen Sprech- und Schreibsilbe** entsteht. Das geschieht in den Schulen leider noch nicht; die Rechtschreibung wird fast überall nur auswendig gelernt. Dies fällt – wie wir ja wissen – Legasthenikern unendlich schwer. Vor allem zu Beginn des Schriftspracherwerbs kann die Verinnerlichung der folgenden Regeln den Weg zur intuitiven Entschlüsselung der Rechtschreibung und zum flüssigen Lesen eröffnen (Röber-Siekmeyer, 2006).

RO –SE
ROSSE

Im trochäischen Wort bestimmt der **letzte Laut der betonten Silbe** den **Silbentyp** und damit seine Aussprache und Schreibung. Je nachdem, ob es ein Mitlaut oder ein Selbstlaut ist, wird der Selbstlaut verschieden ausgesprochen. Die Tonqualität und die Dauer eines Lautes hängen von seiner Lage innerhalb der Silbe **und** innerhalb des Wortes ab. Die Prosodie eines Wortes hängt also davon ab, wie Mitlaute und Selbstlaute innerhalb der Silben miteinander in Beziehung stehen.

RO –SE
ROSSE

Der Kern einer betonten Silbe ist dementsprechend immer ein **Vollvokal**, dessen Aussprache von den nachfolgenden Konsonanten abhängt. So spricht man beispielsweise ein volles *o* in *Ro-se*, ein „flaches" *o* in *Ros-se* und macht Letzteres in der Schrift durch die Verdoppelung des Mitlautes s deutlich.

ROSE
SEGEL

Der **Kern einer nicht betonten, verkürzten Silbe** (Reduktionssilbe) ist entweder ein sogenannter **Schwa-Vokal** (das „reduzierte" *e* in *Rose*) oder ein sogenannter silbischer **Sonorant**[35], der durch die Buchstaben m, n, ng, l und j ausgedrückt wird, wie z.B. in *Segel oder Atem*. Das *e* der unbetonten Silbe wird dann nicht ausgesprochen, wodurch der nachfolgende Konsonant „sonor", also stimmhaft, klingt und deshalb als *Sonorant* bezeichnet wird.

---

[35] Ein Sonorant (m, n, ng, l, j) ist ein stimmhafter Konsonant, bei dessen Bildung kein Geräusch entsteht, im Gegensatz zu den Geräuschlauten (Obstruenten). Wie bei den Vokalen wird der Lautstrom nicht behindert, so dass sie ebenso wie Vokale Silbenträger sein können.

| AUT<u>O</u> | Der **Kern einer nicht betonten, nicht verkürzten Silbe** ist ein **Vollvokal**: *Aut<u>o</u>*. |

Abhängig von der **Länge des Vokals** und einem eventuell vorhandenen **Konsonanten als letzten Laut in der ersten Silbe,** gibt es vier Arten von betonten Silben mit unterschiedlicher Prosodie, die dann auch bestimmte Rechtschreibbesonderheiten festlegen - wie z.B. die Konsonantenverdopplung. Aber auch der Einsatz von Dehnungs-*h*, langem *ie* oder scharfem *ß* wird vom Silbentyp beeinflusst, wie wir später noch näher erklären werden.

Offene Silben haben keinen Konsonanten am Ende der 1. Silbe (mit Ausnahme des *stummen h: Leh-ne)*: *We-sen, we<u>ss</u>en*. Der Doppelkonsonant - auch *tz* und *ck* - gilt sozusagen als **Silbengelenk** und gehört zu beiden Silben, ist also beidsilbig (siehe die beiden Sonagramme der Wörter *Betten* und *beten* auf der Seite 81).

Geschlossene Silben haben einen Konsonanten am Ende der 1. Silbe:
We<u>s</u>-ten, (ver-)we:<u>s</u>-ten.

Der **Langvokal** bedingt einen losen Anschluss der betonten Silbe an die unbetonte; der **Kurzvokal** bedingt einen festen Anschluss.

4 Arten von betonten Silben:	Offene Silbe	Geschlossene Silbe
Langvokal - Loser Anschluss	We- sen	(ver)- we:s - ten
Kurzvokal - Fester Anschluss	we**ss**en	Wes - ten

Im Folgenden sollen nun zur Vertiefung einige **Beispiele** für die vier verschiedenen Silbentypen mit langem und kurzem, sowie offener und geschlossener Silbe vergleichend gegenüber gestellt werden:

We-sen	*wetten*	*wehten*	*Westen*
Mo-de	*Motte*	*Möhrchen*	*Mörder*
ra-sen	*Rassen*	*ra:sten*	*rasten*
Hü-te	*Hütte*	*Hühnchen*	*Hüfte*
leh-nen	*flennen*	*lehnte*	*lente* (Aus der Musik)

> **Übung: Ordnen Sie folgende Wörter einer der 4 Silbentypen zu:**
> Ketten, Leder, dehnte, lecker, Wälder, Wetter, Westen, welken, Fähnrich, Lüge, Reste, Düne, Künste, Küste, küsste, dürre, patzen, lahmte

1.3 Der Lautaufbau innerhalb der Silbe

Wir wissen intuitiv, wie eine Silbe aufgebaut ist, welche Lautabfolgen möglich sind und welche nicht. Die Reihenfolge der möglichen Laute innerhalb der Silben ist genau festgelegt:

Die **Klangfülle** innerhalb der Silbe steigt vom Anfangslaut bis zum Selbstlaut zum Maximum an, um dann wieder bis zum Endrand der Silbe abzunehmen (Sonoritätshierarchie). Dadurch sind nur ganz bestimmte **Lautfolgen** im Wort möglich, welche wir intuitiv beim Lesen im Voraus erwarten: *Klein* nicht *Lkein*, *Brot* nicht *Rbot*, Zorn nicht *Zonr.*

1.4 Die Buchstaben-Laut-Zuordnung

> Ein Buchstabe ist nicht gleich einem Laut!
> **Das E spricht man unterschiedlich - oder gar nicht - aus!**
> E-hä-va- sprä-chn – ein prosodischer Ohrenschmaus!

Die Schülerinnen entdecken schon beinahe von Schul-Anfang an, dass sie in keiner Weise so schreiben können oder dürfen, wie sie sprechen. Der fünfjährige Elias, der schon lesen und schreiben kann, sagte unlängst im breitesten Vorarlberger, bzw. Montafoner- Dialekt: *„D'Fäddra vodda Föggl"* (Die Federn der Vögel) und sogar dieser noch so kleine Junge wunderte sich über die Maßen, dass man *Federn* und *Vögel* schreibt, anstatt *Fädra* und *Föggl.*

> E-hä-va-sprächn

Hören Sie nun genau hin. Wie viele verschiedene *e*-Laute hören Sie in dem Wort „Eheversprechen"?

Haben Sie diese genau abgezählt? Man **hört** 4 unterschiedliche e: *Eheversprechen*: Ein reines, betontes *e*, wie wir es im Alphabet lernen und lehren, ein fast verschlucktes *ä*, ein kurzes unbetontes *a*, ein betontes *ä*. Das letzte *e* wird gar nicht ausgesprochen.

> Deshalb ist die Aufforderung „Sprich deutlich und schreib, wie du es hörst!" für die Kinder sehr verwirrend und irreführend, da es für einen Buchstaben mehrere Laute gibt und für einen Laut mehrere Buchstaben.

Die Schüler müssen lernen, die geschriebenen Silben nach ihrer **Betonung** und dem unterschiedlichen Buchstaben- Aufbau der betonten und unbetonten Silben zu unterscheiden.

Auch der **Wortstamm** und die **grammatische Struktur** der Wörter spielen eine entscheidende Rolle beim Erlernen des Lesens und Schreibens – wie wir dies noch ausführlich in späteren Kapiteln darstellen werden. Die häufig verwendeten **Anlauttabellen**[36] verleiten die Kinder zu der Annahme, dass jeder Buchstabe genau für einen oder zwei Laute steht. Das ist leider nicht wahr, denn unsere Schrift ist bei weitem nicht immer lautgetreu, denn ein Laut kann durch mehrere Buchstaben vertreten werden und umgekehrt.

Somit ist es sehr wichtig, den Kindern unsere Schrift nicht ausschließlich als Alphabetschrift, sondern **primär als Silbenschrift** beizubringen.

Unsere Kinder bekommen diese Unterschiede aber im Anfangsunterricht leider nicht erklärt. Im Gegenteil - **die gelehrte Buchstaben-Laut-Fixierung verhindert geradezu den Aufbau prosodischen Wissens.** Dieses Versäumnis führt zu einem unzureichenden Erwerb eines soliden und sicheren Schriftwissens - vor allem bei den schwächeren Schülern und den Legasthenikern.

Die **Zuordnung** der Laute zu den Buchstaben hängt von ihrer Lage im Wort und den Folge-Buchstaben in der Silbe ab. Wir sprechen keine isolierten Laute, sondern Silben. Ein isoliert stehender Laut wird anders ausgesprochen, als einer, der in die Silbe eingebunden ist. Unsere Buchstaben stehen für die **rhythmisch-prosodische Struktur** der Silbe. Eine 1:1 Lauttreue (1 Buchstabe = 1 Laut) gibt

---

[36] Die Anlauttabelle beinhaltet für jeden Buchstaben im Alphabet ein Bild, z.B. E für Esel; anhand dieser Buchstaben-Bildtabelle sollen die Kinder sich praktisch selbst das Schreiben erarbeiten, was für LRS-Kinder eine große Hürde darstellt (Abbildung aus: Reichen Jürgen, „Lesen durch Schreiben A2K. Hannah hat Kino im Kopf", Heinevetter Verlag, Hamburg).

es nicht, obwohl dies so oft behauptet wird. Die in den Schulen vermittelte Entsprechung von je 1 Selbstlaut zu je 1 Buchstaben widerspricht den Erfahrungen der Kinder aus der gesprochenen Sprache, die vorwiegend auf einer differenzierten Laut- Unterscheidung beruhen (Röber-Siekmeyer, 2002). Wenn ein Kind z.B. statt *„steigt"* *„schdaigkt"* schreibt, spricht dies für eine sehr genaue Lautwahrnehmung.

Eine falsche Gleichung: 1 Buchstabe = 1 Laut

D'<u>Fäddra</u> <u>vodda</u> <u>Vöggl</u> → Die Federn von den Vögeln.
Fa:bn, E -hä-va-sprä -chn

Sagen Sie nie:
„Sprich deutlich! Schreib, wie du hörst!"
Anfänger schreiben ja nach Gehör:
ÄNTE- FATA - SCHDAIGKT - WETA

Die häufig verwendeten **Anlauttabellen** verleiten unsere Kinder zu glauben, dass jeder Buchstabe genau für einen Laut steht.

Wir sprechen keine isolierten Laute, sondern Silben! Somit ist es wichtig, den Kindern die Schrift als **Silbenschrift** beizubringen!

Am Beginn des Schrifterwerbs muss dem Kind unbedingt der Unterschied zwischen Sprech- und Schreibsilbe bewusst gemacht werden.

Die Zuordnung der Laute zu den Buchstaben steht in keinem eindeutigen Verhältnis. Laute werden je nach Position und Nachbarlauten unterschiedlich ausgesprochen.

- **Gleiche Aussprache - verschiedene Schreibungen: l – ll, e – ä, d – t**
  Held – hält – hellt, Feld – fällt, Welt – wellt, kannte – Kante, heute – Häute.
- **Gleiche Schreibung – verschiedene Aussprache:**
  rasten (Rast), *rasten* (rasen), *Käschen* (Käse)
  Unter den *Büschen* liegen 2 *Büschen* (Spielzeug- Busse).
- **Das *h*** ist nur am Beginn der betonten Silbe hörbar: <u>Hund</u>.
  In der Wortmitte und am Ende hängt die Funktion des Buchstaben h wie Dehnung und Silbentrennung von den Folgebuchstaben *l, m, n, r* und von der **Grundform** ab: *wä<u>h</u>lt – Wahl, reiht - Reihe, Re<u>h</u> - Re<u>h</u>e, stehst – ste<u>h</u>en.*
- **Das *r*** wird fast nur am Silbenanfang als r gesprochen: <u>Ring</u>, sonst in den meis-

ten geografischen Regionen wie ein a: *Turm – Tuam, Vater – Va:ta*

- **Das p, t oder k** wird nur am Beginn von betonten Silben „hart", das heißt mit einem gehauchten *h* - gesprochen; in manchen Dialekten auch dort nicht: *Tat, Pop, keck.*
- **Die Aussprache von Selbstlauten** hängt vom Silbentyp ab. So gibt es z.B. 3 Arten das *o* auszusprechen und 5 für das *e*: *Ofen – offen – Ophelia, Eheversprechen*
- **Die Auslautverhärtung**[37] (= Harter Mitlaut am Silbenende): Auslaute sind nicht als „hart" oder „weich" wahrnehmbar und müssen folgendermaßen hörbar gemacht werden: Durch Überführung in die **trochäische 2-silbige Grundform** wird erkennbar, ob der Auslaut hart oder weich ist: *Rat - Rad → raten - Räder*
- Einige **Laut- bzw. Buchstabenfolgen** gibt es im Deutschen nicht: *klar – lkar, Prunk – Rpunk, Karl – Kalr.* Dieses intuitive Wissen lässt uns beim Lesen schon im Voraus bestimmte Buchstabenfolgen erwarten und schneller erkennen.
- **Die Silben -e, -er, -el, -en** in 2- silbigen Wörtern zeigen an, dass die 2. Silbe beim Lesen schwach betont wird: *Tore, Toter, Tobel, toben.* Umgekehrt wird das Kind bald herausfinden, dass man diese Silben anders schreiben muss, als man diese hört.

An diesen Regeln kann man deutlich erkennen, dass die Schrift klare Hinweise für die richtige Aussprache der Buchstaben, Silben und Wörter gibt. Die **Silbe** stellt die **zentrale Einheit in der gesprochenen UND in der geschriebenen Sprache** dar. Die Regeln, die sich aus der Silbenstruktur ergeben, umfassen nahezu unsere gesamte **Rechtschreibung** (Röber-Siekmeyer, 2002).

Trotzdem halten die herkömmlichen Lehrmethoden leider nach wie vor an der angeblichen Lauttreue der deutschen Buchstaben fest (Naumann, 2000; Reuter-Liehr, 1992).

Die **grammatische** Funktion der Schrift innerhalb der Silben wird leider ebenfalls in den Schulen nicht gelehrt (siehe die nachfolgenden Kapitel). Ein Teil der Kin-

---

[37] **„Auslautverhärtung"** bedeutet, dass im Deutschen **alle Stoppkonsonanten** (*b, p, d, t, g, k*) am Wortende „hart" bzw. stimmlos ausgesprochen werden, auch wenn am Wortende *b, d, g* steht. Beispielsweise wird *Kind* am Ende mit *t* gesprochen und daher von Anfängerinnen meist *Kint* geschrieben, oder *Obst* wie *Opst* und *Abfall* wie *Apfall*. Durch **Verlängerung** kann häufig die richtige Schreibung abgeleitet werden (*Kind - Kinder*). Das *b* in *Obst* ist nicht ableitbar und muss deshalb als **Merkwort** auswendig gelernt werden. Vorsilben wie *Ab* in *Abfall* müssen explizit erworben werden. Ein „echtes" hartes *t* kann auf die gleiche Art abgeleitet werden, z.B.: *Rat, Räte.*

der erlernt trotzdem das Lesen und Schreiben, weil sie die beschriebenen Regeln in der Schrift selbstständig entdecken. Ein anderer Teil – unter ihnen die Lese-rechtschreib-gestörten Kinder - vermag dies offensichtlich nicht und spricht beim **Lesen** die Wörter häufig **mit falscher Betonung** aus, sodass dadurch das Gelesene nicht genügend verstanden wird und die Leselust verloren geht. Die **Rechtschreibung** ist dadurch in gleichem Maße beeinträchtigt.

1.5 Irreführende Strategien in der Silbenarbeit

„Die falschen Dampfer   *„Ein Irrtum ist erst vollständig widerlegt, wenn man nicht allein*
sind immer überfüllt.“   *sieht, dass es einer ist, sondern auch, wie es einer wurde.“*
~ Gerd Heyse   *~ Thomas Carlyle*

Die überdeutliche Sprechweise der oft verwendeten sogenannten **Pilotsprache**[38] stellt beim Erkennen von Doppel-Mitlauten keine wirkliche Hilfe dar. Die richtige Schreibung kann dadurch nicht erkannt werden, da die trennung von Doppelkonsonanten künstlich ist. So könnte man beispielsweise mit der gleichen Berechtigung das Wort *Vater* gleich wie bei *MUT-TER* in *VAT-TER* trennen. Nur der schon Schriftkundige weiß, wie man Silben, zwischen denen Doppelkonsonanten stehen, ausspricht und kann dann aus der Aussprache die richtige Schreibung ermitteln.

```
MUT-TER
VAT-TER
```

Doppelmitlaute können auch nicht in der vielerorts empfohlenen **„Dehnsprache“** erworben werden. Diese verlängert angeblich zwecks besserer Wahrnehmung die Laute innerhalb der Wörter und erreicht dadurch aber häufig nur, dass die Wörter dadurch rhythmisch völlig anders ausgesprochen werden und geschriebene Wörter mit anderer Bedeutung entstehen: *Rassen – rasen, Watte – wate, offen – Ofen*.

Auch die gängigen Methoden des **Silbenschwingens**[39] mit den Händen und **Silbenbogen-Schreibens und -Lesens** bewirken bei den Kindern die irreführende Überzeugung, dass die Silben entsprechend der Bögen alle gleich lang sind und gleich betont werden. Der gleich große Bogen unter *En-* in der betonten Silbe von einem Wort wie z.B. *„Ende“* sowie unter *-de* in der nicht betonten sogenannten Reduktions- oder Schattensilbe lässt zusätzlich einen Gleichklang der beiden

---

[38] Die Pilotsprache soll bewirken, dass die Kinder durch ein überdeutliches Mitsprechen beim Schreiben wie von einem Piloten zur richtigen Schreibung hingeführt werden.

[39] Beim Silbenschwingen (Buschmann, 1986) muss das Kind die Wörter in Silben aussprechen und dabei mit den Händen große Bögen schwingen. Anschließend schreibt das Kind mitsprechend die einzelnen Silben in gezeichnete Silbenbögen hinein. Während des Lesens muss die Schülerin zeitgleich mit dem Aussprechen der Silbe Bögen darunter zeichnen.

e vermuten. Es fehlen nämlich die Hinweise auf die unterschiedliche Artikulation der Selbstlaute. Die die **Bögen** begleitende „Pilot-Sprache" bewirkt, dass die Silben falsch „vertont" werden. Dies ist für eine gute schriftliche und mündliche Sprachentwicklung bei schwächeren Kindern **störend**.

Wir selbst erlebten auch viele Kinder, die das Bögen-Schwingen oder -Schreiben wegen mangelnder Koordination und eingeschränkter Schreibmotorik nicht oder nur sehr mühevoll erlernten, sodass wir in unserer Praxis auch deshalb auf diese zeitraubenden und nicht förderlichen Methoden für immer verzichteten.

„Mancher verbösert und glaubt, er verbessert." ~ *Deutsches Sprichwort*

2. Die Bedeutung der Morpheme für den Erwerb des Lesens und Schreibens

„Alles ist einfacher, als man denken kann, zugleich verschränkter, als zu begreifen ist."
~ *Johann Wolfgang von Goethe*

Im vorhergehenden Kapitel stellten wir ausführlich dar, dass die Silbe - besonders zu Beginn des Schriftspracherwerbs - eine sehr wichtige Gliederungseinheit ist. Sie bleibt es auch bis ins Erwachsenenalter. Im Laufe des Schrifterwerbs wird dann aber zunehmend auch das Morphem für die Gliederung der Schrift bedeutsam (Huneke, 2002). Morpheme sind die **kleinsten bedeutungtragenden Buchstabengruppen** der Sprache. Sie werden häufig durch Vorsilben (ver-, vor- usw.), Nachsilben (-ung, -heit, -nis usw.) und sogenannte Flexionsmorpheme ergänzt (-e, -en, -er bei der Mehrzahlbildung wie bei *Fische, Frauen, Männer*, sowie *-st, -t,-te* bei Endigungen von Zeitwörtern: *sehnst, oder sehnte*).

Morpheme:

Wortstamm:	*sehn-, renn-, lieb-* ...
Vorsilben:	*ver-, vor- be-* ... (*verlieben, vorrennen, beleidigen*)
Nachsilben:	*-ung, -heit, -nis* ... (*Biegung, Wahrheit, Zeugnis*)
Mehrzahl-Endigungen:	*-e, -en, -er* (*Fische, Frauen, Männer*)
Zeitwort-Endigungen:	*-e, -st, -t,- te* ... (*sehne, sehnst, sehnt, sehnte* ...)

Meist stimmt die **Silbengliederung** mit der **Morphemgliederung** nicht überein:

ge – sehnt: 2 Silben.
ge-sehn-t: 3 Morpheme: Vorsilbe – Wortstamm – Flexionsmorphem

Obwohl dieser Unterschied zwischen Silbe und Morphem anfänglich eine gewisse Verstehens-Schwierigkeit bieten kann, stellt das Wissen über Morpheme trotzdem eine große grammatikalische und orthografische Hilfe dar. Im Deutschen bleibt nämlich die **Schreibung** des Morphems in den Abwandlungsformen des Wortes fast **immer gleich**, was man **Morphemkonstanz** nennt.

Daher bleiben die **Rechtschreib-Besonderheiten** der Schrift auch in Wortformen erhalten, die man zur richtigen Aussprache gar nicht mehr brauchen würde. Beispielsweise werden Schreibungen wie z.B. *gelokt - gelockt, trent – trennt* (Röber, 2006) mit und ohne Doppel- Mitlaut gleich ausgesprochen. Die Rechtschreib-Markierungen sind also für die korrekte Aussprache dieser Wörter überflüssig. So manche Schreibungen würde man also mit und ohne Dehnungs-h oder Silben trennendes-*h*, und ohne Doppelmitlaut richtig artikulieren.

Nun gibt es aber Ableitungsformen dieser Wörter, in denen diese Rechtschreibbesonderheiten dann doch benötigt werden, um das Wort **richtig auszusprechen**:

lehnen – lenen   → spricht man gleich aus.
lehnte – lente   → spricht man anders aus.

Lehnte braucht also unbedingt das Dehnungs-*h,* um es nicht wie bei *lente* mit kurzem *e* auszusprechen.

Um die richtige Schreibung herauszufinden, muss man manche Wörter auf eine der folgenden **Wortformen** zurückführen:

- **Die Prosodische Grundform**
  Zeitwort- Formen: *trennt* wegen *trennen, angelockt - anlocken, sieht - sehen.*
  Auslaute[40]: *Wind* wegen *Winde, Tat – Taten* ...
  Mitlaut R: *Klar* wegen *klare* ...
- **Die einsilbige Wortform:**
  Umlaute: *Bälle wegen Ball, Häuser – Haus* ...
- **Die Mitvergangenheit:** *lehnen* wegen *lehnte, absahnen - sahnte ab*

---

[40] Laute am Ende des Wortes.

Insgesamt gibt es **8 Bereiche**, in denen die **Rechtschreib-Besonderheit im Stamm** erhalten bleibt (Röber, 2006):

1. **Dehnung:** *fehlen: h* wegen *fehlst* (statt felst)
2. **Dopplung:** *kannte: nn* wegen *kennen* (vergleiche: die Ka<u>nt</u>e)
3. **Umlaute:** *Hände: ä* wegen *Hand, Bäume* wegen *Baum*
4. **Auslaute:** *Hund: d* wegen *Hunde*
5. **Silbentrennendes h:** *Schuh: h* wegen *Schuhe* (statt „Schue = Schü")
6. *r* **am Ende betonter Silben:** *Tor: r* wegen *Tore* /statt *Toa*)
7. **gs - ks – ts - ds:** *tags, Schecks , Geburt<u>st</u>ag, Ra<u>ds</u>*
8. *ß - ss: Gruß* wegen *Grüße, Kuss* wegen *Küsse*

Bei unregelmäßigen Mitvergangenheitsformen bleibt der Wortstamm nicht erhalten, diese müssen leider auswendig gelernt werden:
kam – kommen, ging – gehen, nimmt – nehmen, traf – treffen

3. Zusammenfassung

Die Erfassung von Wort-Gliederungseinheiten als Hilfe für den Schriftspracherwerb

Für das flüssige Lesen und richtige Schreiben müssen ganze Buchstabengruppen und Wörter auf einmal erfasst und verarbeitet werden. Auf das buchstabenweise Lesen greift man erst bei unbekannten und schwierigen Buchstabenfolgen zurück.

Die Erfassung und regelhafte Verarbeitung von Silben und Morphemen stellen eine wichtige Hilfe im Schriftspracherwerb dar und sollten den Kindern im Unterricht vermittelt werden. Insgesamt verfügt ein guter Leser und Schreiber eine **automatisierte Bewusstheit über folgende Bereiche:**

*   Mögliche Buchstaben-Lautverbindungen: *h, ch, k, sch, st ...*
*   Mögliche Lautfolgen: *Zo<u>rn</u>* nicht *Zonr ...*
*   Aufbau von Silben: Selbstlaut als Kern ...
*   verschiedene Morphem-Formen: *ver- steck- en ...*
*   Schreibung bestimmter grammatischer Formen: ihn, in, *wir, ihr ...*

Das Begreifen dieses verschränkten Zusammenspiels aller Bereiche ermöglicht dem Kind einen relativ reibungslosen und erfolgreichen Schriftspracherwerb.

Für LRS-Betroffene verläuft der Erwerb dieser Prozesse eingeschränkt und verlangsamt. Daher soll es in Förderung und Therapie der LRS vorrangiges Ziel sein, eine möglichst weitgehende „**Verinnerlichung der Regularitäten**" zu erreichen.

4. Zukunftsvision

„Frisch gewagt:
Es kamen mal zwei Knaben
an einen breiten Graben.
Der erste sprang hinüber,
schlankweg, je eher, je lieber.
War das nicht keck?
Der zweite, fein besonnen,
eh' er das Werk begonnen,
sprang in den Dreck. "

~ Wilhelm Busch

Manche sagen, Veränderungen könnten nur in kleinen Schritten vor sich gehen. Wir - die Verfasserinnen dieses Buches - sind eher Verfechter der Worte: *„Frisch gewagt, ist halb gewonnen".* Es braucht auch nicht allzu viel Mut, in Wissenschaft und Praxis bewiesene Erkenntnisse in der Schule oder in der Therapie anzuwenden. Gewiss - man muss sich einen Stoß versetzen, um alte Strategien aufzugeben und neue - von anderen als erfolgreich erprobte - anzuwenden, aber der Erfolg krönt die Anstrengung.

Probleme im Bereich der **Laut-Buchstaben-Zuordnung** führen gezwungenermaßen zu Schwierigkeiten im Schrifterwerb. Für Schulanfänger ist es meist nicht leicht, Wörter in **Laute** zu unterteilen und diese den Buchstaben zuzuordnen. Die Kinder erkennen aber in der Regel am Schulanfang die **Silben** recht gut, welche sie dann auch zur Lautunterteilung heranziehen können.

Untersuchungen (Röber, 2006) ergaben, dass Kinder mit einer diagnostizierten Leserechtschreib-Störung die Brücke zur Schrift nicht wirklich finden. Ihnen gelingt es nicht, sich von der Anweisung des Unterrichts zu lösen, nämlich einen bestimmten Laut aus Wörtern zu isolieren und dafür den richtigen Buchstaben zu finden, wenn es für denselben mehrere unterschiedliche Laute gibt.

Die Leistungen dieser Kinder sollte daher immer auch vor dem Hintergrund des - in diesem Bereich - häufig noch unzureichenden Unterrichts gesehen werden. Leider wird die **Silbenarbeit** im Lese-Rechtschreib-Erwerb in den heutigen Deutschbüchern weitgehend zugunsten der Beschäftigung mit Buchstaben und Lauten vernachlässigt. Rechtschreibung wird meist fast durchgehend auswendig gelernt. Nach unserer Erfahrung sollte man aber versuchen, dass LRS-Kinder eine Intuition für ihre Muttersprache und deren Sprachregeln wenigstens anteilig nachholen können. Das Auswendiglernen von Regeln fällt den Betroffenen schwer, das richtige Anwenden noch viel mehr.

Die Arbeit mit **Silben** und deren **Prosodie** sollte **von Anfang an** die Grundlage für jeden Leserechtschreib-Erwerb bilden. Der differenzierten und richtigen **Buchstaben-Lautzuordnung** muss in Zukunft wesentlich mehr Zeit gewidmet werden. Dabei sollten die Buchstaben immer in Zusammenhang mit Silben und ganzen Wörtern erlernt werden. Die Kinder müssen ausdrücklich darauf hingewiesen werden, dass 1 Buchstabe mehrere Laute vertreten kann (z.B. 1 Buchstabe *e* für 4 verschiedene e-Laute) und dass 1 Laut mit mehreren Buchstaben geschrieben werden kann (*ch, sch*...).

Dieser komplexere Zugang zur Sprache befähigt LRS-Betroffene, dort **Transferleistungen** zu erbringen, wo das Gedächtnis der Kinder nicht ausreicht, auf das aber der derzeitige Rechtschreibunterricht in Form von „Lernwörtern" baut. Wünschenswert wäre, wenn alle **Lesebücher** im Schuleingangsbereich dahingehend orientiert wären, da das automatische Erkennen von **Silben und Morphemen** sowohl beim Lesen als auch beim Schreiben von großem Nutzen ist. Alle Kinder, aber ganz besonders solche mit Leserechtschreib-Schwierigkeiten können Silben-segmentierte Wörter besser erlesen und schreiben (Walter, 2001).

Ein Unterricht, der ALLEN Kindern zu einem erfolgreich(er)en Umgang mit Schrift verhelfen will, muss sich **von der bisher praktizierten Lautfixierung lösen** und sich der Wahrnehmung der Laute innerhalb der Silben und deren zugehörigen Buchstaben zuwenden.

An dieser Stelle möchten wir auch noch darauf hinweisen, dass LRS-Kinder beim Erwerb der Rechtschreibung mit **Druckschrift** arbeiten sollten, da die Silben durch die Abstände zwischen den Buchstaben besser erkennbar sind. Von Vorteil wäre auch, wenn man **leere Silbenbögen** verwenden würde, in die die Schüler selbst die Silben in Druckschrift hineinschreiben. **Die betonte Silbe sollte dabei den größeren Bogen bekommen.**

Wie bereits im Kapitel C.2 ausgeführt, kann man durch das tägliche Vorlesen von Reimen im Trochäus, SSES- und LRS-Kinder im Bereich des Arbeitsgedächtnisses und der phonologischen Bewusstheit und damit auch im Schriftspracherwerb nachhaltig fördern.

Ein gut gelingender Lese-Rechtschreib-Erwerb setzt die **lautliche, prosodische UND grammatische Auseinandersetzung mit Sprache** voraus (Fuchs, Röber-Siekmeyer, 2002). Man kann annehmen, dass viele Kinder in einem so orientierten Unterricht zu besseren und müheloseren Lese-Rechtschreib-Leistungen in der Lage sind. Viel Mühe, Stress und Leid könnten dadurch vermindert werden ☺.

E. Der Lese-Rechtschreibstörung zugrunde liegende Störungen

Es wird häufig argumentiert, dass das sprachliche Verarbeitungsdefizit bei LRS die Folge einer **basalen Störung des Gehirns** bei der Verarbeitung von Sinneseindrücken sei (Ramus, 2003). Ob es sich dabei um Zeitverarbeitungsdefizite, um generelle Verarbeitungsschwächen der gesamten Sinneseindrücke, um motorische Probleme, oder um ein rein sprachlich-kognitives Problem handelt, ist bislang nicht vollkommen geklärt. Man findet sprachliche Verarbeitungsdefizite bei einem Großteil, aber nicht bei allen Legasthenikern, sodass für das Auftreten der Lese-Rechtschreibstörung wohl **unterschiedliche Faktoren** verantwortlich gemacht werden müssen (Grigorenko, 2001).

Häufig besteht bei den Leserechtschreib-gestörten Kindern eine **erblich** bedingte Veranlagung (Ramus, 2003). Wenn bei Eltern oder Geschwistern eine Lese-Rechtschreib-Störung (LRS) bekannt ist, ist dies als ein erhöhtes Risiko zur Ausbildung einer Legasthenie zu betrachten.

Eindeutige Risikofaktoren stellen **Spezifische Sprachentwicklungsstörungen** (SSES) dar. 50 - 70 % der sprachgestörten Kinder entwickeln eine Legasthenie (Grimm, 1999).

Verschiedene Untersucher machen zumindest für bestimmte Untergruppen der spezifischen Sprachstörung und der Leserechtschreibstörung ein **Zeitverarbeitungsdefizit** verantwortlich (Barth et al., 2000). Man nimmt an, dass Legastheniker dann an einer **generellen Beeinträchtigung der Wahrnehmung** leiden (Amitay et al., 2002) und interpretiert diese als wesentliche Ursache der LRS. Das Problem einer Störung der Zeitverarbeitung wird allerdings von mehreren Arbeitsgruppen – zum Teil widersprüchlich - diskutiert (v. Steinbüchel et al., 1996a) und muss in zukünftigen Studien noch weiter untersucht werden.

Bei einem überwiegenden Teil der SSES- und LRS-Kinder findet man eine Einschränkung des **auditiven Gedächtnisses, der Lauterkennung und -**

unterscheidung sowie der **Nutzung prosodischer**[41] **Merkmale** aus dem Sprachangebot.

In weltweiten neurobiologischen Untersuchungen fand man bei Legasthenikern Auffälligkeiten bei der **auditiven Informationsverarbeitung** (Schulte-Körne, 2001b). Im Vordergrund der Forschungsergebnisse steht zurzeit, dass Lese-Rechtschreib-gestörte Personen über eine eingeschränkte Wahrnehmung und Unterscheidung von **Lauten** verfügen, was zu einer mangelhaften Zuordnung der gehörten Laute zu den geschriebenen Buchstaben führt.

Ein Großteil der LRS-Kinder zeigt erhebliche Schwierigkeiten, Wörter in Silben und Laute zu untergliedern, eine Fähigkeit, die als **Phonologische Bewusstheit** bezeichnet wird.

Das **Laut-sprachliche Arbeitsgedächtnis** erweist sich meist als erheblich eingeschränkt (Das Erinnnern von Zahlen, Wörtern und sinnlosen Silben).

Das **schnelle Benennen** von Zahlen, bekannten Dingen und Bildern – also die Abrufgeschwindigkeit von Begriffen ist häufig reduziert (Wolf et al., 2000).

Neben den spezifischen sprachlichen Schwächen, die durch viele Untersuchungen belegt sind (Schulte-Körne, 2001), wurden weitere Teilleistungsschwächen im **auditiven** (Amitay et al., 2002) und **motorischen** Bereich, sowie Funktionsstörungen im **Kleinhirn** (Bishop, 2002), als Grundstörung für eine LRS angenommen, wobei es dazu aber noch keine wissenschaftliche Einigung gibt.

Ebenso wurde die Bedeutung des **Tastsinns** hinsichtlich der verursachenden Bedingungen für die LRS untersucht, jedoch nicht eindeutig belegt (Schulte-Körne, 2001b).

Eine Beziehung der LRS zur **Linkshändigkeit** und der angeblich damit verbundenen, gestörten Entwicklung einer Seitendominanz zwischen linkem und rechtem Gehirn konnten **nicht** bestätigt werden (Schulte-Körne, 2001b).

Insgesamt ergeben die internationalen Untersuchungen bezüglich der **Basisstörungen** von Hirnfunktionen als Ursache der LRS recht widersprüchliche Ergebnisse (Schulte-Körne, 2001b). Defizite in der zerebralen Zeitverarbeitung und der dadurch bedingten Einschränkung der zerebralen auditiven Verarbeitung oder der alle Sinne betreffenden Verarbeitung können derzeit nicht als der LRS zugrunde

---

[41] Prosodie = Sprachmelodie.

liegende Störungen bestätigt werden. **Therapien,** die auf derartige Vermutungen aufbauen, können demzufolge **nicht als wissenschaftlich fundiert** gelten.

1. Störung der zerebralen[42] Zeitverarbeitung

„Ein Muster der Schnelligkeit:
Die Panzerkröte sprach zur Schnecke:
Pfui! Schäme dich!
Du kommst ja gar nicht recht vom Flecke!
Da sieh mal mich!"

~ Wilhelm Busch

In mehreren Untersuchungen konnte gezeigt werden, dass die Verarbeitung von einfachen Silben mit je 1 Mitlaut und Selbstlaut, wie z. B. *da* und *ba*, bei Kindern und auch bei Erwachsenen mit einer LRS zu einer **reduzierten Gehirn-Aktivierung** über beiden Schläfenlappen führte (Schulte-Körne, 2001b).

Der ursächliche Zusammenhang zwischen Zeitverarbeitungsdefiziten und Störungen der Laut- und Schriftsprache wurde in mehreren Studien an sprachentwicklungsgestörten Kindern (Wright, 1997) sowie an Kindern und Erwachsenen mit einer Lese-Rechtschreibstörung (Helenius et al., 1999) zur Diskussion gestellt.

Verschiedene Untersucher machen zumindest für bestimmte **Untergruppen** der spezifischen Sprachstörung (SSES) und der Leserechtschreibstörung (LRS) ein Zeitverarbeitungsdefizit verantwortlich (Schulte-Körne, 2001b). Diese Störungen der Zeitverarbeitung des Gehirns konnten aber bislang noch nicht vollkommen geklärt werden.

Zeitverarbeitungsdefizite fand man je nach Untersucher auch in der Verarbeitung der **Motorik** (Waber et al., 2000), des **Hörens** (Tallal, 1980, 2004), des **Sehens**

---

[42] = im Gehirn.

(Lovegrove, 1994), in beiden Funktionen (Farmer, Klein, 1995), oder sogar generell in der **gesamten Zeitverarbeitung** des Gehirns (Ramus, 2003). Manche Autoren sehen in der mangelnden Zeitverarbeitung die Grundlage von SSES und LRS (Schulte-Körne, 2001 und 2004; Shaywitz, Shaywitz, 2003).

Eine noch nicht abgesicherte Theorie besagt, dass eine zerebrale **Reifungsstörung** bestimmter Hirnstrukturen die generelle zeitliche Verarbeitung aller Sinne im Gehirn beeinträchtigt und zu einer verzögerten zeitlichen Verarbeitung aller Wahrnehmungs- und Verarbeitungssysteme führt. Dadurch sollen die bei Legasthenikern häufig gefundenen auditiven, motorisch-koordinativen und visuellen Funktionsstörungen verursacht werden. Das zeitliche Zusammenspiel zahlreicher Komponenten bei komplexen Prozessen wie Sprache, Wahrnehmung, Motorik könnte dadurch beeinträchtigt sein (v. Steinbüchel et al., 1996a). Die Untersuchungen zu dieser generellen zerebralen zeitlichen Verarbeitungsstörung sind aber bis heute insgesamt widersprüchlich.

Störungen der Verarbeitung visueller Informationen bei LRS wurden im Bereich der Augenmotorik und bei der Verarbeitung von Reizen beschrieben, die im Wesentlichen vom sogenannten magnozellulären (großzelligen) System des Gehirns verarbeitet werden. Dieses ist für die zeitliche Verarbeitung schneller, bewegter und kontrastarmer Reize, sowie für die globale Analyse visueller Informationen zuständig (Merigan, Maunsell, 1993). Bei LRS-Kindern fanden sich Auffälligkeiten bei der Verarbeitung von schnellen Bewegungen und von Flickerlicht. Eine reduzierte Geschwindigkeit der visuellen Informationsverarbeitung könnte mit den mangelnden Lese-Rechtschreib-Fertigkeiten in Zusammenhang stehen (Stein, 2003).

Motorische Funktionsstörungen bei Legasthenikern fanden sich in einer Untersuchung in Form einer mangelnden zeitlichen Präzision von beidhändigen Klopfbewegungen, vor allem, wenn die Probanden mit beiden Zeigefingern zu einem von einem Metronom vorgegebenen Rhythmus auf eine Platte klopfen sollten. Außerdem konnten die Untersuchten nicht zeitgenau zugleich dazu die Silben *pa-ta-ka* in einem vom Metronom vorgegebenen Tempo sprechen (Wolff, 2002). Die Untersucher schlossen aus diesen Befunden, dass die Präzision der **zeitlichen Koordination**, zumindest bei einem Teil der Lesegestörten auffällig sei.

Die bei LRS- und SSES-Kindern häufig gefundene Verminderung der **Geschwindigkeit beim Benennen** von Dingen, Namen, Buchstaben usw. wurde als ein Merkmal eines allgemeinen Defizits in der Präzision der **zeitlichen Koordination von auditiven, visuellen und motorischen Funktionen** angesehen (Wolff, 2002).

Der **Zusammenhang zwischen motorischen und zeitlichen Defiziten** scheint sich dadurch zu bestätigen (von Steinbüchel et. al., 1996a), dass viele lese-rechtschreibschwache und sprachauffällige Kinder tatsächlich auch häufig motorische Koordinationsstörungen aufweisen. Eine mangelnde **Koordination von Sehen, Handmotorik und Sprechmotorik,** die bei LRS- und SSES-Kindern immer wieder anzutreffen ist, könnte laut einiger Untersucher durch eine zeitliche Verarbeitungsstörung verursacht sein (Hickock, Poeppel, 2004). In unserer praktischen Arbeit mit SSES- und LRS-Kindern können wir sehr häufig beobachten, dass die motorische Koordination der betroffenen Kinder besonders beim Schreibablauf auffällig ist; die Handschrift ist dementsprechend meist eckig „krakelig" und wenig leserlich.

Eine schnelle **zeitliche Verarbeitung von akustischen Reizen** gilt als eine Schlüsselfunktion zur ungestörten auditiven Verarbeitung und Wahrnehmung (Benasich et al., 2002). Für die Sprachwahrnehmung ist das Erkennen und Unterscheiden von zeitlichen Verläufen von akustischen Reizen über sehr kurze Zeitintervalle zwingend notwendig.

Einige Untersuchungen (Tallal et al., 1993; Merzenich et al., 1996) unterstützen die Annahme, dass leseschwache Personen Defizite in der Wahrnehmung von **sprachlichen** UND **nicht sprachlichen Reizen** aufweisen. Nicht-sprachliche auditive Reize werden nur dann mangelhaft wahrgenommen, wenn diese in einem sehr kurzen zeitlichen Abstand nacheinander angeboten werden. Die Annahme der mangelnden Zeitverarbeitung für nicht sprachliche Reize wurde jedoch in anderen Untersuchungen nicht bestätigt (Schulte-Körne et al., 2001).

Kinder mit einer vom Gehirn ausgehenden Hörstörung für sprachliche Reize haben Probleme mit dem genauen Verstehen, obwohl das periphere Hören über das Ohr ganz normal funktioniert. Die Betroffenen können ähnlich klingende **Laute** (*b-p, g-k...*) schlecht **erkennen und unterscheiden** (z.B.: *Bär – der*). Wegen einer mangelnden Zeitverarbeitung kann dann z.B. auch die **Reihenfolge von Lauten** in einem gesprochenen Wort schlechter wahrgenommen und analysiert werden (z.B. *Brote - Borte*).

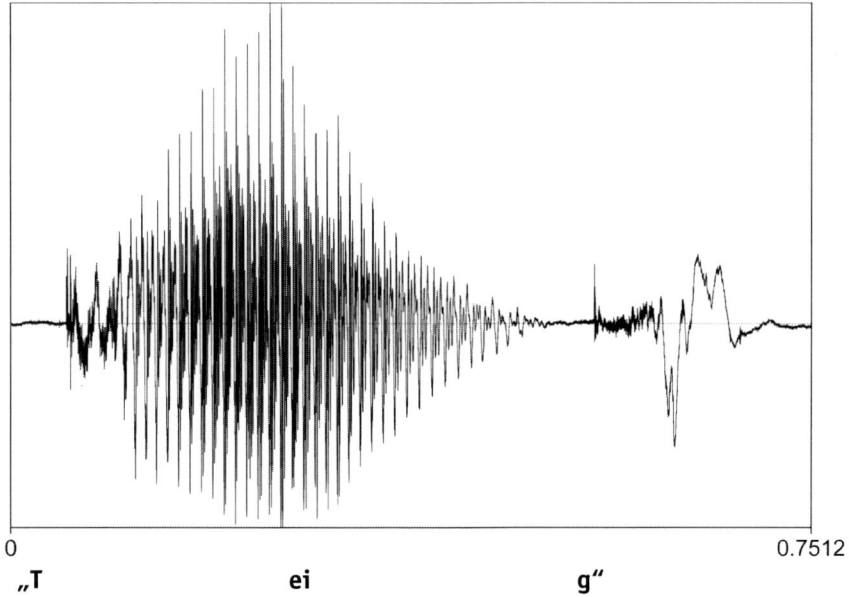

0   0.7512

„T   ei   g"

Abbildung: Sonagramm (= visuelle Darstellung eines Sprachsignals) des Wortes „Teig".

Wie man in obiger Aufzeichnung des gesprochenen Wortes *Teig* sehen kann, sind die Dauer und die Lautstärke des Anlauts *t* und des Endlautes *g* sehr klein. Die Aussprache von *t* und *g* in *Teig* brauchen jeweils nur ca. 40-60 Millisekunden (ms). Das Unterscheiden von „Teig" und „Deig" in der unterschiedlichen Tonhöhe der Laute *t* und *d* erfordert ca. 20-40 ms.

Verschiedene Untersuchungen zeigten, dass Kinder, die diese **Stoppkonsonanten** nicht gut unterscheiden können, Probleme mit der Zeit-Verarbeitung haben (Rosenkötter, 2003).

Ähnliche Einschränkungen ergaben sich in einer finnischen Längsschnittstudie (Lyytinen et al., 2001) sogar **schon bei 6 Monate alten Babys** aus LRS-belasteten Familien. Diese Risiko-Kinder produzierten dann mit zwei Jahren kürzere sprachliche Äußerungen als nicht Risiko-Kinder und verwendeten mit 3,5 Jahren vermehrt grammatikalisch inkorrekte Wortendigungen. Dementsprechend zeigten sich ebenfalls bei sechs Monate alten Säuglingen - aus Familien mit einem Elternteil mit einer SSES - bei der **Wahrnehmung von Sprachreizen eine geringere Aktivierung** in den dafür zuständigen Hirnbereichen (Rumsey et al., 1992). Die möglichst frühe Feststellung eines sprachlichen Wahrnehmungsdefizits könnte vielleicht eines Tages wesentlich zur frühen Vorhersage und Therapie eines gestörten Sprach- und Schriftspracherwerbs dienen (Schulte-Körne, 2001b). Man nimmt an, dass sich schon beim Baby die **Bewegungsmuster für Laute** nicht sauber ausbilden, wenn die zeitliche Präzision gestört ist. Gleichzeitig sei dann auch der Zusammenhang zwischen dem vom Kind produzierten Sprechbewegungen und dem, was es gleichzeitig vom selbst Produzierten hört, weniger präzise. Damit können sich die verschiedenen Laute nicht scharf umgrenzt ausbilden, was zu Problemen in der weiteren Lautverarbeitung führt. Als Folge können später Probleme in der **phonologischen Bewusstheit** (Lauterkennung, Lautanalyse und –synthese, Buchstaben-Laut-Zuordnung) und in der **Benennungsgeschwindigkeit** entstehen (Schulte-Körne, 2001b).

Als weitere Folge einer zeitlich bedingten auditiven Wahrnehmungsstörung kommt es auch zu einer Beeinträchtigung des **auditiven Gedächtnisses**. Die meisten SSES- und LRS-Kinder haben Probleme, sich kurze **Sätze, Wortreihen, Silben oder Buchstaben** zu merken und in ihrem Arbeitsgedächtnis zur weiteren Verarbeitung zur Verfügung zu halten. Dies wirkt sich natürlich bei vielen Lernprozessen störend aus, wie z.B. unter vielem anderen beim Behalten von Zwischenergebnissen bei Rechenaufgaben, bei längeren Problemlöseprozessen oder auch beim Lesen bezüglich Lesegedächtnis und –verständnis. Diese stark eingeschränkten Leistungen im Bereich des auditiven Arbeitsgedächtnisses kann man in verschiedenen Tests anhand des Nachsprechens von Zahlen, Unsinn-Silben. Wörtern und Sätzen, sowie anhand des Nacherzählens von Texten überprüfen (siehe das Kapitel über Diagnostik).

Das eingeschränkte Sprachgedächtnis bedingt meistens einen erheblich reduzierten **Wortschatz**, eine vereinfachte bis fehlerhafte **Sprachproduktion**, sowie in vielen Fällen auch ein eingeschränktes **Sprachverständnis** für längere oder komplexe Sprachstrukturen.

Eine Störung der zentralen auditiven Wahrnehmung hat somit weit reichende Auswirkungen auf die gesamte Sprachentwicklung, sowohl im Bereich der **Sprachproduktion** als auch der **Sprachwahrnehmung und –verarbeitung**, sowie in logischer Folge dann auch auf den **Lese- Rechtschreiberwerb** (Barth et al., 2000) und häufig für den **gesamten Schulerfolg**.

Auditive Verarbeitungs- und Wahrnehmungsstörungen können sowohl isoliert, als auch in **Kombination** mit folgenden Problemen auftreten:

- Aufmerksamkeitsstörung mit oder ohne Hyperaktivität

- allgemeine Lernstörungen
- Sprach- und Sprechstörungen
- Leserechtschreib-Schwäche
- Rechenschwäche
- Verhaltensauffälligkeiten (Ptok et al., 2000).

1.1 Zusammenhang zwischen Zeitverarbeitungsdefiziten und der LRS

Als Folgen einer gestörten zerebralen auditiven Verarbeitung werden, wie vorhin bereits erwähnt, Störungen der **sprachlichen Wahrnehmung** und **Kommunikation**, sowie der **sprachlichen Merkfähigkeit** und **Konzentration** beschrieben. Auditive Wahrnehmungsschwächen gelten als eine der Hauptursachen einer gestörten **Sprachentwicklung und einer Lese-Rechtschreib-Schwäche** (Buller, Ptok, 2001).

Der ursächliche Zusammenhang zwischen Zeitverarbeitungsdefiziten und Störungen der Laut- und Schriftsprache wurde in zahlreichen Studien sowohl an sprachentwicklungsgestörten Kindern (Tallal, Piercy 1973, Fitch et al. 1997, Wright 1997), als auch an Kindern und Erwachsenen mit einer LRS untersucht (Watson 1992, Tallal 1980, Reed 1989, Hari et al. 1999, Helenius et al. 1999). Lese-Rechtschreibschwache Kinder und Erwachsene zeigen Schwächen in der **Lautwahrnehmung** und **–unterscheidung**, wie z.B. bei der auditiven Unterscheidung der Silben *ba-pa* und *da-ga* (Manis et al., 1997).

Wie schon dargestellt, konnten in mehreren Untersuchungen sowohl lesegestörte als auch SSES-Kinder **auditive sprachliche und nicht sprachliche** und/oder **visuelle Reize** schlechter erkennen und unterscheiden. Die Untersucher (Tallal et al., 1993; Merzenich et al., 1996) berichteten, dass Leseschwache dann Schwächen in der Wahrnehmung auch von NICHT sprachlichen Reizen aufwiesen, wenn diese in einem sehr kurzen Abstand von weniger als **305 Millisekunden** nacheinander angeboten wurden. Man schloss deshalb auf einen direkten Einfluss der nicht sprachlichen auditiven Wahrnehmung auf die Sprachwahrnehmung, da sich bei diesen Untersuchungen ein mittelhoher Zusammenhang dieser nicht sprachlichen Wahrnehmung mit dem Lesen von Wörtern, Kunstwörtern und dem Rechtschreiben herausstellte. Der Einfluss eines zeitlichen Verarbeitungsdefizits von NICHT sprachlichen schnell aufeinanderfolgenden Reizfolgen auf sprachliche Leistungen konnte jedoch bisher in mehreren Untersuchungen nicht mehr belegt werden (Göllner, Berwanger, 2004).

Die eingeschränkte Fähigkeit, **Sprachreize** unterscheiden zu können, stellt eine wesentliche Ursache für einen gestörten **Schriftspracherwerb** dar (Schulte-Körne, 2001). Bei Kindern mit Sprachentwicklungsstörungen, sowie Kindern und Erwachsenen mit einer Lesestörung konnten Defizite in der zeitlichen Verarbeitung schnell dargebotener **sprachlicher Reize** nachgewiesen werden (Farmer, Klein, 1995). So benötigten Legastheniker deutlich längere Intervalle um zwei **Stopp-Konsonanten** (*b-p, d-t, g-k*) korrekt wahrzunehmen oder voneinander zu unterscheiden, die ein hohes zeitliches Auflösungsvermögen beanspruchen (wie z. B. bei der Darbietung der Silben da und ga). Vokale sind meist besser wahrnehmbar, da diese zeitlich länger dauern und auch noch gedehnt gesprochen werden können.

Die auditive Analyse von Lauten beansprucht bei Erwachsenen einen Zeitbereich zwischen **20-40 ms**. Man konnte in mehreren Untersuchungen einen deutlichen statistischen Zusammenhang zwischen der Fähigkeit zur **Unterscheidung von sprachlichen Lauten** und der Zeitverarbeitung im Bereich der auditiven **Ordnungsschwelle** bei Reizabständen von 20-100 ms belegen (Berwanger et al., 2002). Bei Überschreitung dieser Zeitbereiche, also bei höheren **Ordnungsschwellenwerten** ist das Gehirn nicht mehr in der Lage, die zeitlich rasch aufeinander folgenden akustischen Sprachlaute richtig zu verarbeiten. Wenn bei einer gestörten und verlängerten Zeitverarbeitung zwei aufeinanderfolgende Laute in derselben Zeit-Periode eintreffen, entstehen Probleme in der **Lautunterscheidung** z.B. zwischen *da-ta-ka*.

Eine Verlangsamung der Zeitverarbeitung kann auch verursachen, dass in einem gesprochenen Wort die **Laut-Reihenfolge** von vor allem sehr kurzen Lauten schlechter wahrgenommen werden kann. Die Verarbeitungsschwierigkeiten für Lautsequenzen sind umso größer, je kürzer die Laute hörbar sind, während die länger hörbaren Selbstlaute leichter wahrgenommen werden. Die Entwicklung der **phonologischen Bewusstheit** und der Aufbau verinnerlichter **lautlicher Sprach-Einträge** im Gedächtnis werden folglich dadurch beeinträchtigt.

Zurzeit ist also eher von einem noch genauer zu untersuchenden **zeitlich bedingten Wahrnehmungsdefizit für sprachliche Elemente** auszugehen und nicht von einer nicht sprachlichen auditiven Wahrnehmungsstörung (Schulte-Körne, 2001). Die meisten Studien sind sich einig in der Annahme, dass Legastheniker eine spezifische Schwäche in der Wahrnehmung von Sprachreizen aufweisen, welche weitgehend **unabhängig von Aufmerksamkeit und Motivation** ist (Schulte-Körne et al., 1998a). Dementsprechend nützt es also nicht viel, betroffenen Kindern zu sagen: „Pass auf, horch genau hin", da diese sprachliche Verarbeitung auf **unbewussten Ebenen** abläuft.

Für eine genaue Lautverarbeitung und -unterscheidung leistet zusätzlich auch die **taktil-kinästhetische** (Berührungs- und Bewegungs-) Wahrnehmung bei der Bildung der Laute einen wichtigen Beitrag, vor allem auch bei der Bildung von Konsonantenanhäufungen (br, str, schl ...), die als gemeinsame Artikulation zweier oder mehrerer verschiedener Laute wahrgenommen werden. Die therapeutische Arbeit mit Hilfe von **Spiegel, Mundbildern** und **Mikrofon** sollte daher die Lautwahrnehmung und Buchstaben-Laut- Zuordnung unterstützen.

Für eine **korrekte Laut-Buchstaben-Zuordnung** ist die Fähigkeit, lautliche Einheiten zu erkennen und zu unterscheiden, natürlich unbedingt erforderlich. Zu Beginn des Schriftspracherwerbs, wenn sich die Kinder an der Laut-Analyse des Wortklanges orientieren, kann es zu Schwierigkeiten im Aufbau der Buchstaben-Lautzuordnung und damit im gesamten **Leserechtschreiberwerb** kommen. Die betroffenen Kinder nutzen dann andere sprachliche Merkmale, um ihre grundlegenden Schwierigkeiten zu **kompensieren,** indem sie sprachliche Einheiten auf Silben-, Wort- oder Grammatikebene zur Lauterkennung - mit einer hohen Fehlerquote - nutzen. Die mangelnde Fähigkeit zur Erkennung, Isolierung und Unterscheidung von Lauten erschwert das Erlernen der Buchstaben-Laut-Zuordnung gravierend. Die Buchstaben-Laut- Zuordnung wird oft bis über die 3.und 4. Klasse hinaus nicht automatisiert erworben und führt zu Problemen in der Rechtschreibung. Auch ein Teil der Schwierigkeiten beim Lesen kann durch die Probleme in der Buchstaben-Laut-Zuordnung bedingt sein, da dann natürlich auch die Fähigkeit zur Analyse der Buchstaben und zur Synthese der Laute unvollkommen ausgebildet ist. Das Schreiben erfordert den umgekehrten Prozess, nämlich die Laut-Buchstaben-Übertragung. Da der gleiche Buchstabe für mehrere Lautvarianten steht (z.B. 1 *e* für verschieden ausgesprochene Laute: *Ente, Esel*) und umgekehrt gleiche Laute unterschiedlichen Buchstaben zugeordnet sind (*Clown, W.C., Bach, Cembalo* ..), kommt es beim Schriftspracherwerb nicht nur auf die Fähigkeit an, klangliche Unterscheidungen zu treffen. So ist auch ein gutes visuelles Gedächtnis für Buchstaben- und Wortbilder für ein korrektes Lesen und Schreiben zuständig (Breuer, Weuffen, 1995; Schulte-Körne, 2001). Bei Einschränkung beider Fähigkeiten kommt es zu erhöhten Schwierigkeiten im Lese-Rechtschreib-Erwerb.

Vor allem die akustische Analyse von **Konsonantenhäufungen** am Wortbeginn (z. B. *tr-gr-kr)* bereitet LRS- und SSES-Kindern häufig besondere Probleme. Die Kinder können diese Laute auditiv nicht trennen und lassen dann beim Schreiben Laute bei allen Arten von Konsonantenverbindungen aus (Klicpera, Gasteiger- Klicpera, 1995), z.B. *erreckt = erschreckt, Mäken = Mädchen.* Durch die **gemeinsame Artikulation** (Koartikulation) mehrerer Laute werden die Einzellaute durch ihre Nachbarslaute unterschiedlich geformt und sind dadurch für die Kinder schwer erkennbar, wie z.B. der *g*- oder *r*- Laut bei Wörtern wie *Graben - Gaben - Raben*. Tritt nun vor der rechtzeitigen Erkennung eines Lautes ein neuer auf, ist eine **Überlagerung** (= Maskierung) des ersten Lautes möglich, sodass dieser nicht gut erkannt werden kann.

Durch Dehnung dieser Laute und einer Verlängerung der Intervalle zwischen diesen konnte die Erfassung von Stoppkonsonanten und Konsonantenhäufungen erheblich verbessert, ja sogar normalisiert werden (Tallal, Piercy, 1973, 1974; Tallal, Stark, 1981).

Die bei Legasthenikern häufig vorkommenden **Schwächen in der selektiven Aufmerksamkeit** (Schulte-Körne et al., 1992) und im **akustischen Kurzgedächtnis** (Jorm, 1983) können diese gestörte Lauterkennung noch zusätzlich beeinträchtigen.

Einschränkungen der **Laut-Unterscheidungsfähigkeit** erschweren die Wahrnehmung wichtiger lautlicher Merkmale innerhalb der Wörter. Dies gewinnt besondere Bedeutung bei der Wahrnehmung von Lauten, die an Wortstellen stehen, die für den Erwerb von **Grammatik, Wortschatz und Rechtschreibung** ausschlaggebend sind. Damit kommt es dann natürlich auch zu Beeinträchtigungen in diesen sprachlichen Bereichen (Fromm, Schöler, 1997). Ebenso stellt die Fähigkeit zur **Unterscheidung von kurzen und langen Vokalen**, und somit das Erkennen von Doppelmitlauten und die richtige Zuordnung zur Schreibweise für manche Kinder lange ein Problem dar. Diese Kinder haben eine nebulose Vorstellung von der Anwendung von Doppelbuchstaben und machen dabei jahrelang schwere Fehler (*Bären = Berren, Ketten = Keeten*).

Spezifisch sprachgestörte Kinder und Legastheniker können **bedeutungsrelevante Unterschiede** im Sprachfluss schlechter wahrnehmen, vor allem, weil die Aussprache grammatisch relevanter Merkmale in der Regel nicht hervorgehoben, sondern zum Teil sogar „**verschliffen**" werden (gebn statt geben ...). Kindern mit auditiven Defiziten fällt es z.B. schwer, Konsonanten am Wortende – sowohl in Deutsch als auch in den Fremdsprachen - wahrzunehmen (z.B. *komm*st oder *kommt, laughed* oder *laughs* ..), sodass es ihnen dann natürlich auch nicht leicht fällt, die richtige Wort- oder Grammatik-Bedeutung zuzuordnen und zu erinnern. Besonders **unbetonte, bedeutungsrelevante Positionen** in Wörtern können oft nicht präzise wahrgenommen werden (vorwiegend die Endpositionen: z.B. Beugungen: *du schaukelst – sie schaukelt*). Manche Laute werden eventuell vom Kind erstmalig durch die Schriftsprache genau wahrnehmbar und dann erst bewusst erinnerbar.

Bei der Entdeckung der **Subjekt-Verb-Kongruenz** (der Übereinstimmung zwischen Satzgegenstand und Person in Zahl und Fall, z.B. _du kommst_) ist das Kind auf die präzise Wahrnehmung der Verb- Endungen angewiesen, um die Regel zu entdecken und auch das Wort in dieser Form zu speichern. Die Wort-Endungen sind zudem im Sprachfluss häufig mit dem nachfolgenden Wort verbunden und damit noch schwerer unterscheidbar. Beispielsweise bei _kommst du...?_ tritt die wichtige _-st-_ Endung nicht markant hervor, da zwischen den beiden Wörtern keine Pause im Redefluss entsteht und nur 1 Wort wahrgenommen wird (_kommsdu_). Das Kind kann dann nicht aus seinem reduzierten sprachlichen Gedächtnis rekonstruieren, dass das Wort _kommst_ heißt und ein Verb in der zweiten Person Einzahl darstellt (_du kommst_).

Ein 9-jähriger Bub aus der 3. Klasse Primarschule sagte in unserer Praxis bei einer mündlichen Nacherzählung eines gelesenen Textes trotz mehrfacher Hinweise wiederholt: _„Die Kinder spielt"_ und war sehr erstaunt, dass es _spielen_ heißt; im Rechtschreibtest schrieb er: _„Die Kinder streit"_, statt _streiten_.

Als weitere natürliche Folge der mangelnden Lautunterscheidung kommt es auch zur **unpräzisen und verminderten Speicherung** von Wörtern und deren grammatikalischen Formen, und dadurch auch von ganzen Satzteilen und Sätzen.

Aufgrund der Ergebnisse ihrer Untersuchungen entwickelten einige Arbeitsgruppen **Trainingsmethoden** zur besseren Unterscheidung rasch aufeinander folgender auditiver Reize, um dadurch die laut- und schrift-sprachlichen Leistungen zu verbessern (v. Steinbüchel, 1995). In den USA wurde ein inzwischen in vielen Schulen angewandtes Trainingsprogramm zur Verbesserung der zeitlich bedingten Lautunterscheidungsfähigkeit entwickelt, das verschiedenen Gruppen sprachgestörter Kinder eine bedeutsame Verbesserung der sprachlichen Fähigkeiten gebracht haben soll (Tallal et al., 1996, 1998; Merzenich et al. 1996). Die Effektivität dieser Trainingsprogramme wurde allerdings von mehreren Autoren wegen methodischer Mängel der Untersuchung kritisiert. Die Ergebnisse der zugrundeliegenden Studien konnten von einigen anderen unabhängigen Untersuchern bisher nicht wiederholt werden (Gillam, 1999).

Beispiel aus der Praxis: Einschränkung der Benennungsgeschwindigkeit - Lotte, 3. Klasse, 9 Jahre

Lotte kam Anfang der 3. Primarschulklasse zu uns. An und für sich hatte Lotte, die auch gerne in die Schule ging, gute Zensuren, allerdings musste sie dafür einen großen Arbeitsaufwand erbringen, sodass sie kaum Freizeit hatte.

Anamnese: Lotte wuchs zweisprachig – nämlich mit den Sprachen

Holländisch und Deutsch - auf und zeigte laut Auskunft der Mutter eine unauffällige Sprachentwicklung. Ihre jüngere Schwester wurde zwei Jahre lang wegen einer sehr undeutlichen Aussprache logopädisch behandelt. Die Mutter verstand nicht immer, was Lotte erzählen wollte, da sie Abläufe „ohne roten Faden" recht unstrukturiert und mit unpassenden Pausen erzählte. Lotte hatte folgende Krankheiten, bzw. Unfälle überstanden: Mit 3 Jahren Bruch des zweiten Halswirbels, mit 6 Jahren setzte ein Heuschnupfen ein, mit 7 Jahren Entfernung der Mandeln wegen häufiger Angina.

Folgende **Lernprobleme** waren der Mutter aufgefallen: Lotte zeichnete sich durch ein sehr langsames Arbeitsverhalten aus und benötigte oft den ganzen Nachmittag zur Erledigung der Hausaufgaben. Sie hatte auch trotz intensiven Lernens Probleme, sich die Grundrechnungsarten auswendig zu merken und schnell genug abzurufen (z.B. 1x1). Zusätzlich vertauschte sie häufig Ziffernfolgen (78 = 87). Im Zeugnis hatte Lotte in Mathematik einen Zweier (zweitbeste Note), ebenso in Sachunterricht. In Deutsch stand sie auf Eins, obwohl das Lesen und das Leseverstehen nicht wirklich gut waren. Die Abrufbarkeit von Fakten und Daten wurde bei dem Mädchen trotz kontinuierlichen intensiven Übens laut Mutter nie schneller. Nach der Schule kam Lotte häufig sehr erschöpft nach Hause.

Befunde[43]: Im **Intelligenztest** (Kaufman Assessment Battery for Children) erreichte Lotte einen an der Grenze zur Überdurchschnittlichkeit liegenden IQ von 113. Auffällig war allerdings, dass sich das visuelle und das sprachliche Faktengedächtnis als wesentlich niedriger erwiesen (IQ 105, gut durchschnittlich) als das im überdurchschnittlichen Bereich liegende logische Denken und das visuelle und räumliche Erfassen und Verarbeiten (IQ 119). Im Salzburger Lesetest erreichte Lotte bezüglich Lesetempo (Prozentränge 0-5) und Fehler nur weit unterdurchschnittliche Werte. Damit waren die von der Weltgesundheitsorganisation zitierten Kriterien der Diskrepanz zwischen Intelligenz und Lesefähigkeit für die Diagnose einer **Leseschwäche** gegeben. Lotte las sehr verlangsamt und machte beim Lesen viele Fehler, wie Auslassen, Ersetzen, Vertauschen oder Hinzufügen von Buchstaben und Wörtern. Im Zürcher Lesetest erwies sich auch das **Leseverständnis** als eingeschränkt; Lotte konnte spezifische Aspekte der gelesenen Texte nicht genau wiedergeben. Die Rechtschreibfertigkeiten lagen im Salzburger und im diagnostischen Rechtschreibtest zwischen den überdurchschnittlichen Prozenträngen 100 und 90. Im Intelligenztest zeigte sich eine - im Vergleich zu den ansonsten überdurchschnittlichen Leistungen - **relative** Schwäche im Bereich des sprachlichen Arbeitsgedächtnisses beim Nachsprechen von Zahlen und Wörtern. Diese sprachliche Merkschwäche zeigte sich dann stärker beim **Nachsprechen** von Kunstsilben (im reduzierten Bereich im Mottiertest) und beim Sätze-Nachsprechen im Heidelberger Sprachentwicklungstest (PR 21, im gerade noch durchschnittlichen Bereich). Den Befunden entsprechend lag eine **Schwäche des schnellen Abrufs** von Wörtern und Sätzen vor, was sich im schulischen Bereich vor allem im reduzierten **Lerntempo** und in einem stark erhöhten Lernaufwand auswirkte. Auch beim Sprechen machte sich dieser verzögerte Wort-Abruf bemerkbar. Wenn Lotte etwas erzählen wollte, hatte sie Mühe, manche Wörter so schnell zu fin-

---

[43] Die Tests und deren Auswertung sind nachschlagbar im Diagnostikkapitel.

den, dass sie diese flüssig aneinander reihen konnte. Dadurch entstanden an verschiedenen - unpassenden - Stellen kleinere Pausen, sodass Lotte nicht immer mühelos zu verstehen war. Diese **Wortfindungsstörung** wirkte sich im verlangsamten und fehlerhaften **Lesen** und beim Auswendig-Lernen von Fakten aus. Im **Rechentest** ZAREKI (Aster et al., 2000) lagen zwar alle Leistungen im Durchschnittsbereich, wobei Lotte aber sehr verlangsamt rechnete. Da dieses Untersuchungsverfahren die Zeit nicht einberechnet, wurden Lottes Leistungen als unauffällig bewertet. Da Lotte und ihre Mutter jedoch zuhause überaus fleißig und pflichtbewusst arbeiteten, gehörte das Mädchen zu den Klassenbesten. Ihr Lehrer verstand deshalb auch nicht, warum sich Lotte einer „Legasthenietherapie" unterzog. Ohne ihren großen Eifer und ohne adäquate Förderung hätte sie jedoch nicht diese guten Leistungen bringen können. Lottes erhöhter Lernaufwand stand auch nicht in Relation zu ihrer hohen Intelligenz.

Erklärung: Man nimmt an, dass die bei LRS-Kindern häufig gefundene **Verminderung der Geschwindigkeit beim Benennen** von Dingen, Namen und Buchstaben durch ein allgemeines Defizit in der genauen **zeitlichen Koordination** von auditiven, visuellen und artikulatorischen Leistungen verursacht wird (Wolff, 2002). Dazu passend konnte Lotte auch bei der Testung Sprache, Sehen und Motorik nicht gut **koordinieren.** Das Benennen von Bildern und das gleichzeitige Hinzeigen auf diese bereiteten ihr große Mühe. **Leseschwache** Kinder schneiden meistens - so wie Lotte - beim schnellen Benennen von Gegenständen, Wörtern und Buchstaben im Vergleich zur Kontrollgruppe wesentlich schlechter ab (Wolf et al., 2000), sodass diese Beeinträchtigung – vor allem von US-amerikanischen Untersuchern - zur **Vorhersage** einer LRS verwendet wird.

Anschließend wollen wir einen kleinen Einblick in unsere therapeutische Arbeit geben und **einige Ausschnitte aus der E-Mail-Korrespondenz**[44] (eingerückt formatiert) vorstellen, die üblicherweise zwischen den Klienten und uns regelmäßig vor dem jeweilig nächsten Therapietermin stattfindet. Nicht immer fallen die Antworten adäquat aus, sodass man von Termin zu Termin daran arbeiten muss. Je mehr die Eltern den Zweck der Übung einsehen und den Erfolg registrieren, desto besser werden die jeweiligen Anweisungen eingehalten. Natürlich überfordert es die Betroffenen weniger, wenn die jeweiligen Übungen überwiegend mit schulischem Material durchgeführt werden können.

Regelmäßige Testwiederholung zwecks Therapie-Kontrolle: Lesetest, Zahlen nachsprechen, Sätze Nachsprechen (sehr verbessert: nur mehr bei 4 von 12 Sätzen Ersetzungen, 1 Vorwort falsch), Silben nachsprechen: 18 richtige v.30 Aufgaben (verbessert bis in den Normalbereich mit 25 von 30).

Förderung:
1. Lesen: täglich 10 Minuten

---

[44] Die Antworten der Mutter sind gekennzeichnet (Mutter:).

Englischtext aus dem zukünftigen Schulbuch lesen und dabei von Vokal zu Vokal tippen: Schwere Wörter anstreichen und diese bis zur Perfektion üben. Stoppen der Zeit im Wettbewerb mit Mama, die etwa 4x so schnell sein muss wie Lotte.
Mutter: „Gemacht."

2. Rechnen: täglich
Karteikarten: Subtraktion bis 20 auswendig lernen: Wie gut kann sie es?
Mutter: „Lotte schafft nun in 3 Minuten 50–60 Plus-Rechnungen oder 40–50 Minus-Rechnungen."
IN-Rechnungen mit Rest mit Sicht auf 1x1- Tafeln: → Belohnung.
Mutter: „Nicht gemacht."

3. Sprachgeschwindigkeit (Abrufbarkeit):
Abwechselnd: Reime und normale Geschichten, Hören von Hörbüchern und Kindersendungen im Radio (besser als Fernsehen).
Mutter: „Wir haben Märchen vorgelesen."
Reime wären aber wichtig zur Verbesserung des Sprachgedächtnisses ☺.
Sätze aus Sachkundebuch genau nachsprechen: bitte weitermachen.
Mutter: „Finden wir eine gute Übung in zweierlei Hinsicht. Schulstoff wird so gelernt."
Ratz-Fatz zum Training der schnellen Wortfindung häufig spielen: Wie war das Abruftempo?
Mutter: „Haben wir gemacht. "

4. Hausübung:
Zeitpunkt ausmachen und bei Einhaltung belohnen.
Mutter: „Lotte kann sich selber sehr gut einschätzen."

5. Allgemeines:
Mutter: „Wir haben fleißig geübt! Lotte arbeitet gerne mit, weil sie den Erfolg spürt." „Mit der Stoppuhr (Anmerkung: Abrufbarkeit wird trainiert) ist ihr Erfolg für sie sehr gut erkennbar." „Wir finden, dass sich Lotte im Rechnen allgemein sehr verbessert hat."

Zusammenfassend soll an dieser Stelle noch einmal darauf hingewiesen werden, dass die Wirksamkeit eines Trainings basaler Wahrnehmungsdefizite mit nicht sprachlichen Reizen, wie z.B. mit Piepstönen wissenschaftlich **nicht** abgesichert ist. Der Nachweis der **Trainierbarkeit der Ordnungsschwelle** (anhand des Trainingsgeräts Brain-Boy-Universal der Firma MediTECH) konnte zwar erbracht werden, die Erfolge blieben jedoch weder über einen längeren Zeitraum stabil, noch zeichneten sich positive Auswirkungen auf das Lesen und Rechtschreiben ab (Berwanger et al., 2001; Berwanger, 2002; von Suchodoletz et al., 2004). Der Zusammenhang zwischen der Wahrnehmung schnell aufeinander folgender **nicht** sprachlicher akustischer Reize und der Lese-Rechtschreibfähigkeit konnte somit **nicht belegt** werden (**Sabisch et al., 2006**).

Leider werden dennoch spezielle Trainingsprogramme, wie z.B. das Training der Ordnungsschwelle, der Lateralität, die Anpassung von Prismenbrillen, sowie diverse Therapien zur Verbesserung einfacher optischer Funktionen (farbige Folien, Blickmotoriktraining usw.) angeboten. Auch wenn von Betroffenen und Angehörigen teilweise über subjektiv empfundene positive Effekte berichtet wird, sind bisher jedoch noch keinerlei wissenschaftlich fundierte Nachweise erbracht worden, dass sich die Leserechtschreib-Fertigkeiten durch diese Trainingsformen nachhaltig verbessern.

1.2 Beeinträchtigung der Sprach-rhythmischen Wahrnehmung

In der normalen Sprachentwicklung nutzen wir **prosodische** Merkmale, um sprachliche Einheiten zu unterteilen (Jusczyk, 1997). So weist z.B. das Auftreten einer betonten Silbe meist auf einen Wortbeginn hin. Durch die prosodische Gliederung des Sprachangebots ergeben sich im Normalfall Hinweise auf die **grammatische Gliederung** der Sprache, die das **S**prachverstehen ermöglichen oder erleichtern. Die genauen Zusammenhänge zwischen der rhythmisch-prosodischen Verarbeitungsfähigkeit und dem Grammatikerwerb sind jedoch noch nicht vollständig geklärt.

Zusätzlich ergibt sich durch die prosodische und grammatische Gliederung des Sprachangebots eine wesentlich **Gedächtniserleichterung** für Silben, Wörter und Sätze. Es mehren sich die Hinweise, dass die mangelhafte Nutzung rhythmisch-prosodischer Informationen sich negativ auf das sprachliche Arbeitsgedächtnis auswirkt, was wiederum den **Grammatikerwerb** und damit die **Produktion und Sinnentnahme** von gesprochener und geschriebener Sprache erschweren kann (Weinert S., 2002). Die normalerweise hoch automatisierten **zerebralen Prozesse** zur Bildung von sprachlichen Strukturen laufen bei Legasthenikern **verzögert** ab. Es vermehren sich die Hinweise, dass diese Kinder die Prosodie in gehörten Sätzen nicht zur **inhaltlichen Interpretation** nützen können und dementsprechend auch mangelnde Fertigkeiten in der Satzbildung entwickeln (Sabisch et al., 2006). So hörten beispielsweise in unserer Praxis Zwillinge aus der ersten Klasse Gymnasium zwischen folgenden Sätzen - auch nach Erklärungen - keinen prosodischen Unterschied und empfanden, dass die beiden Sätze das Selbe bedeuteten:

Der Lehrer sagt: „Das Kind ist lieb". „Der Lehrer", sagt das Kind, „ist lieb".

Das mangelnde Erfassen des Sprachrhythmus äußert sich auch in einer eingeschränkten **Reim-Erkennung und –Produktion.** Die Fähigkeit zur Reimerkennung im Vorschulalter sagt die Lesegeschwindigkeit und Rechtschreibfertigkeit in den Schulstufen nach der 1. Klasse vorher (siehe das Kapitel über die phonologische Bewusstheit). Das Bilden von Reimen, sowie das rhythmische Sprechen und Merken von Reimen gelingt LRS- und SSES-Kindern häufig nur schwer. Wörter richtig in **Silben** zu teilen stellt meist lange ein Problem dar. So hatte die 11-jährige Elisabeth in der 5. Primarschulklasse große Mühe, Wörter rhythmisch zu den Silben zu klatschen. Sie trennte beispielsweise das Wort *Horn* in *Hor – n*. Das gleichzeitige Klatschen und Sprechen von langen Wörtern wie z.B. *Di-no-sau-rier-zäh-ne* gelang ihr natürlich erst recht nicht.

Diese rhythmischen Fähigkeiten sind auch für die **Speicherung** von gesprochenen und geschriebenen Inhalten von Bedeutung. **Die Förderung der Sprachprosodie** (siehe die Therapiebände) **verbessert nachgewiesenermaßen das Arbeitsgedächtnis und das Sprachverständnis** (Weinert S., 2002).

2. Funktionsstörungen der zentralen auditiven Wahrnehmung

*„Wer zu **hören** versteht, hört das Richtige heraus, wer nicht zu hören versteht, hört nur Lärm."* ~ Aus China

2.1 Definition der Störung der zentralen Hörwahrnehmung

Die zentrale Hörwahrnehmung stellt die weitere Verarbeitung des Gehörten auf dem Weg vom Innenohr zum und im Gehirn dar und spielt für den kindlichen Erwerb der **Muttersprache** und später für alles weitere sprachliche **Lernen**, sowie auch für den **Leserechtschreiberwerb** eine weittragende Rolle.

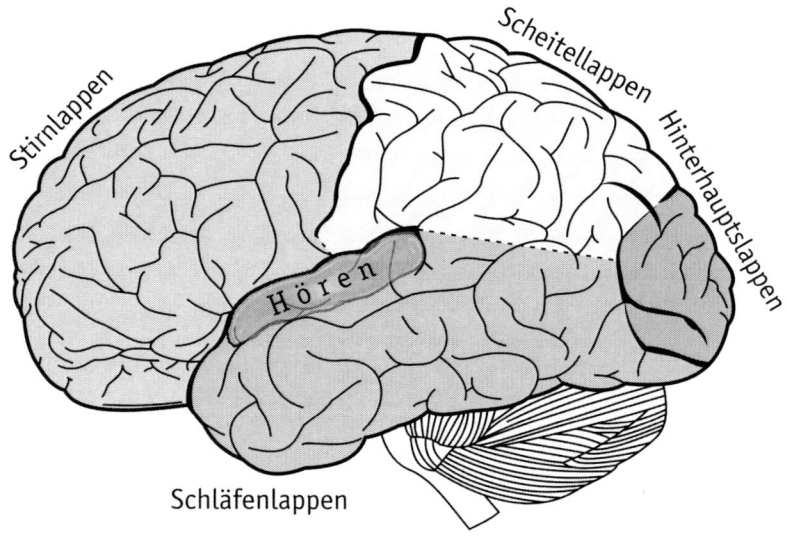

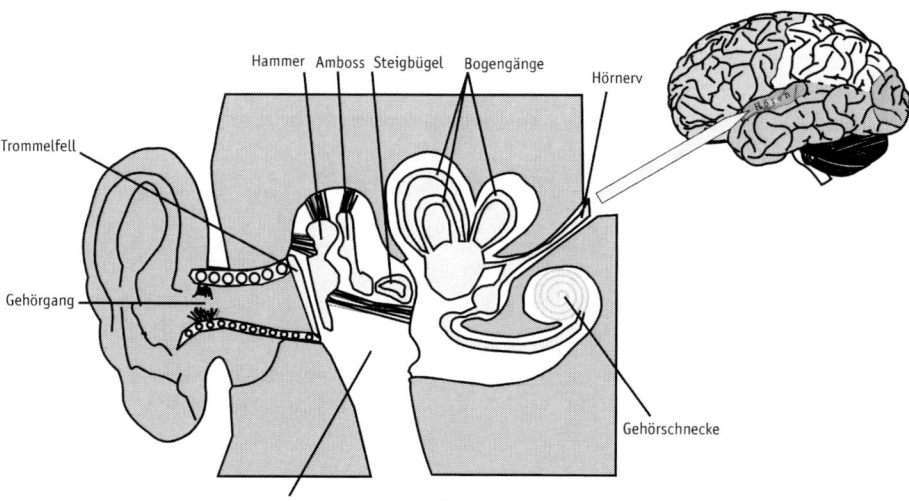

Abbildung: Periphere Hörwahrnehmung: <u>Äußeres Ohr</u>, <u>Mittelohr</u>: Trommelfell, Gehörknöchelchen (Hammer, Amboss, Steigbügel), Eustachische Röhre (Tube oder Paukengang, Verbindung zwischen Mittelohr und Nasenrachenraum), <u>Innenohr</u>: Gehörschnecke (Umsetzung des Schalls in Nervenimpulse), Bogengänge (oder Labyrinth, dient als Gleichgewichtsorgan). Zentrale Hörwahrnehmung: Der <u>Hörnerv</u> leitet die Hörimpulse vom Innenohr zum <u>Gehirn</u>, wo diese in verschiedenen Zentren weiter verarbeitet werden.

Unter der **zentralen oder zerebralen auditiven Wahrnehmungsstörung** versteht man Defizite in der zerebralen[45] Verarbeitung von Gehörtem bei normalem peripheren Hören durch das Ohr. Diese Hörstörungen beruhen auf einer gestörten Funktion der hin- und wegführenden Teile der Hörbahn vom Ohr zum Gehirn und/oder der Hör-Zentren im Großhirn. Die regulär über das Ohr aufgenommenen Hör-Informationen erfahren bei LRS-Betroffenen auf dem Weg über die Hörnerven bis in die Hörzentren im Gehirn eine qualitative Beeinträchtigung. Dieser qualitative Hörverlust im Bereich der zentralen Hörbahn wird in der Literatur häufig als **zentrale Fehlhörigkeit** oder auditive Wahrnehmungsstörung bezeichnet (Esser, Wurm- Dinse, 1994). Diese Störung umfasst häufig mehrere anatomische Strukturen im Gehirn und ist deshalb kaum mit einzelnen Testverfahren und auch noch nicht zuverlässig zu erfassen (Uttenweiler, 1996). Es ist bisher nicht hinreichend bekannt, ob diese Störung nur **Teile der Hörbahn** betrifft oder ob vielmehr ein **generelles** zentrales Defizit vorliegt.

Als Folge dieser Störung können mehrere **Teilleistungen der Hörverarbeitung** beeinträchtigt sein, wie z.B. das Richtungshören, das Sprachverstehen im Störgeräusch (bei Hintergrundlärm), das beidohrige Hören, die Lautunterscheidung, die auditive Aufmerksamkeit usw. Manche der betroffenen Kinder können beispielsweise nur mit erhöhter Anstrengung der Stimme des Lehrers im Störlärm der Klasse folgen oder sie können kaum erkennen, aus welcher Richtung das Gehörte (Richtungshören) kommt. Legastheniker zeigten in einigen Untersuchungen Schwierigkeiten, Töne aus Hintergrundgeräuschen herauszuhören, was von einigen Untersuchern mit einer generellen Verminderung der Erkennensgeschwindigkeit von Höreindrücken begründet wurde (Chait et al., 2006).

Bildgebende Verfahren werden genutzt, um gerade aktive Bereiche des menschlichen Gehirns anhand der Sauerstoffkonzentration im Blut des Gehirns zu bestimmen. Beim ungestörten **Lesen**, bei welchem vor allem Laut-sprachliche Verarbeitungsfähigkeiten gefordert sind, „feuert" ein ganzes Netzwerk von Zellgruppen in vorderen und hinteren Arealen der linken Hirnhälfte (Katzir et al., 2005). Bei lesegestörten Kindern und Erwachsenen fand man in mehreren internationalen Untersuchungen **abweichende Aktivierungsprofile der Hirnrinde** beim Lesen (bei alphabetischen Schriften: Überaktivierung im Vorderhirn und gleichzeitig Unteraktivierung im Schläfenlappen). Die gefundenen Aktivierungsminderungen in der linken Hirnhälfte bei der Verarbeitung von Sprachaufgaben werden als biologische Entsprechung eines **gestörten Laut- oder Wortabrufes** angesehen, was als eines der grundlegenden Defizite der LRS angesehen wird (Kronbichler et al., 2006).

---

[45] = durch das **Gehirn.**

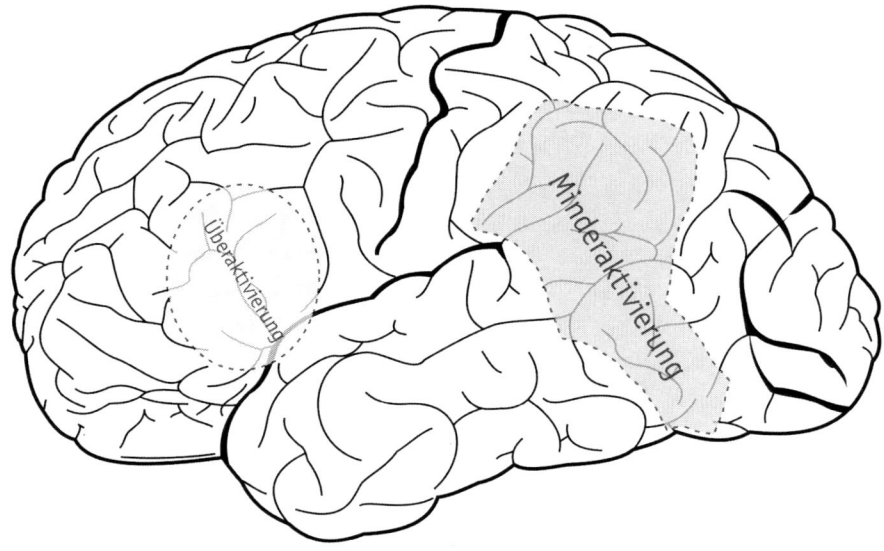

Abbildung: Areale, in denen beim Lesen Überaktivierungen bei Personen mit LRS beobachtet wurden und Areale, in denen Minderaktivierungen bei Personen mit LRS beobachtet wurden.

2.2 Einige Beispiele für auditive[46] Teilleistungsstörungen und deren Folgen

Das Wahrnehmen und Verarbeiten von gehörter Sprache kommt durch viele auditive Teilleistungen zustande. Dementsprechend kann also auch das Hören und Verstehen von Sprache in einem oder mehreren **Bereichen** eingeschränkt sein:

Wahrnehmung und Unterscheidung von Lauten (p-t-k...):

- **Verwechslung** ähnlich klingender Wörter wie Nadel-Nagel, Glas-Gras oder Ziffern wie *eins–zwei–drei*, was auch erhebliche Rechen-Schwierigkeiten verursachen kann.
- Mangelnde Erkennung von **Reimwörtern** bei der Auswahl aus mehreren Wörtern: z.B. *Haus-Maus-Tisch*.
- **Mangelndes Verstehen** in Gruppen- oder auch in Einzelsituationen, am Telefon oder Tonband.

---

[46] = der Hörverarbeitung.

- Häufig eigene **verwaschene Sprache.**
- Schwächen bei der **Inhaltserfassung** von Sätzen oder Texten.
- **Rechen- und Leserechtschreib-Probleme**

Lautanalyse und Lautsynthese:
- Laute oder Silben werden schwer aus dem Gesprochenem **herausgehört oder zusammengefügt** (z.B. „Was hört man am Anfang von *Igel"* oder „Wie heißt das Wort? *H–u–t").* Das Schreiben Lernen mit Anlauttabellen bereitet den betroffenen Kindern daher erhebliche Mühe. Manchmal können bis in die Mitte der 2. Klasse Endlaute (l in Igel) und besonders Mittellaute (g in Igel) erschwert in einem Wort erkannt werden, sodass die komplette **Lautanalyse** von Wörtern, sowie das **Zusammenziehen** von Buchstaben zu einem Wort lange nur unzureichend gelingt, besonders bei Konsonantenhäufungen, z.B. sp–r–i–n–g–t (Lautsynthese).
- **Lese-Rechtschreib**-Probleme

Visuell-auditive Koordination:
- **Visuelle und akustische Informationen** werden nur schwer richtig miteinander verbunden und koordiniert.
- **Vergessen** von **neuen Wörtern** (Fachausdrücke im Rechnen, Heimatkunde, schwierige neue oder Fremd-Wörter, Fremdsprachen...).
- Schwierigkeiten mit der **Buchstaben-Laut-Zuordnung.**
- Verzögertes **Abrufen** von Bezeichnungen für Dinge, Buchstaben, Zahlen
- **Rechenprobleme**
- **Lese- Rechtschreib**-Probleme

Auditive Figur-Grundwahrnehmung:
- Einschränkung der Sprachwahrnehmung in **geräuscherfüllter Umgebung,** oder wenn durcheinander gesprochen wird. Das Gesprochene kann nicht gut aus Störgeräuschen gefiltert werden, wie z.B. die Stimme der Lehrperson aus dem Klassenlärm. **Erklärungen** werden schlecht verstanden.
- **Geräuschempfindlichkeit,** Rückzug, Gereiztheit, Zuhalten der Ohren.
- Häufiges **Nachfragen** bei Lehrkräften und Mitschülern.
- Deutlich besseres Sprachverständnis in **Einzelsituationen.**
  Das Kind gibt oft **Antworten,** die sich nicht auf die Fragen beziehen.
- Die Kinder sprechen oder verhalten sich eventuell selbst sehr **laut.**
- Die Betroffenen **ermüden** sehr schnell, da es sie viel Energie kostet, eine Stimme deutlich aus anderen Nebengeräuschen herauszuhören;
- Die Kinder wirken **unaufmerksam, unkonzentriert** und **stören** eventuell den Unterricht.

Auditive Aufmerksamkeit:

- Schwierigkeiten sich dauerhaft auf akustische Signale einzustellen (z.B. auf das Sprechen des Lehrers).
- fehlende **Ausdauer** bei mündlichen Aufgaben
- geringe **Mitarbeit** im mündlichen Unterricht / Stuhlkreis
- erhöhte **Ablenkbarkeit** durch Geräusche
- zunehmende **Ermüdung und Unruhe** im Laufe des Unterrichts

Im Anschluss sollen nun einige Hinweise gegeben werden, die auf eine reguläre oder eine gestörte Entwicklung der Hörwahrnehmung hinweisen können.

2.3 Einige Daten zur Entwicklung einer regulären sprachlichen Verarbeitung

Teilfunktion:	Entwicklung:
Speicherung	Der größte Leistungszuwachs passiert im Kindergarten- und Grundschulalter; Mit **14 Jahren** ist die Entwicklung der Speicherung weitgehend abgeschlossen. Errechnung der Speicherkapazität von Silben oder einsilbigen Wörtern: **Lebensalter minus 1-2 Einheiten.** Mit 6 Jahren sollte das Kind also 4-5 Einheiten nachsprechen können. Die durchschnittliche Speicherkapazität im Erwachsenenalter beträgt **5 - 9 Einheiten** (Gathercole, 1998).
Selektion	**5.-6. Lebensjahr:** Verstehen von Wörtern im **Störgeräusch:** Mindestens **70 %** des Gesprochen muss aus Hintergrundgeräuschen herausgehört werden.
Laut-Analyse	Lautidentifikation ab **4.-5. Lebensjahr.** Das Heraushören der **Anfangslaute** eines Wortes ist schon im Kindergartenalter möglich, die **Mittel- und Endlaute** hört man meist erst im Laufe des Schrifterwerbs heraus.
Laut-Synthese	Das **Zusammenfügen** von getrennt gesprochenen Silben zu einem Wort wird bereits im Kindergartenalter beherrscht: (*En-te = Ente*). Die Fähigkeit im Lautbereich entwickelt sich vor allem im Rahmen des **Schriftspracherwerbs** (*e–n = en*).

3. Einschränkung der phonologischen[47] Informationsverarbeitung

„Es hört doch jeder nur, was er versteht." ~ *Johann Wolfgang v. Goethe*

Wo hörst du ein „a"?
„Ameise Ami arbeitet Tag und Nacht stets von acht bis acht..."

Unter phonologischer Informationsverarbeitung versteht man die **Nutzung von Informationen über die Struktur** der Laute der gesprochenen bzw. geschriebenen Sprache. Phonologische Informationsverarbeitung ist ein Oberbegriff, zu dem die **sprachliche** und die **phonologischen Bewusstheit** zu rechnen sind. Wie wir in vorausgehenden Kapiteln schon ausführten, versteht man unter phonologischer Bewusstheit die Fähigkeit, die Aufmerksamkeit bewusst auf die **Lautstruktur** anstatt auf den Inhalt von Sprache zu richten (Schneider, 2000). Im oberen Beispiel wird z.B. anhand eines Gedichtes über die Ameise Ami die Konzentration auf das a im An- End- und Inlaut gerichtet (siehe die Therapiebände).

Als eine grundlegende Voraussetzung für die Entwicklung der phonologischen Bewusstheit erwies sich - wie schon mehrfach erwähnt - die **Lautwahrnehmung und –unterscheidung**. Es konnte ein direkter Einfluss der zerebralen Sprachwahrnehmung auf die phonologischen Fähigkeiten und damit auch auf das Lesen beobachtet werden. Defizite in der Identifizierung und Unterscheidung von Lauten bei der Darbietung von Silben wie z.B. *ba* und *pa* oder *ga* und *da* konnten bei leseschwachen Schulkindern und auch bei Erwachsenen nachgewiesen werden (Steffens et al., 1992).

Bei einem großen Teil der LRS- und auch der sprachentwicklungsgestörten Kinder wurden weltweit von zahlreichen Arbeitsgruppen Schwächen in der phonologischen Informationsverarbeitung gefunden, so dass diese als gesichert gelten können (Schulte-Körne, 2001). Leistungen aus dem Bereich der **phonologischen Bewusstheit** wie das Segmentieren von Wörtern in Silben, das Erkennen von Reimwörtern, das Unterscheiden von Lauten in Silben und Wörtern, die Lautanalyse und Lautsynthese (Wörter zerlegen, Laute zu Wörtern zusammenfügen) fallen den Betroffenen sehr schwer. Diese Aufgaben werden besser bewältigt, wenn **die Bedeutung der Wörter bekannt** ist (Swan, Goswami, 1997). Allerdings schnitten die untersuchten LRS-Kinder auch mit bekannten Wörtern deutlich schlechter ab als Kinder ohne LRS.

---

[47] = Laut-sprachlichen.

Durch die mangelhafte Verarbeitung lautsprachlicher Informationen kommt es zum Aufbau unvollständiger oder schlecht ausgebildeter **Gedächtnis-Einträge**, die dann auch den Lese-Rechtschreib-Erwerb zusätzlich erschweren. Eine unzureichende phonologische Bewusstheit wirkt sich vor allem zu **Beginn des Schriftspracherwerbs** negativ auf das Umwandeln von Lauten in Buchstaben und umgekehrt aus und führt bei LRS-Kindern zu einer erhöhten Fehlerzahl beim Schriftsprach-Erwerb. Das lautierende Erlesen und auch das automatische und fehlerfreie Worterkennen werden verzögert erworben, sodass die Kinder auf Ratestrategien, Ersatz- und Vermeidungstendenzen ausweichen. Die **Bevorzugung unwichtiger Merkmale und falscher Strategien verfestigt** sich mit zunehmendem Alter immer mehr. Die Kinder zeigen dadurch geringere Fortschritte im Gedächtnis und in der Verinnerlichung bzw. **Automatisierung** von Leserechtschreibregeln, die bei Bedarf nur verzögert abgerufen und nicht korrekt angewandt werden können. Eine verlangsamte **Benennungsgeschwindigkeit,** das heißt ein erschwerter Zugriff auf das langzeitlich gespeicherte Wortmaterial wirkt sich einschränkend auf das flüssige **Lesen** aus, weil die Wörter nicht direkt erkannt und benannt werden können, sondern immer wieder neu buchstaben- oder silbenweise erlesen werden müssen. Leider gibt es bisher keine Belege, dass sich diese Benennungsgeschwindigkeit erfolgreich trainieren lässt (de Jong, Vrielink, 2004; Schneider, 2000).

Kinder mit **Grammatik- oder Wortschatzdefiziten** zeigen ebenfalls häufig sehr schlechte Leistungen in der phonologischen Bewusstheit. Defizite in der phonologischen Bewusstheit wirken sich auch auf das Erlernen und Lesen von **Fremdsprachen** aus (Wimmer, 1996; Wimmer et al., 2000), was sich häufig folgenschwer im Sekundarschulbereich bemerkbar macht.

Fertigkeiten im Bereich der phonologischen Bewusstheit im Vorschulalter ermöglichen eine **Vorhersage** über die zukünftigen Schriftsprach-Leistungen des Kindes im Schulalter. Für die deutsche Schriftsprache zeigten verschiedenste Längsschnittstudien, dass das Laut-Erkennen, das Laut-Ersetzen und das Reim-Erkennen im Kindergartenalter als Vorhersagenkriterien für die **Lese- und für die Rechtschreibleistung** von Grundschulkindern in der zweiten und dritten Klasse gelten (Landerl, Wimmer, 1994; Marx et al., 1993). Leseschwache Dritt-, Viert- und Achtklässler wiesen im Vergleich zu durchschnittlich lesenden Kindern der gleichen Klassenstufen bedeutsame Schwächen im Bereich der phonologischen Bewusstheit auf (Klicpera, Gasteiger-Klicpera, 1994).

Wie wir schon darstellten, gehört das **Lesen von Pseudo- oder Nichtwörtern** in den Bereich der phonologischen Bewusstheit. Es eignet sich zur Erfassung der phonologischen Fähigkeiten in der Schulzeit (Schulte-Körne, 2001). In mehreren

Untersuchungen konnte gezeigt werden, dass leseschwache Kinder und sogar noch Erwachsene bedeutsame Schwächen beim Lesen von Nichtwörtern hatten, was zusätzlich auch noch in Beziehung zur **Rechtschreibleistung** stand (Schulte-Körne et al., 1998; 2001). Auch das Nachsprechen von Kunstwörtern steht in Zusammenhang mit dem Erwerb von neuen Wörtern und fremdsprachigen Vokabeln (Swanson et al., 2004).

Die Fertigkeit, Laute und deren Reihenfolge in Wörtern zu verändern, steht mit den **Lesefertigkeiten** (Leonard et al., 2002), aber auch mit **mathematischen** Leistungen (Geary et al., 1999) in enger Beziehung und zwar sowohl bei arithmetischen (Hecht et al., 2001) als auch bei mathematischen Problemlösungs-Fertigkeiten (Swanson, Sachse-Lee, 2001). Bei Kindern mit Lese- und Rechenproblemen fand man eine Reduzierung des phonologischen Arbeitsgedächtnisses und der phonologischen Bewusstheit (Gathercole, et. al., 2005).

Bei Defiziten der **phonologischen Bewusstheit** handelt es sich nicht um eine verzögerte Entwicklung, sondern um eine **andauernde Einschränkung.** Bei leseschwachen Dritt-, Viert- und Achtklässler ließen sich immer noch bedeutsame Schwächen in diesen Bereichen aufweisen (Klicpera, Gasteiger-Klicpera, 1994). Auch **Jugendliche und Erwachsene** zeigten trotz Förderung und Kompensation ihrer Leseschwäche immer noch mangelnde Fähigkeiten bei Aufgaben zur phonologischen Bewusstheit (Liberman et al., 1987). Dies können wir in unserer Erfahrung mit Jugendlichen und Erwachsenen bestätigen.

Trotz einer relativen Verbesserung ihrer Lesefähigkeit im Laufe der Jahre erreichen Erwachsene mit LRS beim **Wortlesen** im Durchschnitt die **Fertigkeiten neunjähriger Kinder** ohne Leseprobleme (Georgiewa et. al. 2004). Beim **Nichtwortlesen** und beim Silbenumbau durch **Austausch von Lauten** liegen die Leistungen dieser Erwachsenen sogar unter dem Niveau dieser Kinder. Eine mangelnde phonologische Bewusstheit wächst sich also ohne gezielte Förderung keineswegs aus (Klicpera, Gasteiger-Klicpera, 1994).

Als Prävention und **Therapie** zur Steigerung der Lese- und Rechtschreibfähigkeit bietet sich bei einem Teil der **LRS-Kinder und auch –Erwachsenen** ein intensives Training der Buchstaben- Lautzuordnung und dann der phonologischen Bewusstheit an. In vielfachen Untersuchungen wurde bewiesen, dass eine Förderung der phonologischen Bewusstheit im Kindergartenalter die Chance zum regulären Erwerb der Lese- Rechtschreib- Fertigkeiten erhöht (Ramus, 2003; Jansen et al., 2002). Das Training der phonologischen Bewusstheit bei Vorschulkindern verbesserte vor allem die Leseleistung bedeutsam (Schneider et al., 1994). Spezifisch sprachgestörte Kinder können eventuell ebenfalls von der Förderung der phonologischen Bewusstheit für das Lesen und Rechtschreiben profitieren

(Warrick et al., 1993), wobei aber die Behandlung der grammatikalischen Defizite im Vordergrund stehen sollte.

Beispiel aus der Praxis: Elke, 10;5 Jahre, 5. Klasse Primarschule

Bei Elke, die in der Schule große Lernprobleme - vor allem in Deutsch - hatte, wurde nach international gültigen Kriterien eine **Lese-Rechtschreibstörung** diagnostiziert, da zwischen der kognitiven Leistungsfähigkeit und der Rechtschreibleistung die von der Weltgesundheitsorganisation vorgeschriebene Diskrepanz bestand (**IQ 113** im K-ABC, **Rechtschreiben** im DRT 4-5 weit unterdurchschnittlicher Wert, **PR 0**). Im Salzburger und Zürcher Lesetest ergaben sich in allen Subtests – vor allem auch beim Lesen von Pseudowörtern - bezüglich **Lesezeit** weit unterdurchschnittliche Werte und überdurchschnittlich viele **Lesefehler**. Das Leseverständnis erwies sich als relativ gut, sodass Elke die Inhalte von 2 Texten fast vollständig – allerdings zum Teil nur auf Nachfragen und nochmaligem Lesen - wieder geben konnte. Im Intelligenztest (K-ABC) zeigten sich **keinerlei Minderleistungen**, ebenso auch nicht beim Nachsprechen von Kunstsilbenreihen im Mottiertest (siehe das Diagnostik-Kapitel). Auch im Heidelberger Sprachentwicklungstest erzielte Elke beim Produzieren der Mehrzahl von Kunstwörtern und beim Nachsprechen von Sätzen gute Leistungen, genauso wie beim Nachsprechen von schwierigen Nebensatzkonstruktionen in einem inoffiziellen Screening. Diese Befunde ließen annehmen, dass Elkes sprachliches Arbeitsgedächtnis für unbekannte Silben, Wörter und Sätze im Normalbereich lag. Allerdings erreichte Elke im BAKO, der die **phonologische Bewusstheit** als Grundvoraussetzung für die Rechtschreibung prüft, in allen Subtests mit Ausnahme der Pseudowortbestimmung **unterdurchschnittliche** Leistungen. Somit stellte sich eine Begründung für die Leserechtschreibstörung dar. Für uns als Praktiker ist das bemerkenswert, da wir sehr selten lediglich Schwächen der phonologischen Bewusstheit als Grundlage der LRS finden.

Beispiel aus der Praxis: Jasmin, 40 Jahre

Jasmin wurde in der 3. Klasse Sekundarschule „ausgeschult", nachdem sie 2 Klassenstufen wiederholt und sich die ganze Schulzeit „durchgemogelt" hatte. Ihr war erst jetzt als Erwachsene der Verdacht gekommen, dass sie Legasthenikerin sein könnte. Diese Annahme bestätigte sich in unserer Praxis testdiagnostisch auf allen Linien. Jasmins **Sprachkompetenzen waren in allen Bereichen stark reduziert:** Die auditive sprachliche Wahrnehmung, das sprachrhythmische Gefühl, die phonologische Bewusstheit, das Sprachgedächtnis im Silben-, Wort- und Satzbereich, die Sprachproduktion und das Leseverständnis.

Im Mottiertest, der die **Lautwahrnehmung** und das **Silbengedächtnis** überprüft, konnte Jasmin nur 12 von 30 Silbenreihen richtig nachsprechen, wobei die Lautwahrnehmung sowohl im Konsonanten- als auch Vokalbereich eingeschränkt war.

Jasmins auditive Wahrnehmungsprobleme zeigten sich auch beim Radio-Hören, so-dass sie des Öfteren einzelne Wörter und damit den Sinn des ganzen Satzes falsch verstand (z.B. statt *glatte – Latte*). Beim Lesen machte sie ähnliche Fehler: Statt *Schett* → *Sett*, *Stutter* → *Tutter*, *Stronne* → *Tronne*.

Die **phonologische Bewusstheit** im Test BAKO erwies sich in 4 von 7 Unterskalen auch noch im Vergleich zu 8-Jährigen als stark eingeschränkt. Die Pseudowort-Segmentierung, die Restwortbestimmung und die Phonemvertauschung stellten für Jasmin die kleinere Hürde dar. Die Lautkategorisierung, die Bestimmung der Vokal-länge und die Wortumkehr bereiteten Jasmin größte Mühe. Vor allem die Vokalerset-zung konnte sie kaum bewältigen.

Dazu passend lag das **Rechtschreibniveau** im RS für Erwachsene im Bereich PR>1. Die Fehleranzahl und das Lesetempo im Salzburger **Lesetest** entsprachen dem Durch-schnittsniveau einer 4. Klasse Primarschule (Tempo: Prozentränge zwischen 40 und 50), was im Vergleich zu den phonologischen und auditiven Fertigkeiten noch be-achtlich gut war. Jasmin begründete dies mit ihrer großen Lesemotivation und – Frequenz. Allerdings konnte Jasmin die beiden Texte 4 und 5 im Zürcher Lesetest nur bruchstückhaft und zum großen Teil falsch **nacherzählen.** Dies ist sowohl durch ein eingeschränktes Sprachgedächtnis als auch –verständnis zu erklären. Wenn man die Laute nicht richtig unterscheidet, werden auch die grammatikalischen Endungen nicht richtig erfasst und gespeichert, worunter auch die Satzgrammatik leidet.

Im Anschluss wollen wir anhand einiger **Rechtschreib-Beispiele** Jasmins sprachliche Probleme näher beleuchten: *„Die Einzig heraus forterung ist führ mich die Legaste-nie." „Leo muss in der Fach Hochschule sehr viel Lernen." „Die Eisen Bahn Geselschaft verbraucht viel Geld." „Im Grauen des Nebels verbirgt sich was schauter haftes."*

Die mangelnde Erkennung der **Zusammen- und Getrenntschreibung** (siehe die un-terstrichenen Wörter), war überwiegend auf Jasmins mangelnde prosodische Intuiti-on zurückzuführen. (Einzelne Wörter werden im Deutschen in der Regel immer in der 1. Silbe betont: *Eisen, Bahn, Gesellschaft, schauter haftes: Ge-* gilt als Auftakt im Tro-chäus; *Eisenbahngesellschaft, schauderhaftes:* die 1. Silbe ist am stärksten betont). Beim Lesen der Pseudowörter betonte Jasmin zum großen Teil auf der letzten Silbe, was ebenfalls einen Hinweis auf eine reduzierte **Sprachprosodie** darstellt. Das Wort *Rhythmus* schrieb Jasmin *rüdmuß*, das *ß* würde veranlassen, dass das Wort in der 2. Silbe betont wird, wozu man wiederum ein Gefühl für die Betonung und eine verläss-liche Buchstaben-Lautzuordnung brauchen würde. Das Gleiche gilt auch für re<u>det</u>ten, häf<u>tet</u>ten (<u>red</u>eten, <u>heft</u>eten).

Jasmin hatte große Mühe, im Mottiertest vor allem die harten und weichen **Stopp-konsonanten** zu unterscheiden, und dann in der Rechtschreibung dem richtigen Buchstaben zuzuordnen: *forterung, schauter (Schauder), jurististem (juristischem), entlich, glüchente (glühende), Gebäute (Gebäude).* Auch die Analyse und Synthese von Wörtern mit **Konsonantenhäufungen** stellten eine große Schwierigkeit dar: *be-teudesten (bedeutendster),spandeste - spannendste.*

Wir arbeiteten 2 Jahre in insgesamt 16 Sitzungen an der Lautunterscheidung und Buchstabenzuordnung, sowie an der Sprachprosodie, wobei die Rechtschreibung nicht wirklich explizit geübt wurde. Die letzten 3-4 Monate schrieb Jasmin täglich 3 Zeilen an selbsterfundenen Geschichten am Computer bei eingeschalteter Rechtschreibüberprüfung. Weiter unten haben wir diese abgedruckt, da wir zeigen wollen, dass sich auch die Satz-Grammatik stark verbessert hat.

„Wenn ich Wilhelm Busch lese muss ich von ganzem Herzen lachen", schrieb uns Jasmin. Sie hatte Freude daran und kam inhaltlich sehr gut mit, sie hörte auch häufig Busch- und andere Gedichte auf CD und konnte im Radio alles **besser verstehen.**

Die **phonologische Bewusstheit** hatte sich so sehr verbessert, dass Jasmin in vier Untertests nur zwei Fehler machte, in den anderen löste sie alle Aufgaben richtig.

Im **Rechtschreibtest** hatte sie ursprünglich bei 81 Wörtern 87 Fehler gemacht, wobei wir auch mehrere Fehler im Wort zählten. Bei der Wiederholung desselben Tests nach 2 Jahren produzierte sie bei 45 Wörtern 29 Fehler (wir führten nur den halben Test durch). Jasmin unterliefen nur mehr selten prosodisch bedingte Fehler, der Hauptschwerpunkt ihrer Rechtschreibfehler lag in der Großschreibung, die bis dahin noch nicht behandelt wurde. Wörter wie die folgenden schrieb Jasmin beinahe vollkommen richtig: *bedäutendste, zusehends, juristischem, glühende, Pressspanplatten, entsetzlich.*

2 kleine Geschichten von Jasmin:

Das Kinderlachen!
In einer Großstadt, gibt es einen kleinen Kindergarten, mit zwanzig Kindern. Eines der Kinder heißt Manuela, und sie spielt gerne mit der Eisenbahn. Klaus, wiederum kämmt den Puppen gerne die Haare. So spielt jedes Kind, mit einem Spielzeug was ihm gefällt. Monika, die gerade mit einer Schnur durch das Zimmer springt, muss auf einmal ganz laut Lachen. Da wird es im Zimmer ganz still. Monika, ruft ganz laut! Klaus spielt mit Puppen und Monika, mit einer Eisenbahn. Auf einmal müssen alle Kinder von Herzen so laut Lachen, das sogar ein Bild von der Wand fällt. „Na ja", sagt die Tante, „ich glaube, das Bild hat auch Lachen müssen. Da müssen alle Kinder wieder lachen, bis alle Kinder nach Hause gehen.

Die Jammernde Frau aus Grönland!
In einem kleinen Dorf wohnt eine kleine jammernde Frau. Sie jammert den ganzen Tag, über dies und über das. Keiner im Dorf mochte die jammernde Frau. Egal wo sie gerade war ob beim Bäcker, Fleischer oder im Supermarkt, die kleine Frau war nur am Jammern. Josef, der gerade auf dem Weg zur Kirche war, hörte auf der anderen Seite die kleine Frau jammern. Josef wechselte sofort die Straßenseite und ging mit Zornigem blick auf die jammernde Frau zu. Er schrie ganz laut! „Wissen sie eigentlich, wie anstrengend es ist", wenn jemand wie sie die ganze Zeit nur Jammert, und nicht bemerkt, dass er einmal damit aufhören sollte? Da machte die Frau ganz große Augen und sagte ganz leise: Ich habe es gar nicht bemerkt, dass ich nur Jammere. Sie be-

dankte sich bei Josef und ging ohne zu Jammern nach Hause. Von dem Tag an, hörte man die Frau nie wieder jammern.

Jasmin brach aus familiären Gründen die Therapie ab, mit dem glücklichen Gefühl, dass sie sich nun traute, selbständig E-Mails zu schreiben, und diese „beinahe fehlerlos", wie sie strahlend sagte.

3.1 Einschränkung der phonologischen Bewusstheit - eine Modesache?

„Alles ist eine Modesache: Gottesfurcht ist eine Modesache
und die Liebe und die Krinoline und ein Ring in der Nase. "
~ Søren Kierkegaard

Viele - aber nicht alle - LRS-Kinder zeigen Einschränkungen in verschiedenen Bereichen der **phonologischen Bewusstheit**. Diese stellt wohl **eine wichtige, jedoch nicht die einzige** der maßgebenden Grund-Fähigkeiten für den Lese-Rechtschreib- Erwerb dar.

Wie bereits ausgeführt, finden schon im Mutterleib Wahrnehmungsprozesse statt. Das ungeborene Kind nimmt ab der 20. Woche akustische Reize wie die Stimme der Mutter und deren Sprachmelodie wahr. Nach der Geburt erfolgt eine weiter zunehmende Differenzierung der Wahrnehmung. Informationsaufnahme und -austausch funktionieren durch ein hoch komplexes **Zusammenspiel** verschiedener Sinne. Das heißt, dass **zahlreiche Prozesse** – verteilt über unterschiedlichste Bereiche im Gehirn – beim Lesen oder Schreiben aktiviert und im Zusammenspiel gesteuert werden müssen. So benötigt die Fähigkeit, Lesen und Schreiben zu lernen, beispielsweise eine präzis funktionierende Kooperation auditiver, visueller und feinmotorischer Funktionen, wie ein funktionierendes auditives und visuelles Gedächtnis, sowie die kognitive Verarbeitung der aufgenommenen Informationen. Des Weiteren sind gleichmäßige Augenbewegungen, eine korrekte visuelle Wahrnehmung und Verarbeitung, eine gute Aufmerksamkeit und Konzentration und vieles mehr an einem ungestörten Leserechtschreiberwerb beteiligt.

Dass die phonologische Bewusstheit nur einen **Teilbereich** der Voraussetzungen für einen intakten Schriftspracherwerb darstellen kann, versteht sich daher fast von selbst - und auch dass eine Förderung sich nicht allein auf diesen schmalen Ausschnitt der zum Lesen und Schreiben notwendigen Teilleistungen beschränken kann und darf. Dies machen auch die beiden folgenden Beiträge sehr eindringlich deutlich, die wir im Rahmen eines Kommunikationszirkels[48] im Internet zum Thema Sprachstörung erhielten, an welchem führende Forscherinnen und Experten aus dem deutschen Sprachraum beteiligt sind.

*„Im Rahmen einer wissenschaftlichen Begleitung der Einführung des Würzburger Trainingsprogramms für die phonologische Bewusstheit setzten wir den BISC[49] ein. Bei der Überprüfung von Lesen und Schreiben mit der „Hamburger Schreibprobe" und der „Würzburger Leisen Leseprobe[50]" am Ende des 1. und des 3. Schuljahres zeigte sich lediglich beim Schreiben im Gruppenmittel ein schlechteres Ergebnis für die Kinder, die mit dem BISC als Risikokinder eingestuft wurden, die Leseleistungen unterschieden sich nicht. **Im Einzelfall ist jedoch keine Prognose möglich. Das spezifische Training der phonologischen Bewusstheit wirkte sich bei den als Risikokindern eingeschätzten Kindern auch nicht positiv auf Lese- und Schreibleistung aus.**"* (Prof. Annerose Keilmann, Uni Mainz, 2007).

*„Es bestätigt sich auch die eigene Erfahrung, die wir mit dem BISC gesammelt haben (Rosenkötter: Zur Früherkennung der Legasthenie, Forum Logopädie, 2004). Welches Verfahren wir auch immer wählen (BISC, HASE[51] o.a.): die Zahl der falsch positiv und falsch negativ identifizierten Kinder bleibt sehr hoch. Neben wissenschaftlichen Aussagen und praktischen Anwendungen bleiben angesichts der **zahlreichen nicht berücksichtigten ätiologischen Faktoren** also große Fragezeichen bei der Anwendung und der Indikation für solche Testverfahren. Dies wird besonders dann zu hinterfragen sein, wenn diese Verfahren eingesetzt werden, um vermeintliche Risikokinder gezielt vorschulisch zu fördern. Keiner will wohl verantworten, Kinder nicht an solchen Fördermaßnahmen teilhaben zu lassen, die keine erhöhten „Risikopunkte" hatten, sich jedoch später als LRS-Kinder erwiesen. Ethisch genauso fragwürdig: sehr viele Kinder, die fälschlich als „Risikokinder" bezeichnet würden, werden stigmatisiert und deren Eltern verunsichert. In der Konsequenz gehen wir in unserer Region so vor, dass **alle Kinder** im letzten Kindergartenhalbjahr an einer **präventiven Förderung** (Freiberger Modell, www.sprachfoerderung-freiberg.de) teilnehmen. So ersparen wir den Kindern und uns Tests mit unsicherem Ergebnis, alle Kinder profitieren davon, keinem schadet es und keine Kinder und deren Eltern werden einer Verunsicherung ausgesetzt, die - wie wir ja alle wissen - einmal gesetzt, lange nachwirken kann. Präventionsmaßnahmen auf eine Verbesserung des **Arbeitsspeichers** zu reduzieren, erscheint mir als eine Reduktion des Vorgehens, die soweit ich die Literatur überblicke, angesichts der **Komplexität des Lese-Rechtschreiberwerbs** das angestrebte Ziel nicht*

---

[48] sprachstoerung@lists.lrz-muenchen.de, 2007.

[49] Bielefelder Screening, Test zur Erfassung der Phonologischen Bewusstheit im Vorschulalter.

[50] Siehe das Diagnostik-Kapitel.

[51] Heidelberger Auditives Screening.

erreichen kann. Wenn schon Tests aus Gründen der Praktikabilität nur gewisse Kernfunktionen als Teil des Ganzen repräsentieren, so muss doch die Förderung wesentlich breiter angelegt sein, um die Vielfalt der Entstehungsfaktoren zu berücksichtigen - eine wohl eher pädagogisch ausgerichtete und aus eigener therapeutischer Erfahrung herrührende Sichtweise" (Dr. Henning Rosenkötter, 2007, Sozialpädiatrisches Zentrum, Klinikum Ludwigsburg).

Diese Stellungnahmen können wir, die wir in der Praxis und nicht in der Wissenschaft tätig sind, aus eigener Erfahrung unterstützen, wobei uns die therapeutischen Erfolge – gemessen an Tests zur SSES und LRS und an Schulzensuren - recht geben (siehe die therapeutischen Bände zu LRS und Sprachstörung). Die phonologische Bewusstheit und die Sprachwahrnehmung sollten – neben anderen später zu beschreibenden Maßnahmen - therapeutisch im Kindergarten- und Schulalter einen entsprechenden Raum einnehmen. Eine frühe adäquate Förderung aller Kinder ohne aufwendige vorhergehende Diagnostik würde Zeit sparen und eine Verunsicherung der Eltern durch falsche Diagnosen vermeiden. **Spezifische Förder-Maßnahmen sollten in die tägliche Routine des Unterrichts übernommen werden.** Statt des meist üblichen mehrfachen Abschreibens von Merkwörtern bei Schul- und Hausaufgaben sollten besser spezifische wissenschaftlich belegt wirksame Übungen verwendet werden. Es ist anzunehmen, dass die sprachlichen Fertigkeiten fast aller Kinder auf diese Weise gefördert werden und die Lese-Rechtschreib-Störung vermindert – jedoch nicht völlig geheilt - wird.

Immer ist daher bei der Therapie zu bedenken, dass die phonologischen Fähigkeiten nicht die einzigen Förderbereiche bei der LRS darstellen sollten. Die Förderung sollte auch eine intensivierte und kontinuierliche Arbeit in den Bereichen Buchstaben-Laut-Zuordnung, Prosodie, Wortschatz, Wortgrammatik und sprachliches Gedächtnis beinhalten (siehe die Therapiebände).

4. Beeinträchtigungen im phonologischen[52] Arbeitsgedächtnis

„Der Tag hat 365 Stunden und die Stunde 24 Minuten
und davon nur sechs Stunden zur Schule!"
~ Johann Galletti

Solche und ähnliche Aussagen könnten von LRS-Kindern stammen, da sie sich aufgezählte Fakten und Daten sehr schwer auswendig merken können. Ein mangelndes sprachliches Arbeitsgedächtnis hat aber noch mehr und weittragende Folgen für das Lernen. Ein schwaches sprachliches Arbeitsgedächtnis erwies sich in zahlreichen Untersuchungen weltweit als mitverantwortlich für **Defizite in den folgenden Bereichen:**

Ein eingeschränktes sprachliches Arbeitsgedächtnis bewirkt zur Zeit der **frühkindlichen Sprachentwicklung** einen mangelnden Aufbau der **Grammatik** sowie des **Wortschatzes** und erschwert in weiterer Folge das **Sprachverständnis** (Swanson, 1996). Eine intakte Sprachentwicklung vor allem im Bereich der Grammatikproduktion und des Grammatikverständnisses ist unter anderem sehr auf ein gutes sprachliches Arbeitsgedächtnis im Wort-, Satz- und Textbereich angewiesen. Ohne funktionierendes Arbeitsgedächtnis ist es nur schwer möglich, inhaltliche Beziehungen zwischen Wörtern, Sätzen und Textabschnitten herzustellen und zu verstehen (Hasselhorn, Werner, 2000; Schöler et al., 2003). Neue, seltene oder schwierig aufgebaute **Wörter** oder Fremdsprach-**Vokabeln** zu erlernen (Mayringer, Wimmer, 2000), bedeutet für die Betroffenen ein zeitaufwändiges Problem.

In mehreren Studien konnten Beziehungen des sprachlichen Arbeitsgedächtnisses zum **Lese- Rechtschreib- Erwerb** (Hasselhorn, Marx, 2000), zu **Mathematikfertigkeiten** (Gaupp et al., 2004) bzw. zu den **gesamten Schulleistungen** (Mähler, 2007; Gathercole, 2004) festgestellt werden.

SSES- und LRS-Personen verfügen meist nur über ein sehr eingeschränkt funktionierendes sprachliches Arbeitsgedächtnis, was überwiegend auf ein **mangelndes automatisches inneres Wiederholen** zurückgeführt wird (siehe die Therapiebände). Dies erschwert die Weiterverarbeitung und die Langzeitspeicherung der aufgenommenen Sprache, wodurch auch das sprachliche Verstehen und somit jegliches Lernen über den sprachlichen Kanal große Einbußen erleidet (Baddeley, Gathercole, 1993).

---

[52] = lautsprachlichen.

> **Zusammenfassung**
> Das **sprachliche Arbeitsgedächtnis** beeinflusst folgende Bereiche:
> - **Die gesamte Sprachentwicklung:**
>   Wort-, Satz- und Textgedächtnis
>   Grammatikproduktion
>   Sprachverständnis von Wörtern, Phrasen, Sätzen und Texten
> - **Generelle Lernfähigkeiten**
> - **Leseverständnis und Lese-Rechtschreiberwerb**
> - **Mathematikfertigkeiten:**
>   Grundrechnungsarten
>   weitere arithmetische Fertigkeiten
>   Verstehen mathematischer Begriffe

4.1 Arbeitsgedächtnis und Sprachentwicklung

„Die Sprache ist die Form, die Gestalt, das Gewand des Geistes. "
~ Fjodor Michailowitsch Dostojewskij

Ein mangelndes Arbeitsgedächtnis geht mit eingeschränkten Sprachfertigkeiten einher. Zahlreiche Untersuchungen belegen, dass **sprachentwicklungsauffällige Kinder** bedeutsam schlechtere Leistungen im sprachlichen Arbeitsgedächtnis aufweisen als sprachunauffällige Kinder des gleichen Alters (Grimm, 2001). Eine Reihe von Studien zeigte, dass auch **LRS-Kinder** bei Aufgaben im Bereich des sprachlichen Arbeitsgedächtnisses wie z.B. beim Wiederholen von vorgesprochenen Folgen von Zahlen, Wörtern, sinnlosen Silben oder Pseudowörtern signifikant schlechtere Leistungen erzielten als gleichaltrige Kinder ohne LRS (Snowling, 1991).

Wie schon erwähnt, leiden die Betroffenen häufig unter einer **Störung des automatischen inneren Nachsprechens** (Mähler, 2007), das am Erinnern ganz maßgeblich beteiligt ist.

Unklar bleibt jedoch die **Wirkrichtung**: Bewirkt ein mangelndes sprachliches Arbeitsgedächtnis Probleme in der sprachlichen Entwicklung oder verursachen die sprachlichen Defizite eine eingeschränkte Nutzung des sprachlichen Arbeitsgedächtnisses? In der Entwicklung des **Wortschatzes** bestimmt bei jüngeren Kindern das sprachliche Arbeitsgedächtnis den Worterwerb, bei älteren Kindern beeinflusst der Umfang des Wortschatzes die Arbeitsgedächtnisleistung. Je älter die Kinder sind, umso stärker ist der Einfluss des schon vorhandenen Wortschatzes (Jarrold et al., 2004), sodass es nahe liegt, an der Vergrößerung des Wortschatzes zu arbeiten (siehe die Therapiebände). Entsprechende Therapieerfolge mit den in unserer Praxis betreuten Kindern scheinen dieser Annahme Recht zu geben.

Es fand sich auch ein Zusammenhang zwischen dem inneren Wiederholen und der Größe des Wortschatzes, welcher eine tragende Bedeutung für die **Sprachentwicklung** hat (Gathercole et al., 1999). Erst wenn das Kleinkind mindestens 50 Wörter beherrscht, beginnt es mit 2-Wort- Sätzen, da man erst dann die Wörter zueinander sinngemäß und grammatikalisch richtig in Beziehung bringen kann (Grimm, 2001). Der vorhandene Wortschatz stellt das intuitive Wissen über die Beziehung zwischen der **Klangstruktur** und dem **Aufbau** von Wörtern bereit, was wiederum das Merken von neuen Wörtern und bei größeren Kindern von Fremdwörtern oder Vokabeln erleichtert (Hasselhorn, Marx, 2000).

Um Sprache zu verstehen, ist die kurzfristige Einspeicherung von genügend Wörtern aus dem sprachlichen Angebot in das Arbeitsgedächtnis notwendig, denn nur aus gespeicherten sprachlichen Einheiten können grammatikalische Regelmäßigkeiten für die **Sprachproduktion** und vor allem für das **Sprachverstehen** abgeleitet werden. Ein schwaches Arbeitsgedächtnis wirkt sich somit in der Spontansprache negativ auf das Produzieren und Verstehen komplexerer Satz-Formen aus (Hasselhorn, Körner, 1997). So hatten z.B. legasthene und sprachgestörte bis 10- jährige Kinder aus unserer Praxis große Mühe, sich ähnliche, lange Sätze wie den folgenden zu merken, bzw. zu verstehen:

„Es war einmal eine arme Frau, die gebar ein Söhnlein, und weil es eine Glückshaut umhatte, als es zur Welt kam, so ward ihm geweissagt, es werde im vierzehnten Jahr die Tochter des Königs zur Frau haben." (Auszug aus dem Grimm-Märchen: Der Teufel mit den drei goldenen Haaren).

So stehen also **Wortschatz-** und **Grammatikentwicklung** in direkter und wechselseitiger Beziehung zum **sprachlichen Gedächtnis** (Grimm, 2001). Kinder mit geringen Leistungen im sprachlichen Arbeitsgedächtnis zeigten in einer Reihe von Untersuchungen sehr schwache **grammatikalische Leistungen** (Adams, Gathercole, 2000).

Nicht nur der Erwerb ihrer **Muttersprache**, auch das Erlernen **von Fremdsprachen** fällt den meisten der Kinder sehr schwer (Sambanis, 2002), sodass die Betroffenen nur wenig vom schulischen Unterricht profitieren und auf therapeutische Hilfe angewiesen wären, diese aber meist nicht bekommen (siehe die Therapiebände).

Auch **erwachsene Legastheniker** zeigten in mehreren Untersuchungen noch große Schwierigkeiten mit dem Produzieren und Verstehen von grammatikalischen Formen (Leikin, Hagit, 2006). So erzielten z.b. hebräische Universitätsstudenten mit Legasthenie in ihren **Grammatik-Fertigkeiten** keine besseren Leistungen als Schüler der 3. und 4. Klasse Primarschule (Schiff, Ravid, 2007).

Die Kapazität des sprachlichen Arbeitsgedächtnisses sagte in mehreren Untersuchungen eine Reihe von **Sprachfertigkeiten im Erwachsenenalter** voraus, wie z.B. das Leseverständnis, das Verstehen von grammatikalisch komplexen Sätzen und von mehrdeutigen sprachlichen Inhalten. Verschiedene Fertigkeiten, die für ein **akademisches Studium** notwendig sind, erwiesen sich als eingeschränkt, wie beispielsweise das Erfassen der Bedeutung von neuen Wörtern aus dem Zusammenhang, sowie die Fähigkeit, in Texten Rückschlüsse zu ziehen (Carpenter et al., 1994).

Diese Untersuchungsergebnisse weisen eindeutig darauf hin, dass es unbedingt notwendig ist, <u>auch</u> ein mangelndes Arbeitsgedächtnis durch eine adäquate Förderung zu verbessern.

4.2 Arbeitsgedächtnis und generelle Lernprobleme

„Wörter sind das Kleingeld unserer Gedanken." ~ Jules Renard

*Impairments of working memory result in **pervasive learning difficulties** because this system acts as a bottleneck for learning in many of the individual learning episodes required to increment the acquisition of knowledge* (Gathercole, 2004).

Personen mit einem reduzierten verbalen Arbeitsgedächtnis versagen vor allem bei Aufgaben, die die **Gleichzeitigkeit** der Speicherung von Informationen und der Verarbeitung geistiger Prozesse verlangen (Gathercole et al., 2007).

Beispielsweise mussten Kinder in einer Untersuchung zwei Reimwörter aus einem vorgelesenen Vierzeiler heraushören und sich merken, um diese am Ende des Reims zu wiederholen (Gathercole, Alloway, 2004). In dem Intelligenztest K-ABC (siehe das Diagnostik-Kapitel) sind Legastheniker und SSES-Kinder bei der Aufgabe „Nachsprechen von Wortreihen" häufig damit überfordert, visuell dargebotene Farben zu benennen und anschließend die vorher dargebotenen Wortreihen nachzusprechen und auch noch gleichzeitig auf das jeweils zutreffende Bild zu zeigen. Das Fassungsvermögen eines schwachen Arbeitsgedächtnisses wird bei solchen und ähnlichen Aufgaben bei weitem überschritten. Die Betroffenen vergessen während der Durchführung von **komplexeren Aufgaben** Zwischenergebnisse oder auch, was sie als Nächstes tun müssen, sodass sie komplexere Lernaufgaben nicht zu Ende bringen können. Die Betroffenen verfügen über **weniger automatisch abrufbare Gedächtnisinhalte** und müssen beim Lernen bewusst und mit viel Anstrengung benötigte Daten abrufen, die Kinder ohne diese Defizite ganz automatisch und mühelos verwalten können. Bei der Lösung von längeren Aufgaben müssen einfache Zwischenlösungen **immer wieder neu überdacht** werden, wie z.B. Grundrechnungsergebnisse in längeren Rechenaufgaben oder eine Gruppe von Wörtern in einem gelesenen oder auch gehörten Satz. Meistens passieren dabei viele Irrtümer, die von Eltern und Lehrern fälschlicherweise als „Schlampigkeitsfehler" bezeichnet werden. Diese bewusst und mühevoll kontrollierten Denk- und Lernprozesse benötigen wesentlich **mehr geistige Anstrengung** als automatisierte Fertigkeiten, die mehr geistige **Reserven** für weitere Problemlösungen frei lassen. Diese Ressourcen stehen den LRS- und SSES-Kindern nicht oder nur eingeschränkt zur Verfügung, sodass längere Aufgaben weniger verstanden und gelöst werden können, obwohl die Betroffenen über die notwendige – allerdings nicht sprachliche – Intelligenz verfügen würden. In Folge können sich diese Kinder auch geistig nicht in gleichem Maße weiter entwickeln wie solche ohne sprachliche Störung. Man fand bedeutsame Beziehungen zwischen den Arbeitsgedächtnis-Leistungen von Schulkindern und der Entwicklung der **Intelligenz** (Swanson, 1996).

Kinder mit einem reduzierten Arbeitsgedächtnis benötigen häufig ein Vielfaches vom durchschnittlichen **Zeitaufwand** zum Einspeichern von Fakten und Daten ins Langzeitgedächtnis. Die Automatisierung von Lerninhalten wird im Vergleich zu gleich intelligenten Gleichaltrigen von LRS- und SSES-Kindern oft nur durch ein bis zu 30 Mal häufigeres Üben erreicht (Büttner, 2003). Nicht nur die großen Ferien, auch ein Wochenende ohne Üben kann mitunter reichen, einen noch nicht automatisierten Lernstoff wie z.B. das 1x1, Sachkunde- Daten und Ähnliches wieder zu vergessen und bei der Prüfung zu versagen, wobei das Kind das Gelernte nach Aussage der Mutter *„zu Hause gewusst hat"*. Nicht selten richtet sich eine ganze Familie in ihren Freizeitaktivitäten nach den Lernzeiten des legasthenen Kindes, das wegen seines reduzierten sprachlichen Arbeitsgedächtnisses auch noch am Sonntag – meist mit der Mutter – mehrere Stunden lernen muss.

Diese Kinder vergessen und missverstehen auch häufig mehrteilige **Anweisungen**, wie etwa folgende: *„Nehmt das Mathematikbuch heraus, schlagt es auf Seite zweiunddreißig auf. Dort machen wir die fettgeduckten Rechnungen in der Mitte der Seite"*. Aufforderungen wie diese können noch leicht bei Mitschülern nachgefragt und imitiert werden, bei nicht erinnerten **Erklärungen** der Lehrerin wie etwa solchen zur Durchführung einer Division ist dies nicht mehr möglich. Die Betroffenen lassen auch häufig beim Schreiben Buchstaben oder Wörter in Sätzen aus und vergessen einen Teil der gelesenen Anweisungen bei der Schularbeit.

Eine weitere Folge eines schwachen Arbeitsgedächtnisses ist verständlicherweise eine sinkende **Lern-Motivation** und eine mangelnde **sprachliche Aufmerksamkeit** (Gathercole et al., 2006). In der weiteren Entwicklung machen diese Kinder dann nur sehr langsam und mühevoll Fortschritte im schulischen Lernen.

4.3 Arbeitsgedächtnis und Schriftsprach-Erwerb

Die Bedeutung des Arbeitsgedächtnisses für den Lese-Rechtschreib-Erwerb wurde in mehreren Studien nachgewiesen (Küspert, 1998), wobei zwischen der sprachlichen **Gedächtnisleistung und der Schriftsprachentwicklung** eine wechselseitige Beziehung besteht (Hasselhorn, Marx, 2000).

Das **innere Wiederholen** im sprachlichen Arbeitsgedächtnis ist maßgeblich beteiligt an der **Umwandlung von Gelesenem in gesprochene Sprache**. Die visuell erfassten Buchstaben, Silben oder Wörter müssen als Bild im Arbeitsgedächtnis verfügbar gehalten werden, bis das sprachliche Klangbild gleichzeitig mit der Bedeutung und der Artikulation aus dem Langzeitgedächtnis abgerufen und dem Schriftbild zugeordnet werden kann. Ist – wie meist bei Legasthenikern - die Buchstaben-Laut-Zuordnung nicht sicher, funktioniert das **Lesen und Schreiben** nur mühevoll, sehr verlangsamt und fehlerhaft. Bei einem schwachen phonologischen Arbeitsgedächtnis werden also die optisch erfassten Schriftzeichen nicht oder nicht schnell genug oder fehlerhaft abgerufen, da diese auch nur mangelhaft im Langzeitgedächtnis abgespeichert sind. Die Verbindung zwischen Buchstabe und Laut bzw. zwischen Wortklang und seinem Schriftbild kommt nur mangelhaft zustande.

In mehreren Studien wurden vermehrt bei LRS-Kindern **Wortfindungsprobleme** bei an sich bekannten Begriffen gefunden, welche durch einen mangelhaften Zugriff auf den Eintrag des Wortklanges im Langzeitgedächtnis entstehen (Faust et al., 2003). Die Betroffenen können dann zwar die Bedeutung der Wörter umschreiben, sind aber nicht in der Lage, das gesuchte Wort zu benennen. Wie wir ja schon dargestellt haben, ist der schnelle Zugriff auf den im Langzeitgedächtnis gespeicherten Wortschatz ein wesentlicher Bestandteil flüssigen und automatisierten Lesens. **Das schnelle Benennen** von Objekten und Symbolen ist eng mit der Fähigkeit verbunden, zügig und flüssig Wörter zu lesen. Kinder mit LRS weisen ein generelles und andauerndes Defizit beim schnellen Benennen von Objekten, Buchstaben und Zahlen auf (Faust et al., 2003). So konnte man anhand der Testergebnisse zum Benennen von Buchstaben und Zahlen von Kindergartenkindern relativ zuverlässig ihre **Lesefähigkeit** am Ende der zweiten Klasse **vorhersagen** (Compton, 2003). Immer wieder erleben wir Kinder der 1. und auch noch der 2. Klasse der Primarschule, die geschriebene Additionen oder Subtraktionen zwar errechnen aber nicht lesen, bzw. benennen und schon gar nicht ohne visuelle Vorlage im Kopf rechnen können. Diese Kinder verknüpfen scheinbar das visuell erfasste Schriftbild mit der Zahlenmenge und nicht mit der Benennung oder dem Wortklang der entsprechenden Ziffer.

Stabile Einträge von **Buchstaben-Laut-** und **Wortbild-Wortklang-**Verbindungen im Langzeitgedächtnis führen zu einer verbesserten Verarbeitung unbekannter Wörter im **Arbeitsgedächtnis**. Dies wiederum verbessert die Einträge ins **Langzeitgedächtnis**, bzw. erweitert den **Wortschatz**, was seinerseits wieder eine Verbesserung des Arbeitsgedächtnisses für neue Wörter bewirkt (Brown & Hulme, 1996). So zeigten verständlicherweise Schüler, die mehr Wörter kennen, bessere Leistungen im **Sinn-entnehmenden Lesen**, als ihre Altersgenossen mit kleinerem Wortschatz (Sternberg, 1987).

Auch die **phonologische Bewusstheit**, das bewusste Wissen über den Wortaufbau, steht in enger Beziehung zum sprachlichen Arbeitsgedächtnis (Wagner et al., 1999), wobei dann wiederum vor allem die Fähigkeit zur Manipulation von Lauten oder Lautgruppen in enger Beziehung zur Lesefertigkeit und auch zu mathematischen Kompetenzen steht - völlig unabhängig von der Intelligenz (Swanson, Sachse-Lee, 2001).

Dieser **Kreislauf,** in dem sich alle genannten Systeme gegenseitig unterstützen und verbessern, sollte therapeutisch genutzt werden (siehe die Therapiebände).

4.4 Arbeitsgedächtnis und Mathematik

Gemäß mehrerer Untersuchungen bestehen bedeutsame Beziehungen zwischen dem Arbeitsgedächtnis, mathematischen Fertigkeiten (Hasselhorn, Grube, 2003) und gleichzeitig bestehenden Leseproblemen (Swanson, Saez, 2003). Schwache Rechenfertigkeiten stehen häufig im Zusammenhang mit niedrigen Leistungen im Arbeitsgedächtnis (Wilson, Swanson, 2001), die **verlässlich** Kinder mit Rechenproblemen erfassen (Bull, Scerif, 2001). Die Qualität des Arbeitsgedächtnisses kann Hinweise auf die späteren Rechenfertigkeiten in der ersten Grundschulklasse geben (Gersten et al., 2005).

Ein mangelndes Arbeitsgedächtnis bedingt eine **fehlerhafte Verarbeitung von Wörtern und Zahlen**. Anfangs haben die betroffenen Kinder Probleme damit, **Zählen** zu lernen. Haben sie dies einmal erworben, bleibt das Zählen lange Zeit die einzige Strategie beim Rechnen, da den Betroffenen das Auswendigmerken von Additionen und Subtraktionen im Zwanziger-Zahlen-Raum sehr schwer fällt. Die Betroffenen verwenden beim Rechnen sehr lange zählend ihre **Finger** (Geary et al., 2004) oder rechnen zählend meist fehlerhaft im Kopf. Sowohl der Erwerb aller **Grundrechnungsarten** (Wilson, Swanson, 2001), als auch die mathematischen **Problemlösefertigkeiten** (Swanson, Sachse-Lee, 2001) entwickeln sich dann mangelhaft und entsprechen nicht der jeweiligen nichtsprachlichen Grundintelligenz.

Vor allem **arithmetische Fertigkeiten, Formeln und mathematische Begriffe** werden schwieriger erworben und weniger im Gedächtnis behalten (Jarrold et al., 2004). Ein schwaches sprachliches Arbeitsgedächtnis ist auch charakteristisch für den mangelnden Erwerb von **arithmetischen Ausdrücken** (Swanson, Sachse-Lee, 2001), wie z.B. von Wörter wie *plus, minus, Division...*usw. (siehe das Kapitel Dyskalkulie).

Das kurzzeitige Zwischen-Speichern von Zahlen beim **Kopfrechnen** gelingt den Betroffenen nicht oder nur mit großer Mühe (Hechet, 2002). Der kontrollierte - anstatt automatisierte - **Abruf** von Ergebnissen von Grundrechnungen geschieht mit erhöhtem Ressourceneinsatz, sodass kaum noch Kapazitäten frei bleiben, **komplexere Rechenprozesse** durchzuführen oder zu erlernen. Beim Rechnen – wie bei allen Denk- und Problemlösungsprozessen - muss Wissen aus dem Langzeitgedächtnis abgerufen und in aktuelle Kurzzeit-Informationen integriert werden (Swanson, Frankenberger, 2004). Ein reduziertes sprachliches Arbeitsgedächtnis ist dabei schnell überlastet.

Anhand des **Kopfrechenbeispiels** auf der Seite 62 können wir nachvollziehen, was man unter Arbeitsgedächtnis versteht und wie sehr dieses in die gesamte Schulleistung eingreift.

Ohne Arbeitsgedächtnis könnten wir keine **komplexen Gedankengänge** dieser oder schwierigerer Art ausführen, bei welchen wir sowohl Zahlen, Wörter oder Sätze im Kopf behalten, als auch diese gleichzeitig mit anderen Fakten in Beziehung setzen und verarbeiten müssen. Jede kleinste **Ablenkung** - irgendein nicht dazu passender Zwischengedanke – könnte uns vollkommen durcheinander bringen, sodass wir vielleicht mit der Aufgabe eventuell wieder und wieder von vorne beginnen müssten.

Eine Multiplikation mit noch größeren Zahlen wird das Fassungsvermögen unseres Arbeitsgedächtnisses vielleicht übersteigen, obwohl dies keine größeren mathematischen Kenntnisse, sondern nur ein besseres Arbeitsgedächtnis erfordert.

Die Schwierigkeiten erhöhen sich bei **zusätzlichen Anforderungen** (z.B. Textaufgaben), wobei Teile der Satzgrammatik oder fremde Ausdrücke häufig nicht verstanden werden. Sie können sich sicher leicht vorstellen, dass Kinder mit einem stark beeinträchtigten Arbeitsgedächtnis auch längere Erklärungen der Lehrerin nicht in Erinnerung behalten und daher einen Rechenweg nicht bis zum Schluss mit verfolgen können.

Die auf diese Weise betroffenen Kinder brauchen neben einer grundlegenden **sprachlichen Förderung** ganz spezifische Hilfen zur Unterstützung des sprachlichen Gedächtnisses für **mathematische Fakten**. Rechnerische Fertigkeiten verbessern sich erfahrungsgemäß nicht automatisch und entwickeln sich auch nicht weiter, wenn keine spezielle Förderung oder Therapie erfolgt (Geary et al., 1999).

Zusammenfassung

Ein schwaches **sprachliches Arbeitsgedächtnis** bewirkt folgende mathematische Auffälligkeiten:

- Von Anfang an bestehen Probleme mit dem **Zählen** Lernen, Merken u. schnellen Abrufen der Zahlwörter und anderer Mathe-Fakten.
- Das **Abzählen** stellt über mehrere Jahre die Grundstrategie beim Rechnen dar.
- Mathematische **Fakten** können lange Zeit nur unter stark erhöhtem Denkeinsatz kontrolliert, statt automatisiert abgerufen werden.
- Als Folge davon bleiben kaum geistige **Ressourcen** frei, um Rechengänge zu verfolgen oder selbst zu entwickeln.

- Noch größere Schwierigkeiten entstehen bei zusätzlichen Anforderungen wie z.B. bei der Lösung von Textaufgaben, welche ein funktionierendes sprachliches Gedächtnis UND Verständnis erfordern.

5. Zentrale visuelle Verarbeitungsstörungen bei LRS

„Man sieht nur das, was man weiß." ~ Johann Wolfgang von Goethe

Beim **Lesen** springen[53] die Augen jeweils in **3 bis 5 Blicksprüngen** pro Sekunde von Buchstabengruppe zu Buchstabengruppe von je 6 bis 8 Buchstaben und fixieren diese jeweils ca. 250 ms (Fischer, 1999). Die Größe und Anzahl der Blicksprünge sowie die **Fixationsdauer** sind abhängig von Aufbau, Inhalt und Vertrautheit des Lesestoffs. Mit steigender Lese-Erfahrung werden die Blicksprünge zunehmend größer, wobei das flüssige Lesen auch von der präzisen Steuerung der **Augenmotorik** abhängig ist. Dabei müssen die einzelnen visuellen Eindrücke aus mehreren Fixationen zu einem gesamten Wortbild vereinigt werden. Eine funktionierende **Beidäugigkeit** und eine gute **Blicksteuerung** sind wichtige Voraussetzungen für ein sicheres Lesen, damit die Augenstellung nach jedem Blicksprung so lange stabil bleibt, bis das Wortbild erkannt ist.

In der Zeit des Lesen-Lernens zwischen dem 6. und 8. Lebensjahr befinden sich diese für das Lesen wichtigen Voraussetzungen erst noch in **Ausreifung**, wie z.B. die beidäugige Fixation (= Binokularität), das Erkennen der Buchstaben innerhalb eines Wortes und deren Verschmelzung zu einem Wortbild.

Um eine Überlagerung der Seh- Eindrücke zu vermeiden, muss die Wahrnehmung zwischen den einzelnen Blicksprüngen kurzzeitig unterbrochen werden. Stehen die **Buchstaben eines Wortes sehr nahe beieinander**, sinkt die Sehschärfe für die einzelnen Buchstaben durch Wechseleffekte mit den benachbarten Buchstaben ab, sodass eine korrekte Worterfassung – vor allem für Legastheniker - erschwert wird.

Bei LRS-Kindern wurden verschiedenste **Störungen der Blickbewegung** gefunden, wie z.B. eine mangelnde Stabilität der Fixationen (Eden et al., 1994), verlängerte Fixationszeiten und eine erhöhte Anzahl von Sakkaden beim Lesen

---

[53] = Sakkaden.

(Stark et al., 1991), sowie Schwächen bei der Unterdrückung von störenden unwillkürlichen Blicksprüngen (Biscaldi et al., 1998).

Bei guten Lesern bleibt **bei längeren Wörtern** die Anzahl der Sakkaden gleich wie bei kürzeren Wörtern, wobei die Blicksprünge aber größer werden (De Luca et al., 2002). Bei Leseschwachen nimmt hingegen mit der Wortlänge die Zahl der Sakkaden bei unveränderter Größe zu. Beim Lesen von Pseudowörtern hingegen nimmt bei den guten Lesern mit der Wortlänge die Anzahl der Sakkaden zu, die Größe bleibt fast unverändert. Die Leseschwachen hingegen zeigen keine veränderten Reaktionen auf Pseudowörter, sodass man annimmt, dass diese beim Lesen generell eher nur Buchstaben, statt ganze Silben und Wörtern verarbeiten. Sie brauchen ungefähr doppelt so viele Sakkaden und um etwa 20% längere Fixationszeiten (De Luca et al., 1999).

Da die Entwicklung der Augenmotorik beim Lesen von der Lesefähigkeit abhängig ist (Olson et al., 1991), ist noch unklar, in wieweit die beschriebenen Auffälligkeiten **Ursache oder Folge** der Lesestörung darstellen. Möglicherweise sind die anfänglichen Leseschwierigkeiten für die auffällige Blickmotorik dieser LRS Kinder verantwortlich.

Bild gebende Verfahren zeigten, dass bei Personen mit einer LRS beim Lesen und bei Aufgaben zur Sprachunterscheidung **zerebrale Regionen** des linken Hinterhaupt- und der Schläfenlappen deutlich geringer aktiviert werden, als bei Normallesern. Bei der visuellen Erfassung von Buchstaben-unabhängigen Formen dagegen zeigten sich keine Auffälligkeiten in diesen Bereichen (Salmelin et al., 1996). Zusätzlich fand man auch eine deutliche Über-Aktivierung von linksseitigen Stirnhirn-Bereichen[54] (Brunswick et al.; 1999), welche als Kompensation für die mangelnde Erfassung größerer Buchstabengruppen verstanden wird.

Einige Untersucher nehmen an, dass diese visuellen und auch auditiven Defizite bei der LRS durch eine gestörte Funktion bestimmter **großzelliger Hirnschichten**[55] bedingt sind (Stein, 2001). Man fand in mehreren allerdings recht uneinheitlichen Untersuchungen von Lesegestörten **Schwächen bei der Wahrnehmung von sich schnell bewegenden visuellen Reizen** (Schulte-Körne, 2002), die man auf eine mangelnde Funktion dieses großzelligen Systems zurückführt. Dadurch soll es bei aufeinanderfolgenden Fixationen zu einem Überlappen der aufeinanderfolgenden Einzelbilder und damit zu einer unklaren Buchstaben- oder Wortwahrnehmung kommen; ein wenig flüssiges Lesen ist die Folge (Cornelissen et al., 1998).

---

[54] Im inferioren frontalen Cortex.

[55] Magnozelluläre Theorie.

Die genaue Bedeutung dieser basalen visuellen Wahrnehmungsdefizite ist zurzeit jedoch noch **nicht vollständig geklärt**. Insgesamt sprechen die Befunde dafür, dass die gestörten Blickbewegungen bei Leseschwachen **Folgen** eines visuellen Verarbeitungsdefizits von Schriftsprachmaterial sind (De Luca et al.1999, 2002).

Wie schon berichtet, halten es einige Untersucher für möglich, dass Beeinträchtigungen in der schnellen zeitlichen Verarbeitung von auditiven und visuellen Reizen auf ein **generelles, zentrales Zeitverarbeitungsdefizit** zurückzuführen sind, das alle Sinne betrifft (auditiv, visuell, taktil, motorisch usw.). Diese Theorie würde erklären, dass bei vielen LRS-Kindern zusätzlich noch eine Reihe von anderen Entwicklungsauffälligkeiten zu finden ist (Schydlo, 1993).

6. Störung des Zusammenspiels von Handpräferenz und Sprachdominanz

Die Bedeutung der Handpräferenz, d. h. der Bevorzugung einer Hand bei speziellen Tätigkeiten, wird in Zusammenhang zur LRS widersprüchlich und oft zu hoch eingeschätzt.

Eine mangelnde Bevorzugung einer Hand verursacht, dass die **Automatisierung feinmotorischer Fertigkeiten** weniger gut ausgeprägt ist. Bei den meisten Linkshändern besteht – wie auch bei den meisten Rechtshändern - eine linkshirnige (= linkshemisphärische) Sprachdominanz und eine rechtshirnige Dominanz für Motorik. Wenn das Zusammenspiel von Hand- und Sprachdominanz nicht übereinstimmt, sollen eventuell auch die sprachlichen und die Lese-Fertigkeiten weniger gut ausgebildet werden (Hernandez et al. 1997). Allerdings ist zur Bestätigung dieser Aussage noch viel Forschungsarbeit ausständig.

7. Motorische Störungen

Bei Kindern aus Familien, in denen eine Leserechtschreibstörung vorkam, konnte man vermehrt eine **Verzögerung der frühen motorischen Entwicklung** feststellen (Viholainen et al., 2002).

In einigen Untersuchungen fand man bei legasthenen Kindern und Erwachsenen Beeinträchtigungen der **beidhändigen motorischen Koordination** und zwar besonders dann, wenn die linke Hand schneller bewegt werden musste als die rechte oder wenn jede Hand zur anderen spiegelbildliche Bewegungen ausführen musste (Velay et al., 2002). Die Untersucher schlossen deshalb auf zugrundeliegende Defizite der von beiden Hirnhälften gesteuerten **visuomotorischen Kontrolle** (Moore et al., 1995). Einige Forscher vertreten die Meinung, dass die mangelnde gleichzeitige Verknüpfung des Sehens mit der Hand- und auch mit der Sprechmotorik durch eine zeitliche Verarbeitungsstörung verursacht sei (Hickok, Poeppel, 2004).

Noch im Erwachsenenalter fand man bei Legasthenikern Schwächen des Erlernens von **automatischen schnellen Zeigebewegungen** mit der Hand (Stoodley et al., 2006), welche statistisch bedeutsam mit einer mangelnden **Informationsverarbeitungsgeschwindigkeit** beim Lese-Rechtschreib-Erwerb in Beziehung stand (Stoodley, Stein, 2006), wenn man die Genauigkeit und die Geschwindigkeit der Handbewegungen gemeinsam berücksichtigte (Stoodley, Fawcett, Nicolson, Stein, 2006). Ebenso fanden sich statistische Zusammenhänge zwischen der Lese-Rechtschreib-Fähigkeit und der **auditiven Erfassung von Rhythmen**, sowie der **rhythmisch-motorischen Fertigkeit** (Jennifer et al., 2006).

Auch **sprachentwicklungsgestörte Kinder** wiesen signifikant häufiger als sprachnormale Kinder motorische Koordinationsstörungen auf, vor allem solche der Auge-Hand-Koordination (Bishop, 2002). Besondere Bedeutung kommt dabei der häufig beeinträchtigten Fähigkeit, **Gesten** (z.B. im Laufe des Muttersprach-Erwerbs) zu bilden[56], zu (Hill, 1998), sowie dem meist mühevollen und verlangsamten **Schreibablauf** der Betroffenen. Dementsprechend erweist sich die **Handschrift** sprachgestörter und legasthener Kinder sehr oft als unkoordiniert und „krakelig". Diese Kinder schreiben mit starkem Druck, der auf dem Papier deutlich tastbar ist und sie ermüden infolge des erhöhten Kraftaufwandes beim Schreiben schnell. Es ist auch verständlich, dass mit der vermehrten Anstrengung beim Schreiben die Ablenkung und damit die Rechtschreib-Fehleranzahl steigen.

Trotz der häufig bestehenden motorischen Störungen werden diese heute nicht mehr zu den Ursachen der SSES oder LRS gezählt. Eine mangelnde **Schreibmotorik** stellt jedoch vor allem bei gleichzeitig vorliegenden **visuellen Wahrnehmungsstörungen** einen zumindest **verstärkenden Faktor für die Rechtschreibstörung** dar. Die auf einem Grafiktablett aufgezeichnete **Schreibspur** von Kindern lässt anhand von Verzögerungen oder Geschwindigkeitsänderungen im

---

[56] Entwicklungs-Dyspraxie

Schreibablauf eine starke geistige **Belastung** durch die motorische Ausführung erkennen (Nottbusch, 2001).

Die mangelnde Automatisierung der Produktion von Buchstaben behindert die Strukturierung der Wörter in Silben und Morpheme im Schreibprozess, was sich negativ auf den Rechtschreiberwerb auswirkt - eine Problematik, die wir immer wieder in unserer Praxis feststellen können.

pf – sten (Pfosten)
du - rch –sta – mpf - en
Wa – sserlei – tu - ng

So war z.B. ein fast 11-jähriges Mädchen der 2. Klasse Gymnasium mit einem überdurchschnittlichen nicht-sprachlichen IQ von 115 zur Silbengliederung beim Schreiben immer noch nicht fähig (siehe die Beispiele im Kasten links), obwohl sie diese Wörter ohne Schreiben mühelos in Silben aussprechen konnte.

Ein direktes **Training** der beeinträchtigten schreibmotorischen Fertigkeiten kann eventuell auch zur Verbesserung der Rechtschreibung beitragen. Durch die **Automatisierung des Schreibprozesses** kann die Aufmerksamkeit verstärkt auf sprachliche Gliederungsprozesse und damit auf die Rechtschreibung gerichtet werden (Nottbusch, 2001). Diese Automatisierung kann aber nur durch sehr viel zeitintensives Üben und oft auch dann nicht vollkommen erreicht werden, sodass es aus Zeitgründen meistens notwendig ist, dass die Betroffenen die Rechtschreibung mündlich anhand von klaren, **schriftlichen Vorlagen mit großer Schrift** erlernen. Dabei sollten die Silben mit den Händen geklatscht und mit den Fingern buchstabiert werden (siehe den 1. Therapieband). Die Schreibmotorik sollte unabhängig vom Erwerb der Grammatik und der Rechtschreibung trainiert werden, wofür aber den ohnehin recht überlasteten LRS-Kindern üblicherweise keine Zeit bleibt. Leider gibt es auch bis heute keine fundierten Überprüfungsstudien über die Effekte einer Ergotherapie auf die Graphomotorik.

Um die störende Schreibmotorik im Lese-Rechtschreib-Erwerb zu umgehen, ist für ein effektives Rechtschreibtraining die Verwendung von **Kassettenrekorder** und **Computer** sehr anzuraten (siehe die Therapiebände). Zusätzlich liefert der PC die deutlichere Schrift als jede noch so schöne Handschrift. Leider sind aber die meisten Lehrkräfte nicht damit einverstanden, dass die Kinder die Rechtschreibung überwiegend am Computer und nicht über die Handschrift erlernen.

Schriftbild eines 14-jährigen Legasthenikers, der eine sehr lange „Therapie–Karriere", einschließlich Ergotherapie hinter sich hat.

8. Einschränkung der Wahrnehmung von Berührung und Bewegung[57]

Eine Einschränkung der **taktil-kinästhetischen Wahrnehmung** wird von manchen Untersuchern ebenfalls als eine mögliche Ursache der LRS angesehen (Kiese-Himmel, Schiebusch-Reiter, 1999). Bezüglich des Lese-Rechtschreib-Erwerbs kommt dabei vor allem der genauen taktil-kinästhetischen Wahrnehmung bei der **Lautproduktion des Mundes** besondere Bedeutung zu. In mehreren Studien bestätigte sich die zerebrale Verknüpfung der motorischen und taktilen Wahrnehmung bei der Produktion von Lauten (Kent, 1997). Mitbeteiligt ist in diesem Rahmen vor allem die eingeschränkte Mundmotorik, die sich in einer undeutlichen **Aussprache** auswirkt und auch den **Leseerwerb** negativ beeinflusst (Hadar et al., 1998; Dewey et al. 1993, Stark, Blackwell 1997). Sprachgestörte und legasthene Kinder zeigten Probleme mit dem rhythmischen Bewegungsablauf des Mundes beim Sprechen von sich abwechselnd wiederholenden Silben (*pa-ta-ka, pa-ta-ka ...*; Wolff, 2002). Eine wesentliche Fehlerquelle beim Lesen und Rechtschreiben sei unter anderem auch eine fehlende oder **falsche innere Mitartikulation** der LRS-Betroffenen (Breuer, Weuffen, 1994).

Leseschwache Personen erzielten auch in einigen Studien eine deutlich eingeschränkte Leistung bei der **Ertastung** von horizontalen und vertikalen Rillen in Plastikchips mit statisch fixierten Fingern (Grant et al., 1999; Stoodley et al., 2000). Waren die Finger aber frei beweglich, zeigte sich kein bedeutsamer Unterschied zur Lese-unauffälligen Kontrollgruppe (Grant et al., 1999). Die Untersucher schlossen daraus auf eine **Beeinträchtigung der Druckrezeptoren** bei der taktilen Wahrnehmung. Dies könnte auch den erhöhten Druck beim Schreiben mit erklären. Auch hier wurde wiederum auf die Möglichkeit eines zugrundeliegenden alle Sinne betreffenden (= pansensorischen) **zeitlichen Verarbeitungsdefizits** hingewiesen, da parallel zu diesen Ergebnissen auch vergleichbare Leistungsdefizite für die visuelle und auditive Informationsverarbeitung gefunden wurden (Witton et al., 1998).

---

[57] = taktil-kinästhetische Wahrnehmung.

9. Funktionsdefizite im Kleinhirn (Cerebellum)

Es wurde auch diskutiert, dass eine funktionelle Störung des Kleinhirns zu einer generellen Beeinträchtigung der **Automatisierung** von Fertigkeiten führt, die für den Lese-Rechtschreib-Erwerb erforderlich sind (Nicolson, Fawcett, 2005).

Das Kleinhirn soll außerdem auch direkt an **sprachlichen Prozessen** beteiligt sein (Allen et al., 1997). Die bei Legasthenikern gefundenen Schwächen in den Bereichen der **Muskelspannung** und der **Auge-Hand-Koordination** beim Schreiben, sowie der **Augenbewegungskontrolle** und **Artikulation** beim Lesen werden auf eine Mangelfunktion des Kleinhirns zurückgeführt (Fawcett et al., 1996). Diese Minderfunktion sei von Geburt an vorhanden und führe zu Schwierigkeiten beim Erwerb und bei der Automatisierung elementarer **artikulatorischer und auditiver Fähigkeiten**, die die Laut-sprachlichen Einschränkungen und die Schwierigkeiten bei der Buchstaben-Laut-Zuordnung verursachen sollen. Allerdings fanden sich dazu auch gegenteilige Befunde (Raberger, Wimmer, 2003).

Das Kleinhirn erwies sich auch als hochaktiv bei **Leseaufgaben.** Dementsprechend können Verletzungen des Kleinhirns zu Leseproblemen führen (Moretti et al., 2002). Die jeweilige Größe der rechten Kleinhirnhälfte soll lautsprachliche und Rechtschreib-Fertigkeiten voraussagen (Rae et al., 2002). Dementsprechend fand man auch Veränderungen der Kleinhirnanatomie bei Kindern mit Lesestörungen (Leonard et al., 2001). Schlechte Leserinnen zeigten auch spezifische motorische Probleme, die dem Kleinhirn zugeschrieben werden (Stoodley et al., 2005a und b).

10. Aufmerksamkeitsdefizit

Einige Wissenschaftler sehen ein **visuelles Aufmerksamkeitsdefizit** als mit verursachend für die LRS (Facoetti et al., 2003). Untersuchungsergebnisse ergaben, dass schwache Leser bei in Reihen geordneten Suchaufgaben verminderte Leistungen zeigten (Marendaz et al., 1996) und im linken Gesichtsfeld dargebotene Reize schlechter erkannten als rechtsseitig präsentierte[58] (Facoetti et al., 2001). Solche Aufmerksamkeitsstörungen könnten beim Lesen einer Abfolge von Buchstaben zum Tragen kommen und zu Verwechselungen visuell ähnlicher Buchstaben und Wörter führen. LRS-Kinder lassen sich auch häufig durch unwichtige visuelle Reize in ihrer Aufmerksamkeit ablenken. Die sprachliche Verar-

---

[58] Minineglect.

beitung und Speicherung erfolgt natürlich umso effektiver, je mehr Aufmerksamkeit den eingehenden Informationen zugewandt wird (Graichen, 1987).

Andere Studien weisen vor allem auf **auditive Aufmerksamkeitsdefizite** hin (Facoetti et al., 2003; Schulte-Körne et al., 1992). Verschiedene Untersuchungen haben gezeigt, dass sprachlich-auditive Probleme **zugleich mit visuellen** Aufmerksamkeitsstörungen vorkommen können und dass beide zur **Vorhersage** der Leseleistung beitragen (Valdois et al., 2003). Ein Aufmerksamkeitsdefizit scheint also zumindest für eine **Teilgruppe** von Legasthenikern an der Entstehung der LRS mitbeteiligt zu sein. Entsprechende Befunde konnten sogar noch bei Erwachsenen mit Lese-Rechtschreib-Schwäche gefunden werden (Rüsseler et al., 2002, 2003).

10.1 Exkurs: Aufmerksamkeitsstörungen

„Neugier ist ebenso sehr die Mutter der Aufmerksamkeit
wie die Aufmerksamkeit die des Gedächtnisses."
~Richard Whately

Da die Legasthenie und die Aufmerksamkeitsstörung häufig miteinander auftreten, wollen wir uns an dieser Stelle etwas näher mit letzterer auseinandersetzen.

Die gerichtete oder selektive Aufmerksamkeit, bei welcher unsere körperlichen und geistigen Kräfte auf ein bestimmtes Ziel ausgerichtet sind, macht die Konzentration auf den Lernstoff möglich, indem gleichzeitig auftretende Störreize unterdrückt werden.

Konzentrationsstörungen werden in vielen Fällen auf Grund einer oft verhängnisvollen **Fehleinschätzung von Eltern oder Lehrpersonen** diagnostiziert, da diese von ihrer eigenen - meist ebenfalls überschätzten - Konzentrationsfähigkeit ausgehen. Konzentration ist eine Fähigkeit, die Kinder schon früh beim Spielen üben. Es stellt einen Reifungsprozess dar, der mehrere Jahre dauert und nicht von heute auf morgen antrainiert werden kann. Je nach Alter und didaktischen Strategien der Lehrkraft können sich Kinder verschieden lange auf das schulische Lernen konzentrieren, wobei in der Literatur ungefähre Richtwerte für die Dauer der Konzentrationsfähigkeit angegeben werden (Anrich, 2000):

- 5-7 Jahre: 15 Minuten
- 7-10 Jahre: 20 Minuten
- 10-12 Jahre: 20-25 Minuten
- 12-14 Jahre: 30 Minuten.

Lehrkräfte schätzen circa 20 Prozent der Schul-Kinder und Jugendlichen als aufmerksamkeitsgestört ein; nach objektiver, wissenschaftlicher Statistik sind jedoch „nur" **3 bis 5 Prozent** der jungen Bevölkerung tatsächlich von einer eindeutigen Aufmerksamkeitsstörung betroffen. Hinter diesen hohen Einschätzungszahlen der Lehrerinnen steckt wohl eine Vielzahl an kindlichen Verhaltensproblemen, die man auf jeden Fall fachlich abklären muss, um den Betroffenen eine adäquate Hilfe anbieten zu können.

10.2 Ursachen bzw. Formen eines Aufmerksamkeitsdefizits

Motivation, Können und Sicherheit bezüglich der zu erledigenden Aufgaben bestimmen nicht ausschließlich, aber doch weitgehend, inwieweit ein Kind aufmerksam sein kann.

„Wenn Du ein Schiff bauen willst, so trommle nicht Männer zusammen, um Holz zu beschaffen, Werkzeuge vorzubereiten, Aufgaben zu vergeben und die Arbeit einzuteilen, sondern lehre die Männer die Sehnsucht nach dem weiten endlosen Meer."
~ Antoine de Saint-Exupéry

Neugier und Motivation bedingen eine funktionierende Aufmerksamkeit, welche zu den grundlegenden Voraussetzungen für das Gedächtnis und damit für unser gesamtes Lernen und die schulische Leistung gehören. Häufig erweckt die Darbietung schulischer Inhalte im Unterricht bei einem Teil der Kinder kaum Interesse, sodass ihre Selbstmotivierung und Anstrengungsbereitschaft nicht geweckt oder aufrecht erhalten werden können.

Fühlt sich ein Kind mit einer **Problemstellung** überfordert, wird es natürlich die Aufmerksamkeit nicht lange erbringen können. So ist es wichtig, zu beobachten, bei welchen Tätigkeiten und in welchen Situationen die Aufmerksamkeit des Kindes sinkt. Wird eventuell die Mathematik-Hausübung schnell und zügig durchgearbeitet, während die Deutschaufgabe „ewig" dauert, oder sind es nur die Divisionen, bei denen das Kind unaufmerksam ist, weil es diese nicht versteht?

*„Das **Gedächtnis** ist die Schatzkammer der Gelehrsamkeit." ~ Plutarch von Chäronea*

Kinder mit einem verminderten sprachlichen **Arbeitsgedächtnis** können ihre Aufmerksamkeit nur schwer und sehr kurz auf sprachliches Material richten. Wenn sie z.B. bei einer Rechnung die Zwischenergebnisse nicht im Kopf behalten können, wird es natürlich schwer möglich, die Aufmerksamkeit bei der Rechnung zu halten. **Aufmerksamkeit und Gedächtnis** beeinflussen sich wiederum gegenseitig, sodass eine mangelnde Aufmerksamkeit das Einspeichern des Lernstoffes reduziert und umgekehrt.

Eine anpassungsfähige **Aufmerksamkeitssteuerung** bzw. die Fähigkeit zum **Wechsel der Aufmerksamkeitsrichtung** gehört zu einer funktionsfähigen Aufmerksamkeit, die es ermöglicht, sich auf wichtige neue Reize umzustellen. Kindern mit einer unflexiblen Aufmerksamkeitssteuerung passiert es bei der schulischen Arbeit leicht, dass sie sich nur schwer auf neue Anweisungen oder neue Inhalte umstellen können. Wenn diese z.B. eine Anzahl von Plus-Rechnungen durchgeführt haben, übersehen sie mitunter, dass die nächste Reihe Minus-Aufgaben beinhaltet und rechnen eifrig mit „plus" weiter. Oder sie können neuen Erklärungen der Lehrerperson nicht sofort folgen, da sie noch an vorher aufgenommenen geistigen Inhalten „hängen" (Perseveration). Auch Divisionen sind mitunter wegen des häufigen Wechsels zwischen *plus* und *minus* oder *geteilt* und *mal* nur schwer zu bewältigen. Eine flexible Aufmerksamkeit spielt im gesamten Handeln, Lernen und Denken eine tragende Rolle, sodass ein generelles Schulversagen auf einer derartigen Aufmerksamkeitsstörung beruhen kann.

Eine **erhöhte Ablenkbarkeit** stellt eine weitere Form einer **gestörten Aufmerksamkeitssteuerung** dar. Insbesondere in ungeliebten Lern-Situationen oder im Unterricht, in dem viele Ereignisse gleichzeitig ablaufen, fällt es den betroffenen Kindern schwer, sich auf den Lernstoff zu konzentrieren. „In der Klasse ist es immer so laut", beklagen sich einige von ihnen. Aber nicht nur äußere Reize, auch innere Gedanken, Probleme und Phantasien können die Ablenkung verursachen. Die Kinder wirken dann eher abwesend, still und in sich selbst versunken und wirken auf Erwachsene sehr brav und unauffällig.

Beispiel aus der Praxis: Lisa, 12 Jahre, Ende 3. Klasse Primarschule

Lisa suchte mit ihren Eltern unsere Praxis wegen allgemeinen Lern- und Konzentrationsschwierigkeiten auf. Trotz sehr hohem Lernaufwand in allen Fächern hatte Lisa nur mäßige bis schlechte **Schulzensuren**: Mathematik 4, Deutsch 3, Sachunterricht 2. Lisa **vergaß** meistens das mühevoll Gelernte sehr schnell wieder, wie z.B. die Grundrechnungsarten und das 1x1. Sie brauchte stundenlang für die  Hausaufgaben, arbeitete auch in der Schule sehr langsam und **verstand** die Erklärungen der Lehrerin oft **nicht** (z.B. Divisionen). Lisa erfasste auch häufig nicht, was sie **las**. Sie war eher still und verträumt, sehr sensibel und leicht **ablenkbar** und konnte beim Lernen nicht **still sitzen**. In Deutsch machte sie – auch beim Abschreiben - viele **Rechtschreibfehler** und schrieb nur sehr einfache freie **Sätze**. Laut Lehrerin sprach Lisa noch häufig dysgrammatisch, was bei uns in der Praxis aber nicht feststellbar war. Mündliche mehrteilige Handlungsanweisungen führte Lisa angeblich nur unvollständig aus, Hausaufgaben musste sie schriftlich notieren, um diese nicht zu vergessen. Die **mündliche Mitarbeit** im Unterricht war gering. Nach der Schule war Lisa häufig **erschöpft** und litt oft unter **Bauch- und Kopfschmerzen**.

Anamnese: In der **Familie** väterlicherseits war eine Lernschwäche bekannt; Lisas Mutter hatte in der Primarschule im Rechnen ebenfalls viel üben müssen, hatte aber keine ernsthaften Probleme. Als Säugling schlief Lisa sehr viel und war sehr „pflegeleicht", abgesehen von „allabendlichen **Schreiattacken**" mit 4 Monaten. Die frühkindliche und vorschulische Entwicklung Lisas schien relativ unauffällig verlaufen zu sein. Das **Anziehen und Schuhe Binden** hatte sie allerdings verspätet erlernt. Im Kindergarten **bastelte, schnitt und malte** Lisa nicht gerne und in den ersten Klassen fiel auf, dass sie nicht **schön schreiben** konnte. Lisa konnte im Vorschulalter angeblich ausdauernd alleine spielen, im Schulalter allerdings nicht mehr. Beim Verrichten der Hausaufgaben war Lisa sehr **ablenkbar**, schien oft nicht zuzuhören und meist an etwas anderes zu denken. Das Lesen-Lernen verlief problemlos, die Diktate wiesen immer viele Fehler auf, beim Rechnen und dem Erlernen der Uhr hatte sie große Schwierigkeiten. Beim Schreiben von Buchstaben, Zahlen und Ziffern hatte sie häufig **Richtungsprobleme**. Auch im Unterricht fiel Lisa durch eine **mangelhafte Konzentration** auf. In einer externen **neuropsychologischen** Untersuchung ergaben sich leichte motorische Koordinationsschwierigkeiten, sowie Auffälligkeiten in der **visuellen Wahrnehmung** (Lisa konnte Zusammenhänge von auf Bildern dargestellten Situationen - bei einem sehr **impulsiven Arbeitsstil** – nicht erkennen.).

Untersuchungsbefunde: Im **Intelligenz**-Diagnostikum K-ABC[59] erreichte Lisa einen **durchschnittlichen** IQ (von 100). Im Salzburger Lese-Rechtschreibtest SLRT lag die **Rechtschreibung** (mit einem Prozentrang von 6-10) im **weit unterdurchschnittlichen** Bereich; Das **Lesen** erwiesen sich puncto Lesezeit und Fehleranzahl in allen Untertests des SLRT und des Zürcher Lesetests als **durchschnittlich**. Die Lesetexte konnte Lisa jedoch nur teilweise richtig und nur unvollständig nacherzählen, was auf ein **mangelndes Leseverständnis** hinwies. Bei einer unstandardisierten Rechenüberprüfung zeigte sich, dass Lisa das **Kopfrechnen** im Zahlen-Raum 20 und das 1x1 nicht automatisiert auswendig beherrschte. Im Intelligenztest ergab sich eine leichte **Teilleistungsschwäche** der visuellen Wahrnehmung: Gestaltschließen Skalenwert 7 (unterdurchschnittlich); das räumliche Gedächtnis lag zwar mit einem Skalenwert 8 noch im knapp durchschnittlichen Bereich, gehörte aber zu Lisas schlechteren Leistungen. Alle anderen Teilleistungen lagen im gut durchschnittlichen Bereich. Im Heidelberger Sprachentwicklungstest ergaben sich keine Hinweise für eine vorliegende Sprach- oder Sprachverständnisproblematik. Lisas **Stärken** zeichneten sich im **Bereich des sprachlichen Gedächtnisses** beim Zahlen- (Skalenwert 13, überdurchschnittlich), Wortreihen- (Skalenwert 11: gut durchschnittlich) und Sätze-Nachsprechen ab, was für Legastheniker recht ungewöhnlich ist.

Ergebnis: Die beschriebenen Intelligenz- und Leserechtschreib-Befunde bestätigten das Vorliegen einer **Legasthenie**. Das reduzierte **Leseverständnis** wirkte sich häufig

---

[59] Siehe das Diagnostik-Kapitel.

- besonders bei Schularbeiten und Textrechnungen - stark leistungsmindernd aus. Zusätzlich war im Arbeitsverhalten auch eine eindeutige **Aufmerksamkeitsproblematik** feststellbar, die ebenfalls eine nicht ihrer Intelligenz angemessenen Leistung zur Folge hatte. Lisa fiel uns sehr oft durch ein **impulsives** Lösungsverhalten auf. Sie kam oft nach der Aufforderung, genauer hinzusehen, selbständig zur richtigen Lösung. Bei den Mathematik-Schularbeiten zeigte sich, dass Lisa die Probleme inhaltlich richtig gelöst, aber viele Flüchtigkeitsfehler gemacht hatte. Die diagnostizierte Legasthenie und alle anderen Lernprobleme dürften wohl überwiegend durch Lisas Aufmerksamkeitsproblematik verursacht worden sein. Ihr gutes bis sehr gutes sprachliches Gedächtnis in fast allen Bereichen passte eigentlich nicht zu ihren Problemen beim Auswendiglernen der Grundrechnungsarten, des 1x1, der Divisionen usw. Eine eindeutige Dyskalkulie konnte nicht befundet werden, da Lisa in den meisten räumlichen Aufgaben im K-ABC gute Werte erzielt hatte. Auch das herabgesetzte Leseverständnis war wohl durch die mangelnde Aufmerksamkeit begründet, da Lisa keine Sprachverstehensproblematik in der Testsituation aufwies. Eine typisch ausgeprägte ADHS schien auch nicht vorzuliegen, da Lisa in der Vorschulzeit kaum Auffälligkeiten gezeigt hatte.

Aufmerksamkeitsdefizit- Hyperaktivitätsstörung (ADHS)

Diese Art der Aufmerksamkeitsstörung äußert sich häufig in einer Kombination aus **Hyperaktivität** (Bewegungsunruhe), **Impulsivität** (unüberlegtes Handeln) und gravierenden **Aufmerksamkeits-Störungen** (Hennighausen et al., 2003). Hierbei geht es nicht nur um die dem Willen zugängliche Form von Aufmerksamkeitssteuerung, sondern um **automatisierte** unwillkürlich ablaufende Prozesse der Reizaufnahme. Beim sogenannten **Aufmerksamkeits-Defizit-Syndrom (ADS)** ist die Kernsymptomatik die gestörte Aufmerksamkeitsleistung - häufig ohne Hyperaktivität und Impulsivität. Etwa 3 bis 5 % der Grundschulkinder leiden unter einer ADHS oder ADS.

Kinder mit diesen Störungen haben große **schulische und soziale Integrationsprobleme** und erreichen meist - wenn überhaupt - nur unterqualifizierte Schulabschlüsse und bleiben häufig sozial isoliert. Später als Jugendliche sind die Betroffenen bezüglich Sucht und Straffälligkeit erhöht gefährdet.

Mehr als die Hälfte der ADS- und ADHS-Kinder weisen zusätzlich Entwicklungsstörungen im Bereich **Sprache, Schrifterwerb und Motorik** auf. Umgekehrt findet man bei einem großen Teil der Kinder mit einer LRS oder SSES zusätzlich auch Aufmerksamkeitsstörungen (Beitchman et al., 1986). Bei beiden Gruppen überwiegt das männliche Geschlecht, und für beide konnte eine deutliche **genetische** Komponente nachgewiesen werden.

Vermutet wird, dass primäre Aufmerksamkeitsstörungen sekundär zu einer Beeinträchtigung der Entwicklung der Lese- und Rechtschreibfähigkeiten führen können und dass umgekehrt die Aufmerksamkeitsprobleme der Kinder mit ADHS + LRS primär eine Folge der Lese-Rechtschreibschwäche seien.

Eine ADHS ist **auszuschließen**, wenn **andere klinische Auffälligkeiten** vorliegen, wie emotionale und Angststörungen, Schizophrenie, tiefgreifende Entwicklungsstörungen (z.B. Autismus). Ein akut einsetzendes hyperaktives Verhalten bei Kindern im **Vorschulalter** ist eher als reaktiv bedingt zu sehen.

Kriterien für eine Diagnose einer ADHS nach ICD-10
(International Classification of Diseases) der Weltgesundheitsorganisation, 1991:
1. **Unaufmerksamkeit**: Das Kind ist unaufmerksam gegenüber Details und macht Sorgfaltsfehler. Die Aufmerksamkeit wird bei der Durchführung von Aufgaben oder Spielen häufig nicht aufrechterhalten. Das Kind hört scheinbar häufig nicht zu, was gesagt wird, kann Erklärungen nicht folgen und kann Aufgaben und Aktivitäten nicht gut organisieren.
2. **Hyperaktivität**: Das Kind ist mit seinen Händen und Füßen ständig in Bewegung, verlässt seinen ihm angewiesenen Platz und läuft oder klettert in unpassenden Situationen extensiv herum. Es ist eventuell beim Spielen unnötig laut und bietet trotz Einflussnahme eine andauernde motorische Unruhe.
3. **Impulsivität**: Das Kind platzt häufig ohne Überlegung mit der Antwort heraus, kann nicht warten, bis es an der Reihe ist und stört oder unterbricht andere ständig.
4. Diese Verhaltensweisen sind seit mindestens **6 Monaten** beobachtbar und
5. haben **vor dem siebten Lebensjahr** begonnen.
6. Diese Auffälligkeiten müssen eine in Bezug auf Alter und Entwicklungsstand des Kindes **abnorme Ausprägung** haben.
7. Diese Verhaltensmerkmale müssen **in mehr als einer Situation** auffallen z.B. zu Hause, im Klassenraum, beim Spielen, in der Klinik usw. und
8. verursachen ein **deutliches Leiden** mit Beeinträchtigungen der sozialen und schulischen Fertigkeiten.

Die **Diagnose** der ADHS oder ADS darf nur gestellt werden, wenn diese Symptome länger als sechs Monate bestehen und schon vor dem Schuleintritt beobachtbar waren. Meistens ist diese Störung vererbt, wobei aber auch **vorgeburtliche oder frühkindliche schädigende** Einflüsse eine Rolle spielen können.

Diese Störungen werden auch nach feststehenden Kriterien der Arbeitsgemeinschaft der deutschen Gesellschaft für Kinder- und Jugendpsychiatrie und -

Psychotherapie 2000 diagnostiziert und behandelt (Lauth et al., 2000). Dazu gehört eine angemessene **Aufklärung** des Kindes und seiner Bezugspersonen (Eltern, Lehrer), sowie eine **Therapie** und eine psychotherapeutische und beratende Unterstützung der Bezugspersonen und des Kindes. Hierzu gibt es auch „rezeptartige" psychologische Therapieprogramme, deren Effektivität hinreichend belegt ist (Barkley, 1997; Lauth, Schlottke, 2000; Döpfner et al., 1997). Wir erlebten des Öfteren, dass sich **medikamentös**[60] und lerntherapeutisch behandelte Kinder mit einer diagnostizierten echten Aufmerksamkeitsstörung beinahe schlagartig in ihren schulischen Leistungen um 1-3 Schulnoten verbesserten und ihr IQ im Test um bis zu 20 Punkte anstieg.

Beispiel aus der Praxis: Berno, 1. Klasse Gymnasium, 11 Jahre

Die Mutter Bernos wollte die schon seit der Primarschule bestehenden Lernschwierigkeiten ihres Sohnes abklären lassen. In der 4. Klasse Primarschule hatte Berno - unter sehr hohem Lernaufwand - in Deutsch die Note 2, in Mathematik und in Sachunterricht je eine 3 erreicht. Anlässlich der Englischtests in der 1. Klasse Gymnasium mit den Zensuren 4 und 5 entschloss sich die Mutter, fachliche Hilfe aufzusuchen.

Anamnese:

Säuglings- und Kleinkindzeit: Nach seiner Geburt durch einen **Kaiserschnitt** - als „Notoperation" - verlief Bernos Entwicklung relativ „normal", bis auf folgende **Auffälligkeiten:** Berno schrie als Säugling auffallend viel, schlief sehr wenig und zeigte später eine mangelhafte Ausdauer beim Bilderbuch Betrachten und auch beim Spielen. Bernos Sprachentwicklung verlief mit Ausnahme eines fehlenden Lallens unauffällig. Als Vorschulkind litt Berno unter einer Neurodermitis und mit sechs Jahren musste er sich einer Polypen- Operation unterziehen.

Leistungen in der Schulzeit: Berno hatte in der ersten Klasse Primarschule längere Zeit „leichte Probleme", Buchstaben zu erlesen und diese zusammen zu ziehen. Er vermischte Groß- und Klein-Buchstaben und hatte feinmotorische Schwierigkeiten beim Schreiben und Zeichnen. Berno schrieb auch im Gymnasium immer noch sehr langsam und fehlerhaft. In seinen Aufsätzen zeichnete er sich durch einen guten Wortschatz aus, machte aber häufig Grammatikfehler, die überwiegend durch nicht vollendete Sätze zustande kamen.

Berno schien oft nicht zuzuhören, wenn man ihn anredete. Bei schulischen Hausaufgaben zeigte von Anfang an eine große Ablenkbarkeit und verhielt sich laut Angaben der Mutter wie ein „Zappelphillip". Er arbeitete sehr langsam und schlampig und brauchte meist stundenlang für seine Hausaufgaben, wobei sein häufiges Vermeidungsverhalten und gelegentliche Aggressionen für die Mutter ein großes Problem

---

[60] Mit Ritalin oder Ähnlichem.

darstellten. Vor allem auf Lärm oder Trubel konnte Berno aggressiv reagieren, verhielt sich aber selbst häufig sehr laut.

Psychische Verfassung: Die Mutter beschrieb Berno als sehr sensibel, introvertiert und mit wenig Selbstwert ausgestattet. Er litt häufig unter Missstimmungen, Versagensängsten und Einschlafproblemen. Berno stand gerne im Mittelpunkt, spielte des Öfteren „Chef" und stichelte seine Schwestern. Seit einiger Zeit zwinkerte Berno auffallend häufig „nervös" mit den Augen oder nickte beim Reden ständig mit dem Kopf. Wegen der schwierigen familiären Situation nach der Scheidung seiner Eltern hatte Berno eine 10-stündige psychotherapeutische Behandlung erfahren, die ihm viel geholfen hätte. Nach Auskunft der Mutter waren die ehemaligen drastischen Probleme mit den Eltern des Kindesvaters, bei welchen es zu „Kampfszenen" zwischen Mutter, Vater und Großeltern gekommen wäre, überwunden. Dies stellte sich jedoch im Laufe der Untersuchung etwas anders dar. Berno reagierte sehr sensitiv auf das Eltern-Großelternthema und wollte nur ungern über diese Problematik reden. Er verteidigte auch vehement die Haltung seines Vaters in dem offensichtlich immer noch angespannten Elternkonflikt.

Untersuchungsbefunde:

Bernos **Intelligenzwerte** (im HAWIK-3) lagen an der oberen Grenze der Norm, wobei keine Teilleistungsschwächen in den sprachlichen Untertests auffielen. Allerdings zeigte der Junge Schwierigkeiten in der **visuellen Unterscheidung von Buchstaben** bezüglich ihrer Form und Richtung. Die **Lese- und Rechtschreib-Leistungen** erwiesen sich als weit unterdurchschnittlich (Prozentränge je 5 in allen Untertests des Zürcher Lesetests und im Diagnostischen Rechtschreibtest DRT 4-5). Bernos **Leseverständnis** erwies sich in der Testsituation als eingeschränkt; er erzählte 3 Texte fehlerhaft und unvollständig nach. In den Subskalen Pseudowörter des Salzburger Lesetests lagen die Lesezeiten zwar gerade noch im Normbereich, beim Lesen einzelner **Buchstaben** fiel aber auf, dass die Umlaute (ä,ü..), die Zwielaute (eu, au..) und verschiedene Buchstabenkombinationen (sch, st, sp, pf, äu...) sehr verlangsamt - also nicht automatisiert - erlesen wurden. Im Test Basiskompetenzen für die Rechtschreibung - BAKO 1-4, welcher die **phonologische Bewusstheit** für Kinder prüft, zeigte Berno durchwegs **unauffällige Leistungen. Ebenso** erbrachte Berno gut durchschnittliche Leistungen in allen durchgeführten **Sprachscreenings** (Sätze nachsprechen, Sprachverstehen und Silben Nachsprechen), wobei allerdings einige Sätze - scheinbar wegen mangelnder Aufmerksamkeit - zweimal vorgesprochen werden mussten. **Bezüglich des Arbeitsverhaltens** zeigte sich Berno zwar motiviert und willig, auffallend war jedoch sein **motorisch unruhiges Verhalten**. Er war ständig irgendwie in Aktion, rutschte auf dem Sessel herum und driftete häufig mit seiner **Aufmerksamkeit** ab. Berno ließ sich dabei vor allem von visuellen Reizen und vermutlich auch von seiner eigenen inneren Gedankenwelt **ablenken**. Wenn man ihm etwas erklärte, sah man am Wandern seiner Augen und auch anhand von Rückfragen, dass er den jeweiligen Ausführungen nicht ausdauernd genug gefolgt war.

Ergebnis:
Bei Berno wurde gemäß den international gültigen Kriterien der ICD-10[61] wegen der im (oberen) Durchschnittsbereich liegenden Intelligenz und seinen weit unterdurchschnittlichen Lese-Rechtschreib-Leistungen eine **Lese-Rechtschreibstörung** diagnostiziert. Aufgrund der Anamnese und Bernos Arbeitsverhalten ließen wir die Mutter eine Befragungsliste zum Aufmerksamkeits-Defizit-Hyperaktivitätssyndrom ausfüllen[62]. Den Vater konnten wir leider wegen der immer noch bestehenden Partnerschafts- Differenzen nicht dazu befragen, die Gymnasiallehrer kannten Berno noch nicht lange und gut genug. Von 9 möglichen Punkten zur Beurteilung der Unaufmerksamkeit beantwortete die Mutter 6 als zutreffend, was zusätzlich zu unseren eigenen Beobachtungen auf das **Vorliegen eines Aufmerksamkeitsdefizits** hindeutete. Die motorische Bewegungsunruhe, sowie die Impulsivität im Arbeitsverhalten wurden von der Mutter in der Befragungsliste nicht bestätigt. Die in der Anamnese und in den Untersuchungsbefunden beschriebenen **visuellen Einschränkungen, Aufmerksamkeitsdefizite und psychischen Probleme** erklären die Hintergründe für die Lernschwierigkeiten des sehr intelligenten Jungen. Das Vorliegen einer **Leserechtschreib-Störung** wurde zwar attestiert, Bernos typische Anamnese (frühe Anzeichen als Säugling und Kleinkind, gestörtes Spielverhalten), seine Aufmerksamkeitsprobleme und seine motorische Unruhe, sowie die guten sprachlichen Test-Ergebnisse im Gegensatz zu den schwachen sprachlichen Aufsatzleistungen ließen aber eher auf das Vorliegen eines **Aufmerksamkeitsdefizit-Syndroms** schließen. Außerdem dürften auch noch Bernos **psychische** Probleme bezüglich der Trennungssituation der Eltern sein gestörtes Lernverhalten massiv verstärkt haben. Seine Mutter entschloss sich – trotz massivem Protest des Kindesvaters - zur medikamentösen Therapie des Aufmerksamkeitsdefizits mit Ritalin. Bernos Arbeitsverhalten und seine Schulnoten verbesserten sich unmittelbar darauf erheblich (Englisch-Tests mit den Noten 2 und 3, Deutsch-Schularbeit mit 3).

Die schnell eintretenden schulischen Leistungsverbesserungen, sowie die guten Teilleistungen in den sprachlichen Überprüfungen und das Fehlen von massiven Teilleistungsstörungen in anderen Bereichen sprachen insgesamt eher für das **Überwiegen der Aufmerksamkeitsstörung** als Ursache für Bernos Leistungsdefizite.

---

[61] International Classification of Diseases.

[62] Diagnosecheckliste für Aufmerksamkeitsdefizit- und Hyperaktivitätsstörungen nach ICD-10 und DSM-IV, nach Döpfner, Lehmkuhl, 2000.

11. Defizite, die sowohl der Lese-Rechtschreib-Störung als auch der Spezifischen Sprachentwicklungsstörung zugrunde liegen

Zahlreiche wissenschaftliche Untersuchungen weisen darauf hin, dass sowohl den Sprachentwicklungsstörungen, als auch den Leserechtschreibstörungen zum Teil gleiche Einfluss-Faktoren zugrunde liegen (Reich, Roth, 2003). Bei beiden Störungen wurden **Schwächen in folgenden Bereichen** gefunden:

- Zeitliche Verarbeitung
- Prosodie
- Lautverarbeitung
- Phonologische Bewusstheit
- Schnelles Benennen von Dingen, Buchstaben etc.
- Inneres Wiederholen von sprachlichen Einheiten
- Phonologisches Arbeitsgedächtnis
- Fähigkeit zur Automatisierung, Abstraktion und Generalisierung

Wissenschaftliche Erkenntnisse lassen vermuten, dass die **zeitliche Verarbeitungsfähigkeit** mit der Entwicklung der phonologischen Bewusstheit in Beziehung steht.

Bei Kindern mit einer spezifischen Sprachentwicklungsstörung und/oder mit einer Leserechtschreibstörung wurden bedeutsame Schwierigkeiten in der **Lautanalyse** und im **sprachauditiven Arbeitsgedächtnis** festgestellt (Mauer, Khami, 1996; Wohlleben, 2004).

Der hoch bedeutsame Zusammenhang zwischen Sprachentwicklungsstörungen und späteren Problemen in der Rechtschreibung lässt annehmen, dass **Störungen in der auditiven Verarbeitung und Wahrnehmung als zentrales Bindeglied** fungieren (Wohlleben, 2004). Sowohl SSES- als auch LRS-Kinder haben häufig Schwierigkeiten mit der **Automatisierung, der Abstraktion und der Generalisierung** von sprachlichen Äußerungen (Schöler, Schakib-Ekbatan, 2001).

Die sinnvolle **Koordination** mehrerer **gleichzeitig** ablaufender Verarbeitungsprozesse ist nur möglich, wenn das automatische Beherrschen, also die Automatisierung von verschiedenen Fertigkeiten gegeben ist. Kinder mit einer LRS und einer SSES erreichen nur mit bis zu 30x erhöhtem Aufwand an Zeit und Energie automatisierte sprachliche Fertigkeiten. Viele leidgeprüfte Mütter betroffener Kinder berichten, wie lange es z.B. braucht, bis diese Kinder die Grundrechnungsarten

auswendig können und bei komplexen Rechnungen ohne längere Überlegung rasch abrufen können (Oerter, Dreher, 1998; Schöler, Schakib-Ekbatan, 2001).

Ein anderes Beispiel für eine mangelnde Automatisierung stellt auch der lange verzögerte Übergang vom langsam lautierenden zum schnellen, Sinn erfassenden **Lesen** dar. Neue Informationen können nur erschwert in eine ohnehin mangelhaft gespeicherte und kleinere Wissensbasis integriert, weiter verarbeitet und **vernetzt** werden. Das gleichzeitige Abrufen von Daten beim Lesen oder Rechnen und die Lösung der Rechenaufgabe oder die Sinn- Erfassung des Gelesenen fällt den LRS- und SSES-Kindern schwer, sodass sie deshalb - und nicht aus Intelligenzgründen - bei den entsprechenden Schularbeiten versagen können.

Der eingeschränkte Erwerb von Begriffen und deren Beziehung und Vernetzung untereinander erschwert es den SSES- und LRS-Kindern, erworbene Erkenntnisse und Lösungswege auf neue und auf abstrakte Problemstellungen zu übertragen bzw. zu generalisieren (**Generalisierung und Abstraktion**) und daraus wiederum neue Erkenntnisse abzuleiten (Oerter, Dreher, 1998; Schöler, Schakib-Ekbatan, 2001).

Durch diese eingeschränkten Vernetzungstendenzen gestalten sich der **Wissenserwerb** und der **Abruf von Fakten**, sowie das **Problemlösen** wesentlich mühevoller und langsamer als bei gleich intelligenten Altersgenossen (Oerter, Dreher, 1998, Schöler, Schakib-Ekbatan, 2001). In konsequenter Folge nimmt die **intellektuelle, schulische und berufliche Entwicklung** häufig einen schlechteren Verlauf als bei Personen mit normaler Sprachentwicklung.

F. Defizite in den schulischen Leistungen

1. Charakteristische Probleme beim Lesen

„Die Leute wissen nicht, was es einen Zeit und Mühe kostet, um Lesen zu lernen.
Ich habe achtzig Jahre dazu gebraucht und kann noch nicht sagen, dass ich am Ziele wäre."
~ Johann Wolfgang von Goethe

1.1 Probleme in der Lesefertigkeit

Eine ungestörte Lesefertigkeit zeichnet sich durch ein der Schulstufe angemessenes **Lesetempo** und eine weitgehende **Fehlerfreiheit** aus. Das schnelle und fehlerfreie Lesen fällt legasthenen Kindern häufig über lange Zeit sehr schwer.

Zu Beginn brauchen Legastheniker sehr viel Zeit für den **Erwerb der Buchstaben** und deren Zuordnung zu den entsprechenden Lauten. Sie haben Mühe, einzelne **Laute miteinander zu verbinden** und ganze Silben oder Wörter auf einmal zu erfassen. Die **Lesegeschwindigkeit** ist herabgesetzt und die **Fehleranzahl** erhöht. Lange Wörter und Mitlauthäufungen werden mit großer Mühe erlesen (z.B. *Giftschlangen*, *Zebraherde*) und der Sinn von Sätzen wird oft auch deshalb nicht verstanden.

Eine kleine und serifenreiche („verschnörkelte") Schrift, sowie dicht beschriebene Textseiten mit wenigen Absätzen stellen für die Betroffenen eine **zusätzliche Lese-Erschwernis** dar.

Schlechte Leser in Schulen setzen bei ungewohnten oder längeren Wörtern mehrmals an, da sie versuchen, diese buchstabenweise zu erlesen. Silben, Buchstabengruppen oder Wörter werden **nicht als Ganzes** erkannt. Die Betroffenen dehnen oder verkürzen Selbstlaute an unpassenden Stellen, setzen Silbengrenzen falsch und unterteilen und **betonen** häufig die Silben falsch (*Ros-en, Klass-en, Gel-änder, Blumento-pferde*). Das Wort wird dadurch und durch nicht korrigierte Lesefehler entstellt und der **Sinn** eventuell nicht mehr richtig erkannt (Röber-Siekmeyer et al., 2002). Satzzeichen werden häufig nicht beachtet und wichtige Satzteile zum Teil falsch betont, sodass das Leseverstehen stark beeinträchtigt sein kann.

Auch Schülerinnen höherer Jahrgänge verwenden immer noch die gleichen Lesestrategien, die sie im Anfangsunterricht erlernt haben: *„Dort wird noch immer wie seit Jahrhunderten Lesen als das Lautieren verstanden, [...] ohne Berücksichtigung der silbischen Gliederung von Wörtern. [...] Ziel eines sprachlichen Anfangsunterrichts, der alle Kinder erreichen will, muss es daher sein, ihnen zu helfen, in den Buchstaben deren regelhafte Repräsentation von Gesprochenem zu erkennen: die Buchstabenfolge als Zeichen der Schrift für Silben, Akzentuierungen und die lautliche Binnengliederung der jeweiligen Silbe."* (Röber-Siekmeyer et al.., 2002).

Wie an anderer Stelle schon erwähnt - erreichen **erwachsene Legastheniker** häufig ohne Förderung nicht einmal das Wortleseniveau **neunjähriger Kinder ohne LRS** (Georgiewa et. al. 2004). Beim **Pseudowortlesen** sind sie schlechter als die normal lesenden Kinder und erreichen über die fortlaufenden Altersstufen kaum bedeutsame Verbesserungen (Klicpera, Gasteiger-Klicpera, 1994). Das exakte, buchstabengetreue Lesen fällt meist bis ins Erwachsenenalter hinein schwer, so dass unbekannte Wörter nur mühsam – zum Teil buchstabenweise - erlesen werden. Eine **Überprüfung der Lesefähigkeit** jenseits des Grundschulalters erfolgt deshalb am zuverlässigsten mit Pseudowörtern. Bei Aufgaben zur phonologischen Bewusstheit (z.B. Laute innerhalb eines Wortes manipulieren) liegen die Leistungen dieser Erwachsenen sogar unter dem Niveau normal lesender Grundschüler (Pennington et al., 1990).

Eine wirkungsvolle **Therapie** setzt eine differenzierte **Diagnostik** voraus, die präzise festlegt, wo genau die Leseprobleme liegen. Je nach den festgestellten Schwierigkeiten ist dann eine adäquate Förderung einzusetzen.

Die Lesefertigkeit kann in folgenden Bereichen **eingeschränkt** sein:
- Die **Buchstaben-Lautzuordnung** und das **Verbinden von Lauten** gelingt lange Zeit nicht.
- Die gelesenen Buchstaben werden zu kurz im Kurzzeitgedächtnis gespeichert. Deshalb wird bei langen Wörtern der Anfang des Wortes oder des Satzes **vergessen**, bevor das Ende erreicht und der Sinn entnommen ist, sodass das **inhaltliche Verstehen** leidet.
- Die **Blickbewegung** ist eventuell eingeschränkt; die Kinder verlieren häufig das erlesene Wort oder die Zeile.
- **Satzzeichen** wie Punkte und Beistriche werden häufig nicht beachtet.
- Das Lesen verläuft monoton ohne am Sinn orientierte **Betonung**.
- Auslassen, Ersetzen, Verdrehen, Hinzufügen von Buchstaben und Wörtern
- Häufiges Stocken und verlangsamtes Lesen

- Verlieren der Zeile
- Raten
- Buchstabieren bzw. Lautieren von schwierigen Buchstabengruppen oder Wörtern.
- Wiederholen von Wörtern, Silben oder Buchstaben

1.2 Probleme im Leseverstehen

Das Gelesene kann von LRS-Kindern häufig nur unzureichend wiedergegeben und interpretiert werden. Daher sind in der Diagnostik der Legasthenie vor allem anderen das **Leseverständnis und das Sprachverständnis** zu überprüfen und dann vorrangig zu therapieren. Dies wird jedoch sehr häufig nicht beachtet, da die Konzentration der Lehrer und Therapeutinnen generell überwiegend auf die Rechtschreibung gerichtet ist und das mangelnde Leseverständnis häufig nicht erkannt wird.

Dem mangelnden Leseverständnis kann eine grundlegende Problematik im **Sprachverständnis** im Rahmen einer SSES zugrunde liegen (Kelso et al., 2007). Es kann aber auch ein mangelndes Leseverständnis „nur" durch das meist eingeschränkte **Sprachgedächtnis** und/oder durch die **Lesefehler**, sowie eine insgesamt **mangelnde Lesefertigkeit** bedingt sein. So las z.B. ein 16-jähriger junger Mann aus unserer Praxis beispielsweise in seinem Englischbuch anstatt *„of ours"* *„for hours"* und übersetzte dann natürlich dementsprechend falsch.

Neben den Lese-Rechtschreib-Schwierigkeiten findet man bei einer Reihe von LRS-Kindern auch **Probleme mit der Grammatik,** der Beachtung von **Satzzeichen**[63] und der **Betonung** (Klicpera et al., 2003). Dahinter steckt nicht selten eine „ehemalige" spezifische Sprachentwicklungsstörung, deren Restdefizite unbedingt diagnostiziert und therapiert werden sollten. Sprachstörungen im Bereich von **Produktion und Verstehen von Wortschatz und Text-Grammatik** werden als wesentliche Faktoren für ein mangelndes Lese-Verstehen angesehen (Grimm, 1995). Auch ein herabgesetztes **Sprachgedächtnis** kann diese Grammatikschwäche bedingen, sodass dann eine therapeutische Arbeit am Sprachgedächtnis unerlässlich ist. Die **komplexe Satzbildung und das Verständnis** von langen und grammatikalisch schwierigeren Formulierungen bereiten den Betroffenen häufig besondere Probleme. Vor allem dem **Textgedächtnis** schreibt man eine wesentliche Bedeutung für den Erwerb der phonologischen Bewusstheit, des

---

[63] Beistriche und Punkte.

Lesens und Leseverstehens zu (Walley et. al. 2003). Eine Untergruppe von Legasthenikern unterscheidet sich zwar nicht im Wort- und Satzverständnis von Normal-Lesern, jedoch ganz eindeutig beim **Verstehen von ganzen Abschnitten**. Das zeigt ganz klar, dass sowohl das Hörverstehen, als auch das Leseverstehen auf **Textebene** in die Diagnostik und Therapie mit eingeschlossen werden müssen (Kelso et al., 2007). Eine Diagnostik des Leseverständnisses, das sich nur auf den Satzbereich beschränkt, genügt keinesfalls (z.B. Salzburger Lese-Screening). Vor allem ist die Unterscheidung des Hörverstehens vom Leseverstehen für die Therapie von weittragender Bedeutung (siehe die Kapitel zur Diagnostik, sowie die Therapiebände).

Das vorrangige **Therapieziel** muss gegebenenfalls dann natürlich die Arbeit an **Sprachverständnis und Sprachproduktion** darstellen, da die betroffenen Kinder meistens nicht alles vom Unterricht verstehen und deshalb in vielen Fächern versagen – nicht aus Gründen der mangelnden Intelligenz, sondern wegen der schwachen Sprachkompetenz.

Das ursprünglich eingeschränkte Leseverständnis zeigt meist eine vordergründige Besserungstendenz, so dass bei vielen Erwachsenen mit einer LRS gröbere Beeinträchtigungen im Leseverständnis nicht mehr so leicht nachweisbar sind. Würde man aber ihr Leseverständnis mit sprachlich komplexen Texten überprüfen, würde so manch erwachsener Legastheniker noch Probleme aufweisen.

Zusammenfassung

Mögliche Ursachen von Leseverständnisstörungen:
- Mangelnde Lesefertigkeiten punkto Lesetempo und Lesefehler
- Prosodie-Defizite (Sprachrhythmus und Betonung)
- Reduziertes Sprachgedächtnis
- Eingeschränktes Hörverständnis wegen Wortschatz- und Grammatik-Defiziten

Die diagnostische Unterscheidung
zwischen einer Einschränkung von **Hörverständnis** und/oder **Leseverständnis** muss unbedingt wegen der unterschiedlichen therapeutischen Konsequenzen getroffen werden.

2. Charakteristische Probleme beim Rechtschreiben

„Mir tut jeder Mensch leid, der nicht genug Phantasie hat, um ein Wort mal so und mal so zu schreiben." ~ Mark Twain

2.1 Einschränkung des allgemeinen sprachlichen Wissens

Bei Lese-Rechtschreib-gestörten Personen ist das **orthographische Wissen** statistisch bedeutsam schwach ausgebildet (Schulte-Körne, 2001). Allerdings bereitet den LRS-Kindern mehr die **richtige Anwendung** als das Merken von **Rechtschreibregeln** große Schwierigkeiten. Orthographisches Wissen kommt durch verschiedene Teilfertigkeiten zustande, wie durch die Kenntnisse über die Regelmäßigkeiten von **typischen Buchstabenfolgen**, von **Morphemen** (kleinster Sinn tragender Wortteil) und auch von übergeordneten **grammatikalischen** Strukturen der Schriftsprache. Ein typisches Beispiel für Letzteres stellt z.B. die Großschreibung dar, die sehr von der Satzgrammatik bestimmt wird und nichts mit der allgemein gelehrten Großschreibregel zu tun hat: Alles, was man angreifen kann, schreibt man groß.

Beispiel: *Das Schwierige am Lernen ist das Auswendiglernen.*

Über diese intuitiven Fähigkeiten und erlernten Fertigkeiten verfügen LRS-Betroffene meist nur in sehr eingeschränktem Maße. Diese sollten daher vorrangig vor dem allgemein praktizierten Auswendiglernen der Rechtschreibung trainiert werden.

2.2 Das geforderte Leistungsniveau bestimmt die Fehleranzahl

LRS-Kinder werden durch eine hohe Fehlerzahl bei ungeübten und aber auch bei geübten **Diktaten**, sowie auch bei abgeschriebenen Texten auffällig. Rechtschreibfehler treten vor allen Dingen besonders zahlreich beim **spontanen Schreiben** auf (z.B. im Aufsatz), während das **Abschreiben** von Anfang an oder in späteren Klassenstufen fehlerlos sein kann, aber bei weitem nicht immer ist. Legastheniker können die Wörter in der Regel auch korrekt aussprechen und dennoch das Wort fehlerhaft schreiben. Schwerer betroffene Kinder sind meist nicht fähig, die Fehler beim Lesen und Rechtschreiben selbst zu erkennen und zu korrigieren.

Kinder, die leicht auswendig lernen und solche mit höherer Intelligenz, **kompensieren** mitunter die Lese- und Rechtschreibstörung über längere Zeit und versagen eventuell erst in der 3. Klasse oder erst nach dem Wechsel in eine weiterführende Schule (Realschule, Gymnasium), wenn ungeübte Schriftsprachleistungen und Aufsätze gefordert werden oder ein höheres Leistungs- und Temponiveau bei schriftlichen Arbeiten erwartet wird.

Aus den geschilderten Gründen sollte nicht nur 1 Rechtschreibtest zur Beurteilung der LRS herangezogen werden, sondern immer – und das vorrangig – die schulischen Arbeiten, vor allem **Aufsätze** und im Zweifelsfall ein **2. Rechtschreibtest**. Nicht selten kommt es vor, dass zwischen den Ergebnissen der Rechtschreibtests gravierende Unterschiede bestehen, die vom Normalbereich bis hin zu weit unterdurchschnittlichen Resultaten variieren können. Aufsätze aus Deutsch-Schularbeiten sagen mehr über Rechtschreibfertigkeiten aus, als ein Rechtschreibtest, bei dem lediglich einzelne Wörter geschrieben werden müssen.

2.3 Fehlerart und Fehlerschwerpunkte

In den **Anfängen** des Schrifterwerbs weisen Lese-Rechtschreib-gestörte Kinder meist Schwierigkeiten auf, das Alphabet aufzusagen, die Buchstaben korrekt zu benennen oder zu schreiben, einfache Wortreime zu bilden und - trotz normaler peripherer Hörfähigkeit - Laute präzise zu unterscheiden.

Wörter werden teilweise auch bruchstückhaft, im selben Text häufig mehrfach unterschiedlich falsch geschrieben. Hinzu kommen häufig auffallend viele **Grammatik- und Satzzeichen-Fehler** und eine meist **unleserliche Handschrift**.

Früher wurde angenommen, dass es **Legasthenie-spezifische Fehler** gibt, wozu z. B. Wortentstellungen, Buchstabenverdrehungen (z.B. *b-d, p-q*) oder falsche Buchstaben-Reihenfolgen gezählt wurden. Genauere Analysen der Fehler von jüngeren, nicht legasthenen Kindern mit vergleichbarem Stand im Lesen und Rechtschreiben haben jedoch gezeigt, dass **auch Nicht-Legastheniker** anfangs überwiegend die gleichen Fehler machen, diese Phase aber wesentlich schneller überwinden.

Dennoch ist es von Vorteil, nachzusehen, ob es bestimmte **Fehlerschwerpunkte** gibt – wie z.B. im Bereich der Buchstaben- Lautzuordnung oder der Mitlaut-Dopplung, - welche dann durch gezieltes Üben behandelt werden sollen. Im folgenden Kasten wollen wir bestimmte Fehlerarten aufzeigen, die je nach Rechtschreib- Entwicklungsstadium des Kindes jeweils gehäuft auftreten.

Beispiele für Rechtschreibfehler von Kindern aus unserer Praxis:

- **Lautfehler:** Verstöße gegen die lautgetreue Schreibweise
  Prenzip = Prinzip (4. Klasse Sekundarschule)
  expludierte, bläken = blöken, (2. Klasse Gymnasium)
  In höheren Klassenstufen ist diese Fehlerart meist nur mehr bei unbekannten Wörtern anzutreffen. Beim Fremdspracherwerb treten wieder gehäuft solche Lautfehler auf.

- Schwierigkeiten mit **Konsonantenhäufungen** beim Lesen und Schreiben:
  krisstint = Christkind, ereckt =erschreckt, schten = streiten (2. Klasse Primarschule).

- Unsichere **Buchstaben- Lautzuordnung:** *frauen* statt freuen
  Rorot = Rock, schkinnt = schwimmt, sur = zur (2. Klasse Primarschule)

- **Auditive Wahrnehmungsfehler:** z.B.: d-t, g-k, b-p usw. werden verwechselt

- **Umstellung** der Reihenfolge von Buchstaben:
  Wheinachten, (4. Klasse Sekundarschule, 14 Jahre)
  ahnynitg = anything (2. Klasse Gymnasium)
  Michlch = Milch (2. Klasse Primarschule)
  sisckte = schickte (4. Klasse Primarschule)

- **Auslassen, Ersetzen und Einfügen** von Buchstaben, Wortteilen und Wörtern
  Rrauchboben = Rauchbomben (4. Klasse Sekundarschule)
  einsse = leise, kollne = wollen (2. Klasse Primarschule)

- **Wiederholung** von Buchstaben, Wortteilen oder Wörtern
  leichtathletischtischen (4. Klasse Sekundarschule)

- **Verdrehung** von Buchstaben: *b-d, p-q: baden – daben, quälen - puälen*

- Verstöße gegen Wortstammableitungen, Vor- und Nachsilben
  gecklatscht, gehgangen

- **Regelfehler** (Dehnung, Schärfung, Großschreibung..)
  alee = alle (2. Klasse Primarschule)

- **Fehlerinkonstanz:** Dasselbe Wort wird im selben Aufsatz unterschiedlich fehlerhaft geschrieben

- **Zusammenschreibung oder Trennung** von Wörtern:
  kommtsie, erris = er riss, frauensich = freuen sich,
  er schrack - erschrak, Keller Tür = Kellertür (4. Klasse Primarschule)

3. Probleme in anderen Fächern als Deutsch

„Ich kann mir auch immer nicht merken, wann Goethe den Faust gemalt hat."
~ Unbekannte Autorin

Schwierigkeiten beim Lesen und das reduzierte sprachliche Gedächtnis können eine **eingeschränkte Wissensaufnahme** in allen Lernfächern, in Mathematik und in den Fremdsprachen verursachen, weil die zu erwerbenden Inhalte im vorgegebenen Zeitrahmen nicht aufgenommen und gespeichert werden können. Die der LRS zugrundeliegenden Wahrnehmungs- und Verarbeitungsschwächen können dem zufolge dazu führen, dass die **gesamte schulische Leistung** erheblich beeinträchtigt wird.

3.1 Gemeinsames Auftreten von LRS und Rechenstörung (Dyskalkulie)

„Besser eine 5 in Mathe, als überhaupt keine persönliche Note." ~ Unbekannte Autorin

Rechenstörungen und Störungen im Bereich des Lesens und/oder Rechtschreibens treten häufig gemeinsam auf (Geary, Hoard, 2005). Bei 64 - 69 % der Kinder mit einer diagnostizierten Dyskalkulie konnte man auch eine LRS feststellen (Ramaa und Gowramma, 2002), was für das **Existieren von Untergruppen** der Dyskalkulie und der LRS spricht (von Aster, 2003).

Bereits im **Vorschulalter** fallen Schwierigkeiten beim Aufwärts-, Abwärts- und Weiterzählen, beim Gegenstände Abzählen oder beim Zuordnen von gesprochenen Zahlwörtern zu Mengenbildern auf. Die betroffenen Kinder kommen sehr lange nicht ohne **Zählhilfen** wie Finger, Würfel usw. aus, da sie nur zählend rechnen und dabei oft noch falsche Zählstrategien verwenden und sehr lange Zeit brauchen, Gelerntes zu **automatisieren**. In Folge bereiten dann **Zehner-Übergänge** besondere Schwierigkeiten. Das Zerlegen von Zahlen, Platzhalter- (5+?=8) oder Umkehr-Rechnungen (5+8=8+5) werden oft nicht verstanden und nur auf gut Glück gelöst. Die **Umstellung** beim Wechsel auf plus oder minus zwischen den einzelnen Rechnungen innerhalb von mehreren hintereinander zu lösenden Rechnungen fällt diesen Kindern häufig sehr schwer. Das Durchführen einer **Division** kann für legasthene Kinder eine Überforderung für ihr sprachliches Arbeitsgedächtnis darstellen.

Das **Verstehen** und die Umsetzung der Rechenoperationen sowie deren zeichnerische Darstellung werden nur mit Mühe erworben. Im Bereich der Text- und

Sachaufgaben werden viele sehr unterschiedliche Fehler gemacht, was eine genaue **Analyse der Fehlerart** verlangt, um dem Kind adäquat helfen zu können.

In der **Förderung** brauchen diese Kinder zuallererst hauptsächlich Hilfe im Erwerb der **Grundrechnungsarten**. Eine Verbesserung des **sprachlichen Gedächtnisses** und **Verständnisses** ist nach unserer Erfahrung ein wichtiger Teilschritt zur Verbesserung der mathematischen Schwierigkeiten (siehe die Therapiebände). Auch das Entwickeln von abstrakteren **Denkprozessen** kann sich nicht der ursprünglichen Begabung entsprechend weiter entwickeln, sodass eine spezielle Förderung in den beschriebenen Schwächen unerlässlich ist.

Beispiel aus der Praxis: Christina, 2. Klasse Primarschule, 8 Jahre

Christina suchte mit ihrer Mutter wegen massiven Rechenproblemen unsere Praxis auf. Im Zeugnis hatte sie folgende Noten: Deutsch 2 = gut, Mathematik 3 = befriedigend, Sachunterricht: 1 = sehr gut. Die Mutter wollte wissen, wodurch die Lernschwierigkeiten des Mädchens verursacht waren. Ihre Tochter hätte keine Mengenvorstellung und rechnete ausschließlich mit den Fingern. Das 1x1 würde ihr große Mühe bereiten; sie könnte dieses – wenn überhaupt - nur der Reihe nach auswendig. Sie kehrte auch häufig die Richtung der Zahlen und die Reihenfolge der Ziffern um. Christina war beim Rechnen meist sehr ablenkbar und zappelig und reagierte häufig „überdreht". Christina konnte sich auch mehrteilige Aufträge, sowie Namen und Zeitangaben nicht gut **merken** und hatte in der 1. Klasse beim **Lesen große Schwierigkeiten** gehabt, die Buchstaben zusammen zu lauten. Christina litte unter schweren **Schul- und Versagensängsten** und klagte häufig über Bauchschmerzen und Übelkeit.

Anamnese: Das Mädchen hatte als Kleinkind mehrere **Mittelohrentzündungen** durchgemacht und sich einer Rachen-Polypen-Entfernung unterzogen. Mit 4 Jahren war Christina nur knapp dem Ertrinkungstod entgangen, wobei sie aus ihrer Bewusstlosigkeit von selbst ohne Wiederbelebungsversuche und ohne sichtbare Folgeschäden aufgewacht sei.

Untersuchungsbefunde: Christina erreichte im Intelligenztest K-ABC einen im oberen Durchschnittsbereich liegenden **Gesamt-IQ von 108** und im Weingartner **Rechtschreibtest** 1+ einen weit **unterdurchschnittlichen** Prozentrang (PR 5-1). Der nichtsprachliche IQ lag bei 115 (überdurchschnittlich), der IQ für einzelheitliche Daten bei 100 (Zahlen und Wortreihen nachsprechen, Handbewegungen nachahmen). Beim **Lesen** im Salzburger Lesetest lagen die Lesezeit und die Fehlerzahl in allen Subskalen im guten Durchschnittsbereich. Den einfachen und kurzen Lesetext konnte Christina - allerdings erst nach 2-xigem Durchlesen - nacherzählen.

Im Heidelberger Rechentest 1-4 ergaben sich bezüglich Rechenkompetenz und benötigtem Zeitaufwand **eindeutige Hinweise auf eine Rechenschwäche**: Christina hatte in allen Grundrechnungsarten große Schwierigkeiten, die Aufgaben richtig und schnell genug zu lösen. Die Über- und Unterschreitung des Zehners beim Rechnen im Zahlenraum 30 waren ihr kaum möglich. Selbst Additionen wie 4+3 bewältigte sie nur sehr langsam und unsicher. Bei der gesamten Arbeit erwies sich Christina **wenig frustrationstolerant** und verweigerte vehement die Weiterarbeit, wenn ihr die Aufgaben zu schwer fielen.

Im K-ABC zeigte sich als relative Schwäche eine **knapp durchschnittliche** Leistung im sprachlichen Kurzzeitgedächtnis beim Nachsprechen von **Zahlenreihen** (Skalenwert 8), wobei Christina in allen anderen Subskalen höhere bis überdurchschnittliche Werte erreichte. Das logische Denken, sowie die Fähigkeiten im Bereich der visuellen Verarbeitung erwiesen sich als ausgesprochene Stärken des Mädchens. Auffällig war Christinas impulsives und mit **wenig gezielter Aufmerksamkeit** gesteuertes Arbeitsverhalten, sowie auch manchmal eine größere **körperliche Unruhe** bei schwierigen Aufgaben.

Bei Christina ergaben sich eindeutige Hinweise auf das Vorliegen einer **Legasthenie und einer damit im Zusammenhang stehenden Rechenschwäche** begleitet von einer reduzierten Aufmerksamkeit und mangelnden Frustrationstoleranz.

3.2 Schwierigkeiten beim Erlernen von Fremdsprachen

Wie schon erwähnt, haben Kinder mit erheblichen Problemen mit dem Lesen und Rechtschreiben der Muttersprache auch meist Probleme beim Erlernen von Fremdsprachen, wobei aber Angaben zur Häufigkeit des Auftretens in der Literatur fehlen.

Für die Auswahl des Schultyps ist das mögliche Auftreten einer Lese- und Rechtschreibstörung in Fremdsprachen eine wichtige Entscheidungsgrundlage. Die verschiedenen Fremdsprachen stellen aufgrund ihrer Spracheigenschaften unterschiedliche Anforderungen an legasthene Kinder. Die sehr **unregelmäßige Zuordnung von Lauten zu Buchstaben** stellt eine besondere Schwierigkeit im Englischen und ganz besonders im Französischen dar. Im Französischen ist eine Differenzierung bedingt durch die Häufigkeit ähnlich klingender Laute für Legastheniker sehr schwer. Latein ist zwar bezüglich der hohen Übereinstimmung der Laute zu den Buchstaben leichter als Englisch und Französisch, kann aber für legasthene Kinder trotzdem Probleme bereiten.

Im Lateinischen besteht die Schwierigkeit, dass eine Buchstabenfolge **exakt gelesen und gespeichert** werden muss, um die Grammatik und damit den Inhalt des Gelesenen richtig zu interpretieren. Da die Bedeutung einer Textpassage nicht selten durch wenige Buchstaben entscheidend verändert werden kann, ist ein sehr genaues Lesen notwendig. Der Rückgriff auf Kontextinformationen, der zum Textverständnis im Deutschen oder Englischen möglich ist, ist im Lateinischen wenig möglich.

Der Fremdsprachenerwerb stellt also in der Regel für legasthene Kinder eine große Herausforderung dar. Es ist deshalb wichtig, dass Eltern sich vorab in weiterführenden Schulen erkundigen, wie dort mit dem Problem Legasthenie und Fremdsprachen umgegangen wird. LRS-Betroffene benötigen auch im Fremdsprachenunterricht eine **intensive und ganz spezifische Förderung**, die die LRS-typischen Schwächen berücksichtigt (siehe die Therapiebücher).

Die Erlässe nur weniger Bundesländer berücksichtigen die Auswirkungen der Legasthenie auf den Fremdsprachenerwerb; ebenso fehlen entsprechende unterrichtsdidaktische Richtlinien.

3.3 Schwierigkeiten in den Lernfächern

„Was den Menschen umtreibt, sind nicht Fakten und Daten, sondern Gefühle, Geschichten und vor allem andere Menschen." ~ Manfred Spitzer, 2003

Alle Inhalte, die einen chronologischen Aufbau und einen fortlaufenden Inhalt aufweisen, bereiten den LRS-Kindern kaum Schwierigkeiten. Hingegen bedeutet der **Erwerb von Fakten und Daten wie aufgezählte neue Namen, Wörter und Begriffe** eine große Hürde, da das herabgesetzte Sprachgedächtnis eine solide, leicht abrufbare Speicherung verhindert.

G. Vorhersage einer LRS

„Gut ist Bedachtsamkeit und weise die Vorsicht." ~ Krösus

Es ist zwar nicht möglich, bereits vorschulisch eine LRS zu diagnostizieren, die Vorboten aber kann man sehr wohl diagnostisch feststellen.

Ein verzögerter **Sprechbeginn** und eine eingeschränktes **Entwicklung** von Sprachproduktion und -verständnis gehören zu den Risikofaktoren für die Entstehung einer LRS. Sowohl bei LRS-Kindern als auch noch ausgeprägter bei SSES-Kindern zeigten sich lange Defizite im Bereich der **Wortgrammatik** bei Beugungsformen (Joannisse et al., 2000). Ebenso fand man in beiden Gruppen die gleichen „Vorboten" für das Auftreten einer späteren Leseschwäche: Eine herabgesetzte **phonologische Bewusstheit**, eine schwache rezeptive und produktive **Sprachverarbeitung**, (Carroll, Snowling, 2004), sowie ein vermindertes **grammatikalisches Urteilsvermögen**. Die **Kombination** der Leistungen in der phonologischen Bewusstheit, im grammatischem Urteil, sowie in der Manipulation von Lauten und im schnellen Benennen von Bildern und Dingen ergab mehr als die Hälfte der Voraussetzungen für die schnelle Worterkennung beim Lesen (Betourne, Friel-Patti, 2003). Leider wurde zu den genannten sprachlichen Leistungen bisher noch keine Testbatterie erstellt. Eine Förderung dieser Fertigkeiten unterstützt präventiv den Erwerb eines flüssigen Lesens.

Das **Satz- und Wortgedächtnis** am Ende des Kindergartens sowie die Güte der **phonologischen Bewusstheit** sagt einen Teil der Leseleistung und des Rechtschreibens am Ende des ersten Schuljahres voraus (Schneider & Näslund, 1993). Ebenso kann das **Nachsprechen von Pseudowörtern**, das die Fähigkeit überprüft, neue Wörter in ihrem sprachlichen Aufbau wahrzunehmen und zu verarbeiten, zur Vorhersage der Lesefähigkeit in der ersten und zweiten Klasse dienen (Jansen et al., 1999). Inzwischen wurde eine Reihe von Instrumenten zur Vorhersage eines guten Teils der LRS-Kinder entwickelt, die wir im nächsten Kapitel vorstellen werden.

Sprechbeginn, Sprachentwicklung und grammatikalische Fertigkeiten sowie die dazugehörigen Tests werden wir ausführlich im Sprachband unserer Buchserie vorstellen.

Wie bereits erähnt, ist es aber notwendig, bei LRS-Kindern einen Teil aus der Sprachdiagnostik auszuführen. Eine Einschränkung der Fähigkeit, **Sätze nachzusprechen,** kann als eindeutiger Hinweis auf eine vorliegende Spezifische Sprachentwicklungsstörung gewertet werden. Diese Kompetenz kann zum Teil im Alltag zu Hause und in der Schule schon beobachtet und daraufhin vom Fachmann diagnostiziert werden. Folgende Tests (ohne Anspruch auf Vollständigkeit) bieten normierte Unterskalen zum Sätze Nachsprechen:

- Sprachentwicklungstest für Kinder SET-K 3-5 (Grimm, 2001) für 3-5- Jährige
- Heidelberger auditives Screening in der Einschulungsuntersuchung HASE (Brunner & Schöler, 2001/2002) für 5-6 Jährige
- Heidelberger Sprachentwicklungstest (Grimm & Schöler, 1991) für 2,5 bis 9- Jährige

---

Zusammenfassung: Vorhersage einer LRS

Sprachliche Fertigkeiten:
- Sprechbeginn und Sprachentwicklung
- Grammatikalische Fertigkeiten
- Phonologische Bewusstheit
- Schnelles Benennen
- Nachsprechen von Sätzen, Zahlen und Pseudowörtern

---

1. Screenings zur Vorhersage einer LRS

1.1 HASE – Heidelberger Auditives Screening
in der Einschulungsuntersuchung (Brunner, Schöler, 2001/2002)

Das Screening stellt ein Verfahren zur Prüfung sprachlicher Leistungen und auditiver Verarbeitungen dar und hat das Ziel, *„mit relativ einfachen und zeitökonomischen diagnostischen Verfahren im sehr engen Zeitfenster der Schuleingangsuntersuchung solche Kinder auffinden zu können, die frühzeitig Fördermaßnahmen erhalten sollten, um in der Schule drohende Schriftspracherwerbsprobleme mindern zu helfen"* (Schöler, 2001).

Das in ca. **10 Minuten** durchführbare Screening soll zum Zeitpunkt der Einschulung Risikokinder für **Sprach- und Schriftspracherwerbsstörungen** und **Migrantenkinder** mit mangelnden Deutschkenntnissen erfassen. Es kann von Erzieherinnen, Therapeuten und Lehrerinnen leicht und ohne großes Vorwissen angewendet werden.

Das Verfahren überprüft in **4 Untertests** „Vorläuferfertigkeiten" für **Schrift-spracherwerbsstörungen:**

1. Nachsprechen von Sätzen
2. Wiedergeben von Zahlenfolgen
3. Erkennen von Wortfamilien
4. Nachsprechen von Kunstwörtern sowie eines Zauberwortes

Außer der Unterskala zum Erkennen von Wortfamilien, die eine grammatische Fertigkeit überprüft, haben die anderen drei Subskalen das sprachliche Arbeitsgedächtnis zum Thema. Dabei gilt das Nachsprechen von Sätzen als eines der trennschärfsten Verfahren, um sehr verlässlich, *anpassbar und robust* sprachentwicklungsgestörte von sprachunauffälligen Kindern zu unterscheiden. *Diese Aufgabe erweist sich auch als der beste Prädiktor für das Lesen und Rechtschreiben* (Schöler, 2006).

1.2 Screenings zur phonologischen Bewusstheit

Die Phonologische Bewusstheit, die **Fähigkeit, die Lautstrukturen zu erkennen und zu manipulieren**, gilt inzwischen unumstritten in der internationalen Forschung als Grundvoraussetzung für den erfolgreichen Schriftspracherwerb.

Eine recht gute Vorhersage erlauben standardisierte Verfahren wie das Bielefelder Screening zur Früherkennung von Lese-Rechtschreibfähigkeit (BISC) von Jansen et al. (1999) und „Der Rundgang durch Hörhausen" von Martschinke et. al. (2001), sowie das „Münsteraner Screening zur Früherkennung von Lese-Rechtschreibschwierigkeiten" (Mannhaupt, 2006) und der „Gruppentest zur Früherkennung von Lese- und Rechtschreibschwierigkeiten" (Barth & Gomm, 2004).

1.2.1 Das Bielefelder Screening (BISC)
zur Früherkennung von Lese-Rechtschreibschwierigkeiten
(H. Jansen, G. Mannhaupt, H. Marx, H. Skowronek, 1999)

Zur frühen Identifikation von Kindern, deren LRS-Risiko erhöht ist, wurde das Bielefelder Screening-Verfahren (Jansen et al. 1999) entwickelt, das die sprachlichen und visuellen Fähigkeiten von Vorschulkindern mit folgenden Aufgaben überprüft:

- **Phonologische Bewusstheit:**

Silbensegmentierung („Te- le- fon")
Reimerkennen (Reimen sich „Kind" und „Stuhl"?)
Lautanalyse (Hörst du ein „i" in „Igel"?)
Lautsynthese (z. B. Was bedeutet „F"- „isch"?)

- **Artikulationsgenauigkeit:** Pseudowörter-Nachsprechen („Bonitkonos")
- **Schnelles Benennen** von bekannten Gegenständen und Zahlen
- **Visuelle Differenzierungsfähigkeit** für Wortbilder
  Ein vorgegebenes Wort aus mehreren ähnlich geschriebenen Wörtern heraus-
  suchen.

Die Bielefelder Längsschnittstudie ergab, dass Kinder, die im Vorschulalter im
Screening unterdurchschnittliche Ergebnisse erzielten, in der Schule Schwierigkeiten beim Erlernen des Lesens und Rechtschreibens hatten (Schneider, Näslund
1993).

Das Bielefelder Screening überprüft Vorschulkinder 4 und 10 Monate vor der
Einschulung und eignet sich nicht mehr zur Früherkennung von Grundschul-
Kindern, da die Aufgaben für dieses Alter zu leicht sind. Zehn Monate vor der
Einschulung können etwa 80% der Kinder korrekt zugeordnet werden. Die **Ge-
samttrefferquote** des Screenings liegt Ende der zweiten Klasse bei ca. 85 - 90%.
Die höchste Trefferquote lag in der Vorhersage für Leseprobleme am Ende der 2.
Klasse: Nach einer Testung 10 Monate vor der Einschulung bei 84 % und nach
einer Testung 4 Monate vor Einschulung bei 90%.

Allerdings entwickeln nicht alle Kinder, die im Kindergarten als Risikokinder
eingestuft werden, bis zum Ende der ersten oder zweiten Klasse tatsächlich Lese-
Rechtschreibschwierigkeiten und einige im Test Unauffällige bekommen dennoch
Leserechtschreibprobleme. Es deutet auch einiges darauf hin, dass nicht alle
SSES-Kinder, für die ja bekanntlich ein erhöhtes Risiko zur Leserechtschreibstörung besteht, über ein Screening zur phonologischen Bewusstheit erfasst werden:
*„Zur Klassifikation in Risiko- und Nicht-Risikokinder ist allerdings festzustellen,
dass einige Kinder erst in der Schule auffällig werden, die das Screening im Kindergarten ohne große Schwierigkeiten absolviert haben. Die sehr hohen Trefferraten,
die in der Evaluierungsstudie für das BISC ermittelt wurden, konnten bislang nicht
repliziert werden. Frühe Defizite im Bereich der phonologischen Informationsverarbeitung scheinen zwar eine wesentliche Rolle bei der Entstehung von Lese-
Rechtschreibproblemen zu spielen, können aber nicht als alleinige Erklärung dienen"* (Schneider et al., 2006[64]).

---

[64] www.psychologie.uni-wuerzburg.de/i4pages/html/lese-rechtschreibprojekt.html

Diese Befunde zeigen deutlich, dass die phonologische Bewusstheit zwar eine notwendige, aber nicht einzige Voraussetzung für den Schriftspracherwerb darstellt und damit auch nicht eine 100% - Garantie zur richtigen Erfassung von LRS, vor allem nicht für jedes einzelne Individuum gewährt.

1.2.2 Der Rundgang durch Hörhausen. Erhebungsverfahren zur phonologischen Bewusstheit (Martschinke, Kirschhock, Frank, 2001)

Der Rundgang durch Hörhausen ist ein standardisiertes Testverfahren, das bereits am **Ende der Kindergartenzeit sowie zu Beginn des ersten Schuljahres** bis Mitte der ersten Klasse zur Erfassung von LRS-Risikokindern einsetzbar ist. Man kann damit wertvolle Informationen gewinnen, die für eine frühe individuelle Förderung notwendig sind und die man braucht, um mögliche Lernfortschritte nach einem halben Jahr feststellen zu können.

Das Verfahren beansprucht mit jedem Kind einzeln ca. 40 Minuten und umfasst insgesamt **zehn Aufgaben zu folgenden Bereichen:**

a. **Phonologische Bewusstheit im weiteren Sinne**
   Wörter in Silben zerteilen und Silben zu Wörtern zusammensetzen
   Reime erkennen
b. **Phonologische Bewusstheit im engeren Sinne**
   Wörter in Laute zerlegen und Laute zu Wörtern zusammensetzen
   Anlaute und Endlaute erkennen (Erster und letzter Laut im Wort)
c. **Schriftsprach-Kenntnisse im Wort- und Buchstabenbereich**

Mit dem 30 bis 40 Minuten dauernden Verfahren gelingt es, ca. 70 bis 80 Prozent der Risiko- Kinder herauszufiltern. Es ist auch für Migrantenkinder geeignet, die deutschen Anweisungen folgen können. Zu dem Test gehört auch ein entsprechender Trainingsband „Leichter lesen und schreiben lernen mit der Hexe Susi. Übungen und Spiele zur Förderung der phonologischen Bewusstheit" (Forster, Martschinke 2001).

1.2.3 Münsteraner Screening (MÜSC) zur Früherkennung von Lese-Rechtschreibschwierigkeiten (Mannhaupt G., 2006)

Das Münsteraner Screening (MÜSC) ist ein Instrument zur Erfassung der Lernvoraussetzungen des Schriftspracherwerbs für den Schulbeginn in den ersten fünf Wochen. Es baut auf dem Bielefelder Screening auf, ist aber an den altersgemäßen Entwicklungsstand der Schulanfänger angepasst: Auch hier wird die **phono-**

logische Bewusstheit punkto Reimbildung, Lautverbindung, Laut-Wort- Zuordnung und Silbensegmentierung überprüft. Anhand des Nachsprechens von Wort-Reihenfolgen soll die Leistung des **verbalen Arbeitsgedächtnisses** ermittelt werden. Zur Erfassung der **Abrufgeschwindigkeit** aus dem Langzeitgedächtnis müssen vorgegebenen Objekten Farben zugeordnet werden. Ebenso wird die **visuelle Aufmerksamkeit** mit Wortvergleich-Suchaufgaben getestet. Der Entwicklungsstand der Kinder wird mit demjenigen von über 3.000 Kindern der Normstichprobe verglichen und bietet eine exakte Normierung für die **ersten fünf Wochen nach der Einschulung.**

Das MÜSC hat den Vorteil, dass es ein Gruppenerhebungsverfahren ist, mit dem bis zu acht Kinder gleichzeitig in nur 2 mal 20 Minuten getestet werden können. Dies soll es möglich machen, bereits in den ersten Wochen nach Schulbeginn die Kinder zu erkennen, die eine spezifische Förderung beim Erwerb des Lesens und Schreibens brauchen. Ein übersichtlicher Auswertungsbogen zur Registrierung der einzelnen **Unterskalen** (Reimworte suchen, Wörter-Reihenfolge suchen, schnelles Farben finden, Laute assoziieren, Silbenbögen schreiben, Laut-zu-Wort-Zordnung, Wort-Vergleich-Suchaufgabe) macht es der Testerin ziemlich einfach, ein **Leistungsprofil** zu erstellen, das den individuellen **Förderbedarf** aufzeigt. Nach der Diagnose kann das **Münsteraner Trainingsprogramm** eingesetzt werden, mit dem alle Kinder mit Förderbedarf gemeinsam in einem täglichen Zeitrahmen von 10 – 15 Minuten unterstützt werden können.

1.2.4 Gruppentest zur Früherkennung
von Lese- und Rechtschreibschwierigkeiten (Barth, Gomm 2004)

Dieser Gruppentest für den **Schuleingangsbereich**, der in Kleingruppen von maximal 10 bis 12 Kindern durchführbar ist, beinhaltet **sechs Bereiche der phonologischen Bewusstheit** wie Reimerkennung, Silbensegmentierung, Anlaut-Erkennung, Lautzusammenfügung, Erfassung der Wortlänge und Erkennen des Endlautes.

Die **Bearbeitungsdauer** beträgt ca. 45 Minuten im Kindergarten, bzw. 60 Minuten in der Schuleingangsphase. Im Testhandbuch finden sich Schwellenwerte, ab wann ein Kind als Risikokandidat eingeschätzt werden muss.

Mithilfe des Gruppentests wurden in der Testüberprüfung 84.7% der Kinder richtig eingestuft. 63% der später betroffenen und 87% der später nicht betroffenen Kinder wurden korrekt als solche erkannt. Ein Großteil der Risiko- Kinder kann somit rechtzeitig spezielle Fördermaßnahmen erhalten. Die fälschlicherweise als

Risikokinder eingestuften ungefährdeten Kinder werden durch die Fördermaßnahmen kaum einen Schaden erleiden. Da aber dennoch nicht alle Risikokinder
erkannt werden, empfiehlt es sich für die Lehrkraft, im Anfangsunterricht trotzdem wachsam zu bleiben. Kinder, die bis Weihnachten auffällig sind, sollten
unbedingt zur weiteren Begutachtung und Förderung fachlich abgeklärt werden,
da diese Kinder bis zum Ender 2. Klasse und darüber hinaus immer noch auffällig
sein werden (Klicpera, Gasteiger-Klicpera, 1993).

Zusammenfassung: Überprüfung der Phonologischen Bewusstheit

Für Vorschule und Schuleingangsdiagnostik:

- „Bielefelder Screening" (BISC), Jansen et al. (1999)
- „Der Rundgang durch Hörhausen", Martschinke et. al. (2001)
- „Münsteraner Screening zur Früherkennung von Lese-
  Rechtschreibschwierigkeiten" (Mannhaupt, 2006)
- „Gruppentest zur Früherkennung von Lese- und Rechtschreibschwierigkeiten"
  (Barth, Gomm, 2004).
- Gruppentest zur Früherkennung von Lese- und Rechtschreibschwierigkeiten

Für 1. bis 4. Grundschulklassen:

- Basiskompetenzen für Lese-Rechtschreibleistungen (BAKO), Stock et al.
  (2004). (Siehe auch das Kapitel Diagnostik).

H. Diagnostik der Leserechtschreibstörung (LRS)

„Zuerst die Beobachtungen und dann der Versuch,
dann das Denken ohne Autorität, die Prüfung ohne Vorurteil."
~ Rudolf Virchow

Eine Lese-Rechtschreibstörung wird definiert als ein Versagen beim Erlernen des **Lesens und/oder der Rechtschreibung** bei deutlich besseren allgemeinen **geistigen Fähigkeiten**. Die Störung ist nicht durch körperliche oder psychische Störungen bzw. eine inadäquate oder unzureichende Beschulung oder Förderung verursacht.

Da sich die LRS in einer Schwäche beim Erlernen des Lesens und des Rechtschreibens äußert, macht sie sich **erst im Schulalter eindeutig** bemerkbar und darf somit vorschriftsmäßig erst im Schulalter diagnostiziert werden. Obwohl erste voraussagende Hinweise auf eine LRS schon im Vorschulalter erkennbar sind, (wie z.B. Schwächen in **der phonologischen Bewusstheit** und im **auditiven Gedächtnis** beim Silben, Zahlen und eventuell auch beim Sätze Nachsprechen; Schneider, Näslund, 1993) wird eine Diagnose erst am Ende der zweiten Klasse vorgeschlagen, da es erst dann ein einheitliches Anforderungsprofil für die Lese-Rechtschreib-Leistungen geben könne (Schulte-Körne, 2002).

Die verifizierte **Diagnose** einer Lese-Rechtschreibstörung kann zu einer deutlichen **Entlastung** aller Beteiligten - insbesondere des Kindes - führen und Verständnis bei Eltern und Lehrkräften für die Lern-Schwierigkeiten ihres Schützlings wecken. Schon alleine die Diagnosestellung kann den Teufelskreis – bestehend aus Versagensängsten, übermäßiger Anstrengung, Frust und gegenseitigen Schuldzuweisungen - unterbrechen. Sie stellt einen ersten wichtigen Schritt dar auf dem Weg zum Abbau von Lernhemmungen, zur Erhöhung der Frustrationstoleranz und zur Entspannung der Situation in der Schule und zu Hause. Häufig berichten uns Mütter, dass sie durch die Diagnosestellung das Kind mit anderen Augen sehen und dass sie nun viel ausgeglichener mit dem Kind umgehen können.

1. Wann und bei wem sollte eine Diagnostik durchgeführt werden?

Im **Vorschulalter** ist eine Lese-Rechtschreibstörung naturgemäß noch nicht durch mangelhaftes Lesen und Schreiben festzustellen, es lassen sich jedoch relativ sichere „**Vorboten**" einer späteren Legasthenie beobachten und testen. Im Zweifelsfalle ist auf jeden Fall eine sehr **frühe**, intensive sprachliche Förderung durch **tägliches Vorlesen** – vor allem von Reimen - anzuraten, um das meist sehr schwache sprachliche Gedächtnis zu verbessern.

In der **ersten Klasse** bleiben LRS-Probleme häufig noch verborgen, da sich die Kinder das ganze Wortbild auswendig merken, ohne dieses in Buchstaben aufzulösen. Wird der Merkstoff dann aber zu umfangreich, tauchen die ersten Lese-Rechtschreibprobleme auf. Meistens werden die Kinder erst ab der 3. Klasse zur Diagnostizierung einer Legasthenie zugewiesen, da leider das Problem zu wenig ernst genommen wird. „Das kommt schon noch", ist die Parole, die die Lehrer zuwarten lässt. Leider stimmt das in den meisten Fällen nicht, da sich die zugrundeliegenden Schwächen nicht „auswachsen", sondern lebenslänglich bestehen bleiben. Großräumige Langzeituntersuchungen im Wiener Raum (Klicpera & Klicpera-Gasteiger, 1993) konnten ganz klar zeigen, dass erhebliche Probleme im Leserechtschreiberwerb, die bis Weihnachten des ersten Schuljahres noch auffällig sind, nicht als „Startschwierigkeiten" zu interpretieren sind, sondern auch noch am Ende des ersten und zweiten Schuljahres beobachtbar sind. Eine besondere sprachliche **Förderung** und Unterstützung dieser Kinder von Anfang an – ja, schon ab **Kleinkindalter** - wäre notwendig, um spätere schulische Lernprobleme zu vermindern oder gar zu vermeiden.

Ab dem Ende der ersten Klasse liegen Normwerte für LRS-Tests vor und spätestens ab der zweiten Klasse wird üblicherweise eine definitive **Diagnose** gestellt.

Sehr oft werden LRS-Kinder erst in der **2.-3. Klasse oder noch später** auffällig, weil sie ihre Problematik bei den erhöhten Anforderungen nun nicht mehr durch ihre Intelligenz, durch andere Wahrnehmungskanäle oder durch die Nachahmung von Schulkameraden ausgleichen können.

An eine LRS ist **nicht nur bei Kindern mit einem spezifischen Versagen im Deutschunterricht** zu denken. Schwierigkeiten, schriftlich gestellte Aufgaben zu erfassen (z. B. Textaufgaben in Mathematik) bzw. schriftliche Ausarbeitungen anzufertigen, können zu **Schulproblemen in praktisch allen Fächern** führen. Somit ist auch bei einem allgemeinen Schulversagen eine LRS in Erwägung zu ziehen.

Nicht selten fallen LRS-Kinder - als Folge ihrer ständigen Misserfolgserlebnisse - durch **psychische Probleme** (Versagensangst, mangelndes Selbstwertgefühl, Traurigkeit), Störungen des **Sozialverhaltens** (Wutanfälle, Aggressionen), **psychosomatische Beschwerden** (Übelkeit, Bauchschmerzen, Kopfschmerzen an Schultagen) oder **Schulverweigerung** auf. Eine LRS muss somit auch bei Kindern, bei denen derartige Beschwerden im Vordergrund stehen, abgeklärt oder ausgeschlossen werden.

Das psychische Wohlbefinden des Kindes sollte deshalb auch in der Therapie vorrangig berücksichtigt werden. Viele Kinder sind aufgrund ihres hohen inneren Stresses gar nicht mehr aufnahmefähig, das Eltern-Kind-Verhältnis ist nicht selten sehr angespannt, sodass daher das Augenmerk primär auf diese psychischen Konflikte gerichtet werden muss. Häufig stellt sich jedoch bereits durch die Diagnose und eine hilfreiche Lernbegleitung eine gewisse Entspannung ein. Andernfalls ist es unumgänglich, Kind und Eltern vorerst psychisch zu unterstützen. In unserer Praxis kommt uns unsere psychotherapeutische Ausbildung zur adäquaten Begleitung von Eltern und Kind daher sehr zugute.

Bei Kindern mit folgenden Auffälligkeiten
sollte an das Vorliegen einer LRS gedacht werden:

- Versagen im Deutschunterricht
- Allgemeine Schulprobleme
- Spezifische Sprachentwicklungsstörung beim Erlernen der Erstsprache als Kleinkind
- Psychische und Verhaltens-Auffälligkeiten
- Psychosomatische Beschwerden (häufige Kopf- und Bauchschmerzen...)

2. Ausschluss anderer Ursachen

Kinder mit einer LRS fallen in der Regel dadurch auf, dass sie trotz ausreichenden Unterrichts und genügender häuslicher Förderung im Vergleich zu ihren Klassenkameraden bei vergleichbarer Intelligenz wesentlich schlechtere Lese-Rechtschreib-Leistungen erbringen. Eine Lese-Rechtschreibstörung ist nur eine von vielen möglichen Ursachen für Schwierigkeiten beim Erwerb der Schriftsprache. Bevor mit einer spezifischen Legasthenie-Therapie begonnen wird, muss deshalb natürlich erst ausgeschlossen werden, dass die Schulprobleme durch **andere Ursachen** bedingt sind.

Grundsätzlich sollte am Anfang der Diagnostik auch immer die Begutachtung des peripheren Gehörs durch den **Ohrenarzt** mittels Ton- und Sprachaudiogramm, sowie die Abklärung der Sehfähigkeit durch den **Augenarzt** stehen. Zeitgleich muss eine Überprüfung der **Intelligenz, der Lese-Rechtschreib-Leistungen, der sprachlichen Fähigkeiten und der psychischen Verfassung** des Kindes durchgeführt werden.

Eine Lese-Rechtschreibstörung wird definiert als ein Versagen beim Erlernen des **Lesens und/oder der Rechtschreibung** bei deutlich besseren allgemeinen **geistigen Fähigkeiten**. Die LRS ist nicht durch körperliche oder psychische Störungen bzw. eine inadäquate oder unzureichende Beschulung oder Förderung verursacht.

Bei Problemen im Schriftsprach-Erwerb oder bei einem generellen Schulversagen ist an folgende weitere Ursachen zu denken:

- Allgemeine Lernschwäche bei Einschränkung der Intelligenz
- Aufmerksamkeits- und Konzentrationsstörung
- Unzureichender Unterricht
- Ungenügende Förderung durch das Elternhaus
- Psychologische Probleme
- Unzureichende Lernmotivation
- Sehstörungen
- Hörstörungen
- Mit einer verminderten Belastbarkeit einhergehende Erkrankungen

Beispiel aus der Praxis: Tobias, 1. Primarschulklasse, 7 Jahre

Tobias kontaktierte mit seinen Eltern zwecks **Abklärung von Verhaltens- und Schulproblemen und entsprechender Beratung** unsere Praxis (insgesamt neun 1-stündige Sitzungen).

Anamnese: Die kindliche Entwicklung des Jungen war bisher unauffällig verlaufen. Tobias litt seit mehreren Monaten häufig unter **Kopf- und Bauchschmerzen, sowie Einschlafstörungen.** Er reagierte in der Schule, wie auch zu Hause häufig mit Wutanfällen, Aggressionen und Grenzüberschreitungen. Die Zuwendung seiner fast durchwegs viel älteren Freunde, sowie materieller Besitz und Geschenke schienen einen sehr hohen Stellenwert für Tobias, dessen Eltern sehr begütert waren, darzustellen, obwohl - laut seinen eigenen Aussagen - „reich sein ja auch nichts nützt".

Leistung: Die die Leistung betreffenden Befunde (K-ABC, Salzburger Lese-Rechtschreibtest) ergaben einen **Verdacht auf eine Les-Rechtschreib-Störung** mit Schwächen im Wortgedächtnis (Nachsprechen von Zahlen- und Wortreihen), im visuellen Gedächtnis (Imitieren von Handbewegungen), sowie in der Wahrnehmung der Raumlage. Den Eltern wurde geraten, den Lese-Rechtschreibtest zur Absicherung des Legasthenie-Verdachtes in der 2. Volksschulklasse zu wiederholen. (Hier verzichten wir auf die nähere Leistungsbeschreibung und die konkrete Angabe von Zahlen, da es primär überwiegend um eine psychische Abklärung bzw. Betreuung ging.)

Psychische Befunde: Im Thomastest, der die psychische Verfassung und die Lebenswelt des Kindes darstellen soll, ergaben sich Hinweise, dass Tobias sich **ungeliebt**, von allen meist ungerecht behandelt und von niemandem akzeptiert fühlte. Das Kind im Thomastest hatte „deutsche Leute - keine Ausländer", sowie Oma und Opa lieb und konnte Mama, Papa und die Schwester manchmal nicht leiden. Die **Geheimnisse** des Kindes lagen im kriminellen Bereich: Stehlen, Drogen („Joints" und „Injektionen"), Schlagen, Tod eines Skinheads (Sein Freund Markus hätte nach Tobias' Aussagen Ähnliches wirklich beobachtet). Die Mutter im Thomastest war deshalb traurig, weil das Kind etwas Schlimmes getan hatte und weil der Hund der Familie „abgehaut ist". Das Kind im Thomastest schien ein sehr **unglückliches Kind mit wenig Selbstwert und großen Verlassensängsten** zu sein. Es hatte Angst, dass seine Eltern sich scheiden lassen, dass seine Freunde es verlassen und dass es Zombies in der Nacht besuchen kämen. Es wurde von seinen Freunden niedergeschlagen, weil es, unter anderem, geklaut hatte. Es reagierte darauf mit dem Ausspruch: „Scheiße, jetzt bin ich tot". Das würden Tobias und seine Freunde auch in der Realität immer sagen. Laut Erzählung der Mutter hätte Tobias, „als es ihm im Moment nicht gut ging", ihr gegenüber auch **autoaggressive und aggressive Äußerungen** gegen sie gemacht, wie: „Ich bring mich um" und „Ich stich dich ab". Als vierjähriger Junge hätte Tobias ständig Angst vor dem Tod gehabt, was die Mutter auf den Tod des Großvaters des Kindes zurückführte.

Im Szenotest, welcher die gegenwärtige und vergangene Lebenswelt und die psychische Situation des Kindes darstellen soll, wurden viele Äußerungen aus dem reellen Alltag und aus dem Thomastest nochmals - hier nonverbal - szenisch wiederholt. So zeichneten sich auch massive, **gegen Elternfiguren aggressive** und eventuell auch **autoaggressive Tendenzen** ab. Die **Vaterfiguren** erschienen durchwegs als **geliebte** Personen, stellten aber auch gleichzeitig diejenigen Figuren dar, die als übermächtige, den Personen in ihrem Umfeld **Angst machende Pflichten** abverlangten und die man deshalb bekämpfte. Andrerseits aber zeigten diese väterlichen Repräsentationsfiguren Hinweise auf Ermüdung, Erholungs- und **Hilfsbedürftigkeit**. Die **schulischen Leistungsanforderungen** tauchten immer wieder als sehr schwierige und belastende Pflichten auf.

In der Zeichnung „Familie in Tieren", welche **Familienbeziehungen** darstellen sollen, stellte sich Tobias der ganzen Familie als übergeordnet dar, in scheinbarer Rivalität und gleichzeitiger Hingezogenheit zum Vater. Die Mutter schien den beiden männlichen Figuren – nämlich ihrem Ehemann und ihrem Sohn Tobias - untergeordnet und ihrer kleinen Tochter besonders nahe zu sein.

Tobias zeigte in allen Sitzungen eine **sehr gute Mitarbeit**, sowie ein äußerst **differenziertes Denken** im Gespräch, eine große **Sensibiltät** und eine für dieses Alter ungewöhnliche **Reflexions- und Ausdrucksfähigkeit**. Der Junge schien die Zuwendung, die durch die Zweier-Beziehung in der Testsituation gegeben war, sehr zu genießen, wobei er aber anderseits nur bereit war, zu kommen, wenn er dadurch keine Termine mit seinen großen Freunden versäumen musste. Tobias bekundete in mehreren Situationen und auch laut Erzählungen der Eltern ein sehr großes **Interesse für sexuelle Themen**, was auch sowohl im Szenotest als auch in der Zeichnung „Familie in Tieren" angedeutet wurde.

Eine Aufmerksamkeitsstörung oder Hyperaktivität konnte von uns nicht beobachtet werden. Im Vordergrund schien - vor allem - die **sehr problematische psychische Verfassung** von Tobias zu stehen, sowie - als zweites und eher nachgeordnet - die behandlungsbedürftigen **Teilleistungsstörungen** von Tobias.

Wir rieten den Eltern zu einer fortlaufenden psychologischen **Beratung** mit systemisch-familientherapeutischer Ausrichtung, sowie einer psychologischen Hilfestellung und einer kontinuierlichen Lernbetreuung für Tobias, in welcher ihm klare, richtungsweisende, konsequente, aber liebevolle und beschützende Strukturen vorgegeben werden.

3. Befragung von Eltern und Lehrkräften bezüglich der bisherigen Entwicklung des Kindes

„Der muss viel wissen, der andere lehren soll, mit wenig Wissen weise zu sein."
~ Immanuel Kant

Zu einer vollständigen und verlässlichen Diagnostik der LRS gehört eine gezielte Befragung der Eltern und der Lehrpersonen bezüglich der bisherigen Entwicklung des Kindes. Eine ausführliche Erfassung der Vorgeschichte ist erforderlich, da man dadurch schon eindeutige **diagnostische und therapeutische Hinweise** bekommen kann. Vor allem die Unterscheidung zwischen einer LRS und einer spezifischen Sprachentwicklungsstörung (SSES), die meist schon aus der Entwicklungsgeschichte erkennbar wird, ist für die weitere Diagnostik und Therapie ausschlaggebend.

Um Zeit zu sparen, vergeben wir an Eltern und Lehrer **Befragungslisten**[65], welche bei allfälligen Unklarheiten in der nächsten Sitzung besprochen werden. Die Fragen betreffen überwiegend Bereiche der kindlichen Entwicklung, die charakteristischerweise bei Legasthenikern eingeschränkt sind, wie vor allem die **Sprache** mit all ihren Teilleistungen, z.B. die Lautunterscheidung, die phonologische Bewusstheit usw. (siehe das Kapitel über zugrundeliegende Störungen der Legasthenie).

Deshalb wird auch der Verlauf der **Schwangerschaft, der Geburt und der ersten zwei bis drei Lebensjahre** erfragt, da verschiedene Krankheiten oder Störungen eine LRS entweder verursachen oder verstärken können. Eine häufige Mittelohrentzündung z.B. scheint sich auf eine spezifische Sprachentwicklungsstörung und eine LRS verstärkend auszuwirken. Nicht unbedeutend können manchmal auch die diagnostischen Ergebnisse über die **Seh- und Hörleistung** des Kindes sein.

Neben Art, Qualität und Verlauf der **bisher erfolgten Fördermaßnahmen** ist auch die Häufigkeit von **Klassen- bzw. Schulwechseln** für den Diagnostiker interessant. Ebenso sollte die **schulische Motivationsentwicklung** im Verlaufe der Jahre beachtet werden. Die **Lernbedingungen zu Hause** stellen eine wichtige Voraussetzung für ein erfolgreiches Lernen dar. Eine problematische **Familienstimmung** wie etwa bei Spannungen zwischen den Eltern, bei Trennungssituationen oder bei Geschwisterkonflikten kann das Lernen des Kindes erheblich

---

[65] Im Anhang finden sich die entsprechenden Befragungslisten für Eltern und Lehrer, welche nicht nur der Diagnostik dienen, sondern auch für die Therapie richtungsweisend sein können.

beeinträchtigen. Dementsprechend ist die Entwicklung **des Verhaltens und der psychischen Verfassung** des Kindes ausschlaggebend für die schulischen Leistungen.

Auch die **Unterrichtsdidaktik** und das Verhältnis zwischen Kind, Lehrpersonen und Eltern können den Lernfortschritt des Kindes maßgeblich beeinflussen. Ein Großteil der LRS- und SSES-Kinder können die Freiheiten, die z.B. in Montessori-Schulen geboten werden, häufig nicht wirklich konstruktiv nutzen, da sie eine klar umgrenzte Führung mit sehr strukturierten Lerneinheiten benötigen und nicht fähig sind, sich selbst zu strukturieren. Ein Wochenplan oder manchmal auch nur ein Tagesplan, den diese Kinder eigenständig erfüllen sollen, stellt meist eine Überforderung dar, da sie mit ihren Defiziten nicht alleine zurechtkommen. Zusätzlich ist der **Selbstwert** der Betroffenen häufig schon so eingeschränkt, dass eine mangelnde **Motivation** und häufiges Vermeidungsverhalten beim Lernen meist im Vordergrund stehen. In Gruppen- oder Partnerarbeiten „verstecken" sich die leistungsschwachen häufig hinter den guten Schülern, sodass sie nur **wenig Eigenaktivität** entwickeln und kaum etwas dazu lernen. Auch die **Projektarbeit** der Waldorfschulen, die ein Fach, z.B. Deutsch jeweils über mehrere Wochen durchgehend und dann längere Zeit nicht mehr behandeln, kommt den LRS- und SSES-Kindern mit ihrem häufig sehr reduzierten Sprachgedächtnis nicht entgegen. Sie benötigen dringend den täglichen Kontakt mit der Rechtschreibung, der Grammatik oder auch mit dem Rechnen, um eine **Automatisierung** des mühevoll Erlernten erreichen zu können.

4. Test-Diagnostik der LRS

„Prüfungen messen, was die Angst übriggelassen hat." ~ Unbekannte Autorin

4.1 Ein kleiner „Ausflug" in die Welt der Statistik zum besseren Verständnis der Testwerte

„Die Statistik ist die erste der ungenauen Wissenschaften." ~ Jules de Goncourt

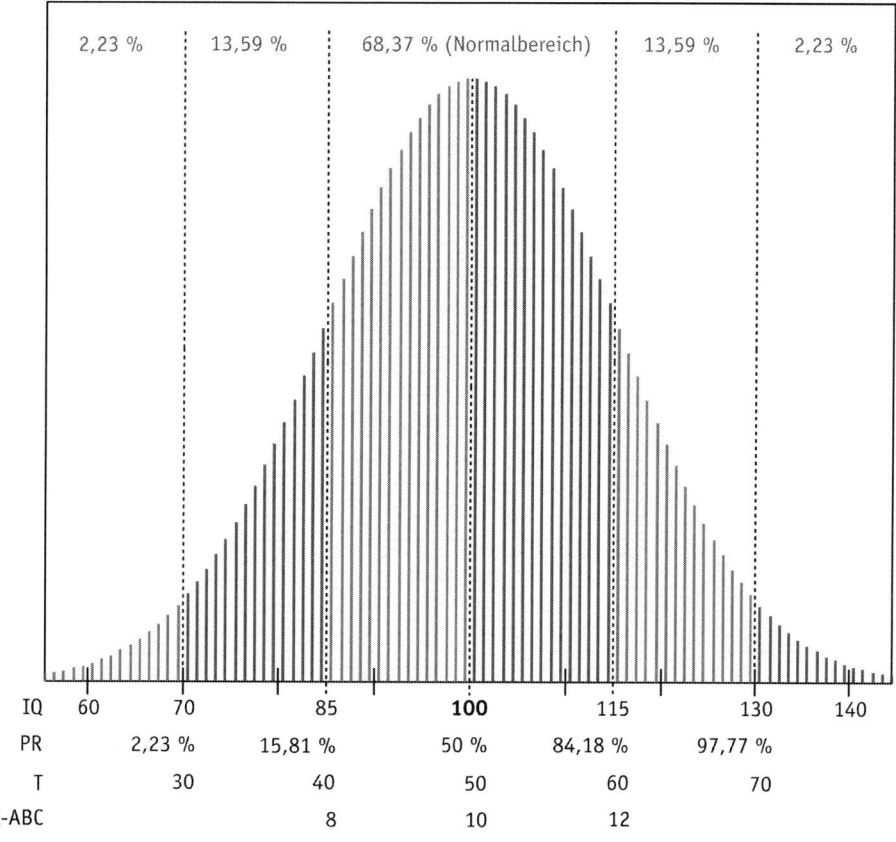

Die „**Norm**" bzw. die Durchschnittswerte von bestimmten Eigenschaften, Daten oder Zahlen werden durch einen **Mittelwert** dargestellt. Ein bestimmter Bereich rund um diesen Mittelwert wird als normal oder besser als durchschnittlich bezeichnet. Abweichungen von diesem Durchschnittsbereich werden als über- bzw. unterdurchschnittlich bezeichnet.

Die Standardabweichung (s) stellt ein mittleres Maß für die Abweichung von ihrem Mittelwert dar und zeigt sozusagen die Grenzen des durchschnittlichen Bereiches an.

Der **Intelligenzquotient (IQ)** ist eine Zahl, die das allgemeine intellektuelle Leistungsvermögen, also die Intelligenz, und damit die relative Stellung einer Person im Verhältnis zur Gesamtbevölkerung, angeben soll. Der Mittelwert ist 100 plus bzw. minus 1 Standardabweichung, das sind 15 IQ-Punkte. Als Durchschnittsbereich gelten demzufolge die IQ-Punkte von 85-115.

Der T-Wert ist ein Maß mit dem Mittelwert 50, plus bzw. minus 10. Als Durchschnittsbereich gelten die T-Werte von 40-60.

Der Prozentrang (PR) gibt an, wie viel Prozent aller Fälle unter- bzw. oberhalb eines bestimmten Wertes liegen, bzw. wie viel Prozent der Personen aus der Vergleichsgruppe, mit der die Normwerte des Tests ermittelt wurden (Normierungsstichprobe), genau so viele oder weniger Aufgaben korrekt bearbeitet haben, wie die getestete Person. Dabei ist die Leistung der Person umso besser, je höher der entsprechende Prozentrang ist und umgekehrt. Ein PR von ca. 15 oder weniger gilt in der Regel als unterdurchschnittlich. Das heißt, dass 15% der Personen aus der Vergleichsgruppe eine gleich gute oder schlechtere Leistung erbrachten. Die Prozentränge von 15-85 gelten als Durchschnitt.

Im **Intelligenztest K-ABC** entspricht **der Standardwert** dem IQ mit einem Mittelwert von 100, plus/minus 15 und dem Durchschnittsbereich von 85-115. **Der Skalenwert** im K-ABC hat den Mittelwert 10 plus bzw. minus 2, also den Durchschnittsbereich von 8-12.

4.2 Kriterien zur Diagnostik der LRS

„Praxis ohne Theorie leistet immer noch mehr als Theorie ohne Praxis." ~ Quintilian

Wie schon erläutert, wird im ICD-10 für die Diagnose der LRS ein gewisses Maß an Minderleistung im Lesen und Rechtschreiben festgelegt, welches weit unter den Leistungen liegt, die aufgrund von Intelligenz, Schulklasse und Alter zu erwarten ist. Der Nachweis einer mindestens **durchschnittlichen Intelligenz (IQ = 85-**

115) anhand eines Intelligenztests ist also notwendig, um diesen Unterschied zwischen dem IQ und der **Leserechtschreibleistung** festzustellen.

Allerdings gibt es weltweit **keine obligatorisch vorgeschriebene genaue Zahl** dafür, ab wann genau eine Minderleistung als auffällig gilt. *„Jegliche Festlegung ist somit relativ willkürlich. Man kann sich das so vorstellen, dass einfach die schlechtesten x% der Rechtschreiber als auffällig oder rechtschreibschwach bezeichnet werden. ... Dies bedeutet, dass dem klinischen Diagnostiker keine klaren Kriterien an die Hand gegeben werden, wie die Ergebnisse von Intelligenz-, Rechtschreib- und Lesetests verrechnet und interpretiert werden sollen"* (Schulte-Körne, 2001).

Die LRS-Diagnostik sollte daher nur von einem diesbezüglich erfahrenen Kinder- und Jugendpsychiater oder Psychologen erstellt werden, da vor allem die **Interpretation der Testergebnisse** reichliche Erfahrung voraussetzt (Schulte-Körne, www.info-legasthenie.de/diagnose.php, 2008).

4.3 Übersicht zur LRS-Testdiagnostik

Die folgenden Überprüfungen sollten für eine verlässliche Diagnose und eine qualitative Förderung und Therapie unbedingt durchgeführt werden. Dabei genügen die Kriterien der Punkte 1-3 für die bloße Feststellung einer LRS. Die Tests in 4. und 5. sind jedoch zusätzlich für eine adäquate Therapie unerlässlich.

Übersicht zur LRS-Testdiagnostik
(Die einzelnen Unterpunkte werden in den nachfolgenden Abschnitten detailliert besprochen)

1. Der Nachweis einer mindestens **durchschnittlichen Intelligenz (IQ = 85-115)** anhand eines Intelligenztests ist notwendig, um den Unterschied zwischen dem IQ und der Leserechtschreibleistung festzustellen.
2. **Der Nachweis von erheblichen Schwächen beim Lesen** im Vergleich zur Klassenstufe anhand normierter Lese-Rechtschreib-Tests.
3. **Der Nachweis von erheblichen Schwächen beim Rechtschreiben** im Vergleich zur Klassenstufe anhand normierter Lese-Rechtschreib-Tests. Zusätzlich sollten auch die **Aufsätze und die schulischen schriftlichen Arbeiten** zur Diagnose herangezogen werden, vor allem wenn die einfachere Lückenform der Rechtschreibtests im Gegensatz zu den schulischen Leistungen steht.

4. **Sonstige Ursachen** des Versagens in Deutsch oder anderen Fächern **müssen ausgeschlossen werden**
5. **Die Überprüfung der Sprachleistungen** zum Ausschluss einer Spezifischen Sprachentwicklungsstörung anhand normierter Sprachtests und Screenings ist für eine adäquate Therapie unerlässlich.
6. Die Diagnostik von **Zusatzsymptomen** ergibt wichtige Hinweise für die Förderung

4.3.1 Der Nachweis einer mindestens durchschnittlichen Intelligenz anhand eines Intelligenztests

„Intelligenz ist das, was ein Intelligenztest misst." ~ E.G. Boring

„Intelligenz ist jene Eigenschaft des Geistes, dank derer wir schließlich begreifen, dass alles unbegreiflich ist." ~ Charles Émile Picard

Zur Feststellung eines Begabungsprofils sollte unbedingt ein **umfassender Intelligenztest** durchgeführt werden, da für den Therapeuten nicht so sehr der IQ, sondern vielmehr die inhaltliche Auswertung, das heißt, die dabei zum Teil feststellbaren Wahrnehmungsleistungen und die **Stärken und Schwächen des Kindes** für eine anschließende Förderung bedeutsam ist. Außerdem erleben wir immer wieder, dass kurze Intelligenztests mit wenigen Subskalen ein vollkommen anderes Ergebnis aufweisen, als ein breit angelegtes Intelligenzprofil, das viele Leistungsbereiche beinhaltet. Im Zweifelsfalle wäre es ratsam, zwei verschiedene Intelligenzverfahren durchzuführen, wobei eines eventuell sprachfrei sein sollte.

Einige Autoren empfehlen, nur die Werte der **sprachfreien Skalen** zur Diagnostik der Legasthenie heranzuziehen, da ja - mit eher seltenen Ausnahmen - die sprachlichen Teilleistungen bei LRS-Betroffenen meist sehr eingeschränkt sind:

„Die Erfassung der Intelligenz ist nötig, wenn eine Diagnose nach ICD-10[66] gestellt werden soll. Dabei ist zu empfehlen, dass ein **sprachfreies Intelligenzmaß** *verwendet wird, da die Intelligenz von Kindern mit Lese-Rechtschreibstörung sonst möglicherweise unterschätzt wird. Als sprachfreie Intelligenztests werden sehr häufig CFT 1 und CFT 20 verwendet. Diese sind allerdings aufgrund ihrer Kürze eher als Screening-Instrumente zu empfehlen. Beim CFT 1 gibt es außerdem das Problem, dass drei der fünf Untertests weniger Intelligenz im engeren Sinne, sondern visuo-motorische und visuelle Fähigkeiten sowie Aufmerksamkeit messen. Eher zu emp-*

---

[66] International classification of diseases.

*fehlen sind da **ausführlichere** Verfahren wie HAWIK-III und K-ABC. [...] Bei beiden Verfahren sollte ggf. nicht der Gesamtwert, sondern der sprachfreie Teil als Intelligenzmaß verwendet werden (K-ABC: Non-verbale Skala NV, HAWIK-III: Handlungs-IQ)"* (Schulte-Körne, 2003).

Beispiele für einige Intelligenztests[67]

Breit angelegte Intelligenztests:
- Snijders-Oomen Sprachfreier Intelligenztest (SON-R 51/2 -17), 5½ - 17 Jahre, Normen von 1984; J. Th. Snijders, P. J. Tellegen und J. A. Laros
- Kaufman Assessment Battery for Children (K-ABC), Normen 1986-1989, 2½–12½ Jahre; A. S. Kaufman, N. L. Kaufman, Deutsche Bearbeitung von P. Melchers und U. Preuß
- Hamburg-Wechsler-Intelligenztest IV für Kinder, 1. Auflage, 6;0 bis 16;11 Jahre, F. und U. Petermann, 2007
- Adaptives Intelligenz Diagnostikum 2, (AID-2), 6-15;11 Jahre, Normen von 1995-1997; Kubinger und Wurst

Kurze Intelligenztests:
- Grundintelligenztest (CFT 20), 8½ – 60 Jahre, Normen von 2003/4; R. H. Weiß
- Die Standard Progressive Matrices (SPM), Normen von 1998; J. C. Raven

Im Folgenden wird **exemplarisch am Intelligenztest HAWIK IV** dargestellt, was die einzelnen Untertests in den meisten Intelligenztests in der Regel überprüfen. Ein Teil der Untertests, wie z.B. Zahlen Nachsprechen, oder räumliche Aufgaben kommt in fast allen Intelligenztests vor. Der HAWIK III entspricht in den für die Legasthenie wichtigen Teilleistungen weitgehend dem HAWIK IV, sodass nur mehr der letztere an dieser Stelle besprochen werden soll.

Hamburg-Wechsler-Intelligenztest für Kinder - IV
Übersetzung und Adaption der WISC-IV® von David Wechsler; 6;0 bis 16;11 Jahre; 1. Auflage; F. Petermann und U. Petermann.

Aus 15 Untertests werden je nach Bereich 5 Intelligenzwerte errechnet: Sprachverständnis, Wahrnehmungsgebundenes Logisches Denken, Arbeitsgedächtnis, Verarbeitungsgeschwindigkeit, Gesamt-IQ.

---

[67] Ohne Anspruch auf Vollständigkeit.

Die **Profilanalyse** aus den Ergebnissen der Untertests ermöglicht eine sehr differenzierte Aussage über die Stärken und Schwächen des Kindes. Zusammen mit einer differenzierten **Prozessanalyse** kann man wertvolle Hinweise für eine gezielte Therapieplanung erhalten.

Beschreibung der einzelnen Untertests (Nach Daseking & Petermann, 2007)

Mosaik-Test MT: Analyse und Synthese abstrakter visueller Stimuli, nonverbale Konzeptbildung, visuelle Wahrnehmung und Organisation, visuomotorische Koordination, visuelle Figur-Grund-Unterscheidung.

Gemeinsamkeiten finden GF: Wort-Verständnis und -Gedächtnis, verbaler Ausdruck, verbales schlussfolgerndes Denken und Konzeptbildung.

Zahlen nachsprechen ZN: Auditives Kurzzeitgedächtnis; Fertigkeit zur Reihenbildung, Aufmerksamkeit. Zahlen nachsprechen vorwärts: automatisiertes Lernen, Gedächtnis, Aufmerksamkeit. Zahlen nachsprechen rückwärts: Arbeitsgedächtnis, mentale Rotation, visuell-räumliches Vorstellungsvermögen, kognitive Flexibilität.

Bildkonzepte BK*[68]: Abstraktes kategoriales Denken.

Zahlen-Symbol-Test ZST: Kognitive Verarbeitungsgeschwindigkeit, visuelles Kurzzeitgedächtnis, Lernfähigkeit, visuelle Wahrnehmung, visuomotorische Koordination, Fähigkeit zum visuellen Durchmustern, kognitive Flexibilität, Aufmerksamkeit, Konzentration.

Wortschatz-Test WT: Wortwissen, Begriffsbildung und -Verständnis, Lernfähigkeit, sprachliches Langzeitgedächtnis, Abruf aus dem Langzeitgedächtnis, Sprachentwicklung.

Buchstaben-Zahlen-Folgen BZF*: Reihenfolgenbildung, mentale Rotation, Aufmerksamkeit, auditives Kurzzeitgedächtnis, visuell-räumliches Vorstellungsvermögen, Verarbeitungsgeschwindigkeit.

Matrizen-Test MZ*: Fluide Intelligenz.

---

[68] Neu im Vergleich zum HAWIK III.

Allgemeines Verständnis AV: Verbales Schlussfolgern und verbale Konzeptualisierung, sprachliches Verständnis, sprachlicher Ausdruck, Wissen um konventionelle Verhaltensstandards, soziales Urteil.

Symbol-Suche SYS: Visuelle Beobachtungsgenauigkeit und Konzentration (ähnlich wie bei Buchstabenreihen), kognitive Verarbeitungsgeschwindigkeit, visuelles Kurzzeitgedächtnis, visuomotorische Koordination, kognitive Flexibilität, visuelle Diskrimination.

Zusätzliche Untertests

Bilder ergänzen BE: Visuelle Wahrnehmung und visuelle Organisation.

Durchstreich-Test DT*[69]: Verarbeitungsgeschwindigkeit, visuelle selektive Aufmerksamkeit.

Allgemeines Wissen AW: Allgemeines Faktenwissen über die Umwelt, sprachliches Langzeitgedächtnis, Wortfindung.

Rechnerisches Denken RD: Mentale Rotation, Aufmerksamkeit, Kurz- und Langzeitgedächtnis, Rechenfähigkeit.

Textrechnungen:
- Das Lese- und/ oder Sprachverstehen
- Das sprachliche Arbeitsgedächtnis und das Langzeitgedächtnis für Wörter und Sätze
- Die Fertigkeiten in den Grundrechnungsarten
- Das logische Problemlösen
- Die Stresskompetenz gegenüber einem vorgegebenen Zeitlimit

Begriffe erkennen BEN*: Verbales Schlussfolgern, Sprachverständnis, verbale Abstraktion, Bereichswissen, Integration und Synthese verschiedener Informationsarten, Generierung alternativer Konzepte.

Die Leistungen der einzelnen Untertests werden 4 Intelligenz-Bereichen zugeordnet:

---

[69] Neu im Vergleich zum HAWIK III

Sprachverständnis SV: sprachliche Begriffsbildung, sprachliches Schlussfolgern und Wissen. Untertests: Gemeinsamkeiten finden, Wortschatz, Allgemeines Verständnis und Wissen, Begriffe erkennen.

Wahrnehmungsgebundenes Logisches Denken WLD:
Wahrnehmungsorganisation, logisches Denken. Untertests: Mosaik-Test, Bildkonzepte, Matrizen-Test, Bilder ergänzen.

Arbeitsgedächtnis AG: Aufmerksamkeit, Konzentration, Arbeitsgedächtnis. Untertests: Zahlen nachsprechen, Buchstaben-Zahlen-Folgen, Rechnerisches Denken.

Verarbeitungsgeschwindigkeit VG: Geschwindigkeit der mentalen und graphomotorischen Verarbeitung. Untertests: Zahlen-Symbol-Test, Symbol-Suche, Durchstreich-Test.

Neu hinzugekommene Untertests im Vergleich zum HAWIK III:
Bildkonzepte, Buchstaben-Zahlen-Folgen, Matrizen-Test, Durchstreich-Test, Begriffe erkennen.

Die in den Intelligenztests miterfassten **sprachlichen Schwächen** sollten **wegweisend** für die weitere Diagnostik und Therapie sein. Der Hamburg-Wechsler-Intelligenztest und das Adaptive Intelligenz-Diagnostikum beinhalten mehrere sprachlich begründete, einander entsprechende Untertests, die einiges über die sprachlichen Teilleistungen des Kindes aussagen können. Wegen des mangelnden sprachlichen Arbeitsgedächtnisses finden sich fast immer reduzierte Werte im Zahlen- und Wörter- Nachsprechen. Daraus ergibt sich eine meist hohe Diskrepanz zwischen der sprachlichen und nicht sprachlichen Intelligenz (Sprach- und Handlungteil der Tests). Bei SSES- und auch bei manchen LRS-Kindern ergeben sich nicht selten auch in den Untertests, die das Wort-, Satz- oder Text- Verständnis einbeziehen, mangelnde Leistungen. Die Textrechnungen der Intelligenztests sind generell nicht schwierig, trotzdem versagen auch noch 16-jährige LRS- und SSES-Kinder häufig bei einem Großteil der Aufgaben wegen ihrer reduzierten Lese- und Sprachkompetenz.

Ein Textrechnungs-Beispiel aus dem AID 2 für 8-16 Jährige:

Ein Zug hat sieben Waggons. In 3 Waggons ist Platz für je 50 Personen, in den restlichen nur für je 40. Wie viele Personen haben in dem Zug Platz.

Die zweimal vorkommende Formulierung *für je* wird von LRS- und SSES-Kindern häufig überlesen, nicht erinnert oder nicht verstanden und auch nicht entsprechend rechnerisch berücksichtigt. Auch die inhaltlichen Bezüge über die Satzteile hinweg werden mitunter vor allem von den noch jüngeren Kindern nicht verstanden: Wer ist z.B. mit *den restlichen* oder *für je 40* gemeint? Eine mangelnde Lesekompetenz kann auch bewirken, dass wichtige Informationen und Zahlen nicht oder falsch gelesen, vergessen oder nicht verstanden werden.

Da die **visuellen Teilleistungen** und ihre Bedeutung für die LRS noch nicht so detailliert untersucht sind, beschränken wir uns hier nur auf die Erwähnung der zwei Subtests im HAWIK IV, die als visuelle Teilleistungen eine Beziehung zur LRS - zu Buchstaben und Zahlen - vermuten lassen: Der Zahlen-Symbol-Subtest und die Symbolsuche–Aufgaben. Einstweilen bleibt es noch mehr oder weniger der Interpretation des Praktikers überlassen, welche der visuellen Teilleistungen für die Lese- Rechtschreibfertigkeit relevant sein könnten.

Leistungsprüfsystem nach W. Horn (LPS, 1962/1983)
Auch in älteren breit angelegten Intelligenztests wie dem **Leistungsprüfsystem**, finden sich mehrere Untertests zu **visuellen und sprachlichen** Fertigkeiten im Buchstaben- und Wortbereich, bei welchem LRS-Personen erfahrungsgemäß viele Fehler machen und die eventuell für den Schrifterwerb bedeutsam und für die Diagnose relevant sein könnten:

- **Allgemeinbildung**:
  - Rechtschreibfehler in Fremdwörtern finden.
  - Reihen von Buchstaben und Zahlen nach herauszufindenden logischen Richtlinien ordnen.
- **Worteinfall**:
  - Buchstabengliederung.
  - Wörter mit vorgegebenem Anfangsbuchstaben bilden.
- Die falsche oder richtige **Drehung von Buchstaben** und
- geometrisch gezeichnete **Buchstaben auf geometrischen Hintergrundmustern** erkennen.
- **Ratefähigkeit**:
  - **Bildfragmente** erkennen.
  - Rechtschreibfehler in **Wortfragmenten** erkennen.
- Bestimmte **Buchstaben und Zahlen in langen Reihen zählen.**

Laut Testhandbuch bestehen **hochbedeutsame Beziehungen zwischen den Schulnoten in verschiedenen Fächern und der Gesamtleistung, sowie den einzelnen Leistungen in den Untertests** des LPS. Wegen der veralteten Normen von 1972 eignet sich dieser Test nicht zur Intelligenzdiagnostik bei LRS-Personen. Das Verfahren kann aber wertvolle Hinweise zu den **Wahrnehmungsschwächen** der LRS-Probanden geben.

4.3.2 Der Nachweis von unterdurchschnittlichen Fertigkeiten im Lesen anhand normierter Lese-Tests

„Der Mensch ist der Feind dessen, was er nicht versteht." ~ Ali ibn Abi-Tali

Sehr häufig wird die Lesefertigkeit nur in Bezug auf das **Lesetempo** und die **Lesefehler** überprüft. Defizite im **Leseverstehen** werden vielfach übersehen, wobei diese doch erhebliche Auswirkungen auf das gesamte schulische Lernen haben können.

Die **Buchstaben-Laut-Zuordnung und das Zahlen-Lesen** sollten ebenfalls überprüft und gegebenenfalls behandelt werden, da diese Fertigkeiten von Legasthenikern sehr lange nicht automatisiert beherrscht werden.

Die Lesefertigkeit muss unbedingt auf folgenden Ebenen[70] erfasst werden:

1. **Buchstaben-Laut-Zuordnung:** Buchstaben lesen
    (Zürcher Lesetest) und schreiben (unstandardisiert)
2. **Lesegeschwindigkeit und Lesefehler** (in den meisten Lesetests)
3. Lesen von **kurzen und langen Wörtern** mit und ohne Konsonantenhäufungen, **Pseudowörtern** und **Texten**
    (in den meisten Lesetests, Pseudowörter im Salzburger Lesetest)
4. Einfache und komplexe **Zahlen** lesen und schreiben
    (in selbst erstellten Zahlenreihen)
5. **Leseverständnis** gesondert im Wort-, Satz- und Textbereich
    (ELFE, HAMLET, Zürcher Lesetest und Leseverständnistest)
6. Beobachten der **Betonung** und des Einhaltens der Satzzeichen
    (in den Texten der Lesetests)

Aktuelle Lesetests liegen leider fast ausschließlich für die Primarschule vor, obwohl sich die Lesefertigkeit vieler erwachsener und jugendlicher Legastheniker immer noch als beeinträchtigt erweist.

---

[70] Die Beschreibung der Lesetests folgt anschließend.

Im Anschluss sollen nun die aktuellsten Lesetests - ohne Anspruch auf Vollständigkeit - vorgestellt werden, welche jeweils **verschiedene Teilleistungen der Lesekompetenz** überprüfen.

Salzburger Lese- und Rechtschreibtest - SLRT
(Landerl, Wimmer und Moser, 1997)

Der SLRT ist ein Verfahren zur Erfassung von Lese- und Rechtschreib- Störungen für die 1. bis 4. Klasse. Der Lesetest ist nur als Einzelverfahren, der Rechtschreibtest auch als Gruppenüberprüfung anwendbar.

Der **Lesetest** dauert ca. 10 Minuten und bewertet sowohl die Lesezeit als auch die Lesefehler. Das Verfahren prüft einerseits Störungen der **direkten, automatischen Worterkennung** durch die Subtests *Häufige Wörter* (*Buch, Tier*) und *Zusammengesetzte Wörter* (*Filzstift, Geburtstagskuchen*), in welchen vermehrt die für Legastheniker schwerer lesbaren Konsonantenhäufungen vorkommen. Andererseits testet das Verfahren auch **das synthetische Lesen** (Zusammenfügen von Buchstaben zu einer Silbe oder einem Wort) durch das Lesen von Pseudowörtern. Der Untertest *Wortunähnliche Pseudowörter* testet das Lesen von zwei- und dreisilbigen Pseudowörtern wie „ketal" oder „talire", der Subtest *Wortähnliche Pseudowörter* überprüft ein- und zweisilbige Quatschwörter wie *Vaus* (statt Haus) und *Upa* (statt Opa). **Das flüssige Lesen** wird anhand eines Textes überprüft.

Folgendes ist bei der Anwendung des Salzburger Lesetests zu beachten:

Das Lesen - vor allem der wortunähnlichen - **Pseudowörter** verlangt ein buchstabengenaues Erlesen, das ein Erraten nicht zulässt. Es überprüft einen Teil der Fähigkeiten der **phonologischen Bewusstheit** (Ijzendorn und Bus, 1994), welche eine der wichtigen Voraussetzungen für den Leserechtschreib-Erwerb darstellt. Beim Pseudowort-Lesen kann gut beobachtet werden, ob das Kind die Wörter Laut für Laut, in Buchstabengruppen oder Silben liest. Auch die Art der **Silbentrennung** (hol- ot- u statt ho-lo-tu), sowie die **Betonung** (auf der letzten Silbe statt auf der ersten) können schon Hinweise auf die **prosodischen und wortgrammatischen Fähigkeiten** des Kindes geben. Ebenso werden hier leichter die mangelnden Fertigkeiten zur **Buchstaben- Laut- Zuordnungen** ersichtlich.

Bei den **Texten** sollte man darauf achten, ob das Kind die Wörter und Satzteile **sinngemäß betont** und die **Beistriche und Punkte** beachtet. Das sind wichtige Informationen, die unbedingt in der **Therapie** mit berücksichtigt werden müssen.

Die Überprüfung des **Leseverständnisses** ist in diesem Test zwar nicht vorgesehen, sollte aber neben der Zeit- und Fehlermessung auch vorab für einen groben Überblick über **Leseverständnis, Sprachgedächtnis und Sprachproduktion** genutzt werden. Man sollte die Kinder den jeweils gelesenen Text nacherzählen lassen und notieren, was genau ausgelassen oder fehlerhaft wiedergegeben wurde. Zusätzlich sollte dabei auf die **Satzbildung, den Wortschatz und die Aussprache** geachtet werden.

Der **Rechtschreibtest**, für welchen etwa 20-30 Minuten benötigt werden, misst und bewertet jeweils getrennt das „lautgetreue" Schreiben (jeder Laut entspricht genau einem Buchstaben), die Großschreibung und das orthographische Schreiben (nach Rechtschreibregeln) in größeren Prozentrangspannen (z.B. Prozentrang 11-20).

Dieses führt jedoch zu zu hohen Werten im Bereich der Orthografie und damit zur Überbewertung der Rechtschreibkompetenzen des Kindes. Es ist daher ratsam, **zur Berechnung der Prozentränge ALLE Fehler zu verwenden**, wie das alle anderen Rechtschreibtests auch tun. Ansonsten werden leserechtschreibgestörte Kinder mitunter nicht erkannt und diagnostiziert. Außerdem ergeben sich damit große **Diskrepanzen** zu anderen Verfahren, sodass es vorkommen kann, dass dasselbe Kind an verschiedenen Untersuchungsstellen unterschiedlich beurteilt wird. Erfahrungsgemäß sinken auch die **Prozentränge**, die in den ersten zwei Schulstufen bei LRS-Kindern häufig zwischen 20 und 30 liegen, in den höheren Primarschulklassen auf 0 bis 15. Zusätzlich sind die angegebenen Prozentrang-Spannen so groß, dass dasselbe Kind mit der Prozentrangspanne 11-20 eventuell sowohl mit einer positiven, als auch negativen Legasthenie-Einstufung beurteilt werden kann.

Bei der **Anwendung des Tests in Deutschland und in der Schweiz** ist zu berücksichtigen, dass die Normen des SLRT aus Österreich stammen und nicht mit den jeweiligen Lernwortschätzen übereinstimmen. Allerdings sollte sowieso beobachtet werden, ob das Kind die Wörter nur auswendig kann, oder ein Gefühl für bestimmte Rechtschreibbesonderheiten wie z.B. für lange und kurze Selbstlaute, Vorsilben und Nachsilben (ver – fer, a – er, usw.) erworben hat. Dies ist allerdings kaum einmal der Fall.

Salzburger Lese-Screenings SLS 1-4 und SLS 5-8 (Mayringer, Wimmer, 2003)

Die beiden **Salzburger Lese-Screenings** sind als Gruppentest jeweils für die Klassen 1-4 und 5-8 einsetzbar und sollen das basale **Leseverständnis und die Lesegeschwindigkeit** ermitteln. Bei einer Reihe von recht einfachen Sätzen muss deren **inhaltliche Richtigkeit** beurteilt werden (z.B. „Bei starkem Wind fällt leicht etwas um" oder „In der Wüste regnet es oft". Mit dem SLS kann man jedoch nicht prüfen, ob ein Kind einen zusammenhängenden Text inhaltlich versteht. Außerdem können die Kinder des Öfteren den Inhalt des Satzes anhand einzelner Wörter richtig interpretieren. Mit der Berechnung eines Lesequotienten wird festgestellt, an welcher Stelle in der Klasse das Kind mit seiner **Lesefertigkeit** bezüglich benötigter Zeit und richtiger Interpretation der Sätze steht. Die Durchführungszeit beträgt drei Minuten, insgesamt mit der Einführung 15 Minuten, die Auswertung dauert pro Kind ein bis zwei Minuten. Die beiden Screenings gelten als sehr zuverlässiges Testverfahren und werden in den Schulen Österreichs eingesetzt, sind aber auch für Deutschland und die Schweiz gültig. Mit der Interpretation des Leseverständnisses sollte man hier aber vorsichtig sein, da die Sätze sehr einfach sind und das Textverständnis nicht überprüft wird.

Hamburger Lesetest HAMLET 3-4 (Lehmann, Peek, Poerschke, 1997)

Dieser Lesetest für die dritte und vierte Grundschulklasse, gliedert sich in einen **Wortlesetest** zur Feststellung der **Lesegeschwindigkeit** und -**genauigkeit** und einen sehr umfangreichen **Leseverständnis**-Teil (Durchführungszeit ca. 90 Minuten). Das Leseverständnis wird durch 10 unterschiedlich aufgebaute Texte mit aufsteigendem Schwierigkeitsgrad geprüft, bei welchen Fragen im Multiple-Choice-Verfahren beantwortet werden müssen.

Knuspels Leseaufgaben (Marx H., 1995-1997)

Der Test eignet sich für Kinder der 1. bis 4. Grundschulklasse und kann als Gruppen- oder Einzeltest verwendet werden. Die Testdauer liegt zwischen 35 Minuten am Ende der 4. Klasse und 50 Minuten am Ende der 1. Klasse. Der Test unterscheidet in folgenden 4 Unterskalen sehr sinnvoll das **Hör- und das Leseverstehen**, sowie die Fertigkeit, Buchstaben richtig in die zugehörigen Laute und Lautkombinationen umzuwandeln und das zugehörige Wort aus dem Wortschatz abzurufen.

1. Hörverstehen: Mündliche Fragen und Aufforderungen müssen schriftlich bearbeitet werden. Dieser Untertest überprüft das Sprachgedächtnis und das Sprachverständnis, z.B.: *„Schreibe die ersten drei Buchstaben des Monats, in dem Du geboren bist, auf die dritte Zeile von links".*
2. Rekodieren: Rechtschreib-Besonderheiten müssen dem richtigen lautlichen Klang zugeordnet werden, z.B.: *„Welche Wörter klingen beim Lesen gleich? Rhein – Rain, Speere – Sperre?"*

3. Dekodieren: Rechtschreib-Besonderheiten müssen dem richtigen lautlichen Klang zugeordnet und das Wort samt seiner Bedeutung aus dem Wortschatz abgerufen werden, z.B.: *„Welches Wort klingt beim Lesen wie ein echtes Wort? Ree, Supe?"*

4. Leseverstehen: Schriftlich gestellten Fragen und Aufforderungen müssen schriftlich bearbeitet werden, z.B.: *„Male dem linken Knuspel (ein Männchen) einen gut gelaunten und dem mittleren einen schlecht gelaunten Mund!"*

Anhand der Subtests 1-3 wird ein Gesamt-Wert für die **Vorläuferfähigkeiten für das verstehende Lesen** und aus den Subtests 2-4 ein Gesamt-Wert für die **Lesefähigkeit** ermittelt.

Würzburger Leise Leseprobe - WLLP (Küspert, Schneider, 1998)

Die WLLP stellt einen 5 Minuten (mit Instruktion ca. 15 Min.) dauernden normierten Test dar. Dieser kann jeweils am Jahresende der 1. bis 4. Klasse als Gruppentest eingesetzt werden kann. Die WLLP überprüft die **Lesegeschwindigkeit**, indem geschriebene **Wörter** jeweils vier Bildern zur Auswahl gegenübergestellt sind und das dazugehörige Bild anzustreichen ist.

Zürcher Lesetest (M. Lindner; H. Grissemann, 2000, 6. Auflage)

Der Zürcher Lesetest (ZLT) enthält **alte Normen** (1967-80, letzte Standardisierung in der 4. Auflage, 1980), sodass die Auswertung kaum mehr reelle Werte liefert. Als Screening für die grobe Einschätzung des Lesens eignet sich das Verfahren jedoch recht gut, da es die von Legasthenikern oft lange nicht automatisierte Buchstaben – Laut – Zuordnung überprüft, sowie kurze und lange Wörter mit Konsonantenhäufungen (z.B. *Oberst, Borsten, freudestrahlend, schneebedeckt*). Die Texte, die zum Teil inhaltlich recht komplex sind, lassen sich – obwohl nicht dafür vorgesehen - auch **zur ersten Textverständnis- Einschätzung** verwenden. Die Texte bieten häufig schwierige Verstehenspassagen, bei welchen **inhaltliche Bezüge von Fürwörtern und neu auftretenden Hauptwörtern oft über zwei oder mehr Sätze hinweg** erfasst und verstanden werden müssen – eine Lesekompetenz, über welche viele Legastheniker nur eingeschränkt verfügen.

Zum Beispiel: *„...Da sieht sie (Barbara) den Regen. „Meinst du, ich sei traurig, fragt sie ihn* [den Regen])...". Hier wissen die Kinder meist nicht, mit wem Barbara redet. Oder: <u>*Es*</u> (das im Vorsatz erwähnte Waldweiblein) *bat den Mann, ihm* *doch zu helfen.* Ein Teil der LRS-Kinder meint, das Waldweiblein will dem Mann helfen.

Der Text „Flug über Afrika" beschreibt weniger einen zusammenhängenden fortlaufenden Inhalt, sondern beschreibende Aufzählungen von Sätzen mit zum Teil wenig bekannten Wörtern. Er fordert daher mehr das **sprachliche Arbeitsgedächtnis und die Wortkenntnis** als das Textverständnis. Kinder mit einem reduzierten sprachlichen Arbeitsgedächtnis können den Inhalt hier nur bruchstückhaft wieder gegen. Drei der Untertests sind gezielt in sehr kleiner Schrift geschrieben, was für Legastheniker eine zusätzliche Erschwernis darstellt.

ELFE 1-6: Ein Leseverständnistest für Erst- bis Sechstklässler
(W. Lenhard, W. Schneider, Hrsg.: M. Hasselhorn, H. Marx, W. Schneider; 2006)

Der normierte Test kann in der Papierversion auch als Gruppentest für die Klassenstufen 1 bis 4 verwendet werden (Durchführungsdauer 20 - 30 Minuten). Für 5. und 6. Klassen werden nur die Bearbeitungszeiten verkürzt, sodass die Überprüfung hierbei eher als Screening zu werten ist. Die Computerversion erstellt eine automatische Auswertung pro Person, sodass diese von allen leicht anzuwenden ist. Der Test prüft das **Wort-, Satz- und Textverständnis und die Lesegeschwindigkeit** (nur in der Computerversion) und ist in 10 - 15 Minuten zu bewältigen. Ein dem Test angepasstes **ELFE-Trainingsprogramm** (Lenhard & Schneider, 2006) bietet entsprechende Fördermöglichkeiten.

Beim **Wortverständnistest** soll einem Bild das richtige aus vier Wörtern zugeordnet werden, die einander **in Schriftbild und Wortklang** ähneln (z.B.: *Felsen, Fehler, Fremder, Fenster*).

Beim **Satzverständnistest** wird ein Satz vorgegeben, bei dem es für einen Satzteil fünf Antwortmöglichkeiten aus Wörtern gibt, die sich ebenfalls klanglich und schriftlich gleichen. Das gesuchte Wort ist jeweils ein Hauptwort, ein Zeitwort, ein Eigenschaftswort, ein Vorwort oder ein Bindewort. Die Komplexität des Textverständnisses variiert vom Auffinden isolierter Informationen bis zum satzübergreifenden Lesen.

Ausgewählte Lesetests[71]

Name, Abkürzung	Jahr der Normierung, Anwendung, Auflage	Klasse	Teilleistungen	Autoren	Größe der Normierungsgruppen N[72]
Leseverständnistest für die 1.-6. Klasse ELFE 1-6	1. Auflage 2006	Ende 1.- 6. Klasse	Wort, Satz- und Text-Verständnis	Lenhard, Schneider	N = 4893
Salzburger Lese-Screening 1-4 SLS 1-4	Anwendung seit 2003	Ende 1.- 4. Klasse	Basales Leseverständnis für einfache Sätze	Mayringer, Wimmer	N = 215-295
Salzburger Lese-Screening 5-8 SLS 5-8	Anwendung seit 2005	Ende 5.- 8. Kl.	Basales Leseverständnis für einfache Sätze	Auer et al.	N = 714 – 850 pro Klasse
Salzburger Lese- und Rechtschreib-test, SLRT	Anwendung seit 1997	Ende 1.- 4. Klasse	Direktes Worterkennen und lautierendes Lesen	Landerl et al.	N=93-402
Würzburger Leise Leseprobe, WLLP	Anwendung seit 1998	1.- 4. Klasse	Worterkennung Lesegeschwindigkeit	Küspert, Schneider	N=2 820
Knuspels Leseaufgaben, Knuspel-L	Normen 1995-1997	Ende 1.- 4. Klasse	Lange u. kurze Vokale erkennen. Lese- und Hör-Verstehen von Sätzen	H. Marx	N= 285-829
Hamburger Lesetest HAMLET 3-4	Normen 1995	Ende 3.- 4. Klasse	Lesen von Wörtern, Textverständnis	Lehmann, et al.	N= 1704-1770
Zürcher Lesetest ZLT	Normen bis 1980	2. - 6. Klasse	Leseflüssigkeit und -Genauigkeit	Linder, Grissemann	N = 449
Zürcher Leseverständnistest 4.- 6. Kl. ZLVT 4- 6	2. Auflage 2000	4. - 6. Klasse	Sinnverstehendes Lesen, Überprüfung mit Handlung	Grissemann et. al.	N = 300

---

[71] In Anlehnung an Lenhard, Schneider und Lenhard, Lenhard (2006): www.elfe-lesetest.de/tabelle.html.

[72] Normierungsgruppen sind die Gruppen von Kindern, die zur Erstellung der Normen getestet wurden, die dann zur vergleichsweisen Einschätzung der Leistungen aller später getesteten Personen dienen.

Lesetests als Teil anderer Testbatterien

Name, Abkürzung	Auflage, Anwendung seit	Klasse	Teilleistungen	Autoren	Größe der Normierungsgruppen N
Allgemeiner Deutscher Sprachtest ADST	Anwendung seit 1978.	3. - 10. Klasse Grundschule, Gymnasium, Realschule, Hauptschule	Textverstehen, Wortschatz, Wortbildung, Satzgrammatik, Laut-Buchstaben-Koordination, Rechtschreibung, Betonung, Aussprache, Zeichensetzung	Steinert	N=4845
Allgemeiner Schulleistungstest für 2. Klassen AST 2	2. Auflage 1991	Letzte 3 Monate der 2. Klasse	Wortschatz, Rechtschreiben, Zahlenrechnen, Leseverständnis, Textaufgaben	Rieder	N=1147
Allgemeiner Schulleistungstest für 3. Klassen AST 3	2. neu bearbeitete Auflage 1991	2. Halbjahr der 3. Klasse	Sprachverständnis, Sachkunde, Textaufgaben, Zahlenrechnen, Rechtschreiben	Fippinger Hrsg.: Ingenkamp	N=1784
Allgemeiner Schulleistungstest für 4. Klassen AST 4	3. neu bearbeitete Auflage 1992	2. Halbjahr der 4. Klasse	Sprachverständnis, Sachkunde, Mathematik, Rechtschreiben	Fippinger Hrsg.: Ingenkamp	N=3268
Anweisungs- und Sprachverständnistest, ASVT	2. Auflage 1994	Anfang der 1. u. 2. Klasse	Anweisungs- und Sprachverständnis	Kleber, Fischer	?
Hamburger Schulleistungstest für 4. und 5. Kl. HAST 4-5	Anwendung seit 2001	Ende der 4. - Anfang der 5. Klasse	Sprach- / Leseverstehen, Lesen aus Karten, Tabellen, Diagrammen...	Mietzel, Willenberg	N=17 770
Schultestbatterie zur Erfassung des Lernstandes in Mathematik, Lesen und Schreiben I SBL I	Anwendung seit 2000	Ende 1. Klasse Grundschule; Sonderschule	Lesefertigkeit und -verstehen, u.a.	Kautter, Storz, Munz Hrsg.: Ingenkamp	N=3500
Schultestbatterie zur Erfassung des	1996/97 - 1998/99	Ende 2. Klasse	Lesefertigkeit und - verstehen	Kautter, Storz,	

Name, Abkürzung	Auflage, Anwendung seit	Klasse	Teilleistungen	Autoren	Größe der Normierungsgruppen N
Lernstandes in Mathematik, Lesen und Schreiben SBL II		Grundschule; Sonderschule		Munz Hrsg.: Ingenkamp	
Testbatterie Grammatische Kompetenz TGK	Anwendung seit 1976	Haupt-, Real- und Oberschule 10 - 12 Jahre	Leseverstehen von schweren Sätzen, Direktes Worterkennen, Lese- / Schreib-Geschwindigkeit	Tewes, Thurner	N = 1955

4.3.3 Der Nachweis von unterdurchschnittlichen Fertigkeiten im Rechtschreiben anhand normierter Rechtschreibtests-Tests

„Kinder müssen mit großen Leuten viel Nachsicht haben." ~ Antoine de Saint-Exupéry

a. Die generelle Vergleichbarkeit von Tests – insbesondere von Rechtschreib-Tests

Ein wichtiges Kriterium zur Beurteilung eines Tests ist die **Normierung**. Unter der Normierung eines Tests versteht man, dass eine „normale" Vergleichsgruppe von meist gleichaltrigen Personen zusammengestellt wird, mit denen die Testperson in bestimmten Merkmalen zahlenmäßig verglichen und eingestuft werden kann.

Ein Problem ist, dass die **Normen** (die Vergleichswerte) in vielen Tests **älter** als 10 Jahre sind, sodass die angegebenen, eventuell nicht mehr stimmenden Vergleichszahlen nur als ungefähre Richtwerte verwendet werden können. Die Verwendung veralteter Normen kann zu einer extremen Überschätzung der Legasthenie-Häufigkeit führen. So würde man zum Beispiel in einer Normierungsgruppe bei der Verwendung von Tests mit alten Normen wie z. B. dem Intelligenztest - CFT20 mit der Normierung von 1977 und dem Rechtschreibtest-RT mit der Normierung von 1968 nach den sehr strengen ICD-10[73] Kriterien etwa eine Fallzahl von 25 % erreichen - im Vergleich zu einer Fallhäufigkeit von ca. 1,7 % beim Gebrauch aktueller Normen aus dem Jahr 1995 (Strehlow, Haffner, 2002).

---

[73] International Classification of Diseases, internationales Manual zur Registrierung und Definition von Krankheiten durch die Weltgesundheitsorganisation – WHO.

Die Größe und Zusammensetzung der **Normierungsgruppen** nach Altersgruppen, Geschlecht, sozialer Herkunft, Schulbildung usw. haben einen Einfluss darauf, welche Vergleichs- bzw. Normwerte sich bei Normierungstestung ergeben. So bieten beispielsweise verschiedene Rechtschreibtests Normen an, die sich nach der **Schulform** (Gymnasium, Sekundarschule, Leistungsgruppen) richten, andere wiederum weisen **Gesamtschulwerte** auf. Manche Tests beurteilen die Leserechtschreibleistung unterschiedlich, je nachdem ob die Getesteten in der **Stadt** oder am **Land** leben, und unterscheiden auch noch zwischen den einzelnen **Stadtgrößen,** sowie zwischen **Jungen oder Mädchen.** Zusätzlich ist auch ausschlaggebend, ob ein Test Normwerte für das Quartal, das Halbjahr oder für das ganze **Schuljahr** anbietet. Aus diesen Gründen können derart unterschiedliche Rechtschreibtests nicht eins zu eins miteinander verglichen werden. Mitunter ergeben sich daher - besonders bei Fällen mit weniger stark ausgeprägten Leserechtschreib-Problemen - in verschiedenen Institutionen je nach Art der verwendeten Tests sehr unterschiedliche Testresultate, sodass ein Kind an einer Stelle als Legastheniker eingestuft werden könnte, an einer anderen Untersuchungsstelle aber nicht.

So kommt es auch im Verlauf von mehreren Jahrzehnten häufig zu **Verschiebungen** von Leistungswerten in der Bevölkerung (Strehlow, Haffner 2002). Viele Lehrer berichten uns, dass die Rechtschreibleistungen der Schüler im Vergleich zu vor 20 – 30 Jahren immer mehr abnehmen. Die Rechtschreibleistungen haben sich auch laut verschiedener Untersuchungen in den letzten 35 Jahren wesentlich verschlechtert (Strehlow, Haffner, 2002). Man kann also davon ausgehen, dass Rechtschreib- und Lesetests nach mehreren Jahrzehnten zu schwierig werden, während Intelligenztests im Laufe der Zeit zu leicht werden (Strehlow & Haffner 2002). Daher sollten die Normen **nicht älter als 10 bis maximal 15 Jahre** sein (Deimel, 2002) - eine Forderung, die jedoch nicht wirklich erfüllt werden kann, da neue Normen eher nur vereinzelt erstellt werden. Untersuchungen im Bereich der deutschen Kinder- und Jugendpsychiatrie belegen, dass sowohl Aktualisierungen und Neunormierungen gängiger Verfahren als auch wirklich adäquate Leserechtschreib-Verfahren in der Testdiagnostik vermisst werden (Boelte et al., 2000). Würde man den Standardanforderungen gerecht werden wollen, dann würde dem Diagnostiker nur noch eine geringe Auswahl an Lese-Rechtschreibtests zur Verfügung stehen. (Normierungen, die nicht älter als 10 Jahre sind, findet man z.B. im DRT 2 u. 3, in der WLLP und in Knuspels Leseaufgaben). Es empfiehlt sich also, die **Testverfahren** mit den älteren Normierungen trotzdem - aber mit der Bewusstheit über deren Vor- und Nachteile - zu verwenden und zu **interpretieren** (Deimel, 2002), da in manchen dieser Verfahren Teilleistungen überprüft werden, die in anderen Tests nicht zu finden sind, (wie z.B. im Intelligenztest LPS).

Des Weiteren stellt sich auch die Frage, inwieweit es überhaupt **allgemein gülti-ge Rechtschreibnormen** für den gesamten deutschsprachigen Raum geben kann, da die Leistungsanforderungen und Unterrichtspraktiken zwischen den einzelnen Bundesländern, Schulen und Lehrern sehr differieren, sodass die Kinder beson-ders in den ersten zwei Schulklassen über sehr unterschiedliche Leserecht-schreibfertigkeiten verfügen. Man weiß, dass die Unterschiede vor allem auch im Bereich der Leserechtschreib-Leistungen zwischen den Jahrgängen in der ersten und zweiten Klasse besonders groß sind. Der Logik folgend könnte man gemäß diesen Erkenntnissen eine einigermaßen sichere Diagnose der LRS erst ab Ende der zweiten Klasse erstellen, würde man nicht noch weitere Kriterien mit einbe-ziehen.

Erste Normwerte für LRS-Tests liegen schon ab dem Ende der ersten Klasse vor. Spätestens ab Beginn der zweiten Klasse kann eine einigermaßen zuverlässige Diagnose gestellt werden, wenn man die oben beschriebenen **Umstände** und auch die Begutachtung verschiedener **Teilleistungseinschränkungen**, sowie die **individuellen** schulischen Leserechtschreib-Leistungen mit in Betracht zieht.

Eine anderes Problem stellt auch die Tatsache dar, dass es keinen **Grundwort-schatz** gibt, der in den Schulen länderübergreifend alters-, klassen- und schul-typspezifisch als allgemein verbindlich gilt (Hemminger et al., 2000). Somit kann man davon ausgehen, dass zwischen den Bundesländern Österreichs und Deutschlands, sowie den Kantonen der Schweiz größere Unterschiede in den Grundwortschatzlisten bestehen. Der Wortschatz der Rechtschreibtests kann also unmöglich in allen Bereichen mit den verschiedenen landspezifischen Grund-wortschätzen übereinstimmen.

Beim **Salzburger Lese-Rechtschreibtest** werden die Großschreibungs- und Laut-unterscheidungsfehler bei der Errechnung der Prozenträge nicht mitgezählt, was zu überhöhten Prozenträngen führt und damit nicht selten eine Fehlbeurtei-lung bezüglich des Vorliegens einer LRS zur Folge hat.

Da es eine große Anzahl verschiedener **Rechtschreibtests** gibt, sollen diese hier nicht im Einzelnen besprochen werden. Wir verweisen auf die spezifische Fachli-teratur (z.B. Schulte-Körne, 2002).

Normierungskriterien in unterschiedlichen Rechtschreibtests:
- Schule in der Stadt oder auf dem Land, Stadtgröße
- Geschlecht

- Klassenstufe und/oder Alter
- Schulform: Gymnasium, Realschule, Hauptschule
- Klassenzug oder Leistungsstufe
- Normen für den Schulbeginn oder –schluss,
  für das Halbjahr oder das ganze Schuljahr
- Alter der Normen
- Unterschiedliches Leistungsniveau der verschiedenen Schulen
  und Klassen

Beispiel aus der Praxis: Lukas, 1. Klasse Gymnasium, 11;03 Jahre

Der Deutsch-Lehrer hatte der Mutter geraten, ihren Sohn auf eine LRS untersuchen zu lassen, da er im Aufsatz **trotz jahrelangen intensiven Übens** viele Rechtschreib- und Satzzeichen-Fehler machte und im Zeugnis in Deutsch gerade noch mit der Note genügend beurteilt wurde. In Mathematik hatte Lukas immer gute bis sehr gute, nun im Gymnasium durchschnittliche Leistungen  erbracht. Eine Tante mütterlicherseits sei angeblich ebenfalls eine schlechte Rechtschreiberin. Lukas' Sprachentwicklung war laut Aussagen der Kindesmutter unauffällig verlaufen, allerdings hätte er **nicht gelallt**.

Im *Weingartner Grundwortschatz Rechtschreibtest WRT 4+* - herausgekommen im Jahre 2007 mit einer Neu-Normierung aus den Jahren 2004/05 - ergab sich ein gut **durchschnittlicher** Prozentrang 60, wobei zu beachten ist, dass der Testautor in der Beschreibung der Neunormierung ausdrücklich darauf hinweist, dass die durchschnittlichen Rechtschreibleistungen der Schüler der 4. und 5. Schulstufe im Vergleich zur Normierung des Tests im Jahre 1988 und 1990 generell stark zurückgegangen seien. Lukas machte in diesem Test allerdings Fehler, die darauf hindeuteten, dass er von grammatikalischen Wortendungen, Vorsilben und Schärfungen keine große Ahnung hatte: *fürchsted = fürchtest, ge̲h̲mahlen, anbihtten*.

Seine **Aufsätze** boten ebenfalls viele ähnliche Rechtschreibfehler: fauleblätter, umgefähr, *im = ihm, Bauerseuld = Bauersleute, biete=bitte, Elektrika*.

Der **2. durchgeführte Test** *Diagnostischer Rechtschreibtest 4-5*, welcher Normen aus dem Jahre 1970 aufweist und nach Schultypen differenziert, ergab einen Prozentrang von 0,4 - verglichen mit Kindern von 1. Gymnasialklassen. Bei diesem Test zeigte sich zusätzlich, dass Lukas Wörter nicht gut in Silben trennen konnte: *pfosten* korrigierte er in *pfo-sten, durch-st-mpfen, Str-ße*.

Da Lukas neben seinen verminderten Rechtschreibleistungen im Aufsatz und im 2. Rechtschreibtest auch im Mottiertest eine stark **reduzierte Leistung im sprachlichen Arbeits-Gedächtnis** bot und dabei Silben vertauschte, sowie Konsonanten und

Vokale verwechselte, entschlossen wir uns, ihm eine Leserechtschreib-Störung zu attestieren und ihn mit seinen punkto Lesezeit ebenfalls unterdurchschnittlichen Leseleistungen „unter die Legastheniker einzureihen".

4.3.4 Ausschluss von sonstigen Ursachen des Versagens in Deutsch und in anderen Fächern

Die verschiedenen anderen Ursachen für ein Schulversagen wurden bereits an vorhergehender Stelle beschrieben, sodass wir dieses Thema hier nur mehr stichwortartig behandeln wollen. Im Zweifelsfalle sollten durch eine **fachärztliche und psychologische Abklärung** hirnorganische, psychiatrische und psychologische Störungen ausgeschlossen werden. Ebenso darf ein unzureichender **Unterricht** nicht für die schwache Leserechtschreibleistung verantwortlich sein. Eine fachärztliche **Hör- und Seh-Untersuchung** sollte ebenfalls bei jedem Kind erfolgen.

4.3.5 Diagnostik von Sprachleistungen

„Die Sprache ist die Mutter, nicht die Magd des Gedankens." ~ Karl Kraus

Wir wollen an dieser Stelle nur eine kurze **Übersicht** der zu beobachtenden und zu untersuchenden bzw. zu behandelnden Sprachleistungen bei der LRS bieten und auf eine detaillierte Beschreibung in unserem später erscheinenden Sprachband oder auf die bestehende einschlägige Literatur verweisen.

Viele sprachliche Defizite sind schon aus der Beobachtung ohne Testung erschließbar: Ein **eingeschränktes Nachsprechen** von Wörtern, Zahlen und eventuell auch Sätzen sowie eine schwache **Merkfähigkeit und Abrufbarkeit** für Buchstaben und Ziffern im **Unterricht** weisen meist auf eine eventuell bestehende Legasthenie hin. Die Förder-Lehrkräfte sollten bei diesen Kindern den fünf Minuten dauernden **Mottiertest** (siehe die nachfolgende Seiten) durchführen, bei welchem sich in diesen Fällen meist auch eine reduzierte Anzahl der nachgesprochenen Silben ergibt. Man sollte dann auf keinen Fall bis Ende der 2. oder 3. Klasse warten, sondern das Kind gleich anschließend schulisch intensiv fördern und zur fachlichen Diagnostik und Therapie überweisen.

a. Übersicht zur Diagnostik der Sprachleistungen

Eine gezielte Beobachtung der spontanen Sprachleistungen in der Schule, in der Förderstunde und bei der Hausaufgabe in den nachfolgend aufgezählten Bereichen kann wichtige Hinweise für eine eventuell vorliegende **spezifische Sprachstörung** geben. Ist ein Kind in einem oder mehreren dieser Bereiche auffällig, sollte es einer fachlichen Untersuchung zugewiesen werden.

Fachliche Testung der sprachlichen Fähigkeiten[74]

- **Testung der Phonologischen Bewusstheit:**
  BAKO (siehe das Kapitel über die Vorhersage der LRS)
- **Testung der Sprachproduktion:**
  Heidelberger Sprachentwicklungstest und verschiedene Sprachscreenings,
  ETS 4-8 Entwicklungstest Sprache, Angermaier
- **Testung der sprachlichen Merkfähigkeit:**
  - Nachsprechen von Sätzen aus dem Heidelberger Sprachentwicklungstest und aus nicht standardisierten Screenings
  - Nachsprechen von Pseudowörtern und Pseudosilben
  - (HASE, Mottiertest)
  - Nachsprechen von Zahlen (K-ABC, HAWIK, AID)
  - Die Zahlen- und Silbenspanne (Anzahl der gemerkten Zahlen und Silben) sagt schon bei 4- bis 5-jährigen Kindern den späteren Wortschatz und die Leseleistung voraus (Gathercole, Willis und Baddeley, 1991).
- **Testung der Grammatik:**
  - Psycholinguistischer Entwicklungstest
  - Heidelberger Sprachentwicklungstest
  - Entwicklungstest Sprache ETS 4-8, Angermaier
  - nicht standardisierte Screenings
- **Testung des Sprachverstehens:**
  - TROG-D, Test zur Überprüfung des Grammatikverständnisses A.V. Fox
  - Sätze verstehen aus dem Heidelberger Sprachentwicklungstests
  - W-Fragen verstehen aus dem Sprachtest KISTE
  - Mehrere sprachliche Untertests in den Intelligenztests AID und HAWIK

Beobachtung der sprachlichen Fähigkeiten

- **Beobachtung der Phonologischen Bewusstheit:**
  - Reimwörter erkennen und bilden
  - Anfangslaute in einem Wort hören und diese dem richtigen Buchstaben beim Lesen und Schreiben zuordnen (*B in Bär*).

---

[74] Eine detaillierte Besprechung finden Sie im später erscheinenden Band 4 unserer Buchserie.

- **Beobachtung der Sprachproduktion**
  in der Spontansprache, sowie in geschriebenen Sätzen und Aufsätzen, wobei vor allem auf untenstehende sprachliche Merkmale zu achten ist. Die größeren Kinder machen meist nur mehr überwiegend Fehler mit Vorwörtern (Ich *fahre in Tirol,* anstatt *nach Tirol*).
  - **Satzstellung:** *In Salzburg ich etwas Schönes gesehen habe,* anstatt *Ich habe in Salzburg etwas Schönes gesehen.*
  - Fehlende oder falsche **Mehrzahlformen:** *zwei Buch*
  - Fehlende oder falsche **Artikel:** *Ich habe (den) Onkel getroffen.*
  - Fehlende oder falsche **Vor- und Fürwörter:**
    Ich gehe Feldkirch anstatt *nach Feldkirch.*
  - Fehlende oder falsche den **Nebensatz einleitende Wörter:**
    Er erzählte, ob im Urlaub heiß war anstatt, *dass es im Urlaub heiß war.*
- **Beobachtung der sprachlichen Merkfähigkeit für:**
  - Zahlen und Wörter in
    Rechnen (1x1..), Deutsch und Sachunterricht
  - Sätze beim Diktat, Gedichte, erzählte Geschichten
  - mehrteilige Anweisungen
- **Beobachtung des Sprachverstehens bei:**
  - längeren Anweisungen, und fachlichen Erklärungen,
  - Nacherzählungen von Vorgelesenem,
    vor allem bei längeren Haupt- Nebensatzstrukturen
  - Textrechnungen (Achtung: Unterscheidung zu Leseverstehen)
  - Verstehen von Prüfungsfragen

Beobachtung der sprachlich bedingten Rechenfertigkeiten

Folgende **Rechenfertigkeiten** sollten im Unterricht beobachtet und eventuell auch von Fachkräften überprüft werden, wobei die Schwierigkeit der Aufgaben jeweils der Klassenstufe angepasst wird:

- **Zahlenreihen** von ca. 25 Zahlen vor- und rückwärts aufsagen
- **Gehörten Zahlwörtern Mengen zuordnen**
  (Gegenstände, Bilder und abstrakte Mengen wie z.B. Striche)
- **Geschriebenen Zahlwörtern** Mengen zuordnen
  (konkret, abgebildet, abstrakt)
- **Kopfrechenaufgaben:**
  Additionen, Subtraktionen, Multiplikationen, Divisionen
- **Lesen und Schreiben von Zahlen:**
  vor allem auch ähnlich klingende wie 2, 3; 13, 30; 14, 40.

- Lösen von **Textaufgaben:**
Lesefertigkeit, Sinnentnahme und Aufgabenverständnis

b. Diagnose auditiver Verarbeitungs- und Wahrnehmungsstörungen (AVWS[75])

*„Wer zu **hören** versteht, hört die Wahrheit heraus, wer nicht zu hören versteht, hört nur Lärm." ~ Aus China*

b.1 Definition und Symptome der AVWS

Die Leitlinien der Deutschen Gesellschaft für Phoniatrie und Pädaudiologie **(DGPP) definieren** eine Störung der auditiven Wahrnehmung und Verarbeitung **folgendermaßen:**

*„Eine auditive Verarbeitungs- und / oder Wahrnehmungsstörung (AVWS) liegt vor, wenn **zentrale Prozesse des Hörens gestört** sind. Es handelt sich dabei um ein Defizit der Informationsverarbeitung, das spezifisch für die auditive Sinnesmodalität ist. [...]AVWS können isoliert, in Kombination mit anderen Störungen wie **Sprach-, Lern-, Gedächtnis-, Intelligenz-, Aktivitäts- oder Aufmerksamkeitsstörungen** auftreten [...]. Eine Beeinträchtigung der auditiven Verarbeitung und Wahrnehmung kann zu Störungen der Erkennung und Unterscheidung von Schallreizen, des Richtungshörens, der Interaktion zwischen beiden Ohren führen. Als Folgen können im Alltag Störungen der Schalllokalisation und der Spracherkennung im Störschall auftreten. Es sind auch Einschränkungen beim Verstehen von veränderten Sprachsignalen (schnell gesprochene Sprache, unvollständige Sprachsignale), gesprochener Instruktionen oder bei der Unterscheidung, der Identifizierung oder der Synthese von Sprachlauten möglich. Analog zu den sekundären Folgen von peripheren Hörstörungen, wird auch für auditive Verarbeitungs- und Wahrnehmungsstörungen im Kindesalter angenommen, dass sie zu Beeinträchtigungen der rezeptiven und expressiven Sprachentwicklung, des Schriftspracherwerbs sowie der psychosozialen Kompetenz, des Bildungsniveaus, der Persönlichkeitsentwicklung sowie der emotionalen und sprachlich-kognitiven Entwicklung führen können."*

Lernauffällige Kinder mit Problemen beim Zuhören und Verstehen werden zunehmend zur Abklärung der zentralen Hörfähigkeit in den verschiedensten Insti-

---

[75] Quelle: www.dgpp.de/Profi/index_Profi.htm, Ärztliche Expertengruppe der Deutschen Gesellschaft für Phoniatrie und Pädaudiologie: A. Nickisch, M. Gross, R. Schönweiler, V. Uttenweiler, A. G. Dinnesen, R. Berger, H. J. Radü, M. Ptok, 2006 und www.uni-duesseldorf.de/awmf/ll/049-012.htm, 2005.

tutionen vorgestellt. Das Erscheinungsbild der zentralen Wahrnehmungs- und Verarbeitungsstörung, sowie auch der Einsatz und die Interpretation von Prüfmethoden und –materialien sind von Fall zu Fall sehr **unterschiedlich und vielseitig**. Ein einheitlicher Standard in der Diagnostik und Therapie konnte bisher noch nicht gefunden werden. Zusätzlich gibt es viele Faktoren, die das Untersuchungsergebnis wesentlich beeinflussen und verfälschen können.

Aufmerksamkeit, Motivation und Mitarbeit des Kindes prägen das Gesamtbild maßgeblich, sodass dieses auch je nach Untersuchungszeitpunkt stark variieren kann. Auch die geistigen Fähigkeiten und das Alter des Kindes spielen bei der Interpretation der Testergebnisse eine Rolle.

Untersuchung und Diagnose einer auditiven Verarbeitungs- und Wahrnehmungsstörung sollten primär nur durchgeführt werden, wenn sich das **periphere Hörvermögen**[76] beim Ohrenarzt als **unauffällig** erwiesen hat oder wenn diagnostizierte periphere Hörstörungen adäquat behandelt wurden (z.B. über Hörgeräte).

Auditive Verarbeitungs- und Wahrnehmungsstörungen im Kindesalter können zu **Beeinträchtigungen** in folgenden Bereichen führen: Sprachentwicklung, Schriftspracherwerb, Aufmerksamkeit, Schulleistungen, soziale Kompetenz, Bildungserwerb, gesamte Persönlichkeitsentwicklung.

Bei auditiven Wahrnehmungsstörungen treten nicht alle **Symptome** gleichermaßen auf, sondern jedes Kind weist ein individuelles Erscheinungsbild auf. So verursachen z.B. Störungen im **Richtungshören** Probleme, die Schallquelle wie etwa die Stimme der im Klassenzimmer herumgehenden Lehrperson zu finden. Kinder mit Störungen beim Hören im **Störschall** können sich in geräuschvoller Umgebung nicht auf die Stimme des Sprechers konzentrieren und dessen Erklärungen nicht gut genug verstehen, um dem Unterricht folgen zu können.

Bei Einschränkung des **dichotischen** (beidseitigen) **Hörens** können die Betroffenen nicht mehr verstehen, wenn durcheinander gesprochen wird. Eine verminderte **Lautunterscheidung** lässt die Kinder klangähnliche Buchstaben, Silben und Wörter verwechseln, sodass die Rechtschreibung darunter leidet. Störungen im Bereich der auditiven **Merkfähigkeit** verhindern auch die langfristige Speicherung von sprachlichen Informationen. Kinder mit Problemen in der **auditiven Analyse** können Wörter aus Sätzen, Silben aus Wörtern und Laute aus Silben nur schwer heraushören. Ist die **Lautanalysefähigkeit** reduziert, kommt es zu Problemen mit dem Zusammensetzen von Silben und Einzellauten, besonders wenn

---

[76] Über das Ohr.

die Sprache, wie z.B. am Anfang des Leselernprozesses zeitlich gedehnt ist, so-dass der Sinn des Gelesenen schlecht erfasst wird. Schwierigkeiten in der **auditi-ven Ergänzung** können in einer geräuschvollen Umgebung dazu führen, dass die Ausführungen des Sprechers nicht zur Gänze verfolgt werden können. Bei einem gestörten **Zeitauflösungsvermögen** kommt es zu Problemen bei der Wahrneh-mung **von Rhythmen und der Unterscheidung von Lauten**, die sehr schnell wahrgenommen und verarbeitet werden müssen (*b, p, d, t, g, k*). Bei Störungen im **Lautheitsempfinden** wird die normallaute Sprache als zu leise und Lärm als viel zu laut empfunden.

b.2 Diagnose der Teilleistungen der Hörverarbeitung der Pädaudiologie[77]

Gemäß der Vielfalt der Symptome und Einflussfaktoren ist die genaue **Diagnose** einer AVWS eine äußerst komplexe und aufwändige Angelegenheit und gehört in die Hände des Pädaudiologen (Kinder-Ohrenarzt). Die Diagnostik erfordert appa-rative Einrichtungen, die meist nur in Unikliniken und in einigen spezialisierten Facharztpraxen für Pädaudiologie vorhanden sind und wirft viele Probleme auf. Die Möglichkeit der Feststellung einer zentralen Hörstörung befindet sich sozu-sagen „in den Babyschuhen" und ist leider noch nicht sehr aussagekräftig.

Obwohl bereits viele diagnostische - zum Teil leider auch „hausgemachte", nicht fundierte - Tests zur AVWS- Erfassung im Handel erhältlich sind, ist eine **sichere Diagnose nicht vollkommen verlässlich möglich**. Bisher gibt es noch keine Einigung darüber, welche der vielen verfügbaren Untersuchungsmethoden zur eindeutigen Diagnosestellung einer zentralen auditiven Wahrnehmungs- und Verarbeitungsstörung am besten geeignet sind. Die Bestimmung der zeitlichen **Ordnungsschwelle**[78] kann nicht als diagnostisches Instrumentarium empfohlen werden, da die Messwerte im Kindesalter eine große und auch instabile Streubrei-te aufweisen und es bisher keine verlässlichen Normwerte gibt. Auch das Erken-nen von **Tonfolgen, Tonhöhen, Tonunterschieden und Rhythmen** ist noch nicht hinreichend bezüglich deren Normwerte oder Interpretation untersucht, um eine verlässliche Diagnose zu ermöglichen (v. Suchodoletz, Alberti, Berwan-ger, 2004).

---

[77] Kinder-Hörzentrum.

[78] Die zeitliche Ordnungsschwelle ist das minimale Zeitintervall, das gegeben sein muss, damit die zeitliche Reihenfolge zweier akustischer Reize angegeben werden kann.

Folgende Teilleistungen der Hörverarbeitung werden in Kinder-Hörzentren (= Pädaudiologien) getestet:

- Auditive Aufmerksamkeit
- Auditive Zeitauflösung
- Dichotisches Hören (beidohriges Hören)
- Lautunterscheidung
- Lautheitsempfinden
- Richtungshören
- Rhythmusempfinden
- Hören im Störgeräusch
- Tonhöhenunterscheidung

b.3 Psychologische Screenings geben eventuell Hinweise auf eine AVWS

In der psychologischen Praxis können folgende Überprüfungen durchgeführt werden, die allerdings nur als **Screening-Verfahren** dienen und eventuell auf eine vorliegende AWVS hinweisen können:

- Laute erkennen, unterscheiden, Laute verbinden oder ersetzen
- Nachsprechen von Zahlen, Kunst-Silben, Wörtern
- Phonologische Bewusstheit

Im Anschluss an eine Verdachts-Diagnose sollte unbedingt eine **Beratung der Eltern und Lehrkräfte** über die Auswirkungen der gefundenen Störungen und über die entsprechenden Fördermöglichkeiten erfolgen (siehe auch unseren nächsten Band). Mangelnde Leistungen in einem oder in mehreren dieser Bereiche verlangen auf jeden Fall eine **Therapie** oder Förderung in diesen auditiven Teilleistungen. Die **Lautwahrnehmung**, sowie das Erlernen von Buchstaben kann schon bei drei- bis vierjährigen SSES-Kindern mit Erfolg trainiert werden, was einen positiven Einfluss auf den ansonsten häufig erschwerten Leserechtschreiberwerb der betroffenen Kinder haben kann. Zusätzlich kann eine logopädische Therapie einer eingeschränkten **Artikulation** des Kindes die Lautwahrnehmung verbessern. Des Weiteren hat das Training einer defizitären **phonologischen Bewusstheit** einen günstigen Einfluss auf die weitere Sprachentwicklung der sprachgestörten Kinder (Bernhard B., Major E., 2005).

Laute erkennen, unterscheiden, verbinden oder ersetzen

Da wir an anderen Stellen schon ausführlich auf diese Problematik eingegangen sind, wollen wir uns hier nur mehr auf die Darstellung der aktuellsten einschlägigen Tests beschränken:

Der Hannoversche Lautdiskriminationstest (HLDT). Dieser Test kann mit oder ohne Störgeräusch durchgeführt werden. Das Kind soll entscheiden, ob die Wörter von Wort-Paaren gleich oder unterschiedlich sind.

Der Heidelberger Lautdifferenzierungstest (H-LAD), Brunner M., Dierks A., Seibert A., 1999. Hier muss das Kind bei Wörtern aus Silben- oder Wortpaaren beurteilen, ob die beiden Wörter gleich oder ungleich sind und diese dann nachsprechen. Ein Untertest prüft die Unterscheidung und Analyse von Konsonantenhäufungen am Wortbeginn.

Der Psycholinguistische Entwicklungstest (PET), Angermaier M., 1974. Die Lautsynthese und –Ergänzung wird in folgenden zwei Untertests überprüft: Laute verbinden und Wörter Erkennen (Wörter mit fehlenden Lauten): (z.B. Scho/olade, Spa/etti, Tee/öffel).

Nachsprechen von Zahlen, Kunst-Silben, Wörtern

Das Nachsprechen von Zahlen kommt als Untertest in vielen Intelligenz- und Sprachtests vor und verlangt das Wiederholen von Reihen von Ziffern (Zahlen-Nachsprechen). Die längste noch korrekt reproduzierte Reihe gilt als Maß der sogenannten „Merkspanne".

Das Nachsprechen von Wortreihen findet sich im Intelligenztest K-ABC und als „Gedächtnisspanne für Wortfolgen" (GW) im Sprachentwicklungstest für drei- bis fünfjährige Kinder (SETK 3-5, Grimm. 2005).

Das Nachsprechen von Kunstsilben und Kunstwörtern (z.B. *ka-to-pi-na-fe, Nebatsubst, Toschlander)* prüft die für den **Lese-Rechtschreib-Erwerb** notwendige Fähigkeit zu Wahrnehmung, Speicherung und Abruf unbekannter sprachlicher Lautfolgen (Seibert et al., 2001). Damit wird also nicht das einfache Merkvermögen, sondern die viel komplexere Fähigkeit untersucht, neue artikulatorische Pläne und lautliche Muster im Arbeitsgedächtnis zu speichern und wieder abzurufen, was mit zu den elementaren Grundbedingungen eines funktionierenden Spracherwerbs gehört.

Das Nachsprechen von Pseudowörtern sagt die Lesefähigkeit in der ersten und zweiten Klasse voraus (Gathercole et al., 1991). Die Anzahl der richtig nachgesprochenen Kunstwörter oder -silben wird als ein geeignetes Maß zur Erfassung der Kapazität des **sprachlichen Arbeitsgedächtnisses** betrachtet (Hasselhorn & Körner, 1997).

Eine mangelnde **Lautunterscheidung und Artikulationsfehler** beeinflussen die Ergebnisse negativ. Zusätzlich können auch **Aufmerksamkeitsstörungen** die Leistung vermindern (Hasselhorn, Tiffin-Richards, Woerner, Banaschewski, Rothenberger; 2000), sodass es bei der Überprüfung für eine adäquate Therapie unbedingt notwendig ist, zu beobachten, warum und welche Fehler das Kind macht. Das Auslassen oder Umstellen von Lauten oder Silben sprechen eher für ein reduziertes sprachliches Arbeitsgedächtnis und/oder eine eingeschränkte Aufmerksamkeit, während Ersetzungen auf eine mangelnde Artikulation und / oder eine reduzierte Lautunterscheidung hinweisen.

Fast alle SSES und LRS-Kinder haben beim **Wiederholen von Wörtern und vor allem von Pseudowörtern** große Schwierigkeiten *(Grimm, 2001)*. In unserer Praxis fand sich unter mehreren hundert legasthenen oder spezifisch sprachgestörten Kindern kaum eines mit einer normalen Leistung im Mottiertest.

Die Fähigkeit „Pseudowörter Nachsprechen" kann die **Lernleistung für neue - vor allem ungewöhnliche – Wörter vorhersagen.** Es zeigte sich auch ein statistisch bedeutsamer Zusammenhang zwischen dem Nachsprechen von Wörtern und Kunstwörtern zum **Vokabellernen**, der bis ins Jugendalter bestehen bleibt (Gupta, 2003). Dementsprechend ergab sich auch bei finnischen Kindern anhand der Nachsprechleistungen von Kunstwörtern (z.B. bannow, skiticult, contramponist) eine zuverlässige Vorhersage der gesamten **Englischleistung** nach 2 Jahren (Eysenck, Keane, 2000).

Auch das Erlernen von **Satzstrukturen** wies eine Beziehung zum Wiederholen von Pseudowörtern auf (Lambert et al., 2003). Die eingeschränkte Wahrnehmung und Verarbeitung von Lauten und Silben und damit auch grammatikalischen Wortendigungen erschwert das Erkennen von Regeln für die Wort- und Satzbildung.

Folgende normierte Untertests überprüfen das Nachsprechen von Kunst-Silben und -Wörtern:

- Das **Phonologische Arbeitsgedächtnis für Nichtwörter** (PGN) des SETK 3-5 (Grimm, 2001) überprüft, inwieweit das Kind unbekannte zwei- bis fünfsilbige Pseudowörter nachsprechen kann. Bei Kindern mit **Artikulationsproblemen** ist diese Aufgabe eingeschränkt zu bewerten, da es unklar bleibt, ob die Fehler entweder durch das Artikulationsproblem oder aber durch ein sprachliches Arbeitsgedächtnis verursacht werden. Daher empfiehlt sich eine doppelte Auswertung dieses Untertests (Grimm, 2001) und zwar mit und ohne Rücksicht auf die Artikulationsproblematik. Durch den Vergleich beider Ergebnisse soll sich die Leistung des phonologischen Arbeitsgedächtnisses zumindest abschätzen lassen.

- **Screening nach Mottier** (aus dem Zürcher Lesetest, Mottier, 1951)
  Dieses Verfahren dient der Überprüfung von **sprachlicher Merkfähigkeit, Artikulation und Lautunterscheidungsfähigkeit.** Dabei sollen die Kinder insgesamt 30 vorgesprochene Silben (*ku-te-fa, ka-to-pi-na-fe..*) nachsprechen. Das Screening bietet keine Normen, sondern nur Richtwerte für die Feststellung einer reduzierten Leistung von Kindern und Jugendlichen ab 5 Jahren. Eine **Analyse der Fehler** (Auslassungen, Umstellungen von Lauten oder Silben, Ersetzungen) kann eventuell Hinweise für eine entsprechende Förderung der Artikulation, der Lautunterscheidung oder der auditiven Merkfähigkeit bieten (Glück, 1998).

Überprüfung der phonologischen Bewusstheit
(siehe auch das Kapitel Vorhersage von LRS)

- **Bielefelder Screening (BISC) zur Früherkennung von Legasthenie** (siehe das Kapitel über die Vorhersage der LRS)
- **BAKO: Basiskompetenzen zur Rechtschreibleistung für 1.- 4. Klasse**
- **Lesen von Pseudowörtern** (Salzburger Lesetest)

BAKO 1-4. Basiskompetenzen für Lese-Rechtschreibleistungen. Test zur Erfassung der phonologischen Bewusstheit vom 1.- 4. Grundschuljahr, Stock C., Marx P., Schneider W. (2003). Dieser Test erfasst Leistungen aus dem Bereich der phonologischen Bewusstheit und kann für eine entsprechende Förderung richtungsweisend sein. Das Verfahren ist jeweils für die drei letzten Monate des Schuljahres auswertbar und wird mit Einzelpersonen in ca. 30 Minuten durchgeführt. Das Instrument beinhaltet folgende **7 Untertests:**

1. Pseudowortsegmentierung: Die Laute der Testwörter sollen einzeln aufgesagt werden: *askletno → a s k l e t n o*
2. Vokalersetzung: Jedes im Testwort vorkommende a soll durch ein i ersetzt werden (*Ananas → Ininis*)
3. Restwortbestimmung: Der erste Laut im Wort soll entfernt werden (*Ende → nde*).

4. Lautvertauschung: Die ersten beiden Laute des Testwortes sollen vertauscht werden (*Monat* → *omnat*)

5. Lautkategorisierung: Von 4 Wörtern soll dasjenige Wort genannt werden, welches sich im Anfangs- oder Endlaut von den anderen 3 Wörtern unterscheidet (*Kopf* – *Turm* – *tief* – *Trick*, oder: *res* – *basch* – *pos* - *fas*).

6. Vokallängenbestimmung: Aus 4 einsilbigen Pseudowörtern mit gleichen Vokalen soll dasjenige Wort herausgehört werden, welches sich in der Vokallänge von den 3 anderen Wörtern unterscheidet: *maar* – *raas* – *dack* – *laat* oder: *tiez* – lick – gipp - piff

7. Wortumkehr: Testwörter sind von rückwärts wiederzugeben (ral → *lar*)

Die schwachen Leistungen in den einzelnen Untertests sollten gezielt **trainiert** werden (Stock, et al., 2003).

Die Arbeit mit Pseudowörtern hat den Vorteil, dass die Kinder sich nicht auf eventuell nur auswendig gelernte bekannte Wörter verlassen können. Am günstigsten wäre es, wenn entsprechende Übungen in den fortlaufenden **Unterrichtsstoff** und in die **Hausarbeit** eingefügt werden könnten.

Lesen von Pseudowörtern

Ein Teil der Fähigkeiten der **phonologischen Bewusstheit** wird auch durch das **Lesen von Pseudowörtern** (z.B. im Salzburger Lesetest) überprüft (Ijzendorn, Bus, 1994; Rack et al., 1992). Dies erfordert eine exakte **Buchstaben- Laut-Zuordnung**, die sich ja bei Legasthenikern häufig und lange als beeinträchtigt erweist.

Psychologische Verfahren für mögliche Hinweise auf eine zentral-auditive Störung:

- Heidelberger Lautdifferenzierungstest
- Zahlen und Wörter Nachsprechen in verschiedenen Intelligenz- und Sprachtests
- Nachsprechen von Pseudosilben und Pseudowörtern: (Mottier, SET-K 3-5)
- Psycholinguistischer Entwicklungstest (PET): Laute verbinden, Wörter erkennen
- Bielefelder Screening (BISC) zur Früherkennung von Legasthenie
- BAKO: Basiskompetenzen zur Rechtschreibleistung für 1.- 4. Klasse
- Lesen von Pseudowörtern (Salzburger Lesetest)

4.3.6 Diagnostik von Zusatzsymptomen

- Aufmerksamkeit und Konzentrationsfähigkeit
- Familiäre Situation des Kindes
- Soziale Integration
- Psychische Verfassung des Kindes: Verstimmungen, Angst, Depression, neurotische Symptome, Schlafstörungen

Werden ein oder mehrere solcher Zusatzsymptome erfasst, stehen diese therapeutisch im Vordergrund. SSES- und LRS-Kinder zeigen häufig wenig Aufmerksamkeit und Konzentration in sprachlichen Situationen, was sich durch eine qualitative Legasthenie- und Sprachtherapie verbessern kann. Ein Aufmerksamkeitsdefizit-Syndrom (ADS) ist von dieser durch sprachliche Defizite eingeschränkten Konzentration diagnostisch und therapeutisch zu unterscheiden (siehe das Kapitel über ADS).

Stehen massive **psychische Probleme** im Vordergrund, so haben diese in der Therapie absoluten **Vorrang** und die Lerntherapie gilt dann als sekundär. Eine psychotherapeutische Fortbildung der Lerntherapeuten wäre deshalb sehr empfehlenswert. Ist dies nicht der Fall, so sollten das Kind und eventuell auch dessen Angehörige von einer entsprechend ausgebildeten Fachkraft Hilfe bekommen.

Ist ein Kind in der Schule sozial schlecht integriert, können eventuell die Lehrperson, eine Betreuungslehrerin oder eine Psychologin hilfreich einschreiten. Sollten echte Depressionen oder schwere neurotische Symptome wie z.B. Tics oder Zwangsstörungen auftreten, ist dringend ein Facharzt aufzusuchen.

4.4 Zusammenfassende Übersicht[79] zur LRS-Diagnostik

1. Intelligenztest: AID, HAWIK usw. : Quantitative und qualitative Auswertung

2. Lese- Rechtschreib- Leistungen:
- **Lesefertigkeit**
  - Buchstaben- Lautzuordnung
  - Lesezeit und Lesefehler
- **Leseverständnis**
  - laut Aussagen der Lehrpersonen und Eltern: in Nacherzählungen, Textrechnungen und Leistungsüberprüfungen.
  - in standardisierten Tests im Wort-, Satz- und Text-Bereich ELFE, Zürcher Leseverständnistest, Salzburger Screenings usw.
- **Rechtschreibung**
  - standardisierte Tests
  - freie Sätze und Aufsätze

3. Sprachleistungen
- **Phonologische Bewusstheit:** BAKO usw.
- **Beobachtung der Sprachproduktion**
  Spontansprache, freie Sätze und Aufsätze:
  - Satzstellung
  - Fehlende oder falsche Mehrzahlformen
  - Artikel
  - Vor- und Fürwörter
  - Nebensatz-einleitende Wörter
- **Beobachtung der sprachlichen Merkfähigkeit für**
  - Vokabeln und Fakten in Rechnen, Deutsch, Sachunterricht,
  - Sätze beim Diktat, Gedichte, erzählte Geschichten
  - mehrteilige Anweisungen
- **Beobachtung des Sprachverstehens bei**
  - Prüfungsfragen, längeren Anweisungen, fachlichen Erklärungen
  - Nacherzählungen von Vorgelesenem
  - Textrechnungen
  - (Achtung: Unterscheidung zu Leseverstehen)
- **Testung der Sprachproduktion**
  - Psycholinguistischer Entwicklungstest
  - Heidelberger Sprachentwicklungstest

---

[79] Ohne Anspruch auf Vollständigkeit der aufgezählten Tests.

- nicht standardisierte Screenings

- **Testung der Merkfähigkeit**
  - Nachsprechen von Sätzen
  - Heidelberger Sprachentwicklungstest
  - nicht standardisierte Screenings
  - Nachsprechen von Pseudowörtern: HASE, Mottiertest
  - Nachsprechen von Zahlen: K-ABC, HAWIK, AID
- **Testung der Grammatik**
  - Psycholinguistischer Entwicklungstest
  - Heidelberger Sprachentwicklungstest
  - nicht standardisierte Screenings
- **Testung des Sprachverstehens**
  - Sätze verstehen: Heidelberger Sprachentwicklungstest
  - W-Fragen verstehen: Sprachtest KISTE
- **Rechenfähigkeit bezüglich Merkvermögen und Sprachverständnis**
- **Sprachlich orientierte Untertests in AID, HAWIK usw.**
- **Auditive Wahrnehmungsleistungen**
  Hannoverscher Lautdiskriminationstest
  Heidelberger Lautdifferenzierungstest
  Psycholinguistischer Entwicklungstest

4. Ausschluss von sonstigen Ursachen des Versagens in Deutsch und in anderen Fächern

- **Andere Erkrankungen**
- **Psychologische Abklärung:** Psychische und familiäre Situation
- **Unzureichender Unterricht** (Didaktik, häufiges Fehlen..)
- **Hör- und Seh-Untersuchung**

5. Diagnostik von Zusatzsymptomen

- **Aufmerksamkeit und Konzentrationsfähigkeit**
- **Psychische Probleme bedingt durch das schulische Versagen:** Schlafstörungen, Aggression usw.
- **Mangelnde soziale Integration**
- **Psychische Gesamtverfassung des Kindes**

4.5 Richtlinien zur Erstellung einer LRS-Diagnose

„Jeder sieht am andern nur so viel, als er selbst auch ist:
Denn er kann ihn nur nach Maßgabe seiner eigenen Intelligenz fassen und verstehen. "
~ Arthur Schopenhauer

Wie bereits angedeutet, kann es also manchmal passieren, dass sich je nach Rechtschreibtest **unterschiedlich hohe Werte** bei demselben Kind ergeben und dass die Diagnose Leserechtschreibstörung mitunter bei einem Test bestätigt, bei einem anderen verneint wird. Im Zweifelsfalle sollten **je zwei Verfahren** für die Einschätzung der Intelligenz und der Lese-Rechtschreib-Fertigkeiten angewendet werden, wobei zur Erstellung der Legasthenie-Diagnose der Rechtschreib-Test mit den schlechteren Werten herangezogen werden sollte, vor allem, wenn die schulischen Rechtschreibleistungen - insbesondere in den Aufsätzen - sehr schlecht sind. Die Rechtschreibung in den Rechtschreibtests fällt meistens besser aus als in den **Aufsätzen**, da fast in allen Tests nur einzelne – mitunter sehr bekannte und trainierte - Wörter und keine Sätze geschrieben werden müssen.

Zur richtigen Einschätzung einer Leserechtschreibstörung empfiehlt es sich auch, die **Gesamtschulnormen** - anstatt der Normen für Gymnasien oder für verschiedene Leistungsgruppen - zu wählen, da die Leserechtschreibleistung nachweislich nur wenig von der Intelligenz abhängig ist und die Unterrichtsdidaktiken in verschiedenen Schulen sehr differieren.

Es macht wohl auch nicht allzu viel Sinn, nach **Stadtgröße** oder **Geschlecht** eine unterschiedliche Beurteilung der Leserechtschreibleistung vorzunehmen.

Nach den Kriterien der ICD-10 ist für die Feststellung der LRS ein Intelligenzquotient größer als 70 vorauszusetzen. Da dieser Wert aber schon im Bereich einer unterdurchschnittlichen Begabung liegt, entschied man sich in den regionalen Legasthenie-Erlässen im deutschsprachigen Raum für einen <u>noch</u> im Durchschnitt liegenden **IQ von 85** als unteres Limit.

Der Prozentrang im Rechtschreib- bzw. Lesetest sollte nicht höher sein als ungefähr **10-15**. Eine zahlenmäßig festgelegte **Diskrepanz**[80] zwischen der allgemeinen intellektuellen Begabung und der Lese-Rechtschreib-Leistung ist aufzuzeigen. Diese nach Meinung vieler Forschergruppen veraltete Diskrepanz-Regelung bietet einige **Nachteile**: Personen mit relativ niedrigem Intelligenzquotienten (z.B. IQ 85) erreichen trotz sehr schlechter Schriftsprachleistungen kaum

---

[80] Je nach Definition zwischen 1- 1,5 - 2 Standardabweichungen.

noch die Größe der vorgeschriebenen Diskrepanz (von 1,5 bis 2 Standardabweichungen). Umgekehrt erzielen Personen mit einem hohen IQ relativ leicht große Diskrepanzen zur Rechtschreibleistung, auch wenn die schulischen Rechtschreibleistungen noch als ausreichend gelten. Allerdings gelangen Probanden mit einem höherem IQ trotz einer vorliegenden Leserechtschreibstörung häufig zu deutlich höheren Prozenträngen als 10 -15, (dies trifft ebenfalls für Kinder zu, die sich durch eine schon vor der Diagnostik einsetzende Legasthenie-Therapie verbessert haben).

Seit mehreren Jahren wird daher sehr anhaltend international darüber kritisch diskutiert, ob für die Diagnostik der LRS die Intelligenz berücksichtigt werden sollte (Deimel, 2002).

Beispiel aus der Praxis: Paul, 10 Jahre

Bei Paul konnte eine **Lese-Rechtschreibstörung** aufgrund eines in der Norm liegenden Intelligenzquotienten (im Intelligenztest Kaufman Assessment Battery for Children, K-ABC) und einer weit unterdurchschnittlichen Rechtschreibleistung (im Deutschen Rechtschreibtest DRT 4-5, PR 7) festgestellt werden.

In der Lesefertigkeit ergaben sich im Salzburger Lesetest zwar in allen Subskalen bezüglich Lesezeit und Fehleranzahl gut durchschnittliche Werte. Im Zürcher Lesetest im Text 4, welcher mit sehr kleiner Schrift und komplex aufgebauter Sprache ausgestattet ist, lagen jedoch sowohl Lesezeit als auch Fehler zwischen den weit unterdurchschnittlichen Prozenträngen 11-15. Vor allem erwiesen sich **das Lese- und das Hörverständnis** als **eingeschränkt.** Paul konnte den Inhalt der gelesenen Texte nur unvollständig und fehlerhaft wiedergeben. Besonders bei schwierigeren Relativsatzkonstruktionen konnte Paul den Sinn der Geschichte – auch nach dem Zuhören des vorgelesenen Textes - nicht wirklich verstehen.

Im K-ABC zeigten sich **Schwächen im Bereich des sprachlichen Gedächtnisses** beim Nachsprechen von Zahlen (Skalenwert 7, unterdurchschnittlich) und im Mottiertest, der das sprachliche Gedächtnis für unbekannte Silben und die akustische Lautwahrnehmung überprüft (Leistungen im stark reduzierten Bereich).

Bei der spontanen mündlichen Sprachproduktion machte Paul **grammatikalische Fehler**, die auf eine **Sprachentwicklungsstörung** hinweisen, welche aber nicht mehr testmäßig erfasst wurden, da der Auftrag nur eine Abklärung bezüglich Legasthenie beinhaltete. Passend zu diesen Hinweisen auf eine Sprachentwicklungsstörung hatte Paul laut Angaben der Kindesmutter als Kleinkind verspätet zu reden begonnen. Außerdem machte der Junge auch schriftlich viele Grammatikfehler und verstand Gesprochenes nicht immer vollständig oder richtig. Besonders bei erhöhtem Geräuschpegel und in Gruppen bekam Paul nicht immer alles mit – vor allem, wenn durcheinander gesprochen wurde. Auch längere Aufträge konnte sich Paul nur schwer merken und brauchte öfters mehrmalige gleiche Anweisungen. Der Hörbefund eines Zentrums für Hörgeschädigte ergab jedoch keine Hinweise auf eine auditive Wahrnehmungsstörung.

Pauls **Stärken** zeigten sich im Lösen der Aufgaben des visuellen und räumlichen Bereiches, eine Fähigkeit, die in der Förderung kompensatorisch genutzt werden sollte. Vor allem das räumliche Vorstellungsvermögen und das räumliche Gedächtnis erwiesen sich als überdurchschnittlich.

Für die weitere schulische Laufbahn und die durchzuführende Förderung des Jungen wurde empfohlen, dass er eine Unterstützung im sprachlichen und schriftsprachlichen Bereich bekommen sollte:

Das **Auswendiglernen** (Rechtschreiben, Vokabeln, mathematische Daten und Fakten) und **Verstehen** von gesprochener und geschriebener Sprache sollte durch überwiegende Verwendung von **visuellem Material** erleichtert werden. Bei schwierigen sprachlichen Formulierungen sollte Paul Hilfe in Form von Bildern, Grafiken, Tabellen und Erklärungen bekommen. Die Vorgabe von **Fragenkatalogen** für Tests und Schularbeiten würden Pauls schulische Leistungen anheben. **Lernkarteien**, **Gruppierung** von ähnlichen oder verwandten Fakten oder Wörtern, Rückführung auf Grundformen, wie **Wortstammarbeit**, **Ableitungsregeln** usw. sollten Pauls Lernkompetenzen sehr erweitern.

Die LRS-Diagnose kann zusätzlich **abgesichert** werden, wenn man neben der von der WHO vorgeschriebenen Standarddiagnostik durch Intelligenz- und Leserechtschreib- Tests **weitere Kriterien und Einflussfaktoren** mit einbezieht.

Sehr selten haben wir z.B. in unserer Praxis Kinder mit einer Leserechtschreibstörung angetroffen, deren Werte im Bereich des **sprachlichen Arbeitsgedächtnisses** wie etwa im Zahlen Nachsprechen und vor allem im Silben Nachsprechen (Mottiertest) nicht unterdurchschnittlich gewesen wären. Auch eine unterdurchschnittliche Leistung bei Aufgaben zur **Phonologischen Bewusstheit** steuern zur Verlässlichkeit der LRS-Diagnose bei.

Hilfreich wäre zusätzlich, wenn man wüsste, wo das Kind mit seiner Schriftsprachleistung im **Vergleich zu seinen Mitschülern** steht. Diese Information steht dem Diagnostiker aber normalerweise nicht zur Verfügung. Zusätzlich weiß man aus mehreren Untersuchungen, dass die individuellen Kriterien zur Beurteilung und zur Notenvergabe unter den Lehrpersonen sehr stark variieren. So reichte beispielsweise die Streuung der Aufsatznoten für denselben Aufsatz bei interschiedlichen Lehrkräften von „sehr gut" bis „nicht genügend" (Birkel, Birkel, 2002).

Eine zusätzliche Orientierung an den individuellen Schulleistungen des Kindes, die **unter verschieden schweren Bedingungen** erbracht werden, kann für eine Absicherung der Diagnose sehr hilfreich sein (Abschreiben, frei Schreiben, Lückendiktat, ganze Sätze, Aufsatz). Für eine stimmige Diagnose sollten immer und vor allem die **Schularbeitenhefte** herangezogen werden, da die Lückentexte der Rechtschreibtests wesentlich leichter sind als ganze Aufsätze, in welchen sich meist die Grammatik-, Rechtschreib- und Satzzeichen-Fehler häufen. Da die Automatisierung für Erlerntes von Legasthenikern nur vermindert erworben wird, wirken sich bei der stressbesetzten **Schularbeit** die - neben der Rechtschreibung- - zusätzlichen Anforderungen und Faktoren wie eine schlechte Tagesverfassung, Nervosität, Lärm, Ablenkung durch Mitschüler usw. sehr stark leistungsmindernd aus, sodass die unter leichteren Bedingungen erbrachten Rechtschreibleistungen in der Diagnostik-Situation höher ausfallen und nicht dem tatsächlichen Leistungsniveau des Kindes entsprechen.

Die **Überprüfung** der Lese-Rechtschreibfähigkeit sollte immer auch **therapiebegleitend wiederholt** werden, um die Effektivität der Förderung festzustellen. Wir selbst wiederholen nach einer längeren Therapiephase bezüglich der sonstigen diagnostizierten Schwächen bei bestimmten Kindern auch den Intelligenztest und stellen öfters fest, dass sich - wahrscheinlich durch den verbesserten Zugang zur Sprache - der IQ um bis zu 20 Einheiten gesteigert hat.

Beispiel aus der Praxis: Jona, 15 Jahre, 5. Klasse Gymnasium

Bei Jona diagnostizierten wir eine **Leserechtschreibstörung, obwohl** der Rechtschreibtest RT mit einem Prozentrang von 25 einen - noch - durchschnittlichen Wert ergab. Der IQ-Wert von 113 lag an der Grenze zur Überdurchschnittlichkeit (im AID, Allgemeines Intelligenzdiagnostikum). Da Jona in seinen **Aufsätzen** und in den **Schularbeiten zahlreiche Fehler** machte, konnten wir in Anbetracht  seiner sehr guten Intelligenz und der dazu in Diskrepanz stehenden Rechtschreibung dennoch von einer Rechtschreibstörung sprechen.

Im Zürcher Leseverständnistest und in der Nacherzählung bei der Deutschschularbeit (Note 5 = nicht genügend) zeigte sich in den vielen inhaltlichen Fehlern sehr deutlich, dass Jona beim **Lesen** von Texten mit schwieriger sprachlicher Formulierung **Probleme** hatte, diese exakt **zu verstehen und nachzuerzählen.** Besonders bei Nebensätzen und Aussagen, die sich auf den vorhergehenden Satz beziehen, konnte Jona häufig die **Beziehungen nicht richtig zuordnen** und interpretierte folglich die Inhalte nicht sinngemäß. Dieses mangelnde Leseverstehen kann sich neben Deutsch natürlich auch erheblich auf alle anderen Fächer auswirken. Jona **las sehr langsam** mit zum Teil **nicht korrigierten Verlesungen**, die den Sinn des Gelesenen veränderten. Leider gibt es für dieses Alter keine normierten Vergleichswerte bezüglich der Lesefertigkeit und des Leseverstehens.

Das **Sprachgedächtnis** für Silben im Mottiertest erwies sich als knapp unterdurchschnittlich. Das **visuelle Erfassen** von buchstabenähnlichen Zeichen im AID lag (mit einem T-Wert von 39) im unterdurchschnittlichen Bereich, ein Defizit, das eventuell eine Leserechtschreibstörung mit bedingen kann. Die phonologische Bewusstheit im Test BAKO, der allerdings nur für das Grundschulalter normiert ist, zeigten sich Schwächen in **der auditiven Erfassung von Lauten und Unsicherheiten in der Manipulation von Lauten** innerhalb eines Wortes (z. B.: Wortumkehr). Die in diesem Alter noch eingeschränkte phonologische Bewusstheit spricht ebenfalls für das Vorliegen einer Leserechtschreibstörung.

Zusammenfassend kann man also die Schlussfolgerung ziehen, dass bei allen beschriebenen LRS-Definitionen eine gewisse **Restunsicherheit** in der Beurteilung bleiben kann und deshalb die Diagnose einer Leserechtschreibstörung immer auch durch die **Beachtung anderer Kriterien** wie z.B. sprachliche Leistungen usw. abgesichert werden muss. Bei der Erstellung einer LRS-Diagnose sollte vor allem der jeweilige **Unterstützungsbedarf** der betroffenen Kinder das Hauptaugenmerk darstellen. Wie wir oft beobachtet haben, kann eine LRS-Diagnose einem schulisch schwer belasteten Kind schon sehr viel seelischen Druck wegnehmen, da es erfahren kann, dass es „nur eine Legasthenie" hat und nicht dumm ist. Zusätzlich wird den Betroffenen durch das LRS-Gutachten doch ein gewisser **Schutz** in der Schule zuteil, unter dem sie leichter und motivierter und damit vielleicht auch erfolgreicher arbeiten können.

Beispiel aus der Praxis: Leonhard, 10 Jahre, 3. Klasse Volksschule

Leonhard suchte zusammen mit seiner Mutter unsere Praxis wegen schwerwiegender Lernprobleme in **Deutsch und Rechnen** auf. Leonhard hatte schon des Öfteren den Schulbesuch verweigert, da auch das Verhältnis zum Lehrer sehr belastet war und das mühevolle und sehr angespannte Lernen zu Hause keinen Erfolg zeigte. Die Eltern hatten kaum mehr eine Chance, mit dem Jungen zu lernen, da sich Leonhard meistens in den trotzigen Rückzug begab.

Bei Leonhard konnte aufgrund einer hohen Diskrepanz zwischen den Werten seiner im Durchschnitt liegenden kognitiven Leistungsfähigkeit (Intelligenztest Kaufman Assessment Battery for Children, K-ABC) und seiner Rechtschreibleistung (Salzburger Rechtschreibtest weit unterdurchschnittlicher PR 1) gemäß den Bestimmungen der Weltgesundheitsorganisation (WHO) eine Rechtschreibstörung befundet werden. Das Lesen erwies sich insgesamt als seine beste Leistung. Im Salzburger und Zürcher Lesetest ergaben sich in allen Subskalen bezüglich **Lesezeit** durchschnittliche Werte, allerdings machte Leonhard bei der den zwei Zürcher Lesetexten mit der sehr kleinen Schrift zu viele, nämlich 7 und 12 Fehler. Das Leseverständnis erwies sich als relativ gut, sodass Leonhard die Inhalte der insgesamt 3 Texte fast vollständig - allerdings zum Teil auf Nachfragen - wiedergeben konnte.

Im K-ABC ergaben sich ausgeprägte **Schwächen des sprachlichen Gedächtnisses** beim Nachsprechen von Zahlen (Skalenwert 5) und im Mottiertest von Silben (sehr stark reduzierte Leistungen). Das Nachsprechen von Sätzen im Heidelberger Sprachentwicklungstest meisterte Leonhard etwas besser, da ihm die Inhalte der Sätze als Gedächtnisstütze dienten (Prozentrang 27, knapp durchschnittlich). Das Bilden von **grammatikalischen Formen** beim Produzieren von Mehrzahlformen von Kunstwörtern fiel Leonhard sehr schwer (unterdurchschnittlicher Prozentrang 15).

Neben seiner sprachlichen Merkschwäche hatten sich im K-ABC noch zusätzlich weit unterdurchschnittliche Werte in folgenden Subskalen ergeben: **Nachahmen von Handbewegungen** (Skalenwert 5), eventuell damit in Zusammenhang stehend zeigte Leonhard auch Probleme in der Schreibmotorik bezüglich Schriftablauf und Schreibdruck.

Im bildhaften Ergänzen, das die **abstrakte Logik** mit geometrischen Figuren misst, erreichte er den weit unterdurchschnittlichen Skalenwert 6, wobei diese Minderleistung überwiegend durch **Raumlageprobleme**, die wir bei der Leserechtschreibstörung fast immer feststellen, und nicht durch ein fehlendes logisches Schlussfolgern verursacht war. Auch im folgerichtigen **Legen von Fotoserien**, die Handlungsabläufe darstellen, erzielte Leonhard den unterdurchschnittlichen Skalen-Wert von 7. Hier war sein Misserfolg dadurch bedingt, dass er in seiner auffallend großen **Frustrationsintoleranz** nach den ersten Fehlern nicht mehr wirklich mitmachte und seine **Aufmerksamkeit** anderen Dingen in der Umgebung zuwandte.

Bezüglich der schulischen Leistungen wies Leonhard beim **Rechnen** die größten **Rückstände** auf und verweigerte nach einer Weile der informellen Überprüfung seiner Rechenfertigkeiten auch die Mitarbeit, indem er den Kopf in seinen Armen „vergrub" und sich letzten Endes – wie häufig – zu seiner Mutter auf den Schoß flüchtete. Leonhard konnte **alle Grundrechnungsarten** auch im 10-er und 20-er Zahlenbereich nur sehr mühevoll und mit Fingern zählend mit vielen „Verrechnern" bewältigen. Das Einmaleins beherrschte Leonhard kaum, Divisionen konnte er gar nicht lösen.

Demzufolge diagnostizierten wir bei Leonhard eine **Rechtschreib- und Rechenstörung**, die nicht zuletzt durch das schlechte Verhältnis zum Lehrer und durch sein Vermeidungsverhalten massive Ausmaße angenommen hatte. In einem Gespräch mit Eltern, Schulleiter, Lehrer und Förderlehrerin kamen wir gemeinsam zur Einsicht, dass Leonhard am ehesten seine Rückstände im geschützten Rahmen eines **sonderpädagogischen Förderbedarfs** aufholen würde.

Exkurs: Rechenschwäche oder Dyskalkulie

„Wörter sind irreführend. Das beginnt schon beim Einmaleins." ~ Emil Baschnonga

Da nach unserer praktischen Erfahrung der überwiegende Teil der LRS-und SSES-Kinder auch mit Rechenproblemen zu kämpfen hat, wollen wir uns hier überblicksartig mit der Rechenschwäche und/oder (Dyskalkulie) beschäftigen.

Die Definition der Rechenschwäche wird bisher in der internationalen Forschung noch nicht einheitlich dargestellt. Die Internationale Klassifikation psychischer Störungen (ICD-10) der Weltgesundheitsorganisation (Dilling et al., 2004) beschreibt die **Dyskalkulie** als Entwicklungsstörung im Sinne einer umschriebenen Beeinträchtigung der **grundlegenden Rechenfertigkeiten**, die nicht allein durch eine allgemeine Intelligenzminderung oder eine mangelnde Beschulung erklärbar ist (Punkt F81.2). Die Rechenleistungen müssen „eindeutig unterhalb des Niveaus liegen, welches aufgrund des Alters, der allgemeinen Intelligenz und der Schulklasse zu erwarten ist." Für die Diagnose einer reinen Dyskalkulie müssen die Lese- und Rechtschreibfähigkeiten des Kindes im Normbereich liegen. Sehr oft kommen aber die LRS und die Rechenschwäche zusammen vor.

Wie auch bei der LRS **kritisieren** anerkannte Wissenschaftler diese **Diskrepanz**-Definition, da die Förderungstendenzen dann nur auf eine selektive Gruppe gerichtet sind und Kinder mit einer zusätzlichen LRS ausgeschlossen werden (Lorenz, 2003). Auch Schülerinnen mit einer allgemeinen intellektuellen Beeinträchtigung sollen von förderpädagogischen Maßnahmen profitieren können. Die Art der Hilfe muss sich nach den genau diagnostizierten kognitiven Ressourcen und Schwächen des Förderbedürftigen richten. Maßgeblich für eine adäquate Hilfe ist vor allem die Feststellung der Fehlerart (Wehrmann, 2003) und der mathematischen Denkstrategien, indem man rückfragt und die Betroffenen laut denken, bzw. rechnen lässt (Röhrig, 1996). Wie wiederum auch bei der LRS, stellen die detaillierte Untersuchung und eine daran angepasste spezifische Förderung des mathematischen Lernstandes die einzig mögliche Hilfe dar, und nicht etwa ein unspezifisches allgemeines „Wahrnehmungstraining".

1. Ursachen der kognitiven Einschränkungen bei Rechenschwäche

Die aktuellen wissenschaftlichen Annahmen über die **Ursachen** einer Rechenschwäche reichen von einer **genetischen Veranlagung** (von Aster, 2003) über **Umgebungseinflüsse** bis zu Störungen bestimmter **Hirnfunktionen** (Jacobs, Petermann, 2003). Häufig treten ungünstige Einflüsse im Bereich der Lehrer-Kind- bzw. Eltern-Kind-**Beziehung** hinzu. **Psychische oder Verhaltensstörungen** können die Problematik verstärken.

Dyskalkulie-Betroffene erbringen häufig bedeutsam schwächere Leistungen in allen **3 Komponenten des Arbeitsgedächtnisses** (Wilson, Swanson, 2001):

- Die phonologische Schleife, die **Daten und Fakten** im Arbeitsgedächtnis zur weiteren Bearbeitung verfügbar hält, weist eine sehr verkleinerte Kapazität auf. Erstklässler sollten für eine gut funktionierende Rechenfertigkeit etwa 4 Einheiten im Arbeitsgedächtnis behalten können, was aber meistens nicht der Fall ist.
- Der visuell räumliche Notizblock und damit das **visuell räumliche Vorstellungsvermögen** können vermindert sein, allerdings nicht immer im gleichen Ausmaß wie die phonologische Schleife. Raum-, Zeit- und Richtungs-Dimensionen werden hier zwischengespeichert, wie z.B. die Reihenfolge von Buchstaben u. Ziffern, der Zahlenraum, Pläne und Tabellen, sowie die Form und Struktur von räumlichen Elementen, z.B. in der Geometrie. Hier werden auch Formen erkannt, abgerufen und mit den im Langzeitgedächtnis gespeicherten Formen verglichen. Durch den visuell räumlichen Notizblock wird die Vorstellung zwei- und dreidimensionaler Bilder möglich, um diese dann weiter zu bearbeiten oder zu verändern, z.B. zu klappen oder zu drehen.
- Auch die **Zentrale Exekutive**, die alle anderen Funktionen des Arbeitsgedächtnisses und deren Zusammenspiel „managt", funktioniert ebenfalls nur vermindert, wodurch das deklarative Wissen, das ist der Zugang zu **Strategien und Problemlösungsschritten** (Algorithmen), nur eingeschränkt verfügbar ist.

Das eingeschränkte Arbeitsgedächtnis bewirkt auch, dass **längere Sätze** (Grimm, 2003) und damit natürlich auch Erklärungen in der Mathematik von **sprachgestörten Kindern** schlechter behalten und verstanden werden. Oft werden nur die ersten und letzten Anteile einer Sprachkette erinnert. Die Sprachwissenschaftlerin Univ. Prof. Hannelore Grimm stellte das mit folgenden Worten eindrücklich dar: *„Durch die viel zitierte und einflussreiche PISA-Studie mit den nachfolgenden*

*Vergleichsstudien sind wir heute besonders stark dafür sensitiviert, dass aus sprachgestörten Vorschulkindern leseschwache Schüler werden mit entsprechenden Auswirkungen auf viele andere Fächer, wobei vor allem **extreme Schwierigkeiten mit der Mathematik** nachgewiesen sind. Untersuchungen zufolge sind für über 70% der **Leseprobleme** Sprachverarbeitungsdefizite ursächlich verantwortlich. Und das zieht verheerende Folgen nach sich: Denn aufgrund der Unfähigkeit, mündliche und schriftliche Texte hinreichend zu verstehen, bilden die betroffenen Kinder generalisierte intellektuelle und motivationale Probleme heraus. Die defizitären Sprachfähigkeiten münden in einen Teufelskreis sich aufschaukelnder Wissens- und Lerndefizite. So hat das Forscherteam von Grohnfeldt (2003) in einer Untersuchung an Sprachheilschulen aufgezeigt, dass Sprachdefizite zunehmend zu einem immer weiter absinkenden Intelligenz-Quotienten führen, das heißt, dass die betroffenen Schulkinder allmählich in ihrem Lernvermögen immer mehr einbüßen ..."*
(Grimm, www.bsgl.ch/Jahresberichte/hv2006/Grimm_Diagn.pdf)

Somit ist ein großer Teil der Legastheniker und Dyskalkuliker von den sprachlichen Verständnisschwierigkeiten und deren Folgen für das Lernen betroffen, da ein Teil dieser Gruppen spezifisch sprachgestört war, bzw. ist. Etwa **40-60% der Legastheniker** weisen laut Statistik auch **Rechenprobleme** auf (Schwenck, Schneider, 2003); wir selbst erleben in der Praxis nur wenige LRS- und SSES-Kinder, die nicht auch Rechenprobleme – vor allem in den Grundrechnungsarten und in der Arithmetik – aufweisen, jedoch geometrische Aufgaben in der Regel besser bewältigen. Allerdings ist in letzterem Bereich die Genauigkeit beim Zeichnen der geometrischen Figuren meistens auch eingeschränkt. Im Falle einer größeren Beeinträchtigung des visuell räumlichen Notizblocks treten auch bei geometrischen Aufgabenstellungen große Probleme auf.

Als eine der Ursachen der Spezifischen Sprachentwicklungsstörung wird eine **Schwäche in der Lautunterscheidung** angesehen, was sich natürlich auch beim Erfassen mathematischer Begriffe auswirkt (Nolte, 2001). Die Kinder unterscheiden dann nicht genau zwischen **Zahlen** wie *2 und 3, 13 und 30* oder zwischen *105, 150 und 115*. Lautreihenfolgen wie z.B. bei *103 = 300* oder bei Rechnungen wie 100+3 = 300 werden nicht richtig wahrgenommen und gespeichert, sodass natürlich auch der Abruf dieser Begriffe nur verlangsamt und fehlerhaft funktioniert. Dadurch wird natürlich auch die **Zuordnung der Eigenschaften zu den Zahlen erschwert.** *Welche Menge gehört zu dieser Zahl, ist 3 eine gerade oder ungerade Zahl, ist 2 größer oder kleiner, wer ist der Vorgänger oder Nachfolger, was ist die Hälfte, das Doppelte, ein Vielfaches dieser Zahl?* Der Erwerb des **Stellenwertes** wird ebenfalls durch eine mangelnde Lautunterscheidung erschwert, wie die folgenden **Beispiele** zeigen:

Wie und in welcher Reihenfolge hört man die Ziffern 1 und 2 in folgenden Ausdrücken? → *12 - 12 000 - 120 – 102 – 210 - 210 000 – 2100.*

Dieser „Hexenkreis" wird durch das zusätzlich häufig gemeinsame Auftreten von **Aufmerksamkeitsstörungen** (meist verbunden mit Hyperaktivität) bei etwa 30% der Dyskalkulie-Betroffenen verstärkt (Aster, 2003).

Die Teilung der Aufmerksamkeit und schnelle, flexible Entscheidungsprozesse, sowie **visuelle Suchbewegungen** fallen dann besonders schwer (Heubrock, Petermann, 2001). Die Aufmerksamkeitsteilung, nämlich das **gleichzeitige Beachten visueller und akustischer Eindrücke** ist vor allem im Unterricht gefordert, wenn z.B. die Lehrkraft etwas erklärt und gleichzeitig an der Tafel eine Skizze dazu zeichnet. Visuelle Suchbewegungen sind besonders beim Erlernen des Lesens und Schreibens oder auch beim Lösen von Textaufgaben gefordert.

2. Rechenvorgänge benötigen eine Vielzahl an mentalen Fähigkeiten

Ein gut funktionierendes **Arbeitsgedächtnis** ist nötig für die Speicherung der Angaben und Zwischenergebnisse und für das gedankliche Wiederholen und für die Bearbeitung derselben (Geary, 2003). Außerdem ist das Arbeitsgedächtnis natürlich auch am Lese-Gedächtnis und -Verständnis beteiligt (Schneider, Näslund, 1999). Vor allem das Lösen von Textaufgaben stellt hohe Anforderungen an das Arbeitsgedächtnis. Das Gelesene muss erinnert und verstanden und Rechenstrategien für analoge Rechenvorgänge und Arbeitsschritte müssen abgerufen werden.

Beim **Kopfrechnen** ist vor allem die phonologische Schleife für das Behalten von Aufgabeninformation und Zwischenergebnissen verantwortlich; die zentrale Exekutive wird dann für die Gesamtkoordination der geforderten Verarbeitungsprozesse beansprucht (Seitz, Schumann-Hengsteler, 2000).

Des Weiteren sind suffiziente Fertigkeiten im Bereich der **phonologischen Bewusstheit** beim Lesen, Erinnern und Abrufen von (mathematischen) Begriffen mitbeteiligt (Landerl K. et al., 2003).

Das **Langzeitgedächtnis** bietet das Reservoir für den Abruf von erlernten Zahlenfakten, Regeln, Strategien und Problemlöseschritten (Logie et al., 1994).

Die Fähigkeit zur generellen **Verarbeitungsgeschwindigkeit** ermöglicht die **Automatisierung** der Verfügbarkeit aller dieser Anteile. Ein automatisierter Wissensabruf beansprucht das Arbeitsgedächtnis weitaus weniger als Zählstrategien (Kaye, 1986), sodass beim Rechnen von komplexeren Aufgaben mehr freie Ressourcen zur Verfügung stehen.

Letztendlich braucht man zum Lösen von Rechenaufgaben eine andauernde **Aufmerksamkeit** und **Konzentration** (Shalev, Gross-Tsur, 2001).

Bei **Defiziten** in einem oder mehreren der genannten Bereiche brauchen die Kinder sehr viel Zeit und Energie für den oft noch sehr fehlerhaften Zugriff auf mathematische Basisfakten, sodass sie wesentlich länger als Nicht-Betroffene auf unreife Strategien – wie das zählende Rechnen - und nicht auf den automatisch erfolgenden Abruf aus dem Gedächtnis zurückgreifen müssen, wodurch das Arbeitsgedächtnis vermehrt belastet wird (Bull, Johnston, 1997).

3. Charakteristische Rechenprobleme

Meistens fallen rechenschwache Kinder **bereits im Vorschulalter** mit Schwierigkeiten auf, Mengen einzuschätzen und zu vergleichen oder Objekte nach mehr als einer Eigenschaft zu ordnen (Krajewski, Schneider, 2006). Es gelingt den Betroffenen länger nicht, Gegenstände richtig **abzuzählen** oder gesprochene Zahlwörter den richtigen Mengenbildern – wie z.B. Punktmustern auf dem Zahlenwürfel - **zuzuordnen** oder mit Gegenständen zu **rechnen**. Ebenso bereitet den rechenschwachen Kindern die Zuordnung der Zahlen-Namen zu den dazugehörigen geschriebenen Ziffern häufig über unangemessen lange Zeit große Schwierigkeiten. Wie wir schon in vorangegangen Kapiteln berichtet haben, treffen wir in unserer Praxis immer wieder auf Erstklässler, die wohl die gehörte Addition oder Subtraktion im Zahlenraum 20 rechnen können, aber die Zahlen dazu nicht oder nur mangelhaft lesen und schreiben können.

Sehr oft sind rechenschwache Kinder darauf angewiesen, **unter hohem Energie- und Zeitaufwand rein zählend zu rechnen** – mit Fingern bzw. Materialien oder „im Kopf" - und bei dieser Strategie mitunter mehrere Jahre zu verharren. Dadurch ist es ihnen natürlich nur erschwert oder gar nicht möglich, **Transferleistungen** auf höhere Rechenvorgänge mit höheren Zahlen, wie Divisionen, Textrechnungen usw., zu erbringen.

Der in der Mathematik gebrauchte Wortschatz wie **Raum-, Zeit- und Größen-Relationen, sowie Vorwörter und Nebensatz-einleitende Wörter** werden nicht genau verstanden und können nicht richtig angewendet werden. Nicht verstandener Inhalt wird schneller vergessen, da er nicht an etwas angegliedert und vernetzt werden kann. Daher wird auch das **Verständnis** für Rechenvorgänge, Reihenfolgen, Ordnungen, Strukturen und Abstraktionen nur eingeschränkt und verlangsamt erworben.

Beispielsweise können folgende **Begriffe** Probleme bereiten (Lorenz, 2003):

plus, minus, groß - größer - am größten - kleiner, mehr - weniger
zu, von, um, weder- noch
an, bei, unter – über - auf, zwischen, in, vor - hinter - nach
nah - fern, kurz – lang, vorher – nachher, immer - manchmal
wenn - dann, daher - weil
manche, keiner, jeder, alle, fast alle, alle außer, irgendeiner, je

Beispiele:
Ergänze die folgenden Zahlen <u>auf</u> 1000. - Ergänze <u>zu</u> den folgenden Zahlen 1000.
Die blauen, runden Plättchen - die blauen <u>und</u> die runden Plättchen.

Auch **nicht geläufige Ausdrücke** wie z.B. *vom Konto abbuchen, befördern* usw. können sich im mathematischen Textverständnis störend auswirken. In der Grundschule müssen im Laufe der Jahre etwa 500 neue Begriffe erworben werden, was für Kinder mit einem eingeschränkten Arbeitsgedächtnis eine große Hürde darstellt. Die Mathematikbücher sind nach unseren eigenen Recherchen voll von oben genannten Begriffen und für das Kind fremden Ausdrücken.

Stellenwerte im Hunderter-, Tausender- und höherem Zahlenraum werden verdreht und nicht wirklich verstanden. Auch das Umwandeln von **Maßeinheiten** (Geld, Gewicht, Fläche, Raum, Zeit) bereitet ebenso große Schwierigkeiten wie das Ablesen der **Uhrzeit.**

Besondere Schwierigkeiten bereiten **Zehner-Übergänge, die Zerlegung von Zahlen, Platzhalter-Aufgaben oder Umkehr-Rechnungen.** Das Verstehen und die Umsetzung der Grundrechnungsarten und der Rechenvorgänge werden meistens nur eingeschränkt entwickelt.

Im Bereich der **Text- und Sachaufgaben** gibt es mehrere Fehlermöglichkeiten in folgenden Bereichen: Sprachverständnis, Lesekompetenz, Verständnis der mathematischen Operationen, Beherrschen der Grundrechnungsarten, Konzentration bei komplexer Aufgabe, Zerlegung der Aufgabe in Teilschritte.

4. Folgeprobleme aufgrund der Rechenschwäche

Mathematische Sachverhalte finden sich z.B. auch im Fach **Sachkunde** wieder. So haben rechenschwache Kinder große Probleme, Tages-, Wochen-, Jahresverlauf, Thermometer, Himmelsrichtungen, Uhr, Stromkreis, geschichtliche Ereignisse zu verstehen bzw. einzuordnen. Auch die Orientierung mit Hilfe von Karten und Tabellen kann bei einer vorliegenden Dyskalkulie erhebliche Schwierigkeiten bereiten.

Mathematische Aufgaben erfordern für rechenschwache Kinder enorme Gedächtnis- und Konzentrationsleistungen und eine überaus hohe Anstrengung, sodass die Betroffenen schnell mit **Erschöpfung** und verminderter **Frustrationstoleranz** reagieren. Auch beständiges und extensives Üben zeitigt fast ausschließlich Misserfolge. Geübtes ist meistens nur auswendig gelernt und wird schnell wieder vergessen.

Übersicht: Charakteristische Probleme beim Rechnen
(In Anlehnung an Gerster, 2003a und b, und Lorenz, 2003)

Vor dem Rechenerwerb:

- Bestimmung von **Zeitangaben:** vorher/nachher, früher/später, zeitlich länger/kürzer als.
- Erfassen **räumlicher Beziehungen:** rechts/links, oben/unten, hinten/vorn
- **Vergleichen und Sortieren** von Gegenständen nach bestimmten Merkmalen: kürzer/länger, größer/kleiner, breiter/ schmäler, höher/niedriger.
- **Kleine Mengen** zahlenmäßig als Ganzes erfassen
- Unterscheiden von **Anzahl** (eins, zwei) von der **Reihenfolgezahl** wie der erste, zweite...).

Beim Rechenerwerb:

- **seitenverkehrte** Schreibweise, Ziffern werden von unten her geschrieben, Verwechslung von Ziffern (6 und 9).
- Zurechtfinden mit Skizzen, Zahlenstrahl, Tabellen, Wegkarten
- **Reihenfolge** von Ziffern (32 = 23) beim Lesen und Schreiben
- **Unterscheiden** von größeren und kleineren mehrstelligen Zahlen
- **Schreiben der Zahlen** nach Gehör, nicht entsprechend dem Stellenwert (vierhundertsiebzig: 40070).
- Zahlenreihen flüssig **rückwärts aufsagen**
- Zehner-, Hunderter- und Tausender-**Übergänge**

- **Automatisierung der Grundrechenarten:** Addition, Subtraktion, Multiplikation, Division, 1x1.
- **Wechsel** zwischen den Rechenarten: (+ - x :)
- Adäquates **Verwenden von Rechenarten**
- Ähnliche, gleiche und umgekehrte oder komplementäre **Rechenvorgänge** erkennen.
- Voraussichtliches Resultat abschätzen
- **Zahlen-Zerlegung** beim Zehner-überschreitenden Rechnen
- **schriftliche** Lösungsverfahren bei einfachen Kopfrechnungen
- bei **Textrechnungen:** Auswahl der Grundrechnungsart (Addition, Division...). Wichtiges und Zusammengehöriges sowie Unwichtiges erkennen. Quatschrechnungen mit irrelevanten, fehlerhaften oder fehlenden Angaben erkennen.
- **Zeitaufwand**
- schnelles **Vergessen von** gestern noch **Gewusstem**
- **Wiedererkennen derselben Rechnung**
- **Erinnern der Aufgabenstellung** bei mehrschrittigen Rechnungen
- **Verstehen und Anwenden von Regeln**, Kompensation durch Auswendiglernen.
- Mathematikhausaufgaben werden nur **zusammen mit Mutter oder Vater** gemacht.
- die Hausaufgabensituation ist sehr angespannt

Persönlichkeit und Verhalten:

- Schulangst, Mathematikangst
- Motivationsverlust
- schwaches Selbstvertrauen, verunsichert
- bedrückte Stimmung, Ängstlichkeit, Kontaktscheue
- Aggressivität
- Clownerie
- psychosomatische Störungen
- Bewegungsunruhe bis Hyperaktivität oder Bewegungsverarmung, -verlangsamung.

5. Diagnostik der Rechenschwäche

Eine vollständige Diagnostik erfasst folgende Bereiche:
(In Anlehnung an Hasselhorn, Marx, Schneider, 2005)

- Leistungsstand und die Fehlermerkmale im Rechnen
- die Entwicklungsgeschichte der Rechenschwäche
- die Rahmenbedingungen in der Familie und in der Schule
- die allgemeine psychische Verfassung und jene bezüglich der Lernschwierigkeiten.
- normierte Tests: Intelligenz, neuropsychologische Basisfunktionen
- entwicklungsneurologische Abklärung

Informelle qualitative Überprüfung für weitere Förderhinweise:
- **Zahlen nachsprechen in folgender Art:** Die Höhe und Schwierigkeit der mehrstelligen Zahlen sollte dem Niveau der Klassenstufe angepasst sein: **Beispiel für die 2.-3. Klasse:**
  3+4+7 / 5-2+8 / 18+3-4 / 15+7-6
  365, 243, 233 / 1236 / 2354 / 5761 / 2325
- **Zahlen lesen und schreiben nach Diktat:** Schwierigkeitsgrad an die Klassenstufe anpassen, auch Zahlen mit 0 in Mittel- und Endposition
- **Begriffe verstehen:**
  plus, minus, geteilt, das Doppelte, die Hälfte, Vorgänger, Nachfolger...
- **Abzählen und Zählen:** vor und zurück, Zahlengröße der Klassenstufe entsprechend
- **Zahlenvergleich beim Hören und Lesen:** größer, kleiner
- **Merken der Zahl–Zeichen und Symbole:** + - . : > <
- **Unterscheidung von Anzahl und Rangposition:** 5 und der 5...
- **Simultanes Erfassen von Mengen** ungruppiert bis maximal 5; gruppiert im höheren Zahlenbereich (auch anhand der Finger)
- **Zahlen lesen und schreiben:** Schwierigkeitsgrad an Klassenstufe anpassen, auch Zahlen mit 0 in Mittel- und Endposition
- **Zahlenzerlegung:** 7 = 4 + 3 oder 5 + 2 oder 6 + 1; Partnerzahlen für 10
- **Grundrechnungsarten** mit und ohne Zehnerüberschreitung (Verwenden der Finger? Arbeitstempo?)
- **Stellenwert:** 45 = 54, Einer, Zehner, Hunderter usw.
- **Wechsel zwischen den Rechenarten:** + - x :
- **1x1 und Geteilt**
- **Abschätzen von Größen:** z.B. Tischlänge, Raumhöhe, Türhöhe anhand der

eigenen Körpergröße oder anhand der gängigen Maße (cm, m, kg ...)

- **Platzhalter-Aufgaben:** 5+?=8, ?-8= 5 usw.
- **Umkehr-Operationen:** + -, x : 9+3 = 3+9 ...
- **Verständnis der Rechenoperationen:** vor allem auch bei Textrechnungen
- **Merken von mathematischen Begriffen:**
  500 neue Begriffe in der Grundschule
- **Kopfrechnen:** angepasst an Klassenstufe, 5+7.2 =
- **Umrechnen von Maßeinheiten:** km - m – dm ..., hl - l - dl - cl ...
- **Textrechnungen:** Sprachverständnis, Lesekompetenz, Verständnis der mathematischen Operationen, Beherrschen der Grundrechnungsarten, Zerlegung der Aufgabe in Teilschritte, Konzentration

Für die amtlich genehmigte Diagnose einer Dyskalkulie ist es notwendig, einen **Intelligenztest** und einen oder mehrere normierte **Rechentests** durchzuführen. Leider bewerten die meisten der derzeit gängigen standardisierten Tests zur Feststellung einer Rechenschwäche Rechenfertigkeiten nach der Fehlerhäufigkeit im Vergleich zur Alters- und Schulnorm. Dyskalkulie-Betroffene mit zählenden Rechenstrategien können dort des Öfteren als nicht rechenschwach beurteilt werden, da die benötigte **Rechenzeit** und eine eventuell vorliegende **zählende Rechenstrategie** nicht mit beurteilt wird (Rottmann, Huth, 2005).

Wir wollen an dieser Stelle nicht auf alle aktuellen **Rechentests** eingehen, sondern nur einzelne Tests exemplarisch vorstellen, jeweils einen mit und ohne **Tempo-Messung,** sowie zusätzliche Rechentests, die Textrechnungen beinhalten.

Heidelberger Rechentest HRT 1-4:
Erfassung mathematischer Basiskompetenzen im Grundschulalter
(Haffner, Baro, Parzer, Resch. Deutsche Schultests Beltz, Hrsg.: Hasselhorn, Marx, Schneider)

Das Verfahren ist einzeln und in der Gruppe ab **Ende der 1. bis Anfang der 5. Klassenstufe** zu jedem Zeitpunkt des Schuljahres für die Diagnostik von Dyskalkulie, mathematischer (Hoch-) Begabung und Fördererfolg anwendbar. Die Testprofile ergeben Hinweise auf den Förderbedarf im Rechenbereich und auch in räumlich-visuellen Teilfertigkeiten.

Überprüfungsbereiche:
1. **Rechenaufgaben:** Addition, Subtraktion, Multiplikation, Division, Ergänzung, Größer-Kleiner-Vergleich

2. **räumlich-visuelle Leistung**
3. **Schreibgeschwindigkeit**
4. **Rechengeschwindigkeit**

Bearbeitungsdauer:
Mit Gruppen etwa 50-60 Minuten, im Einzeltest ca. 45 Minuten.
In Anwendung seit 2005.

Neuropsychologische Testbatterie für Zahlenverarbeitung und Rechnen bei Kindern – ZAREKI-R
(Aster, M.G.; Weinhold Zulauf, M.; Horn, R. Frankfurt a.M.: Swets Test Services, 2006)

Untertests:
1. Abzählen*[81]
2. Zählen rückwärts mündlich*
3. Zahlen schreiben*
4. Kopfrechnen
5. Zahlenlesen*
6. Anordnen von Zahlen auf einem Zahlenstrahl*
7. Zahlen nachsprechen vorwärts und rückwärts*
8. Zahlenvergleich (Worte)*
9. Perzeptive Mengenbeurteilung
10. Kognitive Mengenbeurteilung
11. Textaufgaben*
12. Zahlenvergleich (Ziffern)*

Dieser Test erfasst zwar nicht die Rechenzeit, testet aber wichtige andere mathematische Teilleistungen (siehe die Sternchen* bei den Untertests), die neben den Fertigkeiten in den Grundrechnungsarten auch noch wichtige Hinweise für die Therapie geben können.

Bearbeitungsdauer:
Mit Schulklassen ca. 50-60 Minuten, im Einzeltest ca. 45 Minuten.
In Anwendung seit 2006.

---

[81] Wichtig zu Beginn der 1. Klasse.

Deutsche Mathematiktests, DEMAT für die Klassenstufen 1 bis 4
(Hrsg.: Hasselhorn, Marx, Schneider)

Diese Tests enthalten Anforderungen, die **lehrplangemäß** zum schulischen Ausbildungsprogramm aller deutschen Bundesländer der jeweiligen Klassenstufe passen. Wichtig in diesen Prüfverfahren erscheint uns noch, dass hier auch **Textrechnungen** abgefragt werden, da diese auch viel über die Sprach- und Lesekompetenz der Kandidaten aussagen können.

DEMAT 1: Krajewski, Küspert, Schneider. Unter Mitarbeit von Visé.
DEMAT 2+: Krajewski, Liehm, Schneider
DEMAT 3+: Roick, Gölitz, Hasselhorn
DEMAT 4: Gölitz, Roick, Hasselhorn

Die **Beobachtung der Rechenstrategien** in allen quantitativen und qualitativen Fehlerüberprüfungen stellt für den Untersucher eine wichtige Orientierungshilfe für die Diagnose und die Therapie dar. **Lassen Sie das Kind laut denken oder fragen Sie nach**, was sich das Kind zur jeweiligen Rechnung denkt, damit Sie erkennen können, an welchen Schritten es „hapert". Die Grundaufgaben der Addition und Subtraktion von 1 bis 10 müssen klappen, sonst können schwierige Aufgaben nicht gelöst werden.

Zusätzlich muss die **psychische Gesamtsituation** des Kindes berücksichtigt werden, da das familiäre und schulische Umfeld der Kinder auf den Therapie-Erfolg einen maßgeblichen Einfluss haben können.

Förderung und Therapie orientieren sich dann natürlich an den in der Diagnostik erfassten Daten.

Fragt der Lehrer: „Was gibt sieben mal sieben?"
Antwortet Fritzl: „Ganz, ganz feinen Sand!"

Wie würden Sie entscheiden?

Im folgenden Kapitel wollen wir nun einige Beispiele von **Kindern aus unserer Praxis** vorstellen, an welchen sie Ihr in diesem Buch erworbenes Wissen zusätzlich erweitern können. Sie können anhand von verschiedenen Fällen überlegen, zu welchen diagnostischen - und vielleicht auch therapeutischen - Entscheidungen Sie kommen würden. Im Anschluss an jeden Befund befinden sich dann unter der Überschrift „Ergebnis" jeweils die „Auflösung", bzw. unsere diagnostischen Befunde und eventuell auch Hinweise auf erste therapeutische Schritte[82].

Jonas, 4. Klasse Primarschule, 10 Jahre

Jonas hatte trotz intensiven Übens Probleme in Deutsch (Note 3) und zwar sowohl in der Rechtschreibung, als auch im Lesen. In den Aufsätzen konnte er keine längeren Sätze bilden und machte dabei viele Grammatikfehler. Außerdem fiel es dem Jungen äußerst schwer, sich Daten aus dem Sachunterricht wie bspw. neue geografische Namen oder biologische Bezeichnungen zu merken.

Anamnese:
Jonas schrie als Säugling übermäßig viel, schlief sehr wenig und war als Kleinkind bis zur 2. Klasse motorisch sehr unruhig und zappelig, was sich in den letzten Jahren aber stark verbessert hätte. Jonas bewies beim Bilderbuch Betrachten wenig Ausdauer und schien oft nicht zuzuhören. Märchen-Hörspiele wollte er nie hören, auch wollte er nicht, dass man ihm vorlas. Die Sprachentwicklung wurde von der Mutter als unauffällig beschrieben.

Beim Lernen zuhause und im Unterricht zeigte sich Jonas aber dennoch häufig ablenkbar, zappelig und schlampig, wobei er häufig schnell müde wurde. Die Mutter schätzte ihren Sohn als sehr sensibel ein. Nachdem sein Vater gestorben war, als Jonas 5 Jahre alt war, hatte er immer Angst um die Mutter und wollte auch mit 10 Jahren nicht alleine daheim bleiben. Er verfügte laut mütterlicher Auskunft über wenig Selbstwert und spielte gerne den Klassenkasper.

Befunde:
Jonas erreichte im Adaptiven Intelligenzdiagnostikum (AID) einen in der mittleren Norm liegenden **IQ von 100**.

---

[82] Die Therapiemethoden werden detailliert im 2. Band der Buchreihe dargestellt.

Im Salzburger Lesetest erzielte er punkto **Lesezeit** unterdurchschnittliche Werte (PR 12-16) und machte beim Lesen von Pseudowörtern überdurchschnittlich viele **Fehler**. Im Hamburger und im Zürcher Leseverständnistest HAMLET ergab sich ein unterdurchschnittliches **Leseverständnis**.

Im Salzburger Rechtschreibtest erzielte Jonas zwar gerade noch durchschnittliche Werte (PR 21-30), da die Mutter - die selbst über eine Legasthenieausbildung verfügte - sehr viel mit dem Kind gelernt hatte. In Jonas' **Aufsätzen** zeigten sich allerdings zahlreiche und wesentlich mehr **Rechtschreibfehler** als in dem - als Lückentest - leichteren Rechtschreibtest. Die harten und weichen **Stoppkonsonanten** *(b-p, d-t, g-k)*, sowie *n-m* und *f-w* wurden noch häufig verwechselt. Jonas vertauschte auch sehr oft die Reihenfolge von Buchstaben, wie z.B. *aufsthen – aufstehen* und machte häufig Fehler bei Doppelkonsonanten: *Feresen – fressen*. Zusätzlich unterliefen Jonas in den Sätzen **massive grammatische Fehler,** wie z.B. falsche Satzstellungen, Verwechslung von Vor- und Fürwörtern, sowie Zeit- und Fallfehler. Jonas schrieb beispielsweise folgende Sätze: *Die Tiere wo er frisst sind auf Haufen im Wald. Auf hehen Bogen flog er von der Rodel. Wenn man ein Glasscherben liegen lässt, wird es Feuer im Wald.* Manche Sätze und Nebensätze waren unvollständig, da Jonas vermutlich während des Schreibens aufgrund seines schwachen Satzgedächtnisses vergessen hatte, wie der Satz anfing und wie er aufhören sollte: *Da sah er zwei Kaninchen die hungrig und verzweifelt an die Karotten im Schneemann steckt.* Punkte ließ Jonas meistens aus, Beistriche fehlten immer.

Die schriftlichen **Nacherzählungen von gehörten oder gelesenen Geschichten** waren lückenhaft und chronologisch unrichtig dargestellt.

Im AID zeigten sich **Teilleistungsschwächen** im Bereich der **visuellen Wahrnehmung** und Verarbeitung (Finden von fehlenden Bilddetails: T 36, Gedächtnis für buchstabenähnliche Symbole: T 36, der mittlere Durchschnitt läge bei 50).

Beim Nachsprechen von Serien von Kunstsilben im Mottiertest, welcher das **sprachliche Gedächtnis** für Silben und die **Lautwahrnehmung und -verarbeitung** überprüft, zeigte Jonas sehr stark reduzierte Leistungen.

Im BAKO für Grundschüler der 1.-4. Klasse, einem Test zur Überprüfung der **Phonologischen Bewusstheit**, ergaben sich in 3 Subskalen nur sehr knapp durchschnittliche Werte (PR 24), im Untertest **Lautunterscheidung** ein weit unterdurchschnittlicher Wert (PR 5).

Im Heidelberger Sprachentwicklungstest erzielte Jonas beim Produzieren der **Mehrzahl** von Kunstwörtern einen weit unterdurchschnittlichen Prozentrang von 5 (der mittlere Durchschnittswert liegt bei 50). Dies wies darauf hin, dass Jonas Probleme hatte, **grammatische Formen intuitiv richtig zu bilden** und auch auf unbekannte Wörter **zu übertragen**. Das **Verstehen von Sätzen** erwies sich mit einem Prozentrang von 10 als weit unterdurchschnittlich, das **Nachsprechen** von Sätzen lag mit einem Prozentrang von 24 im knapp durchschnittlichen Bereich. Diese sprachlichen Gedächtnis- und Verstehensschwächen in Kombination mit der teilweise eingeschränkten visuellen Verarbeitung erklärten Jonas Probleme im Leseverständnis und in der Lesefertigkeit.

Ergebnis:
Aufgrund der sprachlichen Gedächtnisschwäche vor allem für Silben, der mangelnden Lautunterscheidung, der zahlreichen Rechtschreibfehler in den Aufsätzen und der unterdurchschnittlichen Leseleistung ist bei Jonas trotz der gerade noch durchschnittlichen Werte im Rechtschreibtest von einer **Lese-Rechtschreibstörung** zu sprechen.

Diese Diagnose wird zusätzlich auch noch erhärtet durch die - trotz intensiven Rechtschreibtrainings mit der Mutter - relativ schwach ausgeprägte phonologische Bewusstheit und durch seine schwachen grammatikalischen Kompetenzen, deren Ursache wahrscheinlich in der mangelhaften Lautwahrnehmung und -verarbeitung zu suchen ist.

Die mangelnde Aufmerksamkeit war wohl einerseits durch die reduzierten sprachlichen Kompetenzen zu erklären, andererseits vielleicht auch durch eine vorliegende ADHS. Da die Mutter aber berichtete, dass die dafür typischen Symptome sich sehr verbessert hätten und auch eine medikamentöse Therapie nicht in Frage kam, wurde von einer diesbezüglichen näheren Abklärung Abstand genommen.

Therapieverlauf:
Nach einer eineinhalbjährigen therapeutischen Betreuung konnten wir Jonas entlassen, da er sich in allen Bereichen stark verbessert hatte. Im BAKO konnte Jonas nahezu alle Aufgaben richtig beantworten, das Nachsprechen von Silben hatte sich fast bis in den Normbereich verbessert (statt 12 nun 22 richtige Silben von 30). Das Sätze Verstehen und Nachsprechen, sowie die Mehrzahlbildung im Heidelberger Sprachentwicklungstest lagen nun mit den Prozenträngen 79 und 95 im gut durchschnittlichen bis überdurchschnittlichen Bereich. Das Nachsprechen von langen und schwierigen Sätzen mit Nebensatzkonstruktionen in einem inoffiziellen Screening bereiteten Jonas hingegen immer noch einige Schwierigkeiten.

Die Rechtschreibung im Salzburger Rechtschreibtest lag nach 9 Monaten als gut durchschnittliche Leistung zwischen PR 51 und PR 80. Das Lesen hatte sich in allen Bereichen des Salzburger Lesetests auf durchschnittliche Prozentränge verbessert (zwischen PR 32-70). Im Zürcher Lesetest erreichte der Junge im Lesetext 3 einen PR 51-70 und im Lesetext 5 einen PR von 50, trotz der dort verwendeten sehr kleinen Schrift.

Jonas hörte nun auch gerne Hörspiele und liebte es, wenn die Mutter ihm täglich vorlas.

Fabio, 7;5 Jahre, 1. Klasse nach Vorschulbesuch

Fabio und/oder seine Eltern besuchten eineinhalb Jahre lang in insgesamt 23 Sitzungen unsere Beratungspraxis wegen massiver Lernprobleme Fabios in der 1. Klasse einer Montessori-Volksschule.

Anamnese:
In der Familie war keine Lernstörung bekannt. Eine Tante mütterlicherseits war – ähnlich wie Fabio - sehr scheu, der Großvater väterlicherseits hatte mit Depressionen zu kämpfen. Fabio wurde durch einen **Kaiserschnitt** notfallmäßig entbunden, da der Kopf im Geburtskanal „stecken geblieben war". Fabio war ein „pflegeleichter" Säugling und hatte viel geschlafen, ansonsten wäre seine frühkindliche Entwicklung **unauffällig** verlaufen. Beim vier Monate alten Jungen stellte man ein Herzgeräusch fest, das sich jedoch „ausgewachsen" habe. Sitzen und Laufen hatte Fabio mit 10 und 15 Monaten erlernt. Mit vier Jahren machte das Kind eine Mittelohrentzündung durch. Im Montessori–Kindergarten hätte Fabio **kaum gemalt und gebastelt** und sich eher **passiv** verhalten. Bilderbücher hätte er immer gerne angeschaut und auch das Vorlesen hätte er geliebt. Alleine spielen konnte er nicht sehr ausdauernd, außer etwas stereotyp mit Traktoren und Autos und im Sandkasten. Gerne spielte er auch mit Bauklötzen, zerlegte technische Geräte, zeichnete Traktoren überraschend gut und Menschen knapp altersgemäß. Laut Mutter und Lehrer zeichnete und schrieb er ansonsten eher ungeschickt und fiel durch eine mangelnde Körperkoordination und eine eingeschränkte Feinmotorik auf, wobei er beim Schreiben oft die Buchstaben- und Zahlen-Richtung verwechselte. Puzzle, Tangram und Lego wollte Fabio nie gerne spielen.

Gerne und ausdauernd schaute Fabio Infotainment-Fernsehsendungen wie Galileo an. Er spielte auch im Freien mit Freunden, tat dabei aber immer, was diese wollten. Meistens hatte er jedoch **eher wenig soziale Kontakte** und konnte nicht gut mit mehr als einem Freund spielen.

Fabio hatte vor der 1. Klasse die Vorschule besucht; er tat sich sehr schwer beim **Erlernen der Buchstaben und Zahlen**; seine **Konzentration** und seine **Aufnahmefähigkeit** waren laut Mutter dabei sehr herabgesetzt. Fabio war von sich aus kaum kreativ und musste fast zu allem motiviert oder sogar gedrängt werden. Er malte immer nur mit schwarzer Farbe und strich das Gezeichnete meistens wieder durch. Fabio verhielt sich – laut Mutter allerdings nur bei Fremden – immer äußerst still und **zurückgezogen** und nahm nie von selbst Kontakt auf. Er würde oft „in seine Welt abtreten"; beim Traktor Spielen z. B. würde er oft in stereotype „drehende Fingerbewegungen versinken und drin verharren". Dazu befragt, erklärte Fabio, dass er der Traktorfahrer wäre und diesen nachmachen würde. Fabio schien oft nicht zuzuhören, „man müsse alles drei Mal sagen". Auf wiederholte Befragungen bekam man aber gelegentlich dennoch unerwartet Antworten, die zeigten, dass Fabio doch etwas mehr mitbekam, als man angenommen hatte.

Im Laufe der Kindergarten- und Schulzeit wurde Fabio **an mehreren Stellen untersucht und behandelt:** Verschiedene Ärzte, 2 verschiedene Ergotherapeuten, Klettertherapie, Osteopathie, Physiotherapie, Psychologie, Kinesiologie, Wahrnehmungs-Therapie nach Sindelar, Logopädie wegen „holpriger" Sprache mit 4,5 Jahren, was sich aber schnell wieder legte, (unauffälliger Logopädiebefund und normales EEG mit 6 Jahren); Nachhilfelehrerin, Erziehungsberater. Auffällig dabei waren die sehr unterschiedlichen, teils widersprüchlichen Untersuchungsergebnisse, die zwischen „normal" und „unterdurchschnittlich" schwankten (z.B. bezüglich Hand-Dominanz, Aufmerksamkeit, sprachlicher, visueller und räumlicher Wahrnehmung). Dementsprechend ergaben sich auch jeweils nur sehr geringe bis fehlende Behandlungserfolge.

Fabios Volksschullehrer sprach von einer *„starken Entwicklungsverzögerung im sozialen und emotionalen Bereich, sowie auch im Lernverhalten"*. Fabio konnte sich nicht auf mehr als einen Sprecher konzentrieren. Er fragte auch in Einzelsituationen öfters nach, weil er Informationen falsch verstanden hatte. Im Gruppengespräch verlor er meist den roten Faden, und bekam häufig nicht mit, was der Lehrer oder die Mitschüler zu ihm sagten. Fabio merkte sich auch mündliche Handlungsanweisungen im Unterricht nicht. Er verlor das Interesse, wenn Geschichten vorgelesen wurden und ließ sich leicht durch Nebengeräusche ablenken. Fabio zeigte eine fehlende Ausdauer bei mündlichen Aufgaben und beteiligte sich kaum an mündlich gestalteten Situationen, wie z.B. im Morgenkreis. Er schaute häufig nicht in Richtung des Sprechers, wusste nicht immer, woher er gerufen wurde und hatte Orientierungsschwierigkeiten im Mannschaftssport.

Obwohl ihn laut Lehrer komplexe Bewegungs- und Spielabläufe meist überforderten, liebte er das Turnen, das Fußballspiel und auch das Werken. In der Einzelarbeit beim Schreiben oder Rechnen war Fabio sehr langsam und zeigte dabei häufig Vermeidungsverhalten, indem er sich „auf leisen Sohlen davonstahl".

Untersuchungsbefunde:
Da an dem Jungen schon an mehreren Stellen verschiedene Diagnosen erstellt wurden, führten wir nur mehr einige noch ausständige Tests durch. Im auswärtig durchgeführten Intelligenztest erreichte Fabio einen durchschnittlichen IQ von 95, wobei der sprachliche (!) IQ bei 105 und der IQ für visuell–räumliche Aufgaben nur bei 88 lag. Mosaik-Muster und Figuren legen, sowie das Merken von Symbolen fielen als Fabios Schwächen auf (leider wurden hier keine genauen Werte angegeben). Beim Schreiben und bei feinmotorischen Tätigkeiten zeigte Fabio Probleme mit der Kraftdosierung und dem Bewegungsablauf, wobei sich seine Zunge meistens mit bewegte. Beim Nachsprechen von Silben erbrachte Fabio unterdurchschnittliche Leistungen.

Wir selbst führten noch **Untertests im Intelligenztest K-ABC** durch, wobei Fabio folgende **in der Norm liegende Werte** erreichte: Bildhaftes Ergänzen, welches die logische Denkfähigkeit anhand geometrischer Muster testet: Skalenwert 8, noch durchschnittlich. Allerdings erzielte Fabio hier keinen höheren Wert, da er mehrere Fehler bezüglich der räumlichen Richtung der ansonsten logisch richtig gewählten Bilder machte. Das räumliche Gedächtnis lag mit dem Skalenwert 10 im mittleren Durchschnitt. Beim Legen von Fotoserien, die jeweils einen Handlungsablauf darstellen, erreichte Fabio den im oberen Durchschnittsbereich liegenden Skalenwert 12. Das Nachahmen von Serien von Handbewegungen und das Nachsprechen von Zahlen lagen mit einem Skalenwert von 11 im guten Durchschnitt. Auch die Sprachüberprüfung anhand des Heidelberger Sprachentwicklungstests und eines inoffiziellen Screenings zum Sprachverstehen ergaben keine sprachlichen Auffälligkeiten.

Völlig im Gegensatz zu seinen geistigen Fähigkeiten lagen Fabios **schulische Leistungen weit unter seinem Intelligenzniveau.** Nach 1 Jahr Vorschule und 5 Monaten in der 1. Klasse Primarschule konnte Fabio nur lückenhaft von 23 rückwärts zählen, die Zahlen bis 10 nur teilweise und nur nach langem Überlegen schreiben. Einfache Rechnungen wie 1+2 konnte Fabio auch mündlich nicht lösen und auch die dazugehörigen Punktmengen am Papier nicht erkennen, sodass es schien, dass Fabios Mengenbegriff nicht einmal bei 2 lag. Fabio beherrschte auch nur einige wenige Buchstaben, die er in großer ungelenker Schrift schrieb.

Fabio wirkte immer sehr **zurückhaltend** bis schüchtern und kontaktarm, zeigte aber meist große Freude an unseren gemeinsamen Lerntätigkeiten. Er sackte jedoch sofort mit seiner **Aufmerksamkeit** ab, sobald man ihn nicht direkt - begleitet von einer körperlichen Berührung - ansprach oder forderte. War Fabio sich selbst überlassen, ging sein Blick häufig ins Leere. Er sank dann in sich selbst zusammen und wirkte wie depressiv, sehr müde und abwesend, war dabei aber immer ansprechbar (das EEG war unauffällig).

Ergebnis:

Da wir Fabio für ein **psychisch schwer belastetes und weniger für ein schwer wahrnehmungsgestörtes Kind** hielten, führten wir einen Szenotest durch, welcher die psychische Lebenswelt des Kindes auf Menschen- und Tierfiguren im Zusammenhang mit Möbeln, Bäumen und anderen Gegenständen projizieren soll. Dabei ergaben sich mehrere Hinweise auf eine **große seelische Belastung** wegen der schlechten Partnerschaft seiner Eltern und wegen seiner Lernprobleme, die er scheinbar durch aggressive übermächtige Wunschphantasien in den Griff bekommen wollte. Entsprechend dem Bericht seiner Eltern kam es wegen ihrer tatsächlich sehr problematischen Partnerschaft immer wieder zu großen Spannungen und offen ausgetragenen Konfliktsituationen, unter denen Fabio nach Aussagen seines Vaters sehr litt.

Die Mutter zeigte uns im Laufe der Behandlung auch noch Zeichnungen Fabios, welche nur in schwarzer Farbe gezeichnete Männchen mit übergroßen Geschlechtsteilen und markiertem Bauchnabel in angedeuteten erotisierten Positionen darstellten. Der Mutter gegenüber hätte Fabio auch einmal ein sexualisiertes Verhalten gezeigt, indem er versuchte einen Geschlechtsakt mit ihr zu imitieren. Diese Situation wurde mit den Eltern ausführlich besprochen; es kam jedoch diesbezüglich zu keiner Aufklärung. Die Eltern meinten, dass es in Fabios Umfeld keinerlei Hinweise auf eventuelle sexuelle Übergriffe gäbe.

Neben einer versuchten, **nur mäßig erfolgreichen Lernförderung** stellte auch die **psychische Belastung** des Kindes durch den massiven Partnerschaftskonflikt ein zentrales Thema in den Gesprächen mit den Eltern dar. Die Kindesmutter dachte auch darüber nach, ob Fabio eventuell ein Autist sein könnte - eine Diagnose, die durch uns nicht verifiziert werden konnte. Die Eltern nahmen eine von uns empfohlene Paartherapie leider nicht in Anspruch. Auch die Zusammenarbeit bezüglich Lernförderung klappte - wohl überwiegend aus Gründen der vordringlichen psychischen Belastung der Familie - nicht gut und erwies sich als wenig fruchtbringend. Die Eltern brachen nach eineinhalb Jahren die Beratungsgespräche bei uns ab und nahmen auch nicht unsere Empfehlung wahr, Fabio für eine Weile in einem heilpädagogischen Zentrum mit begleitender systemischer Therapie und schulischer Förderung unterzubringen. Eine spätere nochmalige Testung Fabios wegen einer möglichen **Legasthenie bzw. Dyskalkulie,** sowie eine weitere **Förderung** bzw. **systemische Therapie** wurde den Eltern nahegelegt.

Samuel, 3. Klasse Primarschule, 9 Jahre

Samuel hatte in der Schule vor allem in Rechnen, aber auch in Deutsch und Sachunterricht große Probleme, das Leistungsziel seiner Klassenstufe zu erreichen. Als er zu uns kam, war er schon mehrere Monate in Mathematik mit einer Methode gefördert worden, welche überwiegend die Finger beim Rechnen verwendet. Er konnte Rechnungen wie 5+3 oder 7-4 nur mit den Fingern zählend bearbeiten und verzählte sich dabei häufig.

Untersuchungsbefunde:
Im Intelligenztest Kaufman Assessment Battery for Children (K-ABC) ergab sich ein **leicht unterdurchschnittlicher IQ** von 83. Zu Samuels **individuellen Stärken** in diesem Test gehörten die visuellen und sprachlichen Arbeits-**Gedächtnisleistungen** (mit einem durchschnittlichen Skalenwert von je 9 beim Nachahmen von Handbewegungen, sowie beim Nachsprechen von Zahlen und Wortreihen), sodass anzunehmen war, dass Samuel das Auswendiglernen von Rechnungen im Zahlenraum 20 und von Sachunterrichtsfakten – allerdings mit bekannten Wörtern - leichter fiel, als das Verstehen von Zusammenhängen, vor allem in abstrakten Bereichen. Dafür sprach, dass Samuel im K-ABC in allen Aufgaben der **komplexeren visuellen und räumlichen Vorstellung und Erinnerung (weit) unterdurchschnittliche Leistungen** erbrachte (Skalenwerte zwischen 5 und 7). Auch die **Logik** für abstrakte und auch praktische inhaltliche Zusammenhänge erwies sich in den entsprechenden Untertests im knapp durchschnittlichen bis unterdurchschnittlichen Bereich (Bildhaftes Ergänzen: Skalenwert 8, Legen von Handlungsabläufen anhand von Fotoserien: Skalenwert 7). Allerdings fiel auf, dass Samuel bei diesen Aufgaben sehr **impulsiv**, ohne langes Überlegen oder systematisches Anschauen der einzelnen Bilder arbeitete. Außerdem kamen diese niedrigen Werte zum Teil auch durch Probleme in der Beachtung der räumlichen Lage und Richtung beim Legen der Karten mit Bildern und geometrischen Formen zustande.

Auch die auditive Wahrnehmung und Verarbeitung von Lauten beim Nachsprechen von unbekannten Silben im Mottiertest lagen im reduzierten Bereich, was dafür sprach, dass sich Samuel schwer tat, sich unbekannte Wörter und deren Rechtschreibung zu merken.

Im Rechentest DEMAT 1+ für 1. Klassen zeigte Samuel **große Probleme bei der Addition und Subtraktion**. Er verwendete zählend die Finger und machte dabei sehr häufig Fehler. Auch das Halbieren von kleinen Punktmengen und das Vergleichen der Größen zweier Punktmengen fielen ihm schwer.

Im Salzburger Lese-Rechtschreibtest SLRT ergab sich im **Rechtschreiben mit einem Prozentrang < 1** ein weit unterdurchschnittlicher Wert, das **Lesen** häufiger Wörter und des Textes erwies sich bezüglich **Lesezeit** mit jeweils einem Prozentrang von 10 als **weit unterdurchschnittlich,** die Fehleranzahl lag in der Norm. Beim Lesen der Pseudowörter erzielte Samuel bezüglich Lesezeit durchschnittliche Werte (PR 40-50), machte aber weit überdurchschnittlich viele Fehler. Auch das **Leseverständnis** des kurzen Textes fiel mangelhaft aus.

Ergebnis:

Samuels schulische Probleme wurden durch eine **allgemeine Lernschwäche** erklärt. Diese Diagnose bezieht sich auf den unterdurchschnittlichen IQ, sowie auf die schwachen Leistungen in den visuellen, räumlichen und logischen Aufgaben kombiniert mit einer auditiven Verarbeitungsschwäche für Laute. Liegen Schwächen **sowohl in auditiven als auch in weiten Bereichen der visuellräumlichen Fähigkeiten** vor, so resultiert daraus sehr häufig eine allgemeine Lernschwäche, da wenig kompensatorische Ressourcen vorhanden sind.

Sarah, 1. Klasse Realschule, 12 Jahre

Sarah hatte das Jahresziel in Mathematik nicht erreicht und suchte daher mit ihrer Mutter unsere Praxis auf.

Anamnese:

In der Verwandtschaft der Eltern fand sich je eine Person mit einer Dyskalkulie und einer Legasthenie. Sarahs Geburt wurde mit medikamentös angeregten Wehen eingeleitet. Nach 5 Stunden musste das Kind jedoch mit **Kaiserschnitt** auf die Welt gebracht worden. Als Säugling habe Sarah vermehrt geschrien, und sehr wenig geschlafen. Ihre **Sprachentwicklung** verlief verzögert. Sie hatte nicht gelallt und ihre ersten Wörter erst mit 15 Monaten und Zwei- bis Dreiwortsätze erst mit 2,5-3 Jahren produziert. Längere oder mehrteilige Aufträge hatte sie sich nie gut merken können. Das Geschichten vorlesen und das Hören von Märchenkassetten hatte sie jedoch immer geliebt.

Sarah hätte nie eine eindeutige Rechtshändigkeit entwickelt, würde aber mehr mit der rechten Hand machen. Sie verwechselte manchmal noch **rechts und links**, vor allem beim Schreiben von Ziffern, Zahlen und Buchstaben. Sie verfügte über eine mangelnde **Körperkoordination** und war feinmotorisch beim Schneiden, Basteln und Handwerken aufgrund von zu schnellen und heftigen Bewegungen nie sehr geschickt gewesen.

Sie zeigte meist **wenig Ausdauer** beim Spielen, war immer etwas hyperaktiv, motorisch unruhig, sehr unaufmerksam und leicht ermüdbar – vor allem aber in der Schule. Sarah war durch Geräusche stark ablenkbar und verhielt sich oft selbst sehr laut.

Ihre Aufsätze waren inhaltlich gut, wiesen jedoch viele „Flüchtigkeitsfehler" und einen mangelnden Wortschatz auf. Für das mündliche Lernen für alle Fächer brauchte sie meist stundenlang.

Untersuchungsbefunde:
Im Intelligenztest (K-ABC) ergab sich ein durchschnittlicher IQ, sowie ausgeprägte Schwächen **in der visuell-räumlichen Wahrnehmung und Verarbeitung** (Erkennen von unvollständigen Bildern und Nachlegen von geometrischen Mustern mit Dreiecken, beide mit einem Skalenwert von je 7, unterdurchschnittlich; Räumliches Gedächtnis: Skalenwert 8, unterer Rand des Durchschnitts). Bei diesen Aufgaben brauchte Sarah überdurchschnittlich viel Zeit.

Bei Aufgaben des **sprachlichen Arbeitsgedächtnisses** im Laut- und Wortbereich erzielte Sarah **durchschnittliche** Ergebnisse mit einem Skalenwert für Wörter- und Zahlenreihen von je 10, das Silben Nachsprechen im Mottier-Test erwies sich als unauffällig.

Sehr gute Leistungen erbrachte Sarah bei nicht sprachlich verfassten Aufgaben des **logischen Denkens**, sowohl im praktischen Bereich beim Legen von Handlungsabläufen, als auch bei abstrakten Aufgaben (Fotoserie Skalenwert 12, oberer Rand der Durchschnittlichkeit, Ergänzen von logischen Beziehungen zwischen geometrischen Figuren: Skalenwert 12, oberer Durchschnittsbereich). Auch das **visuelle Kurzzeitgedächtnis** für das Nachahmen von Serien von Handbewegungen lag mit einem Skalenwert von 12 an der oberen Grenze des Durchschnitts.

Diese Befunde zeigten deutlich, dass Sarahs mathematische **Probleme mehr in der mangelnden räumlichen Vorstellung** begründet waren, als im nicht-sprachfundierten logischen Denken. Das sprachlich abgefragte logische Denken könnte eventuell scheitern, da Sarah beim **Merken und Verstehen** von gesprochenen komplexeren Sätzen Probleme hatte, wie ihre **eingeschränkten** Leistungen in einem nicht standardisierten Screening zeigten. Dazu passte auch, dass Sarah als Kleinkind verzögert zu sprechen begonnen hatte (2-Wortsätze mit 2,5-3 Jahren anstatt mit 2 Jahren).

Die Rechtschreibleistung lag mit einem Prozentrang von 50 (im Rechtschreibtest DRT 6) im mittleren Durchschnitt, die Lesefertigkeit im Salzburger Lesetest im oberen Durchschnittsbereich punkto Zeit und Fehleranzahl. Im Zürcher Lesetest allerdings las Sarah einen Text wegen der sehr kleinen Schrift etwas verlangsamt (PR 26, knapp durchschnittlich) und konnte den Inhalt **nicht vollständig und fehlerlos nacherzählen:** So konnte sie z.B. eine Relativsatz-Konstruktion, sowie inhaltliche Bezüge zwischen 2 Sätzen nicht richtig interpretieren.

In einer inoffiziellen Überprüfung der **Rechenfertigkeiten** zeigte Sarah eine erhebliche Verlangsamung beim Beantworten verschiedener Fragen im Bereich der Grundrechnungsarten (*7x8, 23-7, 64:9* usw.).

In einem Eltern-Fragebogen zum Aufmerksamkeitsdefizitsyndrom (Döpfner, 2000) ergaben sich Hinweise, dass Sarah auch **Probleme mit der Aufrechterhaltung der Aufmerksamkeit** und mit dem Stillsitzen[83] hatte, Symptome, die überzufällig häufig gemeinsam mit einer Sprachstörung auftreten.

Ergebnis:
Bei Sarah wurde aufgrund des durchschnittlichen IQs und der schwachen Rechenfertigkeiten bei normalen Leserechtschreibleistungen eine **Dyskalkulie** diagnostiziert. Diese Diagnose bezog sich auf den **im normalen Durchschnittsbereich liegenden IQ** und auf ihre mangelnden mathematischen Fertigkeiten, bei guten Leserechtschreibleistungen. Sarah hatte somit **trotz ihres späten Sprechbeginns keine Leserechtschreibstörung** entwickelt, wie man dies sonst meistens bei sprachentwicklungsgestörten Kindern findet. Dies war möglicherweise darin begründet, dass Sarah mit ihrer Mutter viel geredet und so Sprache trainiert und deshalb im sprachlichen Arbeitsgedächtnis für Wörter, Silben und Buchstaben keine Schwierigkeiten hatte. Ihr - für die Dyskalkulie als typisch beschriebenes - **herabgesetztes visuelles Vorstellungsvermögen** erklärte wohl hauptsächlich Sarahs Rechenprobleme.

Ihre **sprachliche Merk- und Verstehensschwäche für Sätze** bewirkte natürlich auch, dass Sarah Mühe hatte, schwierige und längere sprachliche **Erklärungen** in Mathematik oder anderen abstrakten Fächern zu verstehen, sodass sie weder über die Sprache, noch über visuell-räumliche Fertigkeiten Zugang zur Mathematik bekommen hatte.

Unser **therapeutisches Ziel** war, Sarah Hilfen zur konkreten **Visualisierung** und damit dann zur **inneren Vorstellung** - vor allem im Bereich des mathematischen Lernstoffes - zu geben, was auch prompt eine Anhebung ihrer Zensuren in Mathematik zur Folge hatte, sodass sie in die nächste Klasse aufsteigen konnte.

---

[83] Hyperkinese: Zappeln mit Händen und Füßen.

Sarah konnte nun geometrische Beispiele wesentlich besser lösen, bei welchen sie vorher – trotz stundenlangen Lernens mit dem Vater - immer versagt hatte. Die mangelnden Rechenfertigkeiten in den **Grundrechenarten** hatte Sarah aufgrund ihres doch durchschnittlichen Arbeitsgedächtnisses für Zahlen, bzw. Wörter sehr schnell über das **Auswendiglernen anhand visueller Materialien** aufgeholt.

Wünschenswert für eine gute schulische Entwicklung von Kindern wie Sarah hin zu einer ihrer Intelligenz entsprechenden Berufsausbildung wäre, wenn auch in der Schule sprachliche Erklärungen durch entsprechende, visuell orientierte Methoden und Materialien begleitet werden würden (siehe die Therapiebände).

Josef, 8;05 Jahre, Primarschule 3. Kl.

Josefs Mutter wollte sich beraten lassen, ob ihr Sohn wegen seiner sehr großen Probleme in Deutsch und Rechnen die 3. Klasse wiederholen sollte.

Anamnese:
In Josefs Verwandtschaft gab es eine von Legasthenie betroffene Cousine. Josefs Entwicklung war bis zum Schuleintritt unauffällig verlaufen. In der Schule fiel er dann zuerst durch seine eingeschränkte Feinmotorik beim Malen und Schreiben auf, sowie durch Rechts-Linksvertauschungen, Umkehrung von Zahlen und Ziffern, Schwierigkeiten beim Zeichnen und Abzeichnen und dem Erlernen der Uhr. Bald tauchten auch Probleme beim Lesen- und Schreibenlernen auf: Beim Erlernen der Buchstaben, dem Zusammenlauten von Buchstaben und dem Einhalten der Zeile beim Lesen. Josef hatte auch große Mühe mit dem Schreibablauf und schrieb fehlerhaft ab.

Beim Arbeiten war Josef sehr leicht ablenkbar und wurde schnell müde, sodass er bald auch häufig mit Vermeidungsverhalten reagierte. Nicht zuletzt auch wegen des konfliktreichen Verhältnisses zwischen Mutter, Josef und der Lehrerin wollte der Junge kaum mehr zur Schule gehen und entwickelte einen negativen Selbstwert; er kaute Nägel, spielte den Klassenkasper und weinte zu Hause sehr oft bei der Hausübung. Bei den Klassenarbeiten – vor allem, wenn er unter Zeitdruck arbeiten musste – zeigte er große Nervosität und Angst.

Untersuchungsbefunde:
Bevor Josef zu uns kam, war er schon seit einem Jahr in Legasthenietherapie und brachte folgende Diagnostik mit:

In einem nicht normierten Teilleistungs-Prüfverfahren (nach Peter Drumbl) zeigten sich Schwächen im Bereich des Erfassens der **räumlichen Vorstellung, der motorischen Koordination, sowie der visuellen Aufmerksamkeit und der Konzentration.**

Im Intelligenztest HAWIK-R ergab sich ein durchschnittlicher Gesamt-**IQ von 101**, der sich aus einem **überdurchschnittlichen sprachlichen IQ von 121** und einem **unterdurchschnittlichen Handlungs-IQ von 82** zusammensetzte. Letzterer bezieht sich auf visuelle, räumlich konstruktive und logische Fähigkeiten. Diese Testergebnisse passten weitgehend zu den Angaben der Mutter bezüglich der **mangelnden räumlichen Vorstellung** und der guten sprachlichen Leistungen nach einem unauffälligen Spracherwerb. Zu den Diagnostikergebnissen passend erbrachte Josef auch in der Schule in Mathematik die noch schlechteren Leistungen im Vergleich zu den schwachen Leistungen in Deutsch.

Im Salzburger Lese-Rechtschreibtest für die 2. Klasse hatte Josef im **Rechtschreiben** einen durchschnittlichen Prozentrang zwischen 50-31 erreicht. Im **teilweise noch buchstabierenden Lesen** lagen alle Werte in den 4 Subskalen für die **Zeit** im weit unterdurchschnittlichen Bereich (PR 1-5) Die Fehleranzahl lag in der Norm.

Josef schien je nach schulischem Erfolg unter wechselnd starker **psychischer Anspannung** zu stehen, wofür auch sein „nervöses" Augenzwinkern und das Nägelbeißen sprachen. Zudem schilderte Josef auch, dass er nur bei großer Ruhe gut lernen könne und dass er nervös werde, wenn seine Mitschüler vor ihm mit schulischen Tests fertig seien. Dementsprechend erwies sich auch die **Handschrift** in den Schulheften – je nach psychischer Verfassung - sehr unterschiedlich - halbwegs flüssig und locker, bis äußerst verkrampft.

Wir ergänzten die bestehende Diagnostik noch mit dem Mottiertest, der die auditive **Lautunterscheidung sowie das sprachliche Arbeitsgedächtnis** für Silben überprüft, da dieser häufig eine recht eindeutige Auskunft über das Vorliegen einer Legasthenie gibt. Hier zeigte sich ein **sehr stark reduzierter Wert** mit 13 richtigen von insgesamt 30 Aufgaben. Dies war überwiegend auf die mangelnde **Lautunterscheidung** zurückzuführen: Josef verwechselte laufend u mit o sowie die Stoppkonsonanten *p-b, d-t, g-k* und deren Reihenfolge in den Silben.

Da Josef in Rechnen die größten Probleme hatte, führten wir noch den Mathematiktest ZAREKI durch. Hier ergaben sich jedoch **keine eindeutigen Hinweise auf eine Dyskalkulie.** Allerdings rechnete Josef sehr langsam, überwiegend mit umständlichen Strategien und zeigte auch **Schwächen** beim Zahlenschreiben und -lesen (z.B. 32 = 23).

Ergebnis:
Nachdem sich Josef schon seit einiger Zeit in Legasthenietherapie befunden hatte, war anzunehmen, dass er die Wörter aus dem Salzburger Rechtschreibtest auswendig kannte, da dessen Wortmaterial den österreichischen Lernwörtern der Schule angepasst ist. Zusätzlich hatten wir des Öfteren erlebt, dass manche Lehrkräfte genau die Wörter aus dem Salzburger Lese-Rechtschreibtest mit den Kindern geübt hatten. Daher und aufgrund der schwachen schulischen Rechtschreibleistungen Josefs führten wir eine erneute Untersuchung der Rechtschreibung mit dem Weingartner **Rechtschreibtest** durch. Josef erreichte hier einen **PR 14**, sodass wir eine **Lese-Rechtschreibstörung** (nach ICD-10) diagnostizierten.

Josef verwechselte ähnlich wie beim Nachsprechen von Silben auch beim Schreiben die Stoppkonsonanten *p-b, d-t, g-k* und konnte kurze und lange Vokale nur schwer unterscheiden. Diese sprachliche **Gedächtnis- und Lautunterscheidungsschwäche** erklärte neben seinen **visuell-räumlichen Teilleistungsschwächen** wohl überwiegend sein mangelndes Gedächtnis für die Rechtschreibung und die Grundrechnungsarten.

Im Salzburger Lesetest bot Josef auch bei uns in allen Bereichen weit unterdurchschnittliche Werte (PR 1-5). Josef verwechselte dabei häufig die visuell ähnlichen Buchstaben und konnte in den Wörtern auch die Reihenfolge der Buchstaben gelegentlich nicht einhalten: b=d, e=a, ei=ie; sie=es, deshalb=besch. **Das Leseverständnis** erwies sich ebenfalls als eingeschränkt.

Die Sprachkompetenz in einem nicht standardisierten Screening zeigte sich jedoch als unauffällig. Beim Sätze Nachsprechen im Heidelberger Sprachentwicklungstest erreichte Josef einen durchschnittlichen Prozentrang 42. Die Mehrzahlbildung lag mit einem Prozentrang 76 im gut durchschnittlichen Bereich, sodass man gemäß diesen Befunden annehmen konnte, dass keine Sprachstörung vorlag, sondern nur ein mangelndes Leseverständnis, das durch die noch schwachen Lesefertigkeiten und das schwache Silbengedächtnis bedingt war.

Das visuelle und auch das sprachliche Gedächtnis für Symbole, Buchstaben und Ziffernreihenfolgen (Formeln, Grundrechnungsarten, Rechtschreibung...) waren infolge der mangelnden räumlichen Vorstellungsfähigkeit und der Lautunterscheidungsschwäche eingeschränkt. Bei Additionen und Subtraktionen arbeitete er **sehr langsam** mit teilweise komplizierten Rechenstrategien, da die Grundrechnungsarten nicht durch Automatisierung gefestigt waren. Es konnte Josef auch passieren, dass er während des Ausrechnens die **Aufgabenstellung**

vergaß und zusätzlich beim schriftlichen Rechnen die **Arbeitsrichtung** (rechts – links) vertauschte. Die Textaufgaben löste er entsprechend seiner grammatikalischen und logischen Kompetenzen spielend und schnell.

Die beschriebenen Schwächen, sowie auch Josefs innere Anspannung und sein mangelnder **Selbstwert** bezüglich Schulleistung erklärten seine Probleme beim Erlernen und Verstehen von schriftsprachlichen und nummerischen Informationen und wirkten sich somit auf die Fächer **Deutsch und Mathematik** aus. Josef musste dadurch - verglichen mit seinen Mitschülern vergleichbarer Intelligenz - einen sehr **erhöhten Lernaufwand** erbringen.

Zusammenfassende Stellungnahme:

Bei Josef lagen somit die ermittelten Testwerte im Rechtschreiben und im Lesen signifikant unter dem auf Grund seines Alters bzw. der Schulstufe zu erwartenden Leistungsniveau. Zwischen seiner kognitiven Leistungsfähigkeit und der Lese- und Rechtschreibleistung bestand eine hohe Diskrepanz. Es konnte daher bei Josef von einer **Lese-Rechtschreibschwäche** gesprochen werden. Die **Rechenschwäche** wurde durch das mangelnde räumliche Vorstellungsvermögen und durch die herabgesetzten auditiven Fähigkeiten im Lautbereich erklärt.

Die Frage bezüglich Wiederholung der 3. Schulklasse wurde mit der Mutter und der Lehrerin mündlich besprochen. Wegen seiner guten Sprachkompetenzen im Wort- und Satzbereich, sowie seiner gut durchschnittlichen Intelligenz wurde entschieden, dass Josef in die nächste Klasse aufsteigen sollte.

An die Schule gaben wir die folgenden **Empfehlungen** zum weiteren Vorgehen:

1. Es ist sehr wichtig, dass Josef eine intensive **Förderung im Lese-Rechtschreibbereich und vor allem im Lesen und Leseverstehen** erhält.
2. Unumgänglich wäre auch eine Förderung in den Bereichen **Lautunterscheidung und räumliche Vorstellung,** die an schulischem Lernstoff durchgeführt werden sollte.
3. Im Zahlen- und Buchstabenbereich ist eine **kombinierte auditive und visuelle Lernstrategie von Vorteil**, da Josef neben der mangelnden Lautunterscheidung auch Reihenfolge- und Stellenwert-Probleme zeigte.
4. **In Mathematik** sollte vor allem zuerst auf die **Automatisierung** des 20-er Raumes Wert gelegt werden, da Josef einfache Subtraktionen und Additionen nicht auswendig beherrscht.
5. Eine **psychologische Unterstützung** zur Erhöhung seines Selbstwertes ist anzustreben.

Arjana, 5. Klasse Primarschule, 11;04 Jahre
Schülerin mit Migrationshintergrund und mangelhaften Sprachkompetenzen.

Arjanas Eltern waren aus Albanien eingewandert, sie selbst wurde in der Schweiz geboren. Da das Mädchen in der Primarschule in vielen Fächern schlechte Schulleistungen erbrachte, wollte die Schuldirektion laut Aussagen des Vaters Arjana in die Sonderschule geben. Aus diesem Grunde wollten die Eltern die Begabung und verschiedene schulische Leistungen ihrer Tochter bei uns testen lassen.

Bei Arjana konnte eine **Lese-Rechtschreibstörung** diagnostiziert werden, die wahrscheinlich nicht allein auf ihre mangelhaften Deutschkenntnisse zurückzuführen war. Diese Diagnose bezog sich auf das Ergebnis des Intelligenztests Kaufman Assessment Battery for Children (K-ABC), bei dem Arjana einen in der Norm liegenden **Gesamt-IQ von 93** und einen nichtsprachlichen **IQ von 101** erreichte und auf den Salzburger **Lese-Rechtschreibtest**, bei welchem sie im Rechtschreiben mit einem Prozentrang 6-10 einen weit unterdurchschnittlichen Wert erzielte. Beim **Lesen** von wortähnlichen und -unähnlichen Pseudowörtern lagen die Werte bezüglich Fehler und Lesezeit (Pr 50-41) gemessen an den Leistungen der 4. Klasse Primarschule im Durchschnitt. Im Zürcher Lesetest bot Arjana beim Textlesen (Leseabschnitt 3) bezüglich **Lesezeit weit unterdurchschnittliche Werte** (74 sec. gegenüber einem mittleren Wert für 4. Klassen von 49 sec). Das **Leseverständnis** erwies sich als **sehr mangelhaft**. Arjana konnte nur teilweise und sehr fehlerhaft den Inhalt wiedergeben.

Folgenden **vorgelesenen** Textabschnitt konnte Arjana nur äußerst bruchstückhaft nacherzählen:

„Das Waldweiblein. Ein Mann ging in einem Walde spazieren. Da begegnete ihm ein altes runzeliges Waldweiblein, dessen Schiebkarren zerbrochen war. Es bat den Mann, ihr doch zu helfen, ihn wieder zu reparieren. Er machte sich an die Arbeit. Während er sich mühte, steckte sie ihm dankbar und eifrig die herabfallenden Späne in die Tasche. Der Helfer warf das Zeug verächtlich heraus und verließ das Waldweiblein. Am andern Tage entdeckte er, dass sich die Späne, die er in seiner Tasche nicht beachtet hatte, in harte Goldtaler verwandelt hatten." (Zürcher Lesetest, Linder, Grissemann, 2000).

Arjanas Nacherzählung:
„Ein Mann fand Holzspäne, Wagen gehört andren Mann. Ist mit wagen zurückgegangen. Hat nicht Geld im Portmannè gehabt."

Laut Auskunft des Vaters konnte Arjana auch keine Textrechnungen lösen, was bei diesem **stark reduzierten Lese- und Hörverständnis** auch nicht verwunderlich ist.

Im Intelligenztest zeigten sich ausgeprägte **Schwächen im sprachlichen Arbeitsgedächtnis** (Nachsprechen von Zahlen und Nachsprechen von Wortreihen: beide jeweils Skalenwert 5, weit unterdurchschnittlich). Alle übrigen Bereiche lagen im mittleren Durchschnitt.

Im Mottiertest, der das Sprachgedächtnis und die **Lautwahrnehmung und Lautverarbeitung** mit unbekannten Silben überprüft, ergab sich ein stark reduzierter Wert (19 Aufgaben von 30 richtig). Dies wirkt sich vor allem auf das Erlernen neuer Wörter und auch das Lesen **sowohl im Muttersprach- als auch im Fremdspracherwerb** aus. Auch das **Satzgedächtnis** im Heidelberger Sprachentwicklungstest (Sätze Nachsprechen) erwies sich als **hochgradig eingeschränkt** (PR 0 berechnet für 9-Jährige, Arjana war aber zum Testzeitpunkt 11;04 Jahre alt). Dies bedeutete, dass Arjana Aufträge oder schulische Erklärungen häufig nur unvollkommen oder falsch verstand oder sich nicht vollständig merkte. So fragte Arjana während des Testens meistens 2-3 Mal nach und musste Instruktionen häufig mehrmals wiederholt bekommen, damit sie diese auch anleitungsgemäß ausführen konnte.

Im Heidelberger Sprachentwicklungstest zeigte sich auch, dass Arjana die **Mehrzahlbildung** vor allem mit Pseudowörtern nicht beherrschte (PR 0, weit unterdurchschnittlich), was darauf hinwies, dass Arjana die Regeln der deutschen **Grammatik nicht „verinnerlicht"**, d.h. nicht automatisiert hatte und diese auch nicht automatisch auf neue Formulierungen übertragen konnte, sondern auswendig lernen musste. In der Spontansprache, sowie in einem frei geschriebenen Aufsatz fiel Arjanas **mangelhaftes Deutsch** auf. Sie bildete sehr einfach strukturierte Sätze und machte folgende Fehler: Mangelhafte Subjekt-Verb-Übereinstimmung, fehlende und falsche Verwendung von Artikeln, Vorwörtern und Nebensatz-einleitenden Wörter: *Ich will Thema Katze. Katzen im Haus muss bestimmte Regeln geben. Was die Katze isst: Fisch, Fleisch... Nicht zu viel essen...... Und was sie am meisten fangt, ist es die Maus.*

Im BAKO, einem Test zur Überprüfung der **Phonologischen Bewusstheit** (siehe das Diagnostik-Kapitel), ergaben sich in 3 Subskalen **weit unterdurchschnittliche Werte** (Vokalersetzung und Restwortbestimmung jeweils Prozentrang 7, Lautkategorisierung PR 15). In den übrigen Subskalen lagen die Werte jeweils nur zwischen PR 20 – 43). Arjana machte dabei sowohl bei den deutschen als auch bei den Pseudowörtern viele Fehler. Der Gesamtwert lag mit PR 19 und T 41 im unterdurchschnittlichen Bereich.

Ergebnis:

Bei Arjana lagen eine **Lese-Rechtschreibstörung** (nach ICD-10) sowie **massive Sprachprobleme** vor. Diese Diagnose bezog sich überwiegend auf die eingeschränkte phonologische Bewusstheit, das unterdurchschnittliche sprachliche Arbeitsgedächtnis, sowie die mangelhafte Lautwahrnehmung und Lautverarbeitung mit den dazugehörigen schwachen schulischen Gedächtnisleistungen (Rechtschreibung, Auswendiglernen von Schulstoff usw.).

Es war anzunehmen, dass Arjana auch unter den Auswirkungen einer **angeborenen spezifischen Sprachentwicklungsstörung** litt. Die Leistungen im Heidelberger Sprachentwicklungstest (Sätze Nachsprechen und Pluralbildung mit Pseudowörtern), die mangelnden Leistungen mit Pseudosilben im Mottiertest und die Kunstwortaufgaben im BAKO sprachen dafür. Laut Aussagen des Vaters machte Arjana auch in ihrer albanischen Muttersprache viele Fehler, obwohl Arjana zuhause fast nur albanisch sprach. Da das Mädchen im deutschsprachigen Raum geboren und aufgewachsen ist, hätte sie entsprechend ihrer durchschnittlichen Intelligenz und nach dem Besuch eines deutschsprachigen Kindergartens und einer deutschsprachigen Schule die deutsche Sprache wesentlich besser beherrschen müssen.

Die beschriebenen Schwächen wirkten sich einschränkend auf das Erlernen und Verstehen von sprachlichen Informationen und somit auf alle Schulfächer aus. Arjanas mangelhafte Schulleistungen waren daher überwiegend ihrer Sprachproblematik und keinesfalls einer Intelligenzminderung zuzuordnen. Eine sprachliche Förderung mit einer regelmäßigen Nachhilfe durch eine deutschsprachige Person wurde in Absprache mit den Eltern vereinbart. An die Schule wurden **folgende Empfehlungen** gegeben:

Für die weitere schulische Laufbahn Arjanas wäre es sehr förderlich, wenn sie verstärkte und frequentierte Unterstützung im sprachlichen Bereich bekäme:

1. **Intensivierte Deutschförderung in folgenden Bereichen:** Mehrzahl, Artikel, Satzbau des Haupt- und Nebensatzes, Phonologische Bewusstheit. Arjana sollte täglich 10 Minuten Sätze nachsprechen und vorgelesen bekommen, wobei darauf geachtet werden sollte, dass Arjana anhand von Illustrationen und Erklärungen den Text auch verstand. Folgende Lesematerialien sollten verwendet werden:
   - Gedichte im Versmaß des Trochäus.
   - Geschichten in Prosa mit grammatischen Zielstrukturen, die Arjanas spezifischen Schwierigkeitsbereichen entsprachen.

2. Bei Erklärungen und beim Lernen sollten **erklärende Bilder und bildähnliche Symbole**, Grafiken und **Tabellen** (z.B. für die Grammatik) dargeboten werden, da Arjanas visuelle Verarbeitung im guten Durchschnittsbereich lag.

3. Das **Auswendiglernen** sollte für das Mädchen auf folgende Weise erleichtert werden: Verwendung von **Reimen und Lernkarteien** mit:
   - **Gruppierung** von ähnlichen oder verwandten Fakten oder Wörtern,
   - Rückführung auf Grundformen, wie **Wortstammarbeit, Ableitungsregeln** ...

4. Die Arbeit am **Computer** sollte ebenfalls das Lernen erleichtern, da Legastheniker und SSES–Kinder fast immer Probleme haben, ihre Aufmerksamkeit zwischen Handschrift und Lerninhalten zu teilen. Die Arbeit am Computer kann die Behaltensleistung für die Rechtschreibung verbessern.

5. **Übersichtliche Arbeitsvorlagen,** die nicht allzu dicht und mit großer Schrift ausgeführt sind, mit genügend Platz für die Handschrift des Kindes. Auch Hervorhebungen und Markierungen von wichtigen Daten (farblich, fett, Schriftgröße, Gruppierung, Tabellen) könnten Arjanas Leistungen verbessern.

6. Im Rechtschreibbereich wäre es hilfreich, **nur 1 Rechtschreibproblem** (z.B. die Schärfung...) über lange Zeit zu üben und dann zu benoten und die anderen Fehler für die jeweilige Lernperiode nicht zu sehr zu betonen. Damit hat das legasthene Kind mehr Chancen, die Rechtschreibung zu erlernen.

7. **Erklärungen sollten in einfachen Hauptsätzen geschehen, illustriert mit Bildern** und bildlichen Symbolen, um das Sprachverstehen zu erleichtern.

8. Bei der **Benotung** sollten überwiegend die mündlichen Leistungen beurteilt werden. Die Rechtschreibung sollte die Benotung wenig beeinflussen.

9. Zusätzlich wäre es natürlich für die Betroffene von großer Hilfe, wenn sie für Schularbeiten und Tests **mehr Zeit** zur Verfügung bekäme, um ihre Arbeit noch ein Mal durchzulesen. (In Deutschland wird ein Zeitzuschlag von 30-50 % empfohlen.)

10. Ein von der Lehrperson formulierter **Fragenkatalog zum Lernstoff** (vor den Tests) würde Arjana die Möglichkeit geben, sprachliche Formulierungen besser zu verstehen und zu verarbeiten.

Arjana las dann ein Jahr lang sehr häufig selbst Geschichten und Verse im Trochäus oder bekam diese vorgelesen. Inwieweit sich die Schule nach unseren Fördertipps gerichtet hatte, konnten wir nicht in Erfahrung bringen.

Diese minimale „Therapie" erbrachte folgende Erfolge:

Das **sprachliche Arbeits-Gedächtnis** zeigte eine deutliche Verbesserung in folgenden Bereichen: Das **Wortgedächtnis** beim Nachsprechen von Zahlen und das Nachsprechen von Wortreihen verbesserte sich von Skalenwert 5 (beide weit unterdurchschnittlich) auf die Skalenwerte 8 (unterer Normbereich) und 7 (noch unterdurchschnittlich). Auch das **Satzgedächtnis** beim Sätze Nachsprechen im Heidelberger Sprachentwicklungstest war von PR 0 auf PR 21 (knapp unterdurchschnittlich) angestiegen.

Ebenso hatte sich das **Leseverständnis** deutlich verbessert: Den selbst gelesenen Text 4 aus dem Zürcher Lesetest konnte Arjana nun fast vollständig nacherzählen (mit Ausnahme des letzten Satzes). Allerdings bestanden immer noch deutliche sprachliche Einschränkungen, die das Lernen sehr erschweren können. Die grammatikalischen Defizite zeigten sich nun vor allem nur mehr im Nebensatzbereich. Dies bedeutete leider, dass Arjana schulische Erklärungen immer noch nur unvollkommen oder falsch, aber dennoch besser als vor 1 Jahr verstehen oder erinnern konnte.

Im Heidelberger Sprachentwicklungstest zeigte sich auch, dass Arjana in der **Mehrzahlbildung mit Pseudowörtern** statt dem vorherigen Prozentrang 0 den PR 98 (Normwerte für 9 Jahre) erreicht hatte. Dies bedeutete, dass Arjana diese Regeln besser „verinnerlicht" und automatisiert hatte.

Im Test BAKO ergaben sich in den 3 vorher unterdurchschnittlichen Teilleistungen deutliche Verbesserungen der **phonologischen Bewusstheit** bis hin in den Normbereich (Vokalaustausch PR 30, Heraushören der Vokallänge PR 56, Wortumkehr PR 74). Diese verbesserten sprachlichen Grundfertigkeiten stellen eine verbesserte Basis für eine Anhebung der schulischen Leistungen im Lese-Rechtschreib-Bereich dar.

Wir teilten hierauf der Schule nochmals mit, dass Arjana entsprechend ihres Intelligenz- und Leistungsspektrums auf keinen Fall eine Kandidatin für eine Sonderschule und damit für eine mangelnde Berufsausbildung wäre. Wir wiesen auch darauf hin, dass Arjana dringend eine intensivierte sprachliche Förderung durch die Schule und eine zusätzliche außerschulische Sprachtherapie brauchen würde, um eine ihrer Intelligenz entsprechende Leistung erbringen und später eine adäquate Berufsausbildung absolvieren zu können. Im Sinne einer bestmöglichen Förderung und zum Wohle Arjanas in Bezug auf ihre Lebenskarriere baten wir, Arjana und ihre Eltern nach allen zur Verfügung stehenden Möglichkeiten zu unterstützen und verwiesen auf den viel schlechteren Befund vor einem Jahr mit den entsprechenden Fördertipps.

Noah, 3. Klasse Volksschule, 8 Jahre

Anamnese:
Nach Aussagen der Lehrerin und der Kindesmutter hatte Noah **Aufmerksamkeits-** und auch zum Teil **Verhaltensprobleme.** Noah war sehr **sensibel,** litt häufig unter Missstimmungen, Bauch- und Kopfschmerzen und reagierte oft mit Aggressionen und Wutausbrüchen.

Noahs **Sprachentwicklung** verlief verzögert: Erste Worte sprach er **verspätet** mit 1,5 Jahren, 2-Wort-Sätze mit 2-3 Jahren (die genauen Daten wusste die Mutter nicht mehr). Noahs Sprache war lange undeutlich; deshalb und wegen eines „s-Fehlers" wurde ihm eine zweijährige Sprachtherapie zuteil.

Im **Rechnen** war Noah sehr langsam, er hatte Mühe mit dem Erlernen des 1x1, auch das Abschreiben gelang ihm nur sehr langsam und fehlerhaft.

Noah brauchte oft stundenlang für das Erledigen seiner Hausarbeiten. Die Hausaufgabensituation wurde von der Kindesmutter als sehr konfliktreich und äußerst stressig beschrieben, mit argen Spannungen zwischen Mutter und Sohn.

Untersuchungsbefunde:
Im Intelligenz-Diagnostikum Kaufman Assessement Battery for Children (K-ABC) erreichte Noah einen an der oberen Durchschnittsgrenze liegenden **IQ von 114.** Bei den Aufgaben aus dem Bereich des visuellen und sprachlichen Arbeitsgedächtnisses erzielte Noah einen gut durchschnittlichen IQ von 107, in den visuellen und räumlich-konstruktiven Leistungen ergab sich ein überdurchschnittlicher IQ von 121. Im Salzburger Lese-Rechtschreibtesterzielt erreichte Noah in der **Rechtschreibung** einen weit unterdurchschnittlichen Wert (PR 1-5), im Lesen lagen Lesezeit und Fehleranzahl im knapp durchschnittlichen Bereich (Prozentränge 20-30). Noah konnte den langen Text im SLRT vollständig und fehlerlos wieder erzählen.

Im K-ABC zeigten sich jedoch – wie sonst fast immer bei LRS-Kindern - **keine eindeutigen Teilleistungsschwächen.** Allerdings lag das Zahlennachsprechen, welches das **sprachliche Kurzzeitgedächtnis** prüft, mit einem durchschnittlichen Wert (SKW 9) im Vergleich zu allen anderen eher überdurchschnittlichen Leistungen im individuell schwachen Bereich. Das Silbengedächtnis im Mottiertest, welches ebenfalls das sprachliche Arbeitsgedächtnis und zusätzlich die Lautunterscheidung darstellt, erwies sich als nur leicht reduziert (20 v. 30 Silben richtig).

Ergebnis:

Wegen der geschilderten schlechten psychischen Verfassung Noahs führten wir einige Tests zur Erhellung der **psychodynamischen Hintergründe** durch (Szeno-Test, Thomastest, Zeichnen der Familie in Tieren). Dabei ergaben sich Hinweise, dass sich Noah sehr einsam fühlte und sich nach vermehrter Zuwendung sehnte. Die schulische Situation bezüglich Leistung und mangelnder sozialer Akzeptanz schien ihn sehr zu bedrücken, was sich in späteren Gesprächen auch bestätigte. Noahs Selbstwertgefühl erwies sich wegen der mangelnden Lernerfolge auch als stark beeinträchtigt.

Anhand der Fragebögen bezüglich Hyperaktivität und Aufmerksamkeitsstörung für Eltern und Lehrer (Fremdbeurteilungsbogen - hyperkinetische Störung, FBB-HKS; Brühl, Döpfner, Lehmkuhl, 2000) ergaben sich Hinweise auf eine bestehende Aufmerksamkeitsstörung und einen impulsiven Arbeitsstil, was aber laut Eltern erst seit der 2. Klasse zu beobachten war. Für die Diagnostizierung eines ADS-Syndroms besteht jedoch die Forderung, dass die Symptome schon vor dem 7. Lebensjahr bestanden haben. Die psychische Überlagerung des Lernproblems und die hohe Sensibilität des Kindes schienen hier die verursachende Rolle für die vorliegende Aufmerksamkeitsproblematik zu spielen.

Therapeutisch wurden mehrere Bereiche wahrgenommen. Im Vordergrund stand jedoch die **psychische Verfassung** des Kindes. Es fanden mit den Eltern und vor allem mit der Mutter mehrere Gespräche zur **psychischen Situation** statt. Die Arbeit an der schulischen Leistung stand im Hintergrund (Lesen, 1x1, verhaltenstherapeutische Maßnahmen zum Arbeitsverhalten), da sich vor allem die Mutter bald dadurch überlastet fühlte. Die Kindesmutter wollte deshalb nach 6 Sitzungen unsere Beratung nicht mehr weiter in Anspruch nehmen und ihren Weg selbständig weiter gehen.

Im Folgenden wollen wir zur Darstellung der Situation und unserer Arbeitsweise einige Ausschnitte aus den Mail-Kontakten zwischen uns und der Mutter (Kursivschrift) wiedergeben:

Übungen:

Lesen und Rechtschreibung:

- Computer Programm Unilesen: täglich 20 Minuten: wie weit? Schulwörter eingeben und in verschiedenen Schwierigkeitsgraden üben.
- Unsere Rechtschreib-Regeln für Legastheniker bei H.Ü. und beim Lernen der Ansage-Wörter, sowie bei Verbesserungen anwenden.
- Nicht „handschriftlich" lernen, sondern mündlich anhand visueller Vorlagen.

- Abwechselnd jeden 2. Tag beim Lesen Selbstlaute mit Stift antippen

„Diese Übung beherrscht Noah schon sehr gut, liest dabei immer schneller, trotzdem aber sinnerfassend. "

Rechnen:
1x1 anhand der mitgegebenen Tabellen lernen (mit Pass und Belohnung) und immer auch zwischendurch bei alltäglichen Aktivitäten abfragen.

„Noah übt fast täglich ca. 10 Minuten auf Ihre Art das 1x1, er hat diese Woche die letzte Reihe abgeschlossen. Trotz regelmäßigem Übens sitzen manche Reihen noch nicht 100 %-ig.

Das Arbeitsverhalten Noahs ist unterschiedlich. Bezogen auf sein „spezielles Legasthenietraining" ist er sehr konsequent, fleißig, teilweise mit großer Freude dabei (wobei die Aufforderung zum Training immer von mir ausgeht, ihm würde das nicht einfallen).

Bei den schulischen Hausaufgaben und vor allem beim Üben der Ansagen reagiert er teilweise mit Zorn, verhält sich trotzig, sieht keinen Sinn dahinter und ist dadurch manchmal recht mühsam. Vielleicht hängt es auch damit zusammen, dass wir seit ca. 1 Monat kein Belohnungssystem mehr praktizieren, wobei wir heute beschlossen haben, wieder ein solches zu starten. Vor allem, wenn Noah einen anderen Freizeitplan im Kopf hat, wenn sich kurzfristig Einladungen von Freunden ergeben, ist er kaum mehr in der Lage, die nötigste Hausaufgabe zu machen. Er reagiert dann teilweise sofort mit Aggressionen, hat sich selbst nicht mehr unter Kontrolle, versteht einfach die ganze Welt nicht mehr und ist zutiefst traurig. In diesem Moment ist Noah dann auch überhaupt nicht mehr zugänglich.

Ich für mich merke, dass sich die Nachmittage in unserem Haus hauptsächlich mit Schulbeschäftigungen füllen, wobei ich dadurch des Öfteren an meine Grenzen stoße. Vielleicht geht es Noah in gewisser Hinsicht ähnlich. "

Liane, 8;7 Jahre, abgeschlossene 2. Kl. Primarschule

Fragestellung:
Liane war an und für sich eine gute und sehr fleißige Schülerin. Der Mutter war aber aufgefallen, dass Liane im Rechnen sehr langsam war und auch für ihre Leistungen sehr viel lernen musste. Sie kam zu einer Psychologin mit der Bitte, diese Rechenschwierigkeiten abzuklären.

Befunde:
Bei Liane ergab sich im Intelligenzdiagnostikum K-ABC ein überdurchschnittlicher **Gesamt-IQ von 119** als Resultat aus dem überdurchschnittlichen ganzheitlichen IQ von 125, der vor allem für visuelle und räumlich-konstruktive Leistungen steht und dem gut durchschnittlichen einzelheitlichen IQ von 113, welcher die Leistungen im Bereich des visuellen und sprachlichen Arbeitsgedächtnisses darstellt.

Im Heidelberger **Rechentest** 1-4 erzielte Liane einen **knapp durchschnittlichen** Prozentrang von 27, der jedoch auf keinen Fall ihrer hohen Intelligenz entsprach. Liane erreichte im Untertest „Rechenoperationen", welche die Grundrechnungsarten überprüft, nur ein knapp durchschnittliches Ergebnis (PR = 21), das im **Risikobereich für Dyskalkulie** lag. Bei den Aufgaben „räumlich-visuelle Funktionen" ergab sich ein durchschnittliches Ergebnis (PR 50), was eher nicht für das Vorliegen einer sprachunabhängigen Dyskalkulie spricht. Das Gesamtergebnis von PR 27 lag knapp über dem Risikobereich und deutete auf **Schwächen der Fähigkeiten im Grundrechnen** hin (Addition, Subtraktion, Multiplikation, Division). Liane rechnete zwar richtig, aber mit einem erheblich verlangsamten Arbeitstempo.

Im Salzburger **Lesetest** lagen bezüglich des **Lesetempos** alle Werte im (knapp) durchschnittlichen Bereich (Prozentränge 21-50), mit Ausnahme des weit unterdurchschnittlichen Wertes für wortähnliche Pseudowörter (PR 12). Die Anzahl der Lesefehler lag jeweils im Durchschnittsbereich.

Liane wurde zur weiteren Abklärung und Förderung an uns überwiesen.

Ergebnis:
Es genügt nicht, im Rahmen eines Auftrages zur Abklärung von Rechenstörungen neben der Intelligenztestung nur die Rechenfertigkeiten zu untersuchen. Die sprachlichen Fertigkeiten sollten bei jeder psychologischen Diagnostik routinemäßig mit begutachtet werden. Bei Liane war es natürlich notwendig, weiter

nach Ursachen für die enorme Diskrepanz zwischen ihren Rechen- und auch Leseleistungen und der hohen Intelligenz zu fahnden. Obwohl der Rechentest lediglich ein Risiko ergeben hatte und nicht die Diagnose Dyskalkulie, ist es dennoch wichtig, die Gründe für das verlangsamte Rechentempo und die knapp durchschnittlichen Rechenleistungen zu suchen. Eine Abklärung der sprachlichen und schriftsprachlichen Fertigkeiten sollten auch bei der Abklärung von Rechenstörungen IMMER durchgeführt werden, da Rechenstörungen verschiedene - auch sprachliche - Ursachen haben können, sodass eine vollständige Begabungs- und Schulleistungsdiagnostik unabdingbar ist. Die Untersuchung bei uns ergab folgende Ergebnisse:

Im Weingartner **Rechtschreibtest DRT 2+**, bei welchem Liane einen **weit unterdurchschnittlichen Wert** erzielte (PR 11), zeigte sich, dass die von der WHO geforderte Diskrepanz erreicht war und bei Liane ganz eindeutig eine **Leserechtschreibstörung** vorlag. Diese Diagnose bestätigte sich durch Lianes **eingeschränkte sprachliche Leistungen** in folgenden Bereichen:

Beim **Silben** Nachsprechen im Mottiertest erbrachte Liane (mit 14 richtigen von 30 Aufgaben) eine stark reduzierte Leistung der **Silben-Merkfähigkeit und der Lautunterscheidung**. Diese Einschränkung im sprachlichen Gedächtnis finden wir nahezu immer bei LRS-Betroffenen und wirkt sich sehr häufig auf die Geschwindigkeit und Genauigkeit beim Rechnen innerhalb der Grundrechnungsarten aus.

Auch die **Pluralproduktion** im Heidelberger Sprachentwicklungstest lag mit einem Prozentrang von 5 im weit unterdurchschnittlichen Bereich, wobei auch hier eine mangelnde Lautunterscheidung auffiel (z.B. *Kolze = Kolde*).

Obwohl Liane im Abschlusszeugnis der 2. Klasse Primarschule lauter Einser hatte, machten sich Anfang der 3. Klasse sehr bald ihre mangelnden Rechtschreibkompetenzen - vor allem beim Schreiben von Aufsätzen - bemerkbar. Lianes Lehrer hatte bis dahin nicht an eine Leserechtschreib-Störung geglaubt. Liane blieb etwas mehr als ein Jahr zur Therapie der Lese-Rechtschreibschwäche und der sprachlichen Probleme in unserer Betreuung. Sie schloss die 4. Klasse mit lauter Einsern ab. In der Hauptschule werden wir sie erneut begleiten, um sie in Englisch mit „legasthenen" Strategien zu unterstützen.

Markus, 11 Jahre, 1. Klasse Gymnasium

Anamnese und Verlauf:

Markus kam mit seiner Mutter in unsere Praxis, da er in Deutsch immer schlechtere Zensuren bekam. Markus hatte bis zum Alter von 2 Jahren häufige Anginen durchgemacht und mit 5 Jahren einen Schädelbasisbruch erlitten; Der Sprechbeginn und weitere Verlauf der Sprachentwicklung sei unauffällig gewesen, allerdings hatte  Markus nie gelallt, was ja als wichtiges Vorstadium der regulären Sprachentwicklung gilt. Ebenso erlernte er das Schuhe-Binden und Anziehen verspätet. Wegen der mangelhaften Aussprache des Lautes *r* war Markus im Alter von 6 Jahren für ein halbes Jahr in logopädischer Therapie. Der Wortschatz war aber angeblich reduziert und die Wortstellung in Sätzen gelegentlich immer noch fehlerhaft. Markus erinnerte sich auch nur mangelhaft an Namen, Farben oder Zeitangaben. Bei Aufsätzen, die auch inhaltlich und im sprachlichen Ausdruck nicht gut waren, machte Markus Grammatik- und viele Rechtschreibfehler. Wenn Markus etwas erzählte, konnten die Eltern seine Schilderung nicht immer vollkommen verstehen. Markus hörte den Eltern häufig nicht zu, schien aber sehr gut visuell zu beobachten.

Beim Lese-Rechtschreib-Erwerb hatte Markus große Mühe, die Buchstaben zu erlernen, las lange nur buchstabenweise und machte auch viele Abschreibfehler, wobei er Buchstaben und Zahlen häufig und lange in Spiegelschrift schrieb.

Beim schulischen Arbeiten verhielt sich Markus angeblich unwillig, war leicht ablenk- und ermüdbar und brauchte oft stundenlang für die Hausarbeiten. Seit den schlechten Noten in Deutsch äußerte Markus des Öfteren Versagensängste. Die Kindesmutter beschrieb den Jungen als sehr sensibel, verschlossen, frustrationsintolerant und verletzbar. Markus überschritt daheim immer wieder die familiären Regeln – was zu erheblichen Spannungen in der Familie führte - und spielte in der Schule oft den Klassen-Kasper.

Bei Markus wurde von uns eine **Legasthenie** (nach ICD-10) diagnostiziert. Diese Diagnose bezog sich einmal auf das Ergebnis des Intelligenzdiagnostikums K-ABC, bei dem Markus einen **in der oberen Norm liegenden IQ** erreichte und zum anderen auf seine Lese-Rechtschreibproblematik.

Im Diagnostischen **Rechtschreibtest** DRT 4-5, erzielte Markus den **weit unterdurchschnittlichen PR 0**. Im Zürcher Lesetest erzielte Markus beim Lesen des sehr klein gedruckten Textes 4 bezüglich **Lesezeit einen weit unterdurchschnittlichen Wert** (PR 11-15). Er hatte auch den eher komplexen Text inhaltlich (im Bereich von Relativsätzen) **nicht zur Gänze verstanden.** Auch im Salzburger Lesetest lagen die Lesezeiten - außer bei den Pseudowörtern - im unterdurchschnittlichen Bereich. Die Anzahl der Lesefehler lagen im Durchschnittsbereich.

Im K-ABC ergaben sich **unterdurchschnittliche Teilleistungen im Bereich der visuellen Verarbeitung** (Erkennen unvollständiger Bilder: Skalenwert 6, Nachahmen von Handbewegungen Skalenwert 7). Markus' **Stärken** lagen vor allem im **räumlichen Gedächtnis** (SKW 14, überdurchschnittlich) und – was eigentlich nicht ganz zur Anamnese und zur Diagnose Legasthenie passt - im **sprachlichen Kurzzeitgedächtnis** beim Zahlen und Wortreihen Nachsprechen (Skalenwerte 12, gut durchschnittlich und 15, überdurchschnittlich!). Das Silben Nachsprechen im Mottiertest erwies sich als knapp durchschnittlich. Im Sätze Nachsprechen und Bilden von Mehrzahlformen im Heidelberger Sprachentwicklungstest zeigten sich ebenfalls keine Minderleistungen oder sprachlichen Auffälligkeiten. Auch das Sätze Nachsprechen und das Verstehen komplexer Relativsätze in nicht standardisierten, unveröffentlichten Screenings bewältigte Markus mühelos! Es konnten also **keinerlei sprachliche, hingegen aber visuelle Minderleistungen** (im K-ABC) festgestellt werden.

Im BAKO, der die Fertigkeiten der phonologischen Bewusstheit überprüft, konnten keine Teilleistungsschwächen entdeckt werden.

Markus **verhielt** sich bei uns in der Praxis extrem introvertiert und schüchtern, sprach nur auf Aufforderung in sehr leiser und monotoner Sprache. Aufgrund der Mitarbeit bei den Tests und später bei den Übungen zur Förderung konnten wir keine Aufmerksamkeitsproblematik feststellen. Markus arbeitete willig und motiviert – allerdings sehr verhemmt – mit.

Wir begannen eine **Förder- und auch Psychotherapie** mit Eltern und Kind. Markus zeigte in den schulischen Leistungen in Deutsch und Englisch deutliche Verbesserungen. Er konnte beispielsweise nun wunderbare und grammatisch richtig formulierte Aufsätze schreiben, die im drastischen Gegensatz zu seinen vorhergehenden Leistungen standen. Allerding waren seine Leistungen sehr unterschiedlich und schwankend und wurden mit der Zeit auch zunehmend schlechter. Die Kindesmutter vermutete, dass Markus absichtlich so schlechte Aufsätze schrieb, um die Eltern zu ärgern – wo er doch fähig war, so hervorragende Aufsätze zu verfertigen.

Im Laufe der Zeit erhöhten sich zuhause die Spannungen massiv, sodass die Eltern zunehmend ratlos und verunsichert wurden. Markus weigerte sich, unsere Übungen und zum Teil auch die schulischen Hausarbeiten zu erledigen oder für die Schularbeiten und Tests zu lernen. Trotz unserer pädagogischen und psycho-therapeutischen Arbeit mit den Eltern und auch mit dem Kind spitzte sich die Situation immer mehr zu. Die Eltern waren auch kaum fähig, sich auf unsere Abmachungen einzustellen und besprochene Erziehungsmaßnahmen zuhause einzuhalten.

Ergebnis:

Wir konnten zwar bei Markus nach den formalen Kriterien der ICD-10 eine Le-gasthenie diagnostizieren, deren Symptomatik eventuell durch visuelle Teilleis-tungsschwächen mit bedingt oder verstärkt war. Allerdings standen für uns die Erziehungsprobleme der Eltern und die extreme Schüchternheit des Kindes als Ursache für die stark wechselnden Leistungen im Vordergrund. Wir stellten fest, dass Markus Leistungen sehr vom Familienklima abhingen. Wir besprachen dies gemeinsam mit den Eltern und zum Teil auch mit dem Kind.

Anschließend wollen wir einen kurzen stichwortartigen **Einblick in unsere Arbeit** anhand eines **Therapieprotokolls** für eine der Sitzungen geben:

1. H.Ü.-Situation: Punkte für adäquates Verhalten für Mama (gibt sich diese selbst) und Markus.
2. Täglicher Satz für Mama abends im Bett: „Markus, ich trau dir zu, dass du es schaffst".
3. Verwendung unserer „Englisch-Grammar für Legastheniker".
4. Lesen: Computerprogramm Uniwort: Blitzwort mit Papa →Ausgedruckt auch „Selbstlaut-Lesen".
5. Hören: CDs hören und Gedichte vorlesen Witze und Tiere nachsprechen auf Genauigkeit, mit Mikro mit Papa.
6. Deutsch-Schularbeit: 3 x den selben Aufsatz nicht schriftlich, nur mündlich erzählen. (5. und 6. funktionierte sehr gut und brachte auch deutlich ver-besserte Aufsätze).
7.   Die tolle Schularbeit: Mit unserem „RS-Zettel für Legastheniker" + „Dopp-lungszettel": die Rechtschreibfehler verbessern, Wörter in Silben klopfen + Buchstabieren mit Fingern.
8. Englisch: Selbstlaut-Lesen: täglich 10 Minuten.
9. Bitte am Vortag jeder Stunde Infos über obige Übungen und über Schulleis-tungen + Kopien von Tests.

Timotheus, 3. Primarschulklasse einer Montessorischule, 9;11 Jahre

Der knapp 10-jährige Timotheus kam zu Beginn der 3. Klasse einer Montessori-Primarschule zu uns, weil er generelle Lernprobleme hatte. Er konnte weder zwei und drei ohne Finger zusammenzählen, noch kannte er alle Buchstaben. Das Erlesen ganzer Wörter mit mehr als 2-3 Buchstaben war ihm nicht möglich.

Anamnese:

In der Vorgeschichte des Jungen gab es **viele Faktoren**, die die Lernprobleme eventuell verursacht oder beeinflusst haben: Eventuell lag schon bei den Eltern eine **Lernstörung** vor; sowohl der Vater als auch die Mutter hätten die Schule „wenig geliebt", für den Vater hätte die Schule „ein sehr negatives Erlebnis" dargestellt. Timotheus kam mit einer **Nabelschnurumschlingung** auf die Welt und machte als Kleinkind mehrere **Fieberkrämpfe** und **Mittelohrentzündungen** durch. Die Mutter meinte, Timotheus wäre ein „**Schreibaby**" und immer ein „Wenigschläfer und Wenigesser" gewesen.

Die **Sprachentwicklung** sei unauffällig verlaufen, allerdings hätte Timotheus nicht gelallt. Timotheus liebte Geschichten und Gedichte; er ließ sich diese stundenlang von der Mutter vorlesen und konnte daher auch einige Gedichte auswendig. Den Wortschatz, sowie den sprachlichen und grammatikalischen Ausdruck bezeichnete die Kindesmutter als gut. Timotheus **verstand** allerdings des Öfteren **Wörter falsch**, fragte häufig nach und war sehr **ablenkbar** durch Nebengeräusche. Er verhielt sich selbst sehr laut und schien oft nicht zuzuhören, wenn man zu ihm etwas sagte. Er erzählte nicht viel, allerdings wäre dies das letzte halbe Jahr besser geworden. In der Schule wurde er über ein halbes Jahr wegen mangelnder Artikulation des „r" logopädisch behandelt. Laut Ohrenarzt litt Timotheus vorübergehend an einer mittleren Schwerhörigkeit am linken Ohr, die durch muskuläre Verspannungen verursacht gewesen sei.

Beim Spielen bewies der Junge meist eine nur **mangelhafte Ausdauer**, basteln konnte er jedoch lange; beim Zeichnen fiel eine eingeschränkte **Feinmotorik** auf.

In der Schule versuchte man, ihn nach dem Kieler Lese-Rechtschreib-Aufbau zu unterrichten, Timotheus sei aber dabei immer davon gelaufen. Als er zu uns kam, beherrschte der beinahe zehnjährige Montessorischüler trotz vielfältiger Behandlungsversuche wie Logopädie, Ergotherapie, Padovan- und Kraniosakral-Therapie sowie Homöopathie noch nicht alle Buchstaben und konnte noch nicht lesen.

Auch das Rechnen im Zahlenraum 10 bewältigte er nur, indem er seine Finger abzählte; die Uhrzeit konnte er nicht ablesen.

Zu Hause verhielt sich Timotheus beim Lernen sehr **zappelig**, war leicht **ablenkbar** und reagierte häufig mit **Wutausbrüchen**. Die Mutter meinte, er hätte zu viele Gedanken im Kopf, die er nicht fassen könne; das sei wie bei einem Kochtopf mit mangelnder Ventilfunktion. Timotheus konnte sich nicht lange konzentrieren. Mit mehreren Pausen mit körperlicher Bewegung war es der Mutter möglich, eine Stunde mit ihm zu arbeiten.

Psychische Situation: Timotheus verfügte laut Mutter über einen mangelnden **Selbstwert** und sagte von sich selbst, er wäre ein „Nichts". Er war laut Kindesmutter eifersüchtig auf seine vierjährige Schwester, da diese die ganze Aufmerksamkeit beanspruchte, besonders die des Vaters, der sonst aus Arbeitsgründen von niemanden erreichbar war. Timotheus wollte seinen **Vater** umso mehr an sich binden, je weniger der Vater für ihn präsent war; er würde dann aber nach erfolglosem Bemühen „in sich zurück gehen". Wenn er den Vater aber erreichen konnte, wäre er ganz glücklich und verhielte sich dann sehr angepasst.

Befunde:
IQ 75, alle Teilleistungen lagen in (zum Teil auch weit) unterdurchschnittlichen Skalen-Werten (zwischen 4 und 7), im räumlichen Gedächtnis erreichte Timotheus den überdurchschnittlichen Skalenwert 13.

Buchstabenlesen im Zürcher Lesetest: Zwie- und Umlaute sowie Buchstabenkombinationen wie sch, ch, st, sp, pf beherrschte Timotheus nicht und unterschied auch nicht zwischen harten und weichen Konsonanten beim Lesen und Schreiben, wobei er allerdings den Unterschied hören konnte. Er verwechselte auch visuell ähnliche Buchstaben, wie *n-u, l-f, b-d* usw. und konnte zwei bis drei Buchstaben beim Lesen nicht oder nur mit großer Mühe verbinden. Rechnungen wie z.B. *9-4* konnte Timotheus gar nicht lösen.

Sprache: Im Heidelberger Sprachentwicklungstest hatte Timotheus große Schwierigkeiten bei der **Mehrzahlbildung** mit Kunstwörtern (PR 7, weit unterdurchschnittlich). Das **Sätze Nachsprechen** lag mit einem Prozentrang 21 im sehr knapp durchschnittlichen Bereich. Im Mottiertest erwies sich das **Silben Nachsprechen** als sehr stark reduziert (10 von 30 Aufgaben richtig), hatte sich aber nach 1 Monat durch die Therapie schon etwas verbessert (15 von 30 Aufgaben richtig). Das Sprachverstehen schien in einem nicht standardisierten Sprachtest unauffällig zu sein.

Eine durch die Mutter ausgefüllte Aufmerksamkeits-Checkliste nach ICD und DSM-IV (Brühl et al., 2000) ergab Hinweise auf eine **stark herabgesetzte Aufmerksamkeit**, sowie auf **Hyperaktivität** und **Impulsivität**. Eine medikamentöse Therapie mit Ritalin lehnte die Mutter ab.

Nach 1 Monat **Förderung** konnte Timotheus alle Buchstaben **lesen und schreiben**. Nach 3 Monaten konnte er die Pseudowörter mit der regelmäßigen Abfolge von Selbst- und Mitlauten (in der Vorwerker Leseprobe nach Lisa Dummer) richtig und flüssig lesen. Er schrieb auch (in der Diagnostischen Bilderliste nach Dummer-Smoch) nur 9 von 24 Wörtern falsch. Mit großer Freude lernte Timotheus die Gedichte, die die Mutter ihm vorlesen musste, schnell und mühelos auswendig.

Nach 6 Monaten erreichte Timotheus im Salzburger Lesetest folgende, allerdings für die 3. Klasse immer noch weit unterdurchschnittliche Werte: Häufige Wörter PR 1; Wortunähnliche Pseudowörter PR 7, durchschnittliche Fehleranzahl; zusammengesetzte Wörter PR 2; langer Text PR 2 mit 0 Fehlern. Timotheus konnte den Inhalt wiedergeben und las inzwischen gerne. Das **Rechnen** im Zahlenraum 20, sowie das 1x1 hatte Timotheus ebenfalls in kurzer Zeit erworben.

Ergebnis:
Die **reduzierte Begabung** im K-ABC war eventuell einerseits begründet in der **genetischen Disposition** (vermutete Lernstörung des Vaters) sowie in der frühkindlichen **Anamnese** (Nabelschnurumschlingung, Fieberkrämpfe, Mittelohrentzündungen, „Schreibaby") und in der offenbar vorliegenden **Aufmerksamkeitsstörung**. Dass Timotheus so gerne und leicht Gedichte auswendig lernte, zeigte, dass er bei entsprechender **Motivation** sehr wohl lernfähig war. Die rasch eintretende Verbesserung während unserer Förderung – sogar ohne Medikament – sprach aber wohl auch noch dafür, dass Timotheus sich bis zum Beginn der 3. Klasse zu **wenig mit dem Lesen und Schreiben beschäftigt** hatte, was lernproblematischen Kindern in Montessori-Schulen passieren kann.

Zwei Therapieverläufe:
Exemplarisch wollen wir hier zwei Therapieverläufe vorstellen, um zum Einen zu zeigen, dass Legasthenie nicht alleine eine fehlerhafte Rechtschreibung bedeutet, sondern meistens eine tiefgreifende Störung darstellt. Zum Anderen wollen wir auch schon hier im Theorieteil unserer Buchreihe zeigen, wie effektiv geholfen werden kann. Unsere in näherer Zukunft folgenden Bücher werden sich dann von Buch zu Buch immer eingehender und praxisorientierter mit der Therapie beschäftigen.

Richard, 12 Jahre, 2. Klasse Gymnasium

Laut Diagnostik lagen bei dem leserechtschreibgestörten Jungen die **Lesekompetenz, das Leseverstehen und das sprachliche Gedächtnis** im weit unterdurchschnittlichen Bereich. Wegen der vorrangigen Bedeutung dieser Fähigkeiten für die gesamte Schulleistung konzentrierten wir uns überwiegend auf diese Themen und kaum auf die ebenfalls fehlerhafte **Rechtschreibung**. Auch Richards  mangelnde **Aufsatzkompetenz** bezüglich Aufbau, sprachlichem Ausdruck und Grammatik stellte ein wichtiges Therapiethema dar, wobei wir an der Satzgliederung, an Nebensätzen und verschiedenen Wortarten, wie besitzanzeigenden und persönlichen Fürwörtern und unregelmäßige Verben arbeiteten.

Ein wichtiges Förderelement stellte auch Richards eingeschränkte Lernkompetenz in **Englisch und Latein** dar, indem wir Strategien anwandten, die seinen diagnostizierten Stärken in visuellen Bereichen und seinen sprachlichen Schwächen entsprachen. Richard erlernte das **10-Fingersystem** beim Schreiben auf dem Computer, was nach unseren praktischen Erfahrungen an und für sich schon eine Rechtschreibförderung darstellt. Richard schrieb in der Schule und bei den Hausaufgaben nur mehr auf dem Laptop, was seine gesamten schulischen Leistungen sehr positiv beeinflusste. Richard zeichnete sich während der gesamten Förderzeit durch großen Fleiß, hohe Motivation und eine außerordentliche Selbständigkeit aus.

Richards **verbesserte Fertigkeiten** wollen wir hier anhand der durchgeführten normierten und informellen Tests zeigen:

Sprachliches Gedächtnis: Zahlen Nachsprechen: Skalenwert 6 (unterdurchschnittlich) → 9 (durchschnittlich). Sätze nachsprechen in einem informellen Sprachtest: → Fehlerfreies Nachsprechen von komplexen, langen Sätzen mit Nebensätzen.

Lesekompetenz:

Wortunähnliche Pseudowörter: Tempo: PR 5   → PR 50
Wortähnliche Pseudowörter: Tempo: PR 3   → PR 50
Häufige Wörter: Tempo: PR 31   → PR 60
Zusammengesetzte Wörter: PR 21   → PR 60
2 Texte mit sehr kleiner Schrift: PR 11   → PR 60 u. 90

Leseverstehen: Die Schularbeitsnoten in Deutsch, Englisch und Latein verbesserten sich jeweils um 1-2 Grade.

Kleiner Ausschnitt aus unserem Arbeitsprotokoll:

1. Englisch:
- "You and me"–CD und Uniwort-CD.
- Grammatikabschnitte und Sätze mit den Vokabeln wortwörtlich „hin und her" übersetzen Englisch → Deutsch → Englisch.
- Vokabel überwiegend aus Sätzen und dann erst aus Karteikarten lernen.
- Vokabel auf Karteikarten in großer Druckschrift schreiben (Karteikartensystem mit 5 Fächern).
- Überwiegend auf dem Computer arbeiten.
- (farbige) Markierungen, Symbole, Bilder und Tabellen; besonders für die Grammatik und die Zeitenfolgen in Englisch und Latein.
- Bitte unser Grammatikskript für Legastheniker verwenden: Sätze bilden anhand dieser Vorlagen

2. Latein: wie in Englisch arbeiten (siehe visuell orientiertes Grammatikskript).

3. Rechtschreibung: Nach unseren „Rechtschreibregeln für Legastheniker" korrigieren

Peter, 11 Jahre, 1. Klasse Sekundarschule

Peter, ein sehr fleißiger und stiller Junge begann anlässlich massiver Schulprobleme bei uns im 2. Schulhalbjahr eine Sprachtherapie und Lernförderung.

Schulleistungen: Peter besuchte in allen Hauptfächern die 2. Leistungsgruppe (die 1. ist die beste von dreien insgesamt) und hatte folgende Zensuren: Deutsch 4 und 5 bei den Schularbeiten (mit dysgrammatischen Sätzen, falschen Für- und Vorwörtern); Englisch 4 (mangelnde Satzbildung, falsche Fürwörter); Mathematik 3; Biologie 4.

Anamnese:

Ein Großvater des Kindes hatte Probleme mit dem Rechtschreiben. Peters Entwicklung war nach Aussagen der Mutter vollkommen unauffällig verlaufen. Zum Zeitpunkt des Therapiebeginns war Peter jedoch in mehreren **auditiven und sprachlichen Bereichen auffällig**: Peter verstand schlecht, wenn durcheinander gesprochen wurde, war sehr ablenkbar durch Nebengeräusche, verstand in der Gruppe schlechter als zu zweit und war ein besserer Beobachter als Zuhörer. Er schien oft nicht zuzuhören und reagierte häufig falsch auf Fragen, „wenn er unaufmerksam ist". Er hörte nicht gerne Sprechkassetten, liebte aber das Vorlesen. In seinen Aufsätzen machte er viele **Grammatikfehler** und verwendete nur sehr kurze Sätze. Peter las erstaunlicherweise sehr gerne, verstand aber nicht immer den **Sinn des Gelesenen**; bei Biologie- und Rechentests hatte er des Öfteren Mühe mit dem sprachlichen Verstehen der Fragestellungen und konnte vieles deshalb nicht beantworten, obwohl er die Antworten eigentlich gewusst hätte.

Test- Befunde:

IQ: Die **nicht sprachliche Intelligenz** lag im Intelligenztest Snijders Omen (51/2 -17) mit 85 im knapp durchschnittlichen Bereich, der **Gesamt-IQ** (unter Einbeziehung sprachlicher Bereiche) im Intelligenztest Kaufman Assessment Battery for Children befand sich mit 77 im **unterdurchschnittlichen** Bereich.

Sprache: Die Sprachüberprüfung ergab eine Reihe von Hinweisen auf einen immer noch bestehenden **Dysgrammatismus** (grammatikalische Defizite) und auf ein mangelndes **Sprachverständnis**, sowie ein eingeschränktes sprachliches Gedächtnis. Zusätzlich lagen die Werte für die **phonologische Bewusstheit** im Test BAKO in 5 von 7 Untertests im weit unterdurchschnittlichen Bereich, die restlichen beiden im knapp durchschnittlichen. Kurz vor der Entlassung lagen nur mehr 3 Werte im knapp unterdurchschnittlichen, alle anderen im gut (!) durchschnittlichen Bereich.

Das **Sätze Verstehen** aus dem Heidelberger Sprachentwicklungstest erwies sich als weit unterdurchschnittlich (11 von 17 Punkten, PR 2; der Test bietet nur Werte bis zu 9 Jahren, Peter ist bereits 11 Jahre. Nach 1 Monat sprachlicher Arbeit mit Relativsätzen erreichte Peter bereits 15 Punkte: PR 42 für 9-Jährige).

Dementsprechend war auch das **Verständnis von Nebensatzstrukturen** (Relativsätze) in einem unstandardisierten Screening sehr eingeschränkt. Hier interpretierte Peter nur 4 von 15 Sätzen richtig. Die Relativsätze bereiteten Peter in Produktion und Verständnis allerdings noch bei der Entlassung einige Mühe – allerdings nicht mehr in diesem drastischen Ausmaß. Das **Sätze Nachsprechen** (nicht standardisiertes Screening nach H. Schöler, Uni Heidelberg) erwies sich als mühevoll. Um einen Eindruck darüber zu vermitteln, folgen im Anschluss einige exemplarische Beispiele, die jeweils den Originalsatz und dann Peters Antwort darstellen:

„Das Mädchen hat im Nachbarort eine Schule besucht, die einen großen Pausenhof besitzt." → *„Das Mädchen hat ein Schulhof gesucht".* Nach 2 Monaten sprachlicher Arbeit (ca. 10 Minuten an 4 Tagen der Woche) sagte er Folgendes: → *„Das Mädchen hat eine Schule besucht, das einen großen Pausenhof besitzt".*

„Die Blumenzwiebeln, die der Gärtner in die Kästen pflanzt, werden im Frühjahr blühen". → *„Die Blumen, wo zwiebeln, die der Gärtner im Sommer gesetzt hat".* Nach 2 Monaten: → *„Die Blumen, die der Gärtner in die Kästen pflanzt, werden im Frühjahr blühen".*

Wie man hier sieht, hatte sich das **Satzgedächtnis** in kurzer Zeit verbessert, allerdings wurde die Bedeutung von rückbezüglichen Fürwörtern in Nebensätzen noch teilweise falsch interpretiert. Ebenso hatte sich das **Wort- und Silbengedächtnis** bis in den Normalbereich hinein gesteigert: Das Zahlen Nachsprechen (im K-ABC) von Skalenwert 6, unterdurchschnittlich, auf 9, durchschnittlich. Das Silben Nachsprechen (im Mottiertest) lag ursprünglich mit 14 richtigen von 30 Aufgaben im sehr stark reduzierten Bereich. Nach 2 Monaten Arbeit mit Reimen und Sätzen sprach Peter 25 von 30 Aufgaben richtig nach und lag somit im Normbereich.

Auch in der **Spontansprache** fiel Peter bei der Aufnahme durch dysgrammatische Sätze auf: *„Barbara geht von draußen".* *„Bei mir ist er noch nicht geschlafen".* In seinen **Aufsätzen** machte Peter viele Fehler mit Für- und Vorwörtern und falschen Satzstellungen: *„Eines Tages war einmal eine Frau, sie gieste einen Blumentopf und man sah die Freude im Gesicht. Auf eimal under ihr war eine Pfütze".* In der Spontansprache war der Mutter bis zur Entlassung Peters nichts mehr aufgefallen, in den Aufsätzen verwendete Peter leider immer noch dysgrammatische Formulierungen, allerdings weniger zahlreich.

Peters Lesekompetenz erwies sich vor allem im **Leseverständnis** (bei durchschnittlichem Lesetempo) als eingeschränkt. Bei kleiner Schrift oder längerem Text im Zürcher Lesetest machte Peter sehr viele Fehler, die er nicht korrigierte. Die Nacherzählung des jeweils laut und leise gelesenen Textes aus dem Zürcher Lesetest soll Peters Problem im Lesegedächtnis demonstrieren. In Klammern steht jeweils die richtige Interpretation der entsprechenden Textstelle:

Da ist eine Frau mit `nem Wagen gefahren (die Frau hatte einen Schubkarren), *der ist eingegangen* (kaputt)". *Ein Mann ist gekommen und fragte: „Soll ich dir* helfen?" (Sie fragte in Wirklichkeit ihn). *Er hat ihn repariert. Sie hat ihm ein Geschenk gemacht.* (Sie steckte ihm die herab fallenden Späne in die Tasche). *Nachher, wo er Karren instandgesetzt hat, hat sie ihm Goldtaler gegeben. Sie hat es verwandelt in der Tasche.* (Die Späne, die er in seiner Tasche nicht beachtet hatte, verwandelten sich in Goldtaler).

Derselbe Text wurde Peter anschließend auch vorgelesen und Peter sollte diesen nacherzählen: Statt Mann sagte er *„Jäger",* das „alte Waldweiblein" nannte er *„Mädchen"* und *„Er gab ihr die Holzspäne",* statt umgekehrt. *„Die verwandelte sie in Gold".* Der Rest des Textes wurde dann richtig wieder gegeben.

Die Nacherzählung eines anderen Textes (Text 5 aus dem Zürcher Lesetest) zeigte, dass Peters sprachliches Gedächtnis auch für weniger komplexe Sätze, die die Tätigkeiten mehrerer Tiere aufzählen, sehr eingeschränkt war: *Da ist ein Pilot mit denen ein Rundflug um Afrika* (dysgrammatisch). *Da waren Nashörner und Elefanten. Und Affen sind gewesen. Und die Elefanten haben mit den Jungen im Wasser gespielt* (Es waren aber Nilpferde). *Das war Afrika.* Peter erinnerte sich kaum an Details und gab die Erzählung sehr verkürzt wieder.

Das Nacherzählen gelesener Texte fiel Peter nach 10 Monaten zwar wesentlich leichter, allerdings kam es immer noch zu „Missverständnissen" und kleineren Erinnerungslücken. Die Schularbeits- und Testanweisungen verstand er jedoch meistens oder immer.

Die **Rechtschreibung** erwies sich mit einem Prozentrang von 4-9 als weit unterdurchschnittlich: An Peters Rechtschreibfehlern konnte man gut beobachten, dass er die Bedeutung der Doppelbuchstaben nicht anhand der Prosodie erfasst hatte: *der Kam, schmalle, beisen, kämen statt kämmen, beckwem, verrbrent, gefast.* Am Ende der Therapieperiode führten wir keinen Rechtschreibtest mehr durch. Am beigefügten 2. Schularbeiten-Aufsatz kann man die enorme Fehlerreduzierung (30 → 6 Fehler bei ungefähr gleicher Wortanzahl) eindrücklich erkennen. Die Grammatik hatte sich deutlich verbessert, war aber noch nicht „lupenrein". Auch das sehr verbesserte Schriftbild sprach dafür, dass es Peter insgesamt – auch seelisch – viel besser ging.

Im Halbjahres-Zeugnis der 2. Klasse Sekundarschule hatten sich die Zensuren nach 11 Monaten Therapie fast durchwegs um 1-2 Grade verbessert. In den Hauptfächern wurde er überall mit „befriedigend" beurteilt, in den Lernfächern überwiegend mit „gut". Peter war äußerst glücklich, dass er keinen 4-er oder 5-er (genügend oder nicht genügend) mehr hatte. Auch die Englischleistungen hatten sich sehr verbessert. Die Lehrerinnen bestätigten der Kindesmutter durchgehend die eindeutige Verbesserung der fachlichen Leistungen und der mündlichen Mitarbeit Peters. Die Mutter berichtete, dass Peter offener geworden sei und mehr erzählen würde. Die guten Leistungen Peters können auch annehmen lassen, dass sich durch die sprachliche Verbesserung auch der IQ gesteigert hat – jedenfalls erleben wir dies in unserer Praxis immer wieder. Nach 11 Monaten Therapie wurde diese in gegenseitigem Einvernehmen beendet, da Peter und seine Mutter mit den Leistungen zufrieden waren und Peter doch ziemlich viel zu tun hatte. Eine weitere sprachtherapeutische Arbeit – vor allem im Nebensatzbereich – wären sicher noch weiter förderlich gewesen. Die Mutter bekam jedoch Anweisungen, wie sie die sprachlichen Fertigkeiten ihres Sohnes weiter verbessern könnte.

Aufsätze und Englischtests Peters:

„*Die Pfütze: Eines Tages war einmal eine nette Frau die hieß Karin sie gießte einen Blumentopf und man sah die Freude im Gesicht. Auf einmal under ihr war eine Pfütze und sie merkte es gar nich das ein Hund her gepinkelt hat. 5 Minuten später kommt ihr Man herein er heiß Hans, aufeinmal pliekte er auf den boden und er sah das sein Hund hergepinkelt hat. dem werde ich es schon noch zeigen! Hastu diesen dreck gesehen Josef was hat er jetzt schon wider ich kann nicht einmal in ruhe schlafen dann sagte Hans du komms jetzt mit Josef". Hastu das gesehen eine frechheid für so einen guten Hund! 1 Minute später geht Karin wider gißen die Stachelkartofelblume und ihr Mann Hans sie ihr zu dann sagte: er nur nich ihn Panik geraden und plötzlich hörte sie auf zu gießen danke Karin. Jetzt kann ich ihm eine Wurst schenken weil ein par Tropfen von der Gieskane sind.*"

(153 Wörter – 30 Rechtschreibfehler, Nicht genügend).

9 Monate später:

„*Letzten Sommer beschlossen meine Freund Adrian, Elia und ich ein Baumhaus zu bauen. In unserer Straße endeckten wir einen passenden alten Baum. Wir brauchten nicht einmal eine Woche lang. Jeden Tag trafen wir uns nach den Aufgaben zum spielen. Doch dann passierte etwas Schreckliches. Ich war beim Baumhaus und wollte spielen, aber dann stolperte ich über naheliegenden Stacheldraht und, verlor das Gleichgewicht ich wollte, mich mit der rechten Hand abstützen. Ich hatte einen rostigen Nagel in der Handfläche. So ein Pech. Au schrie ich ich rannte mit letzter Kraf zu meiner Mutter. „Mama, Mama" rief ich „ich habe einen rostigen Nagel in der Handfläche, . Sie veraztete die tiefe Wunde perfekt. da habe ich nochmal Glück gehabt. Ich konnte nicht einmal meine Aufgaben fertig machen und keine Sport betreitben.*

Ich ging mit meinem Vater zum Baumhaus und entfente alle rostigen Nägel dass nichts mehr passieren kann. So ein Pechtag werde ich niemehr vergessen."

(151 Wörter – 6 Rechtschreibfehler, Befriedigend).

Letzten Sommer beschlossen meine Freunde Adrian, Elia und ich ein Baumhaus zu bauen. In unserer Straße entdeckten wir einen passenden alten Baum. Wir brauchten nicht einmal eine Woche lang. Jeden Tag trafen wir uns nach den Aufgaben zum Spielen. Doch dann passierte etwas Schreckliches. Ich war beim Baumhaus und wollte spielen, aber dann stolperte ich über einen naheliegenden Stacheldrahtzaun und verlor das Gleichgewicht. Ich wollte mich mit der rechten Hand* abstützen. Ich hatte einen rostigen Nagel in der Handfläche. So ein Pech!, "Au!" schrie ich, rannte letzter Kräften meiner Mutter. ich

"Mama, Mama" rief ich, "habe einen rostigen Nagel in der Handfläche!" Sie verarztete die tiefe Wunde perfekt. Da habe ich nochmal Glück gehabt. Warum? Ich konnte nicht einmal meine Aufgaben fertig machen und keinen Sport betreiben. Ich ging mit meinem Vater zum Baumhaus und entfernte alle rostigen Nägel, dass nichts mehr passieren kann.

So ein Pechtag werde ich niemehr vergessen.
151 Wörter / 6 Rechtschreibfehler

Befriedigend

Ich hätte gerne ein Ei, bitte. *I'd like an egg, please.* (1)

Was möchtest du trinken? *What would you like to drink?* (2)

Möchtest du etwas Tee? *I'd like tea*

Kann ich bitte (etwas) Brot haben? *I would like you bread?*

Hast du (etwas) Honig? *I'd like honey?*

The cat´s favourite breakfast

- smiling - food - plate - his - puts - cooks - a lot - rings - ham - answer -

Mr Parker´s cat eats **a lot** ✓ But it doesn´t like cat **food** ✓

It likes sausages and **ham** ✓. One morning Mr Parker is eating **his** breakfast.

Suddenly the telephone **rings** ✓. He goes out of the kitchen to **answer** it.

Then he comes back for his breakfast. There are no sausages on his **plate** ✓

but the cat is **smiling** ✓. So Mr Parker **cooks** ✓ some more sausages.

The cat likes Mr Parker, so it **puts** ✓ a mouse on his plate. YUK!!!!!!

11/22

2. Phrases

Entschuldigen Sie, können Sie mir sagen, wo die Bank ist?

Excuse me, can you tell me, where the Bank is? (3)

Gehe geradeaus.

Go straight ahead. ✓ (2)

Nimm die erste (Straße) rechts.

Take the first (street) right. ✓ (2)

Überquere die Brücke.

Walk across the bridge ✓ (2)

Gehe am Postamt vorbei.

Go past the post office next to.

(1) Super!

9 /10

Humoristische Kurzzusammenfassung der Teilleistungsschwächen bei Legasthenikern

1. Die **Sprachmelodie** stellt eine grundlegende Basis zum Sprachverständnis und -Gedächtnis dar und wird von legasthenen und sprachgestörten Kindern nur eingeschränkt verarbeitet. Eine veränderte sprachrhythmische Betonung kann das Sprachverständnis erheblich reduzieren:

   Diekurante bissifil: Die Kuh rannte bis sie fiel.
   Blumento – Pferde: Blumentopf-Erde.

2. Die **Lautwahrnehmung** ist ebenfalls häufig vermindert und führt zu Missverständnissen:

   Ein legasthener Hund kommt in ein feines Restaurant und setzt sich an einen Tisch.
   „Was wünschen der Hund?" fragt der Ober.
   „Eine große Portion Bellkartoffeln."

   Der kleine Mark kommt ganz aufgeregt in die Schule und erzählt freudestrahlend seinem Lehrer: „Sie können sich nicht vorstellen, was bei uns gestern los war! Mein großer Bruder hatte seinen Folterabend!"

3. Vor allem **Konsonantenhäufungen** sind für legasthene Personen schwer analysierbar:

   Und wie sagte noch die Holzwurm-Mami zu dem legasthenen Kleinen:
   „Husch husch, ins Brettchen..."

4. Die **Phonologische Bewusstheit**, eine wichtige Voraussetzung zum regulären Leserechtschreib-Erwerb, beinhaltet

   ... die **Analyse der Laute** in einem Wort:
   Was ist mitten in Ulm?
   Das kleine l!

   ...und auch die **Manipulation von Silben** ...
   Nicht legasthener Lehrer: „Na, wie heißt du denn?"

   „Ich heiße Achim", sagt der Schüler.

„Du heißt nicht Achim, du heißt Joachim", erwidert der Lehrer.
„Und wie heißt du?"
„Ich heiße Hannes", antwortet der nächste legasthene Schüler.
Darauf der Lehrer: „Nicht Hannes, Johannes heißt das!"
Der nächste nicht legasthene Schüler: „Und ich heiße Jokurt!"

Der Lehrer zu Fritzchen: „Nenn mir mal ein paar Tiere!"
Fritzchen zählt auf: „Häschen, Hündchen, Pferdchen..."
Meint der Lehrer: „Lass doch das -chen weg."
Darauf Fritzchen sprachlich vollkommen fit: „Eichhörn, Frett, Kanin."

...und die **Manipulation von Lauten**:
„Drä Känäsä mät dä Känträbäss
säßän än dä Strässä änd ärzähltän säch wäs..."

5. Die im Deutschen recht **inkonsequente Buchstaben-Lautzuordnung** stellt
    für Legastheniker lange ein großes Problem dar.

Fritz kauft bei Frau Geismeier ein:
„Ich möchte bitte ein Glas Gelee." – „Gerne, aber es heißt 'Schelee'." –
„Und noch etwas Gelatine." – „Gerne, aber es heißt 'Schelatine'."
Darauf Fritz ärgerlich: „Und jetzt sagen Sie bloß, Sie heißen nicht Frau Geis-
meier, sondern Frau Scheißmeier?"

6. **Der Wortschatz und das sprachliche Verständnis von Begriffen** ist bei
    Legasthenikern meist vermindert:

„Kann ich für heute Abend einen Tisch bei Ihnen bestellen?"
Erwidert der legasthene Ober, zähneknirschend:
„Wie oft muss ich Ihnen noch sagen, dass wir hier keine Möbel verkaufen?"

Eine Bauernfamilie besucht ein Nobelrestaurant in der nahe gelegenen Stadt.
Der Ober kommt an den Tisch und fragt beflissen: „Was darf ich ihnen brin-
gen?"
„Nix, wir sitzen bloß so da..." meint der legasthene Vater.
„Aber mein Herr... das geht nicht, sie müssen schon etwas bestellen."
„So, ja, hmm... dann bestellen sie doch mal dem Koch einen schönen Gruß."

Am Abend erzählt die Mutter ihrer legasthenen Tochter Rosa ein Märchen, in
dem es heißt: „Und dann gebar die Prinzessin dem Prinzen ein Kind." „Was
heißt gebar?" „Das heißt soviel wie schenken", meint die Mutter. Am nächsten Tag schreibt Rosa in der Schule in ihrem Aufsatz: „Meine Oma gebar mir

ein Meerschweinchen zum Geburtstag."

„Denkst du, dass Fische auch schlafen?"
„Natürlich, wozu gibt`s denn sonst ein Flussbett?"

7. Spezifisch sprachgestörte Legastheniker können häufig **persönliche Fürwörter** nicht richtig **interpretieren:**

Bei einem legasthenen Tierarzt läutet das Telefon:
„Gleich kommt meine Frau mit unserer Katze zu Ihnen. Bitte geben Sie ihr eine Spritze, damit sie friedlich einschläft."
„Gerne", sagt der Tierarzt, „aber findet die Katze auch alleine nach Hause?"

8. Legasthene Kinder mit einer Rechenschwäche **interpretieren mathematische Begriffe** wie gleich/ungleich, größer/kleiner nicht immer richtig …:

„Was ist der Unterschied zwischen dem linken und dem rechten Bein eines Storches?"
„Es gibt keinen. Beide Beine sind gleich lang, besonders das linke!"

…und erkennen **nicht rechenbare Quatschrechnungen** nicht:
„Fliegt ein UFO mit 300 km/h Lichtgeschwindigkeit durch die Wüste. Plötzlich platzt ein Reifen. Wie viel Bonbons waren in der Tüte?"

„Sind zwei Kinder im Tunnel. Kommt ein Drittes und hat auch fünf Mark. Wie viel haben alle zusammen?"

9. Legasthene Kinder **reden häufig in unvollständigen Sätzen:**

„Cola schmeckt besser als aus dem Glas!"

Unsere therapeutische Empfehlung lautet daher:
„Die Moral von der Geschicht:
Lass die Reime niemals nicht."

Nachwort

Wie wir schon vielfach erwähnt haben, stellt dieses Buch den 1. Teil (Band) einer **Buchserie zum Thema „Sprache und Lernstörung"** dar. Wir haben dazu viele Vorüberlegungen, Wissen und Materialien angesammelt und archiviert und planen, in den kommenden 1,5 Jahren sechs weitere Bände mit den folgenden Inhalten zu publizieren:

2. Band: Therapie der Lernstörung Legasthenie und Förderung in den Bereichen Deutsch, Rechnen, Sachunterricht und Englisch mit allgemeinen und speziellen therapeutischen Hinweisen und deren Begründung; Beschreibung von nützlichen und weniger empfehlenswerten Therapierichtungen und –Programmen (siehe die nachstehende ausführliche Inhaltsangabe).

3. Band: Therapeutisches Arbeitsbuch mit detaillierten kopierbaren Arbeitsvorlagen für das gesamte Lernen im Schuleingangsbereich (Vorschule und 1. Klasse).

4. Band: Therapeutisches Arbeitsbuch mit detaillierten kopierbaren Arbeitsvorlagen für das gesamte Lernen im Grund- und Sekundar-Schulbereich.

5. und 6. Band: Entsprechendes mit ähnlichem Aufbau für das Thema *Spezifische Sprachentwicklungsstörung und Lernen* - in Theorie und Praxis.

7. Band: Science Fiction-Roman für Kinder aus dem Reich Sumer, in dem unsere Kultur und die Schriftsprache entstanden sein sollen. Unbemerkt werden anhand von rituellen und magischen Heilsprüchen grammatikalisch heilsame Phrasen, Sätze und sich ständig wiederholende Redewendungen in das fortlaufende Romangeschehen eingefügt, die sich therapeutisch erfolgreich auf die sprachlichen Kompetenzen und damit auf den Schulerfolge der Kinder auswirken.

Wir wünschen uns dazu den Erhalt unserer Motivation und Kraft ;-)

Titel und Inhaltsverzeichnis des 2. Bandes

Bessere Schulerfolge für legasthene und lernschwache Schülerinnen
durch Förderung der Sprachfertigkeiten

Band 2: Ein Praxisbuch für Lehrerinnen, Therapeutinnen
und Eltern von Grund- und Sekundar-Schülerinnen

Fragebogen zur Erfassung von Lernstörungen

I. Befragung der Eltern

Der Fragebogen wurde in Anlehnung an folgende Einrichtungen zusammengestellt:

- ICD-10, Weltgesundheitsorganisation, 1991
- DSM-IV (Diagnostic and Statistical Manual of Mental Disorders) – 4. Auflage, 1996
- Deutsche Gesellschaft für Phoniatrie und Pädaudiologie, 2002, www.dgpp.de/FragAVWS.doc
- Klinik f. Audiologie u. Phoniatrie, Berlin, www.diss.fu-berlin.de/2004/226/kap8.pdf

Name des Kindes: _____ Vorname: _____

Geburtstag: _____ Alter: _____
Heutiges Datum: _____

Vorschule?_____ Schulform: _____
Klasse:_____ Schulstufe: _____

Eltern: Zusammen lebend ☐ getrennt ☐

Name Mutter: _____ Beruf:_____
Adresse Mutter:_____
E-Mail:_____ Tel.: _____
Fax: _____

Name Vater: _____ Beruf: _____
Adresse Vater:_____
E-Mail:_____ Tel.: _____
Fax: _____

Besondere Mitteilungen:

Medizinische Auffälligkeiten und Behandlungen:

Gab es Auffälligkeiten während der Schwangerschaft? Welche?_____

_____

Gab es Probleme bei der Geburt? Welche? _____

_____

Logopädische oder andere Behandlungen? Weshalb genau?_____

_____

_____ Wie lange? _____

Mittelohrentzündungen? Wie oft? ____ Wann? _____

Angina? Wie oft? _____ Wann? _____

Gab es schwere Erkrankungen, Operationen oder Unfälle des Kindes? Welche?

_____

_____

Medikamente? Welche? _____

Allergien? Welche?_____

Bitte lassen Sie Ihr Kind bei Ohren- und Augenarzt ausführlich untersuchen!

HNO-Befund? _____

Wann? _____

Sehbefund?_____

Wann? _____

Bisherige Lernentwicklung

Auffälligkeiten im Kindergarten? Welche?_____

_____

Klasse wiederholt? Welche?_____

Häufiger Lehrer- bzw. Schulwechsel? _____

Gab es einen Abfall der Schulleistungen? Wann und wobei? _____

_____

Gab es dazu einen besonderen Anlass? _____

Leistungsgruppen und Noten in den Hauptfächern (z.B. II/3):

Mathematik:_____ Deutsch:_____

Englisch:_____ Sachunterricht: _____

Probleme beim Aufsatzschreiben: Grammatik ☐   Ausdruck ☐   Inhalt ☐

Bisherige Untersuchungen und Therapien oder Förderung des Kindes (z.B. Sprachtherapie, Lernförderung...):

_____

_____

_____

_____

_____

_____

_____

_____

Aufmerksamkeit:

1) Macht Flüchtigkeitsfehler bei den Schularbeiten oder anderen Tätigkeiten ☐

2) Hat Probleme, die Aufmerksamkeit aufrecht zu erhalten:

   Bei ungeliebten Aufgaben ☐ Bei Spielaktivitäten ☐ Beim Fernsehen ☐

3) Scheint häufig nicht zuzuhören, wenn es angesprochen wird ☐

4) Führt häufig Anweisungen nicht vollständig aus ☐

5) Kann Schularbeiten oder andere Pflichten nicht gut zu Ende bringen ☐

6) Hat häufig Schwierigkeiten, Aufgaben oder Aktivitäten zu organisieren ☐

7) Mag längere geistige Anstrengungen nicht:

   Vermeidet diese häufig ☐   Beschäftigt sich häufig nur widerwillig damit ☐

8) Verliert oft Gegenstände ☐

9) Lässt sich leicht durch äußere Reize ablenken ☐

10) Ist bei Alltags- oder Routinetätigkeiten meist vergesslich ☐

Hyperaktivität (1-6) und Impulsivität (7-10)

1) Zappelt häufig mit Händen oder Füßen oder rutscht auf dem Stuhl herum ☐

2) Steht in Situationen, in denen Sitzenbleiben erwartet wird, häufig auf ☐

3) Rennt oder klettert häufig herum ☐

4) Hat oft Schwierigkeiten, sich mit Freizeitaktivitäten zu beschäftigen ☐

5) Ist meist in Bewegung mit gezielten Aktivitäten ☐   ungezielt ☐

6) Redet häufig zu unpassenden Gelegenheiten übermäßig viel ☐

7) Platzt häufig vor dem Ende einer Frage mit Antworten heraus ☐

8) Kann nur schwer warten, bis es an der Reihe ist ☐

9) Stört Gespräche oder Spiele anderer ☐

10) Löst Aufgaben vorschnell ☐

Die folgenden 5 Punkte beziehen sich auf die Fragen: Aufmerksamkeit, Hyperaktivität und Impulsivität

1) Einige Symptome sind schon vor dem siebten Lebensjahr aufgetreten ☐

2) In mindestens zwei Lebensbereichen

   (im Kindergarten, im Kaufhaus, zu Hause usw.) ☐

3) Dadurch Beeinträchtigung der sozialen Kontakte ☐

4) Dadurch Beeinträchtigung der schulischen Leistungsfähigkeit ☐

5) Diese Auffälligkeiten bestehen seit mindestens einem halben Jahr ☐

Ausdauer und Leistungsfähigkeit:

1) Hat sehr selten bei einer Beschäftigung große Ausdauer ☐

2) Wobei hat es Ausdauer? _____

3) Trödelt bei Routinearbeiten z.B. beim Schulsachen Einpacken,

   beim An- und Ausziehen ☐

4) Träumt häufig bei Stillaufgaben ☐

5) Kann nicht angesprochen werden:

   Beim Fernsehen ☐   Beim Spielen ☐   Bei anderen Tätigkeiten ☐

6) Kann nicht mit mehr als einem Kameraden spielen ☐

7) Kann nicht mehrere Tätigkeiten gleichzeitig ausführen,

   z.B. spielen und erzählen ☐

8) Kann sich schwer umstellen auf neue Aufgaben,

   z.B. von Plus- auf Minus-Rechnungen ☐

9) Ist leicht ermüdbar: Nach geliebten ☐   Nach ungeliebten Tätigkeiten ☐

10) Ist verwirrt durch viele gleichzeitige Eindrücke? ☐

11) Ist nach der Schule oder nach dem Kindergarten erschöpft ☐

12) Bricht Aufgaben und Tätigkeiten vorzeitig ab ☐

13) Wechselt häufig von einer Aktivität zur anderen ☐

Hausaufgabensituation:

1) Auffälliges Vermeidungsverhalten beim Lernen:

   in Mathematik ☐   Deutsch ☐   Sachunterricht ☐

2) Arbeitet schlampig in: Mathematik ☐   Deutsch ☐   Sachunterricht ☐

3) Arbeitet sehr langsam in: Mathematik ☐   Deutsch ☐   Sachunterricht ☐

4) Sitzt häufig stundenlang bei der Hausübung in:

   Mathematik ☐   Deutsch ☐   Sachunterricht ☐

5) Arbeitet unselbständig   ☐

6) Es kommt zu beträchtlichen Spannungen in der Lernsituation   ☐

Neuromotorische Entwicklung:

1) Hatte Trinkschwierigkeiten als Neugeborenes   ☐

2) Schrie vermehrt als Baby   ☐

3) Schlief als Säugling und Kleinkind: sehr wenig ☐   sehr viel ☐

4) Speichelte vermehrt als Kleinkind   ☐

5) Erforschte wenig mit dem Mund   ☐

6) Erstes Sitzen:_____ Monate,   Erste Schritte: _____Monate

7) Ganz sauber mit _____ Jahren

8) Rechtshändig ☐   Linkshändig ☐   Beidhändig ☐

9) Erlernte verspätet: Anziehen ☐   Schuhe Binden ☐

10) Erlernte verspätet:

   Dreiradfahren ☐   Schwimmen ☐   Rollerfahren ☐   Radfahren ☐

Sprachliche Aufmerksamkeit:

1) Ist in sprachlichen Situationen leicht ablenkbar   ☐

2) Macht bei sprachlichen Spielen nicht gerne mit   ☐

3) Scheint oft nicht zuzuhören   ☐

4) Beteiligt sich nicht gerne an sprachlichen Situationen oder Spielen   ☐

Sprachgedächtnis:

1) Verfügt über einen kleinen Wortschatz   ☐

2) Lernt schlecht auswendig: 1x1, 14-6..., fremde Wörter   ☐

3) Vergisst Namen ☐   Zeitangaben ☐

4) Kann manche Wörter häufig nur verlangsamt abrufen   ☐

5) Kann nur schwer Gedichte auswendig lernen   ☐

6) Kann den Inhalt eines gehörten Textes nicht gut nacherzählen   ☐

7) Kann sich schwer längere Aufforderungen merken   ☐

8) Kann den Inhalt von Telefonaten nicht richtig ausrichten   ☐

9) Kann sich keine mehrteiligen Aufträge merken   ☐

10) Fragt häufig nach, wenn gesprochen wird   ☐

Sprachverstehen:

1) Versteht des Öfteren nicht - trotz normalem Hörbefund des Ohrenarztes ☐

2) Versteht oft falsch wie z.B. Brut- oder Brotkasten   ☐

3) Hört nicht gerne Märchenkassetten   ☐

4) Lässt sich nicht gerne vorlesen   ☐

5) Reagiert öfters falsch auf Fragen   ☐

6) Bekommt im Unterricht nicht alles mit, was die Lehrerin erklärt   ☐

7) Braucht häufig wiederholte Anweisungen   ☐

Sprachproduktion:

1) Lallte als Kleinkind nicht   ☐

2) Begann verspätet zu reden, wann? _____

3) Hatte lange Ausspracheprobleme. Welche Laute? _____

4) Hatte lange eine undeutliche Sprache   ☐

5) Stottert/e   ☐

6) Machte beim Sprechen lange grammatikalische Fehler   ☐

7) Spricht unbekannte Wörter nicht auf Anhieb fehlerfrei nach   ☐

8) Kann diese nicht richtig korrigieren ☐

9) Ist wortkarg ☐

10) Spricht in kurzen Sätzen ☐

11) Macht grammatikalische Fehler: Beim Sprechen ☐   Beim Schreiben ☐

12) Schreibt schlechte Aufsätze bezüglich:

Inhalt ☐   Grammatik ☐   Rechtschreibung ☐

13) Hat Probleme, längere Sätze zu bilden: Beim Sprechen ☐   Beim Schreiben ☐

14) Kann sich schlecht verständlich ausdrücken, wenn es etwas erzählen will ☐

15) Kann bei Liedern nicht rhythmisch mitklatschen ☐

Richtungshören, Lärmempfindlichkeit und Sprachselektion:

1) Kann bei einer Autofahrt nicht verstehen,

wenn es hinter dem Sprecher sitzt ☐

2) Weiß nicht, aus welcher Richtung Anreden kommen ☐

3) Ist empfindlich gegen Lärm, hält sich die Ohren zu ☐

4) Kann einen Sprecher bei erhöhtem Geräuschpegel nicht verstehen ☐

5) Bekommt im Gruppengespräch nicht alles mit und fragt oft nach ☐

6) Kann einem Gespräch nicht folgen,

wenn mehr als zwei Personen gleichzeitig sprechen ☐

7) Beschwert sich, wenn durcheinander gesprochen wird ☐

Räumliche Fertigkeiten:

1) Vertauscht häufig rechts und links ☐

2) Zeichnet von rechts nach links ☐

3) Ist beim Zeichnen ungeschickt ☐

4) Kann Zeilen und Ränder im Heft nicht einhalten ☐

5) Hat Probleme beim Ablesen der Uhrzeit ☐

6) Kann nicht mit Lego nach Plan bauen ☐

Erlernen des Lesens:

1) Hat/te Probleme Buchstaben zu erlesen ☐

2) Hat/te Probleme beim Zusammenlauten zu Wörtern ☐

3) Verliert beim Lesen die Zeile: im Heft ☐ auf der Tafel ☐

4) Versteht den Sinn des Gelesenen nicht ☐ nur teilweise ☐

Erlernen des Schreibens:

1) Hat/te Probleme beim Auswendigschreiben von Buchstaben ☐

2) Hat/te Probleme beim Schreibablauf ☐

3) Schreibt fehlerhaft ab ☐

4) Schreibt sehr langsam ☐

5) Merkt sich die erlernten Wörter nur schwer ☐

6) Vermischt/e Groß- und Klein-Buchstaben ☐

7) Vermischt/e Druck- und Schreibschrift ☐

8) Kehrt/e die Zahlenformen um ☐

9) Verdreht/e die Reihenfolge von Ziffern ☐

Psychische Reifung und Verhalten:

1) „Fremdete" als Kleinkind nicht ☐

2) Verhielt oder verhält sich distanzlos ☐

3) Hatte als Kleinkind unübliche Ängste ☐

4) Hatte als Kleinkind vermehrt Wutausbrüche ☐

5) Verhält sich kindlicher als Gleichaltrige ☐

6) Hat wenig soziale Kontakte ☐

7) Ist sehr sensibel ☐

8) Hat Angst vor Neuem ☐

9) Ist häufig missgestimmt ☐

10) Ist häufig wütend ☐

11) Verhält sich in Gefahrensituationen zu unbekümmert ☐

12) Leidet unter Versagensängsten ☐   anderen Ängsten ☐

13) Hat Schulangst ☐

14) Leidet unter Problemen in der Familie. Unter welchen? _____

_____

Selbstwert:

1)   Hat einen kleinen Selbstwert ☐

2)   Spielt häufig den Kasper ☐

3)   Stellt sich häufig in den Mittelpunkt ☐

4)   Will „Chef sein" ☐

5)   Stichelt andere Kinder ☐

6)   Erträgt schlecht Kritik ☐

7)   Ist häufig aggressiv ☐

8)   Überschreitet leicht soziale Regeln ☐

9)   Verhält sich zu angepasst ☐

Psychosomatik:

1)   Macht häufig ticartige Gesichtsbewegungen oder Gesten ☐

2)   Verspürt öfters Bauch- oder Kopfschmerzen oder Übelkeit ☐

3)   Kaut an den Nägeln ☐

4)   Schläft besonders wenig ☐   viel ☐

5)   Kann schlecht einschlafen ☐   durchschlafen ☐

6)   Isst besonders wenig ☐   viel ☐

7)   Nässt ein: tags ☐   nachts ☐

8)   Kotet ein: tags ☐   nachts ☐

II. Befragung der Lehrerinnen

Der Fragebogen wurde in Anlehnung an folgende Einrichtungen zusammengestellt:
- ICD-10, Weltgesundheitsorganisation, 1991
- DSM-IV (Diagnostic and Statistical Manual of Mental Disorders) – 4. Auflage, 1996
- Deutsche Gesellschaft für Phoniatrie und Pädaudiologie, 2002,
  www.dgpp.de/FragAVWS.doc
- Klinik f. Audiologie u. Phoniatrie, Berlin, www.diss.fu-berlin.de/2004/226/kap8.pdf

Name des Kindes: _____ Vorname: _____

Heutiges Datum: _____

Name der Lehrperson: _____

Schule: _____ Klasse: _____

Bisherige Lernentwicklung:

Nimmt oder nahm das Kind an einem Förderunterricht teil?

An welchem? _____

_____

Sprachheilförderung? Wegen: Aussprache ☐ Satzbau ☐ Stottern ☐

Wie lange? _____

Auffälligkeiten beim Kind? _____

_____

_____

Gibt es einen Abfall der Schulleistungen? Seit wann? _____

Auffälligkeiten in den Hauptfächern:

Mathematik: _____

Deutsch: _____

Probleme beim Aufsatzschreiben: Grammatik ☐ Ausdruck ☐ Inhalt ☐

Lernsituation:

1) Das Kind zeigt Vermeidungsverhalten beim Lernen in:

Mathematik ☐   Deutsch ☐   Sachunterricht ☐

2) Arbeitet schlampig in: Mathematik ☐   Deutsch ☐   Sachunterricht ☐

3) Arbeitet sehr langsam in: Mathematik ☐   Deutsch ☐   Sachunterricht ☐

4) Arbeitet unselbständig in: Mathematik ☐   Deutsch ☐   Sachunterricht ☐

Aufmerksamkeit:

1) Das Kind macht Flüchtigkeitsfehler beim schulischen Arbeiten ☐

2) Hat oft Schwierigkeiten, die Aufmerksamkeit aufrecht zu erhalten ☐

3) Scheint häufig nicht zuzuhören ☐

4) Führt häufig Anweisungen nicht vollständig aus ☐

5) Kann Arbeiten nicht zu Ende bringen ☐

6) Hat häufig Schwierigkeiten, Aufgaben oder Aktivitäten zu organisieren ☐

7) Mag längere geistige Anstrengungen nicht ☐

8) Verliert häufig Gegenstände ☐

9) Lässt sich durch äußere Reize leicht ablenken ☐

10) Ist bei Routineaufgaben unkonzentriert und vergesslich ☐

Hyperaktivität (1-6) und Impulsivität (7-10):

1) Zappelt häufig mit Händen oder Füßen oder rutscht auf dem Stuhl herum ☐

2) Steht in Situationen, in denen Sitzenbleiben erwartet wird, häufig auf ☐

3) Rennt oder klettert häufig herum ☐

4) Hat häufig Schwierigkeiten, sich ruhig zu beschäftigen ☐

5) Ist häufig in Bewegung, oft ohne richtiges Ziel ☐

6) Redet häufig übermäßig viel ☐

7) Platzt häufig vor dem Ende einer Frage mit Antworten heraus ☐

8) Kann nur schwer warten, bis es an der Reihe ist ☐

9) Unterbricht und stört andere häufig ☐

10) Löst Aufgaben vorschnell ☐

Die folgenden 5 Punkte beziehen sich auf die Fragen:
Aufmerksamkeit, Hyperaktivität und Impulsivität:

1) Einige Symptome sind schon vor dem siebten Lebensjahr aufgetreten ☐

2) Welche vor allem?_____

3) In mindestens zwei Lebensbereichen

(Im Kindergarten, im Kaufhaus, zu Hause usw.) ☐

4) Beeinträchtigung der sozialen Kompetenz ☐

5) Beeinträchtigung der schulischen Leistungsfähigkeit ☐

6) Die Symptome bestehen seit mindestens einem halben Jahr ☐

Ausdauer und Leistungsfähigkeit:

1) Hat bei keiner Beschäftigung große Ausdauer ☐

2) Hat Ausdauer bei:_____

3) Trödelt bei Routinearbeiten, z.B. beim Schultasche einpacken ☐

4) Träumt häufig beim Arbeiten ☐

5) Kann nicht angesprochen werden, wenn es mit etwas beschäftigt ist ☐

6) Kann sich schwer umstellen auf neue Aufgaben,

z.B. von Plus- auf Minus-Rechnungen ☐

7) Ist leicht ermüdbar

nach geliebten Tätigkeiten ☐   nach ungeliebten Tätigkeiten ☐

8) Ist verwirrt durch zu viele gleichzeitige Eindrücke ☐

9) Bricht Aufgaben und Tätigkeiten vorzeitig ab ☐

Sprachgedächtnis:

1) Verfügt über einen kleinen Wortschatz ☐

2) Lernt schlecht auswendig,

vor allem aufgezählte Daten: 1x1, 14-6..., fremde Wörter ☐

3) Vergisst häufig Namen ☐   Zeitangaben ☐

4) Kann Wörter oder Zahlen häufig nur verlangsamt abrufen ☐

5) Kann nur schwer Gedichte auswendig lernen ☐

6) Kann den Inhalt eines gehörten Textes nicht gut nacherzählen ☐

7) Kann sich mündliche, längere Sätze schwer merken ☐

8) Kann keine mehrteiligen Aufträge ausführen ☐

9) Fragt häufig nach, wenn man etwas sagt ☐

Sprachliche Aufmerksamkeit:

1) Ist in sprachlichen Situationen leicht ablenkbar ☐

2) Macht bei sprachlichen Spielen nicht gerne mit ☐

3) Scheint oft nicht zuzuhören ☐

4) Beteiligt sich nicht gerne an

   sprachlichen Situationen, Aufgaben oder Spielen ☐

Sprachproduktion:

1) Spricht unbekannte Wörter nicht auf Anhieb fehlerfrei nach ☐

2) Kann diese nicht richtig wiederholen ☐

3) Ist wortkarg ☐

4) Spricht in kurzen Sätzen ☐

5) Macht grammatikalische Fehler beim Sprechen ☐

6) Macht grammatikalische Fehler beim Schreiben ☐

7) Schreibt schlechte Aufsätze bezüglich: Inhalt ☐ Grammatik ☐ Ausdruck ☐

8) Hat Probleme, längere Sätze zu bilden: beim Sprechen ☐   beim Schreiben ☐

9) Kann sich beim Erzählen schlecht ausdrücken ☐

10) Kann bei Rhythmen, Texten oder Liedern nicht richtig mitklatschen ☐

Sprachverstehen:

1) Versteht des Öfteren Gesprochenes nicht ☐

2) Versteht oft falsch wie z.B. Brut- oder Brotkasten ☐

3) Hört nicht gerne Märchenkassetten ☐

4) Gibt des Öfteren nicht passende Antworten,

indem es sich an einzelnen Wörtern orientiert ☐

5) Reagiert öfters falsch auf Fragen ☐

6) Bekommt im Unterricht nicht alles mit was die Lehrerin sagt ☐

7) Braucht häufig individuelle und wiederholte Anweisungen ☐

Richtungshören, Lärmempfindlichkeit und Sprachselektion:

1) Weiß nicht, aus welcher Richtung Anreden kommen ☐

2) Ist empfindlich gegen Lärm ☐

3) Kann einen Sprecher bei erhöhtem Geräuschpegel nicht verstehen ☐

4) Bekommt im Gruppengespräch nicht alles mit und fragt oft nach ☐

5) Kann einem Gespräch nicht folgen,

wenn mehr als zwei Personen gleichzeitig sprechen ☐

6) Beschwert sich, wenn durcheinander gesprochen wird ☐

Räumliche Fertigkeiten:

1) Vertauscht häufig rechts und links ☐

2) Zeichnet von rechts nach links ☐

3) Hat eine mangelnde Körper-Koordination beim Sport ☐

4) Ist beim Zeichnen ungeschickt ☐

5) Kann Zeilen und Ränder im Heft nicht einhalten ☐

Erlernen des Lesens:

1) Hatte Probleme Buchstaben zu erlesen ☐

2) Hatte Probleme beim Zusammenlauten zu Wörtern ☐

3) Verliert beim Lesen die Zeile: im Heft ☐   auf der Tafel ☐

4) Versteht den Sinn des Gelesenen nicht ☐   nur teilweise ☐

Erlernen des Schreibens:

1) Hatte Probleme beim Auswendigschreiben von Buchstaben ☐

2) Hatte Probleme beim Schreibablauf ☐

3) Schreibt fehlerhaft ab ☐

4) Schreibt sehr langsam ☐

5) Merkt sich die erlernten Buchstaben und Wörter nur schwer ☐

6) Vermischte lange Groß- und Klein-Buchstaben ☐

7) Vermischte lange Druck- und Schreibschrift ☐

8) Kehrt die Zahlenformen um ☐

9) Verdreht die Reihenfolge von Ziffern ☐

Verhalten:

1) Verhält sich kindlicher als Gleichaltrige ☐

2) Hat wenig soziale Kontakte ☐

3) Ist sehr sensibel ☐

4) Hat Angst vor Neuem. Wovor? _____

5) Leidet unter Versagensängsten ☐ andere Ängsten ☐

6) Hat einen kleinen Selbstwert ☐

7) Spielt häufig den Kasper ☐

8) Stellt sich in den Mittelpunkt ☐

9) Will häufig „Chef sein" ☐

10) Stichelt andere Kinder ☐

11) Erträgt schlecht Kritik ☐

12) Ist häufig aggressiv ☐

13) Überschreitet leicht soziale Regeln ☐

14) Verhält sich zu angepasst ☐

Quellen

Literatur (Print- und Online-Medien):

Aaron PG., Joshi RM., Ayotollah M., Ellsberry A., Henderson J., Lindsey K., (1999). Decoding and Sight-Word Naming: Are They Independent Components of Word Recognition Skill? Reading and Writing: An Interdisciplinary Journal, Vol.11, No. 2.

Ackermann KE, (1997). Stellungnahme zur sogenannten „Edu-Kinestetik", www.schuhbeck.info/kinesiologie.htm.

Adams A. & Gathercole SE., (2000). Limitations in working memory: implications for language development. International Journal of Language and Communication Disorders 35/1.

Allen G., Buxton RB., Wong EC. & Courchesne E., (1997). Attentional activation of the cerebellum independent of motor involvement. Science, 275.

Amitay S., Ben-Yehudah G., Banai K., Ahissar M., 2002. Disabled readers suffer from visual and auditory impairments but not from a specific magnocellular deficit. Brain. 2002.

Amitay S., Irwin A., Moore DR. Discrimination learning induced by training with identical stimuli. Nat Neurosci., (2006); 9(11). Epub 2006 - 8.

Anrich C. (2000). Bewegte Schule Bewegtes Lernen - Bewegung bringt Leben in die Schule (Bd. 1). Leipzig: Klett.

Arenhövel F., (1994). Computereinsatz in der Grundschule. Donauwörth: Auer

Artelt C. (1999). Lernstrategien und Lernerfolg - eine handlungsnahe Studie. Zeitschrift für Entwicklungspsychologie und Pädagogische Psychologie, 31, 86-96.

Aster, MG; Weinhold Zulauf, M.; Horn, Ralf. (2006). Neuropsychologische Testbatterie für Zahlenverarbeitung und Rechnen bei Kindern – ZAREKI-R. Frankfurt a.M.: Swets Test Services.

Aster, M. von (2003). Verstehen wie sie rechnen. Pädagogik, 55(4).

Aster M. v. (2003). Neurowissenschaftliche Ergebnisse und Erklärungsansätze zu Rechenstörungen. In A. Fritz, G. Ricken & S. Schmidt (Hrsg.), Rechenschwäche. Lernwege, Schwierigkeiten und Hilfen bei Dyskalkulie. Weinheim: Beltz.

Aster M. v. et al. (2000), ZAREKI,Testverfahren zur Dyskalkulie, Hogrefe.

Bacon AM., Handley SJ., McDonald EL., Reasoning and dyslexia: a spatial strategy may impede reasoning with visually rich information Br J Psychol. 2007/98.

Baddeley AD. (1966). The capacity for generating information by randomization. Quarterly Journal of Experimental Psychology, 18.

Baddeley AD. & Gathercole SE., 1993, Working memory and language. Hove: Erlbaum.

Baddeley AD. (2000). The episodic buffer: a new component of working memory? Trends in Cognitive Sciences, 4(11).

Baddeley AD. (2003) Working memory and language: An overview. Journal of Communication Disorders, 36 (3).

Bangert M. & Altenmüller E. (2003): Mapping perception to action in piano practice: a longitudinal DC-EEG-study. BMC Neuroscience. 4.

Barkley RA.: ADHD and the nature of self control. New York 1997.

Barth K. (1999). Zur Prophylaxe von Lese-Rechtschreibstörungen: Zeitliche Verarbeitungsmechanismen und ihr Zusammenhang mit phonologischer Bewusstheit und der Entwicklung von Lese-Rechtschreibkompetenz. Dissertation, Universität Dortmund.

Barth K., v. Steinbüchel N., Wittmann M., Kappert H., Leyendecker C. (2000). Zeitliche Verarbeitungsprozesse, „phonologische Bewusstheit" und Lese- Rechtschreibkompetenz, Forum Logopädie 5.

Barth K. & Gomm B. (2004): Gruppentest zur Früherkennung von Lese- und Rechtschreib-schwierigkeiten. München, Ernst Reinhardt.

Baumert, J., Klieme, E., Neubrand, M., Prenzel, M., Schiefele, U., Schneider, W., Stanat, P., Tillmann, K.J. & Weiß, M. (Hrsg.). (2001). PISA 2000. Basiskompetenzen von Schülerinnen und Schülern im internationalen Vergleich. Opladen: Leske+Budrich.

Baumert J. & Schümer G. (2002). Familiäre Lebensverhältnisse, Bildungsbeteiligung und Kompe-tenzerwerb im nationalen Vergleich. In Baumert C. et al. (Hrsg.). PISA 2000. Die Länder der Bundesrepublik Deutschland im Vergleich. Opladen: Leske + Budrich.

Bayerisches Staatsinstitut für Schulqualität und Bildungsforschung, Arbeitsbericht Nr. 290, 1997: Edukinesiologie - Ein neuer Heilsweg in der Pädagogik?

Becker-Mrotzek & Meißner (1995): Kriterien für die Analyse und Bewertung von Computer-Lernprogrammen in der Grundschule, Grundschule /10

Beitchman JH., Nair R., Clegg M., Ferguson B. & Patel PG. (1986) Prevalence of psychiatric disorders in children with speech and language disorders. Journal of the American Academy of Child Psy-chiatry 25.

Benasich AA. & Tallal P. (2002). Infant discrimination of rapid auditory cues predicts later language impairment. Behavior and Brain Research, 136(1).

Berárd G. (1982). Audition égale comportement. Maisoneuve, Verdum.

Berglez, A., Marx, H. (2000). Training der Benenngeschwindigkeit als Vorläuferfertigkeit des Schriftspracherwerbs bei Vorschulkindern. In: Deutsche Gesellschaft für Psychologie: Abstract-CD-Rom zum 42. Kongress der Deutschen Gesellschaft für Psychologie. Pabst Science Publishers.

Berndt, E.-B., (2001). Das macht doch alles der Computer. Textverarbeitungs- Software als Instrument für Expeditionen in die Orthographie. Praxis Deutsch 170

Bernhardt B, Major E., Speech, language and literacy skills 3 years later: A follow-up study of early phonological and metaphonological intervention. Int J Lang Commun Disord. (2005).

Berwanger D., 2001: Untersuchungsverfahren zur Beurteilung der auditiven Wahrnehmung. In: Min-ning S + U.; Rosenkötter H.: Auditive Wahrnehmung und Hörtraining. Kandern-Holzen: AUDIVA, Inst. für Hören und Bewegen.

Berwanger D., Wittmann M., Suchodoletz W. v. (2001). Zeitliche Verarbeitung von akustischen und visuellen Reizen bei sprachentwicklungsgestörten Kindern. Zeitschrift für Neuropsychologie 12, Suppl. 5.

Berwanger D. (2002): Untersuchung der zeitlichen Diskriminationsfähigkeit bei Kindern mit einer Sprachentwicklungsstörung und/oder Lese-Rechtschreibstörung. München: Verlag Dr. Hut.

Berwanger D., von Suchodoletz W. (2004). Erprobung eines Zeitverarbeitungstrainings bei Kindern mit Lese-Rechtschreibschwierigkeiten. Zeitschrift für Kinder- und Jugendpsychiatrie und Psycho-therapie, 32 (2).

Berwanger D. (2003): Ordnungsschwellentraining. In: W v. Suchodoletz (Hrsg.): Therapie der Lese-Rechtschreibstörung (LRS). Traditionelle und alternative Behandlungsmethoden im Überblick.Stuttgart: Kohlhammer, 129-160.

Berwanger D., Hage M., Greiner E., Kinn B. & von Suchodoletz W. (2002). Evaluation eines Zeitverar-beitungstrainings. In: G. Schulte-Körne: Legasthenie und Rechenschwäche – Neue Wege in die Zu-kunft – Aktuelle Ergebnisse aus Praxis und Forschung.

Berwanger D., Mayer H., von Suchodoletz W. (2002): Zeitliche Diskriminationsfähigkeit bei Kindern mit Lese-Rechtschreibschwäche. In: U. Lehmkuhl (Hrsg.): Seelische Krankheit im Kindes- und Jugendalter – Wege zur Heilung. Vandenhoeck & Ruprecht

Berwanger D. & von Suchodoletz W. (2003): Evaluation eines Trainings von Ordnungsschwelle und Richtungshören. In: Forum Logopädie 17 (6).

Betourne LS, Friel-Patti S.: Phonological processing and oral language abilities in fourth-grade poor readers. J Commun Disord. (2003) 36(6).

Birkel P., Birkel, C. (2002): Wie einig sind sich Lehrer bei der Aufsatzbeurteilung? Psychologie in Erziehung und Unterricht 49.

Biscaldi M., Gezeck S., Stuhr V. (1998). Poor saccadic control correlates with dyslexia; Neuropsychologia 36.

Bishop DVM (2002): Cerebellar abnormalities in developmental dyslexia: cause correlate or consequence? Cortex 38.

Bischof, J., Gratzka, V., Strehlow, U., Haffner, J., Parzer, P. & Reschner, F. (2002). Reliabilität, Trainierbarkeit und Stabilität auditiv diskriminativer Leistungen bei zwei computergestützten Mess- und Trainingsverfahren. Zeitschrift für Kinder- und Jugendpsychiatrie, 30 (4)

Blakemore S. & Frith U. (2006): Wie wir lernen.Was die Hirnforschung darüber weiß. München: dva.

Bodenburg S. (2001). Einführung in die klinische Neuropsychologie. Bern: Huber.

Boelte S.; Adam-Schwebe S. Englert E.; Schmeck K.; Poustka, F. (2000): Zur Praxis der psychologischen Testdiagnostik in der deutschen Kinder- und Jugendpsychiatrie: Zeitschrift für Kinder- und Jugendpsychiatrie und Psychotherapie 28.

Borgstein & Grootendorst, Clinical picture: Half a brain, Lancet, 359 (2002) 9305, 473.

Breitenbach E., Wie frei sind die Bahnen? - Edu-Kinestetik aus empirischer Sicht. In: Schmetz D. und Wachtel P. (Hg.), Entwicklungen, Standorte, Perspektiven. Sonderpädagogischer Kongress 1998. Würzburg 1999.

Brezing H. (2002). Fremdsprachen lernen: Unbelasteter Neubeginn oder altvertraute, der diagnostischen Methoden und der Förderkonzepte, Winkler-Verlag

Breuer H. & Weuffen M. (1994). Lernschwierigkeiten am Schulanfang. Schuleingangsdiagnostik zur Früherkennung und Frühförderung. Weinheim: Beltz.

Breuer H. & Weuffen M. (1995). Besondere Entwicklungsauffälligkeiten bei Fünf- bis Achtjährigen. Hinweise für Eltern und Pädagogen. Neuwied: Luchterhand.

Brown, G.D.A. & Hulme, C. (1996). Nonword repetition, STM, and word age-of-acquisition: A computational model. In: S. Gathercole (Ed.). Models of Short-term Memory. Hove, UK: Erlbaum.

Bruck M., Treiman R. & Caravolas M. (1995). Role of the Syllable in the Processing of spoken English - Evidence from a Nonword Comparison Task. Journal Exp. Psychol. Human, 21(3).

Brühl, B., Döpfner, M., Lehmkuhl, G. (2000): Der Fremdbeurteilungsbogen für hyperkinetische Störungen (FBB-HKS) – Prävalenz hyperkinetischer Störungen im Elternurteil und psychometrische Kriterien. Kindheit und Entwicklung 9

Brunner M. & Schöler H. (2001/2002). HASE - Heidelberger Auditives Screening in der Einschulungsuntersuchung. Wertingen: Westra.

Brunswick N., McCrory E., Price CJ., Frith CD., Frith U. (1999): Explicit and implicit processing of words and pseudowords by adult developmental dyslexics: a search for Wernike's Wortschatz? Brain 122.

Brünken R., Steinbacher S., Leutner, D. (2000). Räumliches Vorstellungsvermögen und Lernen mit Multimedia. In D. Leutner, R. Brünken (Hrsg.), Neue Medien in Unterricht, Aus- und Weiterbildung. Münster: Waxmann.

Brünken R., Steinbacher S., Schnotz W., Leutner D. (2001). Mentale Modelle und Effekte der Präsentations- und Abrufkodalität beim Lernen mit Multimedia. Zeitschrift für Päd. Psychologie, 15.

Binet A. & Simon T. (1905). Méthodes nouvelles pour le diagnostique de niveau intellectuel des anormaux. Année Psychologique, 11.

Brunner M. & Schöler H. (2002). HASE - Heidelberger Auditives Screening in der Einschulungsuntersuchung. Wertingen: Westra.

Bryant P., Bradley L., MacLean M., Crossland J. (1989). Nursery rhymes, phonological skills and reading. Journal of Child Language, 16.

Büttner Gerhard (2003), Gedächtnisentwicklung im Kindes- und Jugendalter. In: Sprache – Stimme – Gehör; 27 (1).

Bull, R., & Johnston, R. S. (1997). Children's arithmetical difficulties: Contributions from processing speed, item identification, and short-term memory. Journal of Experimental Child Psychology, 65

Bull R., Scerif G. (2001). Executive functioning as a predictor of children's mathematics ability. Shifting, inhibition and working memory. Developmental Neuropsychol. 19.

Buller N. & Ptok M. (2001). Basale auditive Verarbeitungsfähigkeiten und phonologische Bewusstheit im Vorschulalter. Vortrag zur 1. Jahrestagung der Gesellschaft für Aphasieforschung und – behandlung in Bielefeld.

Burger-Gartner J. & Heber D., Auditive Verarbeitungs- und Wahrnehmungsleistungen bei Vorschulkindern - Diagnose und Therapie, Verlag modernes lernen, Dortmund 2003.

Bus AG., van Ijzendoorn MH. (1999): Phonological awareness and early reading: A meta-analysis of experimental training studies. Journal of Educational Psychology, 91.

Buschmann H. (1986): Kompensatorische LRS-Förderung: Basistraining Rechtschreiben. Vortrag gehalten auf dem Fachkongress „Legasthenie"

Buschmann H, Renk G (1988): Dynamisch-integrative Förderung von Sprechen, Schreiben, Lesen. Video-Lehrgang für Lehrer. Waldshut-Tingen.

Buschmann H. (1988): Dynamisch-integrative Förderung von Sprechen, Schreiben, Lesen. Unveröffentlichtes Manuskript. Waldshut-Tingen.

Butt, M. & EisenbergP. (1990): Schreibsilbe und Sprechsilbe. In: Stetter, Ch. (Hg.): Zu einer Theorie der Orthographie. Tübingen: Niemeyer.

Butzkamm W. und J. (1999). Wie Kinder sprechen lernen. Kindliche Entwicklung und die Sprachlichkeit des Menschen. Tübingen: Francke.

Byl NN., McKenzie A., Nagarajan SS. (2000). Differences in somatosensory hand organization in a healthy flutist and a flutist with focal hand dystonia: a case report, J. Hand Ther., 13, 4.

Carney RN. & Levin JR. (2002). Pictorial illustrations still improve student's learning from text. Experimental Psychology Review, 14.

Carpenter PA., Miyake A. & Just MA. (1994). Working memory constraints in comprehension. In: M.A. Gernsbacher (ed) Handbook of psycholinguistics. San Diego: Academic Press.

Carroll JM. & Snowling MJ. (2004). Language and phonological skills of children at high risk of reading difficulties. Journal of Child Psychology and Psychiatry, 45.

Carroll JM., Santucci G., Kang TI., Feudtner C., Partners in pediatric palliative care: a program to enhance collaboration between hospital and community palliative care services. Am. J. Hosp. Palliat. Care. 2007 (3).

Chait M., Eden G., Poeppel D., Simon JZ., Hill DF., Flowers DL., Brain Lang. 2006,1; Delayed detection of tonal targets in background noise in dyslexia.

Chall JS. (1996). Learning to read: The great debate (3rd ed.). New York: McGraw-Hill.

Chang K., Sung Y., Chen I. (2002). The effect of concept mapping to enhance text comprehension and summarization. The Journal of Experimental Education, 71.

Cheour, M., Ceponien, R., Lehtokoski, A., Luuk, A., Allik, J., Alho, K., Näätänen, R. (1998). Development of language-specific phoneme representations in the infant brain. Nature Neuroscience (1).

Christmann U., Groeben N.: Psychologie des Lesens. In: B. Franzmann, K. Hasemann, D. Löffler, E. Schön (Hgg.): Handbuch Lesen, München (Saur) 1999.

Chun DM. (1998). Signal analysis software for teaching discourse into-nation. Language Learning & Technology 2: 1.

Cicci R. (2001), "The Gift of Dyslexia by Ronald D. Davis", Perspectives 27 (3). http://en.wikipedia.org/wiki/Davis_Dyslexia_Correction.

Clark J. & Klecan-Aker J. (1992): Therapeutic strategies for language disordered children: The impact of visual imagery on verbal encoding in vocabulary instruction. Journal of Childhood Communication Disorders 14.

Collins Block C., & Pressley M. (2002). Comprehension instruction: Research-based best practices. New York: Guilford.

Compton DL. (2003). Modeling the relationship between growth in rapid naming speed and growth in decoding skill in first grade children. Journ. of Educational Psychol., 95 (2).

Connell P. (1987). An effect of modeling and imitation teaching procedures on children with and without specific language impairment. J. of Speech and Hearing Research 30.

Conrad R. & Hull AJ. (1964). Information, acoustic confusion, and memory span. British Journal of Psychology, 55.

Conti-Ramsden G., Botting N., Simkin Z., Knox E. (2001). Follow-up of children attending infant language units: outcomes at 11 years of age. International Journal of Language and Communication Disorders 36.

Cornelissen PL., Hansen PC., Hutton JL., Evangelinou V. & Stein JF.: Magnocellular visual function and children's single word reading. Vision Research 38 (1998).

Cox R. (1999). Representation construction, externalised cognition and individual differences. Learning and Instruction, 9.

Crossley R., 2005, Zu jung? Niemals! - die Erweiterung der Kommunikation von Vorschulkindern. www.communi-care.org/html/workshops.htm.

Dannenbauer FM. (2001). Sprachtherapie als Prävention bei Spezifischer Sprachentwicklungsstörung. Deutsche Gesellschaft für Sprachheilpädagogik.

Dannenbauer FM. (2002). Spezifische Sprachentwicklungsstörung im Jugendalter. Die Sprachheilarbeit 47.

Daseking M., Petermann FU, Kindheit und Entwicklung, 2007 Vol. 16, No.4, Neue diagnostische Verfahren: Intelligenzdiagnostik mit dem HAWIK-IV

Deimel W.: Testverfahren zur Diagnostik der Lese-Rechtschreibstörung – eine Übersicht. In Legasthenie: Zum aktuellen Stand der Ursachenforschung der diagnostischen Methoden und der Förderkonzepte. Hsg.: G. Schulte-Körne & Bundesverband Legasthenie. Winkler Verlag Bochum, 2002.

Dell GS. (1986). A spreading-activation theory of retrieval in sentence production. Psychological Review, 93.

De Luca M., Di Pace E., Judica A., Spinell D., Zoccolotti P. (1999). Eye movement patterns in linguistic and non-linguistic tasks in developmental surface dyslexia. Neuropsychologia 37.

De Luca M., Borrelli M., Judica A., Spinelli D., Zoccolotti P. (2002). Reading words a. pseudowords: An eye movement study of developmental dyslexia. Brain & Language 80.

Demmrich A. & Brunstein JC. (2004). Förderung Sinn verstehenden Lesens durch Reziprokes Lehren. In Lauth M. et al, Interventionen bei Lernstörungen. Göttingen Hogrefe.

Deutsche Gesellschaft für Kinder- und Jugendpsychiatrie und Psychotherapie der Bundesarbeitsgemeinschaft leitender Klinikärzte und dem Ärzte- Berufsverband (Hrsg.) (2000). Leitlinien zu Diagnostik und Therapie von psychischen Störungen im Säuglings-, Kindes- und Jugendalter. Köln: Deutscher Ärzte Verlag.

Deutsches PISA-Konsortium (Hg.): PISA 2000. Basiskompetenzen von Schülern und Schülerinnen im internationalen Vergleich. Opladen: Leske + Budrich (2001).

Dewey SL., Smith GS., Logan J., Brodie JD., Fowler JS., Wolf AP. (1993) Striatal binding of the PET ligand ^{11}C-raclopride is altered by drugs that modify synaptic dopamine levels. Synapse 13.

Dilling, H., Mombour, W. & Schmidt, M.H. (1991). International Classification of mental diseases. ICD-10. Bern: Huber.

Dilling H., Mombour W., Schmidt MH (Hrsg.), 2004, Weltgesundheitsorganisation, Internationale Klassifikation psychischer Störungen, Bern Huber.

Döpfner, M., Schürmann, S. & Fröhlich, J.: Training für Kinder mit hyperaktivem und oppositionellem Trotzverhalten (THOP). Weinheim 1997.

Döpfner M., Lehmkuhl G. (2000). Diagnostik-System für Psychische Störungen im Kindes- und Jugendalter nach ICD-10 und DSM-IV (DISYPS-KJ). (2. ed.). Bern: Huber.

Dolenc R. & Schwägerl, G. (2000). Informelle Diagnosemöglichkeiten. In: B. Ganser (Hrsg.). Lese-Rechtschreib-Schwierigkeiten – Diagnose – Förderung – Materialien. Donauwörth.

Dostert, E. Phonologo - Training der phonologischen Bewusstheit, Medienwerkstatt Mühlacker, 2002.

Dowhower, S. (1989). Repeated reading: Theory into practice. The Reading Teacher, 42

Dowhower, S. (1991). Speaking of prosody: Fluency's unattended bedfellow. Theory Into Practice, 30

Dürner, J. & Schöler, H. (2000): Die Schülerschaft der Schulen für Sprachbehinderte in Baden-Württemberg. Die Sprachheilarbeit 45.

Dumke,D.: Förderung lernschwacher Schüler. Theoretische Grundlagen verschiedener Fördermodelle und ihre Erprobung in der Praxis. Monografien zur Pädagogischen Psychologie, Nr. 6. Reinhardt Verlag, München 1980.

Dummer, L., Hackethal, R.: Kieler Leseaufbau, Veries, Kiel 1984

Dummer-Smoch L, Hackethal R (1993). Kieler Rechtschreibaufbau. Veris, Kiel

Dummer-Smoch, L. & Hackethal, R. (1994). Kieler Leseaufbau. 4. Auflage Kiel: Veris.

Eden, G.F. & Moats, L. (2002). The role of neuroscience in the remediation of students with dyslexia. Nature Neuroscience, Supplement 5.

Eden UT, Frank LM, Solo V, Brown, EN. Dynamic analyses of neural encoding by point process adaptive filtering. Neural Computation, 2004, 16(5).

Ehri, L.Ċ., Nunes, S.R., Willows, D.M., Schuster, B.V., Yahhoub-Zadeh, Z. & Shanahan, T. (2001). Phonemic awareness instruction helps children learn to read: Evidence from the National Reading Panel"s meta-analysis. Reading Research Quarterly, 36.

Einsiedler, W., Frank, A., Kirschhock, E.-M., Martschinke, S. & Treinies, G. (2000). Der Einfluss verschiedener Unterrichtsmethoden auf die phonologische Bewusstheit sowie auf Lese- und Rechtschreibleistungen im 1.Schuljahr. Nürnberg: Berichte und Arbeiten aus dem Institut für Grundschulforschung.

Eisenberg, P. & Günther, H. (Hrsg.). (1989). Schriftsystem und Orthographie. Tübingen: Niemeyer.

Eisenberg, P. (1988). Die Grapheme des Deutschen und ihre Beziehung zu den Phonemen. In: L. Hoffmann (Hrsg.). (2000). Sprachwissenschaft. Ein Reader. Berlin: de Gruyter

Eisenberg, P. (1989). Die Schreibsilbe im Deutschen. In: P. Eisenberg & H. Günther (Hrsg.). Schriftsystem und Orthographie. Tübingen: Niemeyer

Eisenberg, Peter & Wolfgang Menzel 1995a: Grammatikwerkstatt. In: Praxis Deutsch 129.

Eisenberg, P. (1995b). Deutsche Orthographie und Deutsch als Fremdsprache: analoge Strukturierungen von System und Erwerb. Jahrbuch Deutsch als Fremdsprache, 21

Eisenberg, P. (1996). Sprachliche Aspekte von Schrift und Schriftlichkeit. In: H. Günther & O. Ludwig (Hrsg.). Schrift und Schriftlichkeit: Ein interdisziplinäres Handbuch internationaler For-schung. Berlin, New York: de Gruyter.

Eisenberg, Peter et al. (1998): Duden. Grammatik der deutschen Gegenwartssprache, 6. neu bearbeitete Auflage, Mannheim / Leipzig / Wien / Zürich.

Eisenberg, P.: Grundriß der deutschen Grammatik. Band 1: Das Wort. Stuttgart und Weimar: Metzler 1998 a.

Eisenberg, P.: Grundriß der deutschen Grammatik. Band 2: Der Satz. Stuttgart und Weimar: Metzler 1998b.

Elliott, E. M. (2002). The irrelevant-speech effect and children: Theoretical implications of developmental change. Memory & Cognition, 30.

Esser G and Schmidt M (1993) Die langfristige Entwicklung von Kindern mit Lese-Rechtschreibschwäche. Zeitschrift für Klinische Psychologie 22

Esser, G. & Wurm-Dinse, U. (1994). Fehlhörigkeit, Sprachwahrnehmungsstörung und LRSZusammenhänge. Unveröffentlichtes Manuskript.

Esser, G., Wyschkon, A. & Schmidt, M.H.: Was wird aus Achtjährigen mit einer Lese- und Rechtschreibstörung - Ergebnisse im Alter von 25 Jahren. Zeitschrift für Klinische Psychologie und Psychotherapie, 31, 2002.

Everatt J, Jeffries S, Elbeheri G, Smythe I, Veii K.; Cross language learning disabilities and verbal versus spatial memory. Cogn Process. 2006, Suppl 1:32.

Eysenck, M. W. & Keane, M.T. (2000). Cognitive Psychology: A Student's Handbook, Hove: Psychology Press.

Facoetti, A., Turatto, M., Lorusso, M.L. & Mascetti, G.G. (2001). Orienting of visual attention in dyslexia: Evidence for asymmetric hemispheric control of attention. Experimental Brain Research, 138.

Facoetti, A., Lorusso, M.L,, Paganoni, P., Cattaneo, C., Galli, R., Umiltà, C. & Mascetti, G.G. (2003). Auditory and visual automatic attention deficits in developmental dyslexia. Cognitive Brain Research, 16.

Farmer, M.E. & Klein, R. (1995). The evidence for a temporal processing deficit linked to dyslexia: A review. Psychonomics Bulletin and Review, 2

Faust, M., Dimitrovsky, L. & Shacht, T. (2003). Naming difficulties in children with dyslexia: Application of the tip-of-the-tongue-paradigm. Journal of Learning Disabilities, 36, 3

Fawcett, A.J. (2000). Mono-ocular occlusion for treatment in dyslexia. The Lancet, 356

Fawcett, A.J., Nicolson, R.I. & Dean, P. (1996). Impaired performance of children with dyslexia on a range of cerebellar tasks. Annals of Dyslexia, 46.

Fiez JA, Tranel D, Seager-Frerichs D, Damasio H., Specific reading and phonological processing deficits are associated with damage to the left frontal operculum, Cortex. 2006; 42 (4).

Finkbeiner, S. (1979). Minifatz - Morpheme im Deutschunterricht. Baiersbronn-Schönmünzach: Minifatz-Lehrmittel.

Fischer B (1999) Blick-Punkte: Neurobiologische Prinzipien des Sehens und der Blicksteuerung. Verlag Hans Huber, Bern.

Fischer, B. & Hartnegg, K. (2000). Effects of visual training on saccade control in dyslexia. Perception, 29.

Fitch RH, Miller S, Tallal P (1997): Neurobiology of speech perception. Annual Review of Neuroscience; 20.

Forster, M. / Martschinke, S. (2001): Leichter lesen und schreiben lernen mit der Hexe Susi. Übungen und Spiele zur Förderung der phonologischen Bewusstheit. Donauwörth: Auer.

Friederici, A. D. (2001). Syntactic, prosodic, and semantic processes in the brain: Evidence from eventrelated, neuroimaging. Journal of Psycholinguistic Research, 30

Frith, U.: Beneath the surface of developmental dyslexia. In Patterson, K.E., Marshall, J.C., Coltheart, M. (Hrsg.) Surface dyslexia: Neuropsychological and cognitive studies of phonological reading. L. Erlbaum, London 1985.

Fromm, W. & Schöler, H. (1997). Arbeitsgedächtnis und Sprachentwicklung. Untersuchungen an sprachentwicklungsauffälligen und sprachunauffälligen Schulkindern (Arbeitsberichte aus dem Forschungsprojekt „Differentialdiagnostik" Nr. 3). Heidelberg: Pädagogische Hochschule, Erziehungs- und Sozialwissenschaftliche Fakultät.

Fromm, W., Schöler, H and Scherer, C (1998). Jedes vierte Kind sprachgestört? In: Schöler, H. et al. Spezifische Sprachentwicklungsstörung und Sprachlernen, 21-64.. Heidelberg: Schindele.

Fry, L.: Remedial reading using parents as behaviour technicians. New Zealand Journal of Educational Studies, 1977.

Fuchs, D. et al. (2001): Peer-assisted learning strategies in reading: Extensions for kindergarten, first grade, and high school. Remedial & Special Education.

Fuchs, L. S., Fuchs, D., Hosp, M., Jenkins, J. R. (2001). Oral reading fluency as an indicator of reading competence: A theoretical, empirical, and historical analysis. Scientific Studies in Reading, 5.

Fuchs M., Röber-Siekmeyer Ch.,, Leibold D. Wo ist der Floh? CD und Arbeitsheft : Lieder zum Spracherwerb in Kindergarten und Grundschule. Freiburg: Päd. Hochschule, 2005.

Fuchs M., Röber-Siekmeyer Ch. (2001): Quasselliese. Rechtschreiben im Rhythmus der Musik, Broschüre und CD mit 14 Liedern und 14 Playbacks, Eigenverlag Freiburg.

Fuchs M., Röber-Siekmeyer Ch., (2002). Elemente eines phonologisch bestimmten Konzepts für das Lesen- und Schreibenlernen: die musikalische Hervorhebung prosodischer Strukturen. In: Röber-Siekmeyer, C. / Tophinke, D.: Schriftspracherwerbskonzepte zwischen Pädagogik und Sprachwissenschaft. Baltmannsweiler: Schneider Hohengehren.

Fuchs M., Röber Ch.: Musik & Deutsch: Paula kaut Kaugummi. Sprachförderung mit Musik, in: PaMina 4/2006.

Fürst AJ, Hitch GJ (2000). Different roles for executive and phonological components of working memory in mental arithmetic. Memory and Cognition. 28

Füssenich Iris, Cordula Löffler (2005): Schriftspracherwerb. Einschulung, erstes und zweites Schuljahr. München. www.ph-ludwigsburg.de/4672.html.

Gang, M. & Siegel, L. S. (2002). Sound-symbol learning in children with dyslexia. Journal of Learning Disabilities, 35.

Gathercole, S. E., Willis, C., Baddeley, A. D. (1991). Differentiating phonological memory and awareness or rhyme: Reading and vocabulary development in children. British Journal of Psychology, 82

Gathercole, S. & Baddeley, A.D. (1993). Working memory and language. Hove, UK: Erlbaum.

Gathercole, S. E., & Hitch, G. J. (1993). Developmental changes in short-term memory: A revised working memory perspective. In A. Collins, S. E., Gathercole, M. A. Conway, & P. E. Morris (Eds.), Theories of Memory, Hove, U.K.: Erlbaum.

Gathercole, S. E. (1998). The development of memory. Journal of Child Psychology and Psychiatry, 39

Gathercole, S. E., Service, E., Hitch, G. J., Adams A.-M. & Martin, A. J. (1999). Phonological short-term memory and vocabulary development: further evidence on the nature of the relationship. Applied Cognitive Psychology, 13.

Gathercole SE, Pickering SJ (2000). Assessment of Working Memory inSix- and Seven-year old Children. J. Educ. Psychol. 92.

Gathercole SE (2004). Working memory and learning during the school years. Proc. British Acad. 125

Gathercole SE, Alloway TP (2004). Working memory and classroom learning. Dyslexia Review

Gathercole SE, Pickering SJ, Ambridge B, Wearing H (2004). The structure of working memory from 4 to 15 years of age. Developmental Psychol. 40.

Gathercole SE, Alloway TP (2005). Understanding working memory: A classroom guide. Medical Research Council.

Gathercole, et. al., Journal of Experimental Child Psychology (2005), Working memory in children with reading disabilities.

Gathercole SE, Lamont E, Alloway TP (2005). Working Memory in the Classroom. In S.Pickering (Ed.). Working Memory and Education. Elsevier Press

Gathercole SE, Alloway TP, Willis C, Adams AM (2006). Working memory in children with reading disabilities. J. Exp. Child Psychol. 93.

Gathercole, S.E., & Alloway, T.P. (2007). Working memory and classroom learning. In K. Thurman & K. Fiorello, (Eds.) Cognitive Development in K-3 Classroom Learning: Research Applications.

Gaupp, N., Zoelch, C. & Schumann-Hengsteler, R. (2004). Defizite numerischer Basiskompetenzen bei rechenschwachen Kindern der 3. und 4. Klassenstufe. Zeitschrift für Pädagogische Psychologie, 18.

Geary DC (1990). A componental analysis of an early learning deficit in mathematics. J. Exp. Child Psychol. 49:363-383.

Geary DC, Hoard MK, Hamson CO (1999). Numerical and arithmetical cognition: Patterns of functions and deficits in children at risk for a mathematical disability. J. Exp. Child Psychol. 74.

Geary, D. C. (2003). Learning disabilities in arithmetic: Problem solving differences and cognitive deficits. In H. L. Swanson, K. Harris, & S. Graham (Eds.), Handbook of learning disabilities. New York: Guilford Press.

Geary, DC (2004) 'Mathematical disabilities: What we know and don't know, www.ldonline.org.

Geary, D. C., Hoard, M. K., Byrd-Craven, J., & DeSoto, M. C. (2004). Strategy choices in simple and complex addition: Contributions of working memory and counting knowledge for children with mathematical disability. Journal of Experimental Child Psychology, 88.

Geary, D. C. & Hoard, M. K. (2005). Learning disabilities in arithmetic and mathematics. Theoretical and empirical perspectives. In J. I. D. Campbell (Ed.), Handbook of mathematical cognition. New York, NY: Psychology Press.

Georgiewa P., C. Grünling, M. Ligges, U. Möller, C. Filz, B. Blanz, Lebensalterspezifische Veränderungen phonologischer Defizite bei Lese-Rechtschreibstörung. Zeitschrift für Klinische Psychologie und Psychotherapie 2004 Hogrefe Verlag Göttingen Vol. 33, No. 4.

Gerken, L. (1994). A metrical template account of children's weak syllable omissions from multisyllabic words. Journal of Child Language 21.

Gersten R, Jordan NC, Flojo JR (2005). Early identification and interventions for students with mathematics difficulties. J. Learning Disabilities, 38.

Gerster, H.-D. (2003a). Probleme und Fehler bei den schriftlichen Rechenverfahren. (2003b). Schwierigkeiten bei der Entwicklung arithmetischer Konzepte im Zahlenraum bis 100. Beide in AnnemarieFritz-Stratmann, Gabi Ricken, Siegbert Schmidt (Hrsg.). Handbuch Rechenschwäche - Lernwege, Schwierigkeiten und Hilfen bei Dyskalkulie. Weinheim: Beltz.

Gill C.B., Klecan-Aker J., Roberts T., Karen A. Fredenburg K.A., Following directions: Rehearsal and visualization strategies for children with specific language impairment. Child Language Teaching and Therapy, Vol. 19, No. 1, (2003), SAGE Publications.

Gillam, R. B., van Kleeck, A.: Phonological Awareness Training and Short-term Working Memory: Clinical Implications. In: Topics in Language Disorders 17 (1996).

Gillam, R. B. (1999). Treatment for temporal processing deficits: Computer-assisted language intervention using Fast ForWord(R): Theoretical and empirical considerations for clinical decision-making. Language, Speech, & Hearing Services in Schools, 30(4).

Gillam, R. B., Loeb, D. F., & Friel-Patti, S. (2001). Looking back: A summary of five exploratory studies on Fast ForWord. American Journal of Speech-Language Pathology, 10(3).

Gold, A., Mokhlesgerami, J., Rühl, K. & Souvignier, E. (2004a). Wir werden Textdetektive: Lehrermanual. Göttingen: Vandenhoeck & Ruprecht.

Glück,C.W.: Kindliche Wortfindungsstörungen: Ein Bericht des aktuellen Erkenntnisstandes zu Grundlagen, Diagnostik und Therapie. http://members.aol.com/LPNCompany/Erni_99_1.htm.

Glück, C. W. (2003). Semantisch-lexikalische Störungen bei Kindern und Jugendlichen. Therapieformen und ihre Wirksamkeit. Sprache, Stimme, Gehör, 3.

Gnädig, Martina: Silbenstrukturierendes Arbeiten mit einem rechtschreibschwachen Grundschüler. Zulassungsarbeit: PH Freiburg 2003.

Göllner B. & Berwanger D., 2004. Göttingen: Vandenhoeck & Ruprecht.

Göppert, Tanja: Die Kodierung der Vokale der deutschen Sprache durch die Schrift und deren Repräsentation in Fibeln. Hauptseminararbeit: PH Freiburg, 2004.

Gold, A., Mokhlesgerami, J., Rühl, K. & Souvignier, E. (2004b). Wir werden Textdetektive: Arbeitsheft

Gold, A. (2005). Textdetektive lesen strategisch. In A. Sasse & R. Valtin (Hrsg.), Lesen lehren. Berlin: Deutsche Gesellschaft für Lesen und Schreiben.

Gonzalez Kay, Sprachfähigkeiten deutscher Kinder lassen nach. www.wissenschaft-online.de/artikel/7744972005.

Gopnik, A., A. N. Meltzoff. 1997. Words, thoughts and theories. Cambridge, MA: Bradford, MIT Press.

Gough, Hoover & Peterson (1996) Simple-View-of-Reading

Grant AC, Zangaladze A, Thiagarajah MC, Sathian K (1999). Tactile perception in develop mental dyslexia: a psychophysical study using gratings. Neuropsychologia 37

Graichen, J. (1987): Neuropsychologie der Gedächtnisfunktionen bei Spracherwerbsstörungen. In: dgs- Landesgruppe Rheinland: Spracherwerb und Spracherwerbsstörungen. Tagungsbericht der XVII. Arbeits- und Fortbildungsveranstaltung der dgs in Düsseldorf 1986. Hamburg: Wartenberg.

Grigorenko, E.L. (2001). Developmental dyslexia: An update on genes, brains and environments. Journal of Child Psychology and Psychiatry, 42

Grimm, Hannelore & Schöler, Hermann, 1991: Heidelberger Sprachentwicklungstest (HSET). 2. Aufl. Göttingen: Hogrefe.

Grimm, Hannelore & Weinert, Sabine (Hrsg.), 1994: Intervention bei sprachgestörten Kindern. Voraussetzungen, Möglichkeiten und Grenzen. Stuttgart: G. Fischer.

Grimm, H. (1995). Sprachentwicklung - allgemeintheoretisch und differentiell betrachtet. In Oerter, R. & Montada, L. (Hrsg.): Entwicklungspsychologie. Weinheim: Psychologie Verlags Union.

Grimm, H. (1998). Sprachentwicklung – allgemeintheoretisch und differentiell betrachtet. In R. Oerter & L. Montada (Hrsg.), Entwicklungspsychologie: Ein Lehrbuch (4. Auflage) Beltz.

Grimm, H. 1999: Störungen der Sprachentwicklung. Grundlagen, Ursachen, Diagnose, Intervention, Prävention. Göttingen: Hogrefe.

Grimm H., 2001: SETK 3-5. Sprachentwicklungstest für drei- bis fünfjährige Kinder. Göttingen [u.a.]: Hogrefe – Verl. für Psychologie.

Grimm, H. (2003). Störungen der Sprachentwicklung (2. überarbeitete Auflage). Göttingen: Hogrefe.

Grön, G.: Untersuchungen zum Arbeitsgedächtnis bei gesunden Probanden und Patienten mit erworbener Hirnschädigung. Dissertation aus der Philosophischen Fakultät der Ludwigs-Maximilians-Universität München 1997

Grohnfeldt,M. (2003). Spezifische Sprachentwicklungsstörungen. edition von freisleben.

Gross M, Nubel K, Wohlleben B (2001). Auditive Verarbeitungs- und Wahrnehmungsstörungen (AVWS): Komplexe Störungsbilder in : Böhme G (Hrsg.) Sprach-, Sprech-, Stimm- und Schluckstörungen. Bd. 2 Therapie München.

Grümmer Ch., Welling A.: Die Silbe und ihre Bedeutung für das Schriftsprachlernen – ein Bericht über anglo-amerikanische Forschungen. In: Röber-Siekmeyer Ch., Tophinke D. (Hrsg.) Schrifterwerbskonzepte zwischen Pädagogik und Sprachwissenschaft. Hohengehren: Schneider 2001

Gupta, P. (2003). Examining the relationship between word learning, nonword repetition, and immediate serial recall in adults. Quarterly Journal of Experimental Psychology A, 56

Guthrie, J. T., Wigfield, A., Barbosa, P., Perencevich, K. C., Taboada, A., & Davis, M. H. et al. (2004). Increasing reading comprehension and engagement through Concept-Oriented Reading Instruction. Journal of Educational Psychology, 96.

Habib, M. (2000). The neurological basis of developmental dyslexia: An overview and working hypothesis. Brain, 123(12).

Habib M, Espesser R, Rey V, Giraud K, Bruas P, Gres C (1999): Training dyslexics with accoustically modified speech: Evidence of improved phonological performance. Brain and Cognition; 40 (1).

Habib M (2000): The neurological basis of developmental dyslexia. Brain; 123.

Habib M, Rey V, Daffaure V, Camps R, Espesser R, Joly-Pottuz B, Démonet J-F (2002): Phonological training in children with dyslexia using temporally modified speech: a three-step pilot investigation. Internation Journal of Language and Communication Disorders; 37(3).

Habib M., 2003,Rewiring the dyslexic brain, Trends in cognitive sciences, vol.7,no8.

Hadar, U., Wenkert-Olenik, D., Krauss, R., & Soroker, N. (1998). Gesture and the processing of speech: Neuropsychological evidence. Brain and Language, 62

Häuser D., Kasielke E., Scheidereiter U., Kiste – Kindersprachtest für das Vorschulalter, 1994 Hogrefe

J. Haffner, K. Baro, P. Parzer und F. Resch, 2005. Hrsg. von M. Hasselhorn, H. Marx und W. Schneider.: Der Heidelberger Rechentest für die Klassen 1 bis 4, Hogrefe

Haffner J, Zerahn-Hartung C, Pfüller U, Parzer P, Strehlow U, Resch F (1998). Auswirkungen u. Bedeutung spezifischer Rechtschreibprobleme bei jungen Erwachsenen - empirische Befunde in einer epidemiologischen Stichprobe. Zeitschrift f. Kinder- u. Jugendpsychiatrie und Psychotherapie 26.

Hall VC., Bailey J. & Tillmann C. (1997). Can student-generated illustrations be worth ten-thousand words?. Journal of Educational Psychology, 89.

Hardison, D. M. (2004). Generalization of computer-assisted prosody training: Quantitative and qualitative findings. Language Learning and Technology, 8

Hardy, I., Stadelhofer, B., Zeitschrift für Päd. Psychologie, 2006 Verlag Hans. Huber, Vol. 20/3, Concept Maps wirkungsvoll als Strukturierungshilfen einsetzen. Welche Rolle spielt d. Selbstkonstruktion?

Hargrave, Anne C., & Sénéchal, Monique. (2000). A book reading intervention with preschool children who have limited vocabularies: The benefits of regular reading and dialogic reading. Early Childhood Research Quarterly, 15

Hari, R., Valta, M., Uutela, K. (1999). Prolonged attentional dwell time in dyslexic adults. Neuroscience Letters 271

Hartmann, E., Kessler, M. (2002) Abklärungsverfahren und Intervention zur vorschulischen phonologischen Bewusstheit. Freiburg: Sprachimpuls.

Hasselhorn, M. & Körner, K. (1997). Nachsprechen von Kunstwörtern: Zum Zusammenhang zwischen Arbeitsgedächtnis und syntaktischen Sprachleistungen bei Sechs- und Achtjährigen.Zeitschrift für Entwicklungspsychologie und Pädagogische Psychologie 24.

Hasselhorn, M. & Schumann-Hengsteler, R. (1998). Arbeitsgedächtnis. In D.H. Rost (Hrsg.),

Handwörterbuch Pädagogische Psychologie (S. 14-17) Weinheim: PVU.

Hasselhorn, M., Marx, H. (2000). Arbeitsgedächtnis und Leseleistungen. In M. Hasselhorn,W. Schneider & H. Marx (Hrsg.), Diagnostik von Lese-Rechtschreibschwierigkeiten. Göttingen: Hogrefe.

Hasselhorn, M., Schneider, W. & Marx, H. (Hrsg.): Diagnostik von LeseRechtschreibschwierigkeiten, Tests und Trends 1. Göttingen. Hogrefe.(2000).

Hasselhorn, M., Seidler-Brandler, U.; Körner, K. (2000). Ist das Nachsprechen von „Kunstwörtern" für die Entwicklungsdiagnostik des phonologischen Arbeitsgedächtnisses geeignet? In: M. Hasselhorn, W. Schneider & H. Marx (Hrsg.). Diagnostik von Lese-Rechtschreib-schwierigkeiten. Göttingen: Hogrefe.

Hasselhorn, M., Werner, I., 2000: Zur Bedeutung des phonologischen Arbeitsgedächtnisses für die Sprachentwicklung. In: Enzyklopädie der Psychologie, CIII, Bd. 3: Sprachentwicklung. Göttingen: Hogrefe.

Hasselhorn, M., Tiffin-Richards, M. C., Woerner, W., Banaschewski, T. & Rothenberger, A. (2000). Spielt der phonetische Speicher des Arbeitsgedächtnisses eine bedeutsame Rolle für die Differentialdiagnose von Lese-Rechtschreib-Schwierigkeiten? Analysen zum "Kunstwörter-Nachsprechen" bei Kindern mit LRS- und/oder HKS-Diagnose. In M. Hasselhorn, W. Schneider & H. Marx (Hrsg.), Diagnostik von Lese-Rechtschreibschwierigkeiten. Göttingen: Hogrefe.

Hasselhorn, M. & Grube, D. (2003). Das Arbeitsgedächtnis: Funktionsweise, Entwicklung und Bedeutung für kognitive Leistungsstörungen. Sprache - Stimme - Gehör, 27.

Hasselhorn, M., Marx, H. & Schneider, W. (2005). Diagnostik von Mathematikleistungen, -kompetenzen, -schwächen: Eine Einführung. In M. Hasselhorn, H. Marx & W. Schneider (Hrsg.), Diagnose von Mathematikleistungen - Tests und Trends N.F. Band 4. Göttingen: Hogrefe.

Hasselhorn M. & Mähler C. (2007). Phonological working memory of children in two German special schools. International Journal of Disability, Development and Education, 54.

Heber Dolores & Burger-Gartner Jutta (2001) : Auditive Verarbeitungs- und Wahrnehmungsstörungen – Therapie. In: Nickisch, Andreas; Heber, Dolores & Burger-Gartner, Jutta: Auditive Verarbeitungs- und Wahrnehmungsstörungen. Dortmund: Verlag Modernes Lernen.

Hechet SA (2002). Counting on working memory in simple arithmetic when counting is used for problem solving. Memory and Cognition, 30

Hecht S. A., Torgesen, J. K., Wagner, R. K., & Rashotte, C. A. (2001). The relations between phonological processing abilities and emerging individual differences in mathematical. Journal of Experimental Child Psychology, 79.

Heim S, Eulitz C, Wienbruch C, Elbert T (2000a): Effects of syllabic training on literacy skills, phonolgical processing and cortical organisation on children with language impairment. Psychophysiology, 37 (1), 8.

Heim S, Freeman RB, Eulitz C, Elbert T (2000b): Auditory temporal processing deficit in dyslexia is associated with enhanced sensitivity in the visual modality. NeuroReport; 12.

Heim S (2002): Auditory processing in dylexia: evidence from psychophysical studies and event-related magnetic fields. www.ub.uni-konstanz.de/kops/volltexte/2002/806/index.html.

Heim S, Eulitz C, Elbert T (2003a): Altered hemispheric asymmetrie of auditory N100m in adults with developmental dyslexia. NeuroReport; 14(3).

Heim S, Eulitz C, Elbert T (2003b): Altered hemispheric asymmetrie of auditory P100m in dyslexia. European Journal of Neuroscience; 17(8).

Helenius P., Tarkiainen A., Cornelissen P., Hansen P.C.,Salmelin R., Dissociation of Normal Feature Analysis and Deficient Processing of Letter-strings in Dyslexic Adults. Cerebral Cortex, Vol. 9, 1999, Oxford University Press.

Hemminger U.; Roth, E.; Schneck, S.; Jans, T.; Warnke, A. 2000.: Testdiagnostische Verfahren zur Überprüfung der Fertigkeiten im Lesen, Rechtschreiben und Rechnen. Eine kritische Übersicht. Zeitschrift für Kinder- und Jugendpsychiatrie und Psychotherapie 28.

Hennighausen K, Christmann G, Filippou M, Jaremkiewicz A, Kohls G, Maas V, Zachau S,Schecker M (2003) Aufmerksamkeit und Sprachentwicklung. www.neurolabor.de/researchframe.htm

Hernandez S, Camacho-Rosales J, Nieto A, Barroso J (1997) Cerebral asymmetry and reading performance: effect of language lateralization and hand preference. Child Neuropsychology 3.

Hess, W., Sendlmeier, W. F. (1992). Beiträge zur angewandten und experimentellen Phonetik. Franz Steiner, Stuttgart.

Heubrock,D., Petermann, F.,: Aufmerksamkeitsdiagnostik; Hogrefe , Göttingen, 2001

Hickok G., Poeppel D., (2004). Dorsal and ventral streams: a framework for understanding aspects of the functional anatomy of language. Cognition 92.

Hill, E. L. (1998). A dyspraxic deficit in specific language impairment and developmental coordination disorder? Evidence from hand and arm movements. Developmental Medicine and Child Neurology, 40(6).

Hinshaw, S. P. (1992). Externalizing behavior problems and academic underachievement in childhood and adolescence: Causal relationships and underlying mechanisms. Psychological Bulletin, 111.

Höhle, B., Hofmann, M. & Friederici, A. Verarbeitung prosodischer Information in der Aphasie, Poster, Jahrestagung der Arbeitsgemeinschaft für Aphasieforschung und -behandlung, Magdeburg, 1995.

Horn, W. Leistungsprüfsystem (LPS). 2. erweitere Auflage - Göttingen: Hogrefe 1962/1983

Hüther, G. (2002). Bedienungsanleitung für ein menschliches Gehirn. Vandenhoeck & Ruprecht.

Hulme, C. R., Schweickert, S., Brown, R., Gordon D. A., et al. (1997). Word frequency effects on short-term memory tasks: Evidence for a redintegration process in immediate serial recall. Journal of Experimental Psychology: Learning, Memory, and Cognition, 23.

Huneke, Hans-Werner: „Intuitiver Zugang von Vorschulkindern zum Silbengelenk". In: Didaktik Deutsch 8, 2000.

Huneke, H.W. (2002). Intuitiver Zugang von Vorschulkindern zum Silbengelenk – eine Grundlage für den Erwerb der Schärfungsschreibung? In: D. Tophinke & C. Röber-Siekmeyer (Hrsg.). Schärfungsschreibung im Fokus: Zur schriftlichen Repräsentation sprachlicher Strukturen im Spannungsfeld von Sprachwissenschaft und Didaktik. Baltmannsweiler: Schneider Verlag Hohengehren.

Ijzendoorn, M. H., Bus, A. D.: Meta-analytic confirmation of the nonword reading deficit in developmental dyslexia. Reading Research Quarterly 29 (1994).

Jansen, H. (1992). Untersuchungen zur Entwicklung laut- synthetischer Verarbeitungsprozesse im Vorschul- und frühen Grundschulalter. Egelsbach: Hänsel- Hohenhausen.

Jansen, H. / Mannhaupt, G. / Marx, H./ Skowronek, H. (1999): Bielefelder Screening zur Früherkennung von Lese-Rechtschreibschwierigkeiten (BISC). Göttingen/Hogrefe.

Jarrold, C., Baddeley, A., Hewes, A. K., Leeke, T. C.& C. E. Phillips (2004): What links verbal short term memory performance and vocabulary level? Evidence of changing relationships among individuals with learning disability. Journal of Memory and Language, 50

Jennifer M.T. Maltby J, Goswami U, Auditory and motor rhythm awareness in adults with dyslexia, Journal of Research in Reading, 2973, 2006.

Joanisse MF, Manis FR, Keating P, Seidenberg MS. Language deficits in dyslexic children: speech perception, phonology, and morphology. J Exp Child Psychol. 2000, 77 (1).

Jonassen, D.H. & Grabowski, B.L. (1993). Handbook of Individual Differences, Learning, and Instruction. Hillsdale, NJ: Lawrence Erlbaum.

Jones, D. M. (1993). Objects, streams, and threads of auditory attention. In A. Baddeley & L. Weiskrantz (Eds.), Attention: Selection, awareness, and control. Oxford, UK: Clarendon Press

Jorm, A., Share, D.: Phonological recoding and reading acquisition. Applied Psycholinguistics 4 (1983).

Jüngst, K.-L. (1998). Lehren und Lernen mit Begriffsnetzdarstellungen. Butzbach: Afra.

Jusczyk, P. W. (1997) The Discovery of Spoken Language. Cambridge, MA: MIT-Press.

Kail, R.: Gedächtnisentwicklung bei Kindern. Heidelberg/Berlin/New York 1992

Kain, Nicolette (2000). Frühes Lesen lernen zur Sprachanbahnung bei Kindern mit Down-Syndrom. Bad Goisern (unveröffentlichte Diplomarbeit).

Kamper, G. (1997). Wenn Lesen und Schreiben schwer fallen: Beiträge und methodische Hilfen zur Grundbildung. Münster: Schreibwerkstatt für neue Leser und Schreiber e.V.

Kandel ER (1996). Gehirn und Verhalten. In: Kandel ER, Schwartz JH, Jessel TM (Hrsg). Neurowissenschaften. Eine Einführung (5-19). Heidelberg: Spektrum

Kandel, E.R.: The molecular biology of memory storage: a dialog between genes and synapses. Bioscience Reports. 2004; 24(4-5).

Kandel E, Schwartz J, Jessell T (1991) Principles of neural science. Prentice-Hall International Inc.

Karch D., G. Groß-Selbeck, J. Pietz, H.Schlack (2001). Kommission zu Behandlungsverfahren bei motorisch- und entwicklungsgestörten Kindern der Gesellschaft für Neuropädiatrie. Stellungnahme der Gesellschaft für Neuropädiatrie e.V., In: Aksu F (Hrsg) Neuropädiatrie

Katz, R.B. (1986). Phonological deficiencies in children with reading disability: Evidence from an object naming task. Cognition, 22.

Katzir, T., Misra, M. & Poldrack, R. A. (2005). Imaging phonology without print: Assessing the neural correlates of phonemic awareness using fMRI. NeuroImage, 27, (1).

Kavale, K. & Forness, S. (1999). Efficacy of special education and related services. Washington: American Guidance Service.

Kaye, D.B.(1986). The development of mathematical cognition. Cognitive Development, 1

Kelly, M. (1996) The role of phonology in grammatical category assignments. In: J. L. Morgan & K. Demuth (eds.) Signal to Syntax: Bootstrapping from Speech to Grammar in Early Language Acquisition. Mahwah: Erlbaum.

Kelso K, Fletcher J, Lee P., Int J Lang Commun Disord. 2007/42/1; Reading comprehension in children with specific language impairment: an examination of two subgroups.

Kent, R. (1997). Speech motor models and developments in neurophysiological science; New perspectives, 13-6. In W. Huilstijn, H. Peters & P. Lieshout (Eds.), Speech production: Motor control, brain research and fluency disorders. Amsterdam: Elsevier.

Kepser M. 1999. Massenmedium Computer. Ein Handbuch für Theorie und Praxis des Deutschunterrichts. Bad Krozingen: D-Punkt 1999.

Kiese-Himmel, C. & Schiebusch-Reiter, U. (1999). Haptische Formdiskrimination – Gruppenvergleich von sprachunauffälligen und ehemals sprachentwicklungsgestörten Kindern. HNO, 47.

Kins, S. , Beyreuther, K., Teasing out the tangles. Nat. Med., 2006; 12 (7).

Kintsch, W. (1998). Comprehension: A paradigm for cognition. Cambridge University, UK

Klatte, M.; Wegner, M. & Hellbrück, J., 2006. Feldstudie zur Akustik in Schulen und ihrer Wirkungen auf Kinder. Teil 2: Ergebnisse aus Leistungstests und Fragebogendaten. In: Langer, S.; Scholl, W. & Wittstock, V. (Hrsg.). Fortschritte der Akustik. Beiträge zur 32. Jahrestagung für Akustik.

Klauer, K. J. & Lauth, G. W. (1997). Lernbehinderungen und Leistungsschwierigkeiten bei Schülern. In F. E. Weinert (Hrsg.), Psychologie des Unterrichts und der Schule. Enzyklopädie der Psychologie, Bd. 3 Göttingen: Hogrefe.

Klauer, K. J. (2001). Handbuch kognitives Training. (2. erweit. Aufl.). Göttingen: Hogrefe.

Klicpera, C. & Gasteiger-Klicpera, B. (1993). Lesen und Schreiben - Entwicklung und Schwierigkeiten. Die Wiener Längsschnittuntersuchungen über die Entwicklung, den Verlauf und die Ursachen von Lese- und Schreibschwierigkeiten in der Pflichtschulzeit. Bern: Hans Huber.

Klicpera, C., Gasteiger-Klicpera, B. Die langfristige Entwicklung der mündl. Lesefähigkeit bei schwachen und guten Lesern. Zeitschrift für Entwicklungspsychologie und Päd. Psychologie 26 (1994).

Klicpera, Ch. & Gasteiger-Klicpera, B.: Psychologie der Lese- und Schreibschwierigkeiten. Entwicklung, Ursachen, Förderung. Weinheim: Beltz, 1995.

Klicpera, Ch.; Gasteiger Klicpera, G., 2001: Macht Intelligenz einen Unterschied? Rechtschreiben und phonologische Fertigkeiten bei diskrepanten und nichtdiskrepanten Lese / Rechtschreibschwierigkeiten. Zeitschrift für Kinder- und Jugendpsychiatrie und Psychotherapie 29(1).

Klicpera, C., Schabmann, A., Gasteiger-Klicpera, B. (2003) Legasthenie. Ernst Reinhardt, München.

Klippert, H.: Das Neue Haus des Lernens. In: Erziehungswissenschaftliches Fort- und Weiterbildungsinstitut der Evangelischen Kirchen in Rheinland-Pfalz (Hg.): Neue Lernkultur, Netzwerkzeitung für pädagogische Schulentwicklung. Weinheim, 1/2002

Knudsen EI (2004) Sensitive periods in the development of the brain and behavior. J. Cogn Neuroscience 16.

Karma, K. (1998). Audilex for practice (Elektronische Ressource). Helsinki: Comp-Aid Ltd.

Kepser M., (1999) Massenmedium Computer. Ein Handbuch für Theorie und Praxis des Deutschunterrichts. Bad Krozingen: Punkt.

Koglin, U., Fröhlich, L.P., Metz, D. & Petermann, F. (2008). Elternbezogene Förderung der phonologischen Bewusstheit im Kindergartenalter. Kindheit und Entwicklung, 17 (3).

Konitz, G. Lese-Training Deutsch, Verlag G. Konitz, Köln 2001.

Kossow, H.J. (1979). Zur Therapie der Lese-Rechtschreibschwäche. Berlin: VEB Deutscher Verlag der Wissenschaften.

Kossow, H.J. (1992a). Leitfaden zur Bekämpfung der Lese-Rechtschreibschwäche. Einführung und Kommentare. Berlin (DDR): Veris Verlag

Kossow, H.J. (1992b). Leitfaden zur Bekämpfung der Lese-Rechtschreibschwäche. Übungsbuch. Berlin (DDR), Veris Verlag, 2.Auflage .

Kossow, H.-J. (1997). Zur Therapie der Lese-Rechtschreibschwäche. Aufbau und Erprobung eines theoretisch begründeten Therapieprogramms. Berlin: VEB Deutscher Verlag der Wissenschaften.

Krajewski, K. & Schneider, W. (2006). Mathematische Vorläuferfertigkeiten im Vorschulalter und ihre Vorhersagekraft für die Mathematikleistungen bis zum Ende der Grundschulzeit. Psychologie in Erziehung und Unterricht, 53

Kronbichler, M., Hutzler, F., Staffen, W., Mair, A., Ladurner, G. & Wimmer, H. (2006). Evidence for a dysfunction of left posterior reading areas in German dyslexic readers. Neuropsychologia, 44, (10).

Kubinger, K.D. & Wurst, E. (1991). Adaptives Intelligenz Diagnostikum. Weinheim: Beltz.

Küspert, P. (1998). Phonologische Bewusstheit und Schriftspracherwerb: Zu den Effekten vorschulischer Förderung der phonologischen Bewusstheit auf den Erwerb des Lesens und Rechtschreibens. Frankfurt: Lang.

Küspert, P. & Schneider, W. (1998). Würzburger Leise Leseprobe (WLLP): Ein Gruppenlesetest für die Grundschule. Göttingen: Hogrefe.

Küspert, P., Wie Kinder leicht lesen und schreiben lernen: Neue Strategien gegen Legasthenie, Verlag Oberstebrink Ratingen, 2001

Küspert, P., Schneider, W. (2003): Hören, lauschen, lernen (4. Auflage). Göttingen: Vandenhoek & Ruprecht.

Küspert, P., Roth, E., Schneider, W., & Laier, R. (2001). Würzburger Trainingsprogramm zur phonologischen Bewusstheit und Sprachprogramm zur Buchstaben- Laut- Verknüpfung (Multimediaversion 1.0). Dielheim: Laier & Becker Psychologie & Multimedia GbR

Kuhn M. R., & Stahl S. A. (2003). Fluency: A review of developmental and remedial practices. Journal of Educational Psychology, 95.

Kujala, T., Myllyviita, K., Tervaniemi, M., Alho, K., Kallio, J. & Näätänen, R. (2000). Basic auditory dysfunction in dyslexia as demonstrated by brain activity measurements. Psychophysiology, 37.

Kujala, T., Karma, K., Ceponiene, R., Belitz, S., Turkkila, P., Tervaniemi, M. & Näätänen, R. (2001). Plastic neural changes and reading improvement caused by audiovisual training in reading-impaired children. Proceedings of the National Academy of Sciences U. S. 6 0 A., 98.

Kyllonen, P. C., & Christal, R. E. (1990). Reasoning ability is (little more than) working-memory capacity? Intelligence, 14.

Lachmann, T., Berti, S., Kujala, T. & Schröger, E. (2005). Diagnostic subgroups of developmental dyslexia have different deficits in neural processing of tones and phonemes. International Journal of Psychophysiology, 56.

Lambert, B., Chang, K.-Y., and Gupta, P. (2003). Effects of Frequency and Similarity Neighborhoods on Pharmacists' Visual Perceptions of Drug Names. Social Science and Medicine, 57

Landerl K., Wimmer, H., Phonologische Bewusstheit als Prädiktor für Lese- und Schreibfertigkeiten in der Grundschule. Zeitschrift für Pädagogische Psychologie 8, (1994).

Landerl, K., Wimmer, H., Moser, E. (1997). Salzburger Lese- und Rechtschreibtest (SLRT). Bern: Hans Huber Verlag.

Landerl, K., Bevan, A., & Butterworth, B. (2003): Developmental dyscalculia and basic numerical capacities: A study of 8-9 year old students.

Landerl, K. & Kaufmann, L. (2008). Dyskalkulie. München: Reinhardt.

Langer SK. (1984). Philosophie auf neuem Wege. Das Symbol im Denken, im Ritus und in der Kunst", Frankfurt am Main – Fischer.

Lau K. L. & Chan, D. W. (2001). Motivational characteries of under-achievers in Hong Kogn. Emotional Psychologie, 21.

Lauer N, 2001: Zentral-auditive Verarbeitungsstörungen im Kindesalter. Grundlagen, Klinik, Diagnostik, Therapie. 2. Aufl. Stuttgart [u.a.]: Thieme.

Lauth, G. W. (1996). Effizienz eines metakognitiv-strategischen Trainings bei lern- und aufmerksamkeitsgestörten Grundschülern. Zeitschrift für Klinische Psychologie, 25

Lauth, G. W. & Tänzer, U. (1999). Training allgemeiner Lernkompetenzen. Universität zu Köln (unveröffentlicht).

Lauth, G. W. & Schlottke, P. F.: Training mit aufmerksamkeitsgestörten Kindern. 5. Aufl. Weinheim 2000.

Lauth, GW, Schlottke, PF & Naumann, K.: Rastlose Kinder – ratlose Eltern. München 2000

Lauth, G. W. (2004). Selbstinstruktionstraining. In G. W. Lauth, M. Grünke & J. C. Brunstein (Hrsg.), Förderung, Training und Therapie bei Lernstörungen. Göttingen: Hogrefe.

Lauth M. Grünke & J. C. Brunstein (Hrsg.), 2004, Förderung, Training und Therapie bei Lernstörungen, Göttingen: Hogrefe.

Lauth Husein und Spieß, Lernkompetenztraining bei leistungsschwachen Grundschülern, Kindheit und Entwicklung, 2006 Vol. 15, No. 4, Hogrefe-Verlag Göttingen

Lehmann RH, Peek R.,Poerschke J., Hrsg. von M. Hasselhorn, H. Marx und W. Schneider Hamburger Lesetest für 3. und 4. Klassen, HAMLET 3-4, 2. überarbeitete Auflage 2006. Hogrefe-Verlag

Leikin Mark, Hagit Even, Morphological Processing in Adult Dyslexia, Journal of Psycholinguistic Research, Volume 35, Number 6, 2006, Springer

Lenhard W., & Schneider W., (2005). ELFE 1-6: Ein Leseverständnistest für Erst- bis Sechstklässer. Göttingen: Hogrefe- Verlag.

Lenhard W. und A., (2006). ELFE - Training: Förderung des Leseverständnisses für Schüler der 1. bis 6. Klasse; Hogrefe-Verlag.

Lleo, C. & K. Demuth (1999). Prosodic constraints on the emergence of grammatical morphemes: cross-linguistic evidence from Germanic and Romance languages. In: A. Greenhill, H. Littlefield & C., Tano (eds.), Proceedings of the 23rd Annual Boston University Conference on Language Development.Somerville, Massachusetts: Cascadilla Press.

Leonard C, Eckert M, Bishop DVM (2005) The neurobiology of developmental disorders. Cortex 41.

Leopold, C. & Leutner, D. (2002). Der Einsatz von Lernstrategien in einer konkreten Lernsituation bei Schülern unterschiedlicher Jahrgangsstufen. Zeitschrift für Pädagogik (Beiheft), 45

Leikin M, Hagit EZ., J Psycholinguist Res. 2006; 35(6), Morphological processing in adult dyslexia.

Leonard, Kail, & Miller, Catts, H., Gillispie, M., Leonard, L., Kail, R., & Miller, C. (2002). The role of speed of processing, rapid naming, and phonological awareness in reading achievement. Journal of Learning Disabilities,35.

Leuninger Helen, 2003. Kindliche Sprachschwierigkeiten: Dysgrammatismus. In: Didaktik der deutschen Sprache. Bd. 1. Bredel, Ursula u.a. (eds.). Paderborn: Schönigh

Ligges M., Grünling C., Möller U., Georgiewa P., Mentzel HJ., Rzanny R., Kaiser WA, Witte H. & Blanz B. (2003). Phonological processing in dyslexic and normal reading children, adolescents and adults: a fMRI stud. NeuroImage, 19, (2, Supl. 1).

Linder, Maria & Grissemann, Hans; 2000: ZLT – Zürcher Lesetest. Förderdiagnostik bei gestörtem Schriftspracherwerb. 6. Aufl. Bern: Huber.

Lingen, M. (2003). Rehearsal-Strategien im Grundschulalter - Allgemeine und differentielle Entwicklungsveränderungen. Dissertation. Georg-August-Universität: Göttingen.

Logan, G.D. (1997). Automaticity and reading: Perspectives from the instance theory of automatization. Reading and Writing Quarterly: Overcoming Learning Difficulties, 13.

Logie RH, Gilhooly KJ, Wynn V (1994) Counting on working memory in arithmetic problem solving. Mem Cognit 22.

Looß, M. (2001). Lerntypen? Ein pädagogisches Konstrukt auf dem Prüfstein. Die Deutsche Schule, 93, Heft 2.

Lorenz, J.H. (1991). Anschauung und Veranschaulichungsmittel im arithmetischen Anfangsunterricht - Mentales visuelles Operieren und Rechenleistung. Göttingen: Hogrefe.

Lorenz, J.H., 2003, Lernschwache Rechner fördern. Ursachen der Rechenschwäche/Frühhinweise auf Rechenschwäche/Diagnostisches Vorgehen, Cornelsen-Scriptor

Lorenz J.H., Der gescheiterte Rechenunterricht: Rechenversagen – Ursachen und „Therapie" http://998.nibis.de/ps-schaefer/themen/mathe/lorenz_gescheiterter_matheunterricht.pdf

Lorenz, J.H. (2007). Anschauungsmittel als Kommunikationsmittel. Grundschulzeitschrift, 201.

Lovegrove, W. (1994) Visual deficit in dyslexia: evidence and implications. In A. Fawcett and R. Nicolson (Eds), Dyslexia in Children, pp. 113–135. Hemel Hempstead: Harvester, Wheatsheaf.

Lundberg, I., Olofsson, A., Wall, S.: Reading and spelling skills in the first years predicted from phonemic awareness in kindergarten. Scandinavian Journal of Psychology 21 (1980)

Lundberg, I., Frost, J., Peterson, O.: Effects of an extensive programme for stimulating phonological awareness in pre-school children. Reading Research Quaterly 23 (1988).

Lundberg I. (2002). The child's route into reading and what can go wrong. Dyslexia

Lyytinen H, Ahonen T, Eklund K, Guttorm T K, Laakso ML, Leinonen S, Leppanen PH, Lyytinen P, Poikkeus AM, Puolakanaho A, Richardson, U, Viholainen H (2001). Developmental pathways of children with and without familial risk for dyslexia during the first years of life. Developmental Neuropsychology 20.

Maas U. (1989): Dehnung und Schärfung in der deutschen Orthographie. In: Eisenberg, Peter/ Günther, Hartmut (Hg.): Schriftsystem und Orthographie. Tübingen: Niemeyer.

Maas, U.: Grundzüge der deutschen Orthographie. Tübingen: Niemeyer 1992.

Maas Utz: Phonologie. Eine funktionale Phonetik des Deutschen. Opladen, Wiesbaden: Westdeutscher Verlag, 1999.

Maas U., Gust H., Albes Ch., Noack Ch., Thelen T. (1999): Abschlußbericht des Projektes, Computerbasierte Modellierung orthographischer Prozesse'. Osnabrück: Universität. www.akot.de/doc.

Maas U. (2003). Phonologie. Einführung in die funktionale Phonetik des Deutschen. Opladen: Westdeutscher Verlag.

McGurk H., & MacDonald J. (1976). Hearing Lips and seeing voices. In: Nature, 246.

McLean JF, Hitch GH (1999). Working memory impairments in children with specific mathematics learning difficulties. J. Exp. Child Psychol. 74.

Mähler C. & Hasselhorn M. (2001). „Achte auf den Fuchs - aber nur auf den Fuchs!" Zur Entwicklung einer zentral-exekutiven Arbeitsgedächtnisfunktion im Verlauf der Grundschuljahre. Poster auf der 15. Tagung der Fachgruppe Entwicklungspsychologie in Potsdam.

Mähler C. & Hasselhorn M. (2003). Automatische Aktivierung des Rehearsalprozesses im phonologischen Arbeitsgedächtnis bei lernbehinderten Kindern und Erwachsenen. Zeitschrift für Pädagogische Psychologie, 17.

Mähler C., Arbeitsgedächtnisfunktionen bei lernbehinderten Kindern und Jugendlichen. Zeitschrift für Entwicklungspsychologie und Pädagogische Psychologie, Hogrefe, 2007.

Mandl, H. & Fischer, F. (2000). Mapping-Techniken und Begriffsnetze in Lern- und Kooperationsprozessen. In H. Mandl & F. Fischer (Hrsg.), Wissen sichtbar machen: Wissensmanagement mit Mapping-Techniken. Göttingen: Hogrefe.

Mangold M., 1961. Laut und Schrift im Deutschen. Dudenbeiträge 3. Mannheim.

Manis F, McBride-Chang C, Seidenberg M, Keating P, Doi LM, Munson B, Petersen A (1997) Are speech perception deficits associated with developmental dyslexia? Journal of Experimental Child Psychology 66.

Mann, Ch. (1994). Legasthenie verhindern. Bochum: Verlag Ferdinand Kamp.

Mann Ch., (2001). LRS Legasthenie. Prävention und Therapie. Weinheim: Beltz-Verlag

Mann Ch., 2006, Die Rolle des Lesens in der Legast>henietherapie, www.pte.de/fileadmin/images/PDF/Dr._Mann.pdf.

Mannhaupt, G.: Deutschsprachige Studien zu Intervention bei Leserechtschreib- Schwierigkeiten. Zeitschrift für Pädagogische Psychologie 8, 1994.

Mannhaupt, G.: Evaluationen von Förderkonzepten bei Lese-Rechtschreibschwierigkeiten – Ein Überblick in Schulte-Körne, G. (Hrsg.): Legasthenie - Zum aktuellen Stand der Ursachenforschung, der diagnostischen Methoden und der Förderkonzepte. Verlag Dr. Winkler, Bochum 2002.

Mannhaupt, G. (2002). Kognitive Lernprobleme in der Schule: Von den Ursachen zu den Voraussetzungen des Lernens. In Itze, U., Ulosnka, H. & Bartsch, C. (Hrsg.): Problemsituationen in der Schule. Bad Heilbrunn: Julius Klinkhardt

Mannhaupt G., 2005, Münsteraner Screening, Zur Früherkennung von Lese-Rechtschreibschwierigkeiten, verlag für pädagogische medien.

Mannhaupt G., 2006, Münsteraner Trainingsprogramm. Ein Programm zur Förderung der phonologischen Bewusstheit für den Schulanfang, Berlin: Verlag Cornelsen

Marendaz, C., Valdois, S. & Walch, J.P. (1996). Dyslexie développementale et attention visuo-spatiale. L'Année Psychologique, 96.

Martschinke, S., Kirschhock, E., Frank, A. (2001): Rundgang durch Hörhausen. Erhebungsverfahren zur phonologischen Bewusstheit. Diagnose u. Förderung im Schriftspracherwerb. Donauwörth: Auer

Marx, H., Jansen, H., Mannhaupt, G., Skowronek, H.. Prediction of difficulties in reading and spelling on the basis of the Bielefelder screening. In: Grimm, H., Skowronek, H.(Hrsg): Language acquisition problems and reading disorders: Aspects of diagnosis and intervention. Berlin 1993.

Marx H. (1998). Kuspels Leseaufgaben (Knuspel-L). Göttingen: Hogrefe.

Marx H. (2000). Knuspels Leseaufgaben: Theorie, Umsetzung und Überprüfung. In M. Hasselhorn (Hrsg.), Diagnostik von Lese-Rechtschreibschwierigkeiten. Göttingen: Hogrefe.

Marx P. & Schneider, W. (2000). Entwicklung eines Tests zur phonologischen Bewusstheit im Grundschulalter. In M. Hasselhorn, W. Schneider & H. Marx (Hrsg.), Diagnostik von Lese-Rechtschreibschwierigkeiten. Göttingen: Hogrefe.

Marx P., Weber, J. & Schneider, W. (2005). Phonologische Bewusstheit und ihre Förderung bei Kindern mit Störungen der Sprachentwicklung. Zeitschrift für Entwicklungspsychologie und Pädagogische Psychologie, 37.

Mauer D, Kamhi. A (1996): Factors that influence phonem-graphem correspondence learning,Journal of Learning disabilities 29 (3).

May CP, Hasher L., Foong N., 2005, Implicit Memory, Age, and Time of Day, Paradoxical Priming Effects. www.psychologicalscience.org/journals/ps/16_2.cfm

Mayberry R.I. & Nicoladis E., (2000). Gesture reflects language development: Evidence from bilingual children. Psychological Science, 9.

Mayer, R. E. (2001). Multimedia Learning. Cambridge, UK: Cambridge University Press.

Mayringer, H. , Wimmer, H. : Pseudoname learning by german-speaking children with dyslexia: Evidence for a phonological learning deficit. Journal of Experimental Child Psychology, 75, 2000.

Mayringer, H.; Wimmer, H.: Salzburger Lese-Screening SLS 1-4 und SLS 5-8 1. Auflage, Hogrefe Verlag, 2003.

McElvany, N., Artelt, C. & Holler, S. (2005) Leseförderung in der Familie. In A. Sasse & R. Valtin (Hrsg.), Lesen lehren. Berlin: Deutsche Gesellschaft für Lesen und Schreiben.

McGurk H., & MacDonald J. (1976). Hearing lips and seeing voices. *Nature, 264.*

Mehlhorn, Trouvain, 2007, Sensibilisierung von Lernenden für fremdsprachliche Prosodie. Zeitschrift für Interkulturellen Fremdsprachenunterricht 12:2.

Melchers, P. & Preuß, U.: Kaufman-Assessment Battery for Children (K-ABC). Swets & Zeitlinger, Frankfurt, 5. teilweise ergänzte Auflage 2001.

Menzel, Wolfgang. 1985. Rechtschreibunterricht. Beiheft zu Praxis Deutsch 59.

Merigan, W. H., Maunsell, J. H. R.; How parallel are the primate visual pathways? Annual Review of Neuroscience, 16, 1993.

Merzenich, M., Jenkins, P. Johnston, C. Schreiner, S.L. Miller, & P. Talla.l (1996), Temporal Processing Deficits of Language-Learning Impaired Children Ameliorated by Training, Science, v. 271.

Michalski, S. & Tewes, U. (2001). Zentrale Hörstörungen nachweislich trainierbar? Hörakustik, 10.

Miller J., & Schwanenflugel P. J. (2006). Prosody of syntactically complex sentences in the oral reading of young children. Journal of Educational Psychology, 98.

Milner, B. (1970). Memory and the medial temporal regions of the brain. In Probram, K. H. and Broadbent, D. E., editors, *Biology of Memory.* Academic Press.

Minnaert, A. & Janssen, P. J. (1995). How general are the effects of domain-specific priorknowledge on study expertise as compared to general thinking skills? In M. and prior knowledge. Boston: Kluwer Academic Press.

Moore LH, Brown WS, Markee TE, Theberge DC, Zvi JC, 1995 Bimanual coordination in dyslexic adults. Neuropsychologia. 1995; 33/6.

Moretti R, Bava A, Torre P, Antonello R, Cazzato G (2002) Reading errors in patients with cerebellar vermis lesions. Journal of Neurology 249.

Morgan, J. L., Shi, R., Allopenna, P. (1996) Perceptual bases of rudimentary grammatical categories: Toward a broader conceptualization of bootstrapping. In: J. L. Morgan & K. Demuth (eds.) From Signal to Syntax: Bootstrapping from Speech to Grammar in Early Language Acquisition. Mahwah: Erlbaum.

Morrow L. M., & Asbury E. (2003). Current practices in early literacy development. In L. M. Morrow, L. B. Gambrell, & M. Pressley (Eds.), Best practices in literacy instruction (pp. 43–64). New York: Guilford Press.

Motsch Hans-Joachim; 2002: Effektivitätssteigerung durch Kontextoptimierung in der Therapie spezifischer Sprachentwicklungsstörungen. In: Suchodoletz, Waldemar von (Hrsg.): Therapie von Sprachentwicklungsstörungen. Stuttgart: Kohlhammer.

Mottier Grete, 1996: Der Mottier-Test. In Linder, Maria & Grissemann, Hans: ZLT - Zürcher Lesetest. (Handanweisung). 5. Aufl. Bern: Huber.

Müller, R.: Erfolgskontrolle eines gezielten Rechtschreibtrainings in homogenen Förderungsgruppen. In W. Siersleben (Hrsg.): Lernen heute. Beltz, Weinheim 1969.

Musiek FE, Charette L, Kelly T, Lee WW, Musiek E. (1999). Hit and false-positive rates for the middle latency response in patients with central nervous system involvement. J Am Acad Audiol 10

Muth-Seidel D., PetermannF., 2007. Training für Kinder mit räumlich-konstruktiven Störungen. Das neuropsychologische Einzeltraining DIMENSIONER II. Hogrefe.

Naegele, Ingrid/Valtin, Renate (Hgg.), 1994: Rechtschreibunterricht in den Klassen 1 – 6. Grundlagen – Erfahrungen – Materialien, Frankfurt/Main.

Naegele, I. & Valtin, R. (2001). LRS - Legasthenie in den Klassen 1-10. Handbuch der Lese-Rechtschreibschwierigkeiten. Band 2: Schulische Förderung und außerschulische Therapien. Weinheim, Basel: Beltz.

Näslund, J. C. The interrelationships among preschool predictors of reading acquisition for German children. Reading and Writing 2 (1990).

National Institute of Child Health and Human Development, (2000), Reading Panel.

Naumann, C. L. (1989): Gesprochenes Deutsch und Orthographie. Frankfurt: Lang.

Naumann, Carl Ludwig: Beiträge der Deutschdidaktik zur Lerntherapie. In: Nolte, Marianne / Naumann, Carl Ludwig (Hrsg.): Integrative Lerntherapie: ein Reader. Hannover: Univ., Fachbereich Erziehungswiss. 2000.

Naumann, Carl Ludwig 2000: Orientierungswortschatz – Ermutigung aus Begrenzung und Struktur der Orthografie. In: Valtin, Renate (Hg.): Rechtschreiben lernen in den Klassen 1-6. Grundlagen und didaktische Hilfe. Frankfurt / Main: Grundschulverband – AK Grundschule

Neath, I. & Surprenant, A. M. (2001). The irrelevant sound effect is not always the same as the irrelevant speech effect. In H. L. Roediger, III, J. S. Nairne, I. Neath & A. M. Surprenant (Hrsg.), The nature of remembering: Essays in honor of Robert G. Crowder (pp. 247-265). Washington, DC, US: American Psychological Association.

Nickisch, A. et al., Auditive Verarbeitungs- und Wahrnehmungsstörungen bei Schulkindern – Diagnose und Therapie, verlag modernes lernen, Dortmund 2001.

Nickisch A., M. Gross, R. Schönweiler, V. Uttenweiler, A. G. Dinnesen, R. Berger, H. J. Radü, M. Ptok, Auditive Verarbeitungs- und Wahrnehmungsstörungen, Konsensus- Statement, 2006, www.dgpp.de/Profi/index_Profi.htm.

Nicolson, R.I. & Fawcett, A.J. (2005). Developmental dyslexia, learning and the cerebellum. Journal of Neural Transmission (Supplement), 69, 19-36.

Njiokiktjien, C., 1994. Dyslexia: A euroscientic puzzle. Acta paedoneuropsychiatrica. International Journal of Child and Adolescent Psychiatry 56.

Noack Ch., Die Bedeutung phonologischer Dekodierfähigkeit für die Lesekompetenz http://dgfs.de/jahrestagung/mainz_2004/AG3-Abstracts.pdf.

Neuhaus, G., Foorman, B.R., Francis, D.J. & Carlson, C. D. (2002). Measures of information processing in rapid automatized naming (RAN) and relations to reading. Journal of Experimental Child Psychology, 78.

Nolte M., 2001, Rechenschwäche und gestörte Sprachrezeption, Klinkhardt

Nottbusch G., Schriftliche Sprachproduktion bei Kindern, 2001, www.guido-nottbusch.de/Pub/GAL2001A.htm.

Oelwein PL., (2002), Kinder mit Down-Syndrom lernen lesen. Ein Praxisbuch für Eltern und Lehrer. g&s Verlag, Edition 21.

Oerter, R.; Dreher, E. (1998). Jugendalter. In R. Oerter; L. Montada (1998). Entwicklungs-psychologie. Ein Lehrbuch. Weinheim: Psychologie Verlags Union.

Olson, R. K., Wise, B., Conners, F., Rack, J.. Organization, heritability, and remediation of component word recognition and language skills in disabled readers. In: Carr T., Levy B. A. (Hrsg.): Reading and its development: component skills approaches. New York 1990.

Osburg, C. (1997). Gesprochene und geschriebene Sprache – Aussprachestörungen und Schriftspracherwerb. Hohengehren: Schneider.

Parente', R. and Herrmann, D. 1996: Retraining memory strategies. Topics in Language Disorders 17.

Paulesu, E., Frith, U., Snowling, M., Gallagher, A., Morton, J., Frackowiak, R. S., Frith, CD.: Is developmental dyslexia a disconnection syndrome? Evidence from PET scanning. Brain 119 (1996).

Pea, R. (2004). The social and technological dimensions of scaffolding and related theoretical concepts for learning, education and human activity. The Journal of the Learning Sciences, 13.

Penner Zvi (1999) Screeningverfahren zur Feststellung von Störungen in der Grammatikentwicklung. Edition SZH. Luzern.

Penner, Zvi, Weissenborn, Jürgen, & Wymann, K. (2001). On the prosody/ lexicon interface in learning wordorder. A study of normally developing and language impaired children. In J. Weissenborn & B. Höhle (Eds.), Approaches to bootstrapping: Phonological, lexical, syntactic, and neurophysiological aspects of early language acquisition Amsterdam: John Benjamins.

Pennington, B. F., Van Orden, G. C., Smith, S. D., Green, P. A., Haith, M. M.: Phonological processing skills and deficits in adult dyslexics. Child Development 61 (1990).

Petermann F. und U. (2007), Hamburg-Wechsler-Intelligenztest, HAWIK-IV, Hogrefe.

Pihko E, Mickos A, Kujala T, Pihlgren A, Westman M, Alku P, Byring R, Korkman M. Cereb Cortex. 2007, 17(4), Group intervention changes brain activity in bilingual language-impaired children.

Ploetzner, R., Fehse, E., Kneser, C. & Spada, H. (1999). Learning to relate qualitative and quantitative problem representations in a model-based setting for collaborative problems solving. The Journal of the Learning Sciences, 8.

Pöppel, E. (1985). Grenzen des Bewußtseins; über Wirklichkeit und Welterfahrung. Stuttgart, Deutsche Verlags-Anstalt (1997). 3. überarbeitete Auflage: Wie kommen wir zur Zeit und wie entsteht Wirklichkeit? Insel Verlag, Frankfurt Insel-Taschenbuch.

Poeppel, D., A critical review of PET studies of phonological processing. Brain and Language 55 (1996).

Pressley M., (2002). Reading instruction that works: The case for balanced teaching, 2nd edition. New York: Guilford.

Ptok, M. (2000). Auditive Verarbeitungs- undWahrnehmungsstörungen und Legasthenie. Hessisches Ärzteblatt, 2.

Ptok, Martin; Berger, R.; Von Deuster, C.; Gross, M.; Lamprecht-Dinnesen, A.; Nickisch, A.; Radü, H.-J. & Uttenweiler, V., 2000: Auditive Verarbeitungs- und Wahrnehmungsstörungen. Konsensus-Statement. In: HNO; 48 (5).

Pujol J, Roset-Llobet J, Rosines-Cubells D, Deus J, Narberhaus B, Valls-Sole J, et al. Brain cortical activation during guitar-induced hand dystonia studied by functional MRI. Neuroimage 2000; 12.

Pulvermüller F. (1996). Hebb's concept of cell assemblies and the psychophysiology of word processing. Psychophysiology, 33(4).

Pulvermüller F, Kujala T, Shtyrov Y, Simola J, Tiitinen H, Alku P, Alho K, Martinkauppi S,Ilmoniemi R J & Näätänen R (2001) Memory Traces for Words as Revealed by the Mismatch Negativity (MMN). Neuroimage 14.

Raberger, T. & Wimmer, H. (2003). On the automaticity/cerebellar deficit hypothesis of dyslexia: Balancing and continuous rapid naming in dyslexic and ADHD children. Neuropsychologia, 41

Rack, J. P., Snowling, M. J., & Ol son, R. K. (1992). The nonword reading deficit in developmental dyslexia: A review. Reading Research Quarterly , 27 (1).

Rae C, Harasty J, Dzendrowskyj T, et al.(2002) Cerebellar morphology in developmental dyslexia. Neuropsychologia 40.

Ramaa, S. & Gowramma, I. P. (2002). A systematic procedure for identifying and classifying children with dyscalculia among primary school children in India. Dyslexia, 8.

Ramus, F. (2003). Developmental dyslexia: Specific phonological deficit or general sensorimotor dysfunction? Current Opinion in Neurobiology, 13(2).

Rapp M.A. et al., History Of Depression Linked To More Brain Plaques And Tangles, Rapid Decline In Alzheimer's Disease, Arch Gen Psychiatry. 2006; 63.

Ramus, F., Rosen, S., Dakin, S.C., Day, B.L., Castellote, J.M., White, S. & Frith, U. (2003). Theories of developmental dyslexia: Insights from a multiple case study of dyslexic adults. Brain, 126

Ranschburg, P. (1928). Die Lese- und Schreibstörungen des Kindesalters. Halle: Carl Marhold Verlags-buchhandlung.

Rasch, B., Buchel, C., Gais S. & Born J. (2007). Odor cues during slow-wave sleep prompt declarative memory consolidation. Science.

Rashotte, C.A. und Torgesen, J.K. (1985). Repeated reading and reading fluency in learning disabled children. Reading Research Quarterly.

Ravid, D.; Mashraki, Y. E.; Prosodic reading, reading comprehension and morphological skills in Hebrew-speaking fourth graders. Journal of Research in Reading, Volume 30/2, 2007, Blackwell Publishing.

Reed, M. A. (1989). Speech perception and the discrimination of brief auditory cues in reading disabled children. Journal of Experimental Child Psychology, 48 (2).

Reich, Hans H. & Roth, Hans-Joachim (2003) HAVAS-5. Hamburger Verfahren zur Analyse des Sprachstands bei Fünfjährigen. Landau u. Hamburg in: Heitmann, M. 2003 und Roth 2005

Reichert, J., Migulla, G. (2005). AUDILEX im Test – Ergebnisse einer Praxiserprobung. Sonderpädagogik.

Reith, D., Weber, R.: Ist die Rechtschreibschwäche überwindbar? Westermanns Pädagogische Beiträge 25, 1973.

Reuhkala M (2001). Mathematical Skills in Ninth-graders: Relationship with visuo-spatial abilities and working memory. Educ. Psychol. 21.

Reuter-Liehr, C. (2001). Lautgetreue Rechtschreibförderung, Winkler Verlag Bd. 1: Eine Einführung in das strategiegeleitete Lernen zum Training von Phonemstufen auf der Basis des rhythmischen Syllabierens. Bd. 2: Lerngruppe I, ab Mitte 3. Klasse und Kinder mit LRS. Bd. 3: Lerngruppe II (30 Stundenabläufe und Materialien), ab 5. Klasse und Kinder mit LRS, Bd. 4: Lernspiel: Spiel-Spirale mit Spielbrett mit 240 Spielkarten, Spielsteinen und Anleitung.

Reuter-Liehr, C.: Lautgetreue Rechtschreibförderung. Winkler Verlag, Bochum 1992.

Reuter-Liehr, C.: Behandlung der Lese-Rechtschreibstörung nach der Grundschulzeit: Anwendung und Überprüfung eines Konzeptes. Zeitschrift für Kinder- und Jugendpsychiatrie, 21, 1993.

Reuter-Liehr, C (2000). Lautgetreue Lese-Rechtschreibförderung. Winkler, Bochum.

Reynolds, D., Nicolson, R.I. & Hambly, H. (2003). Evaluation of an exercise-based treatment for children with reading difficulties. Dyslexia, 9.

Richards, T., Corina, D., Serafini, S., Steury, K., Echelard, D., Dager, S., Marro, K., Abbott, R. D., Maravilla, K., Berninger, V. (2000). Effects of a Imaging. American Journal of Neuroradiology, 21.

Richter T. & Christmann U. (2002). Lesekompetenz: Prozessebenen und interindividuelle Unterschiede. In N. Groeben & B. Hurrelmann (Hrsg.), Lesekompetenz: Bedingungen, Dimensionen, Funktionen. Weinheim: Juventa.

Risel, H. (2002). Zur Silbierkompetenz von Grundschulkindern. In: D. Tophinke & C. Röber-Siekmeyer (Hrsg.) Schärfungsschreibung im Fokus. Zur schriftlichen Repräsentation sprachlicher Strukturen im Spannungsfeld von Sprachwissenschaft und Didaktik. Baltmannsweiler: Schneider Hohengehren.

Ritter, Christiane 2006, Entwicklung und empirische Überprüfung eines Lesetrainings auf Silbenbasis, http://opus.kobv.de/ubp/frontdoor.php?source_opus=1003&la=de.

Roach NW, Hogben JH, Brain. 2007; 130; Epub 2007, Impaired filtering of behaviourally irrelevant visual information in dyslexia.

Rode C., (1999). Secondary school students' diagrammatic literacy: Competencies and Deficits. Paper presented at the 8th EARLI-Conference, Göteborg, Schweden.

Röber-Siekmeyer, Christa, 1993 und 1997: Die Schriftsprache entdecken. Rechtschreiben im offenen Unterricht. Weinheim & Basel: Beltz praxis.

Röber-Siekmeyer, Christa: „Kannst du dich an MoPs erinnern?" Freiburg: Pädagogische Hochschule, 1998. www.akot.de/doc.

Röber-Siekmeyer C., Pfisterer K.: Silbenorientiertes Arbeiten mit einem leseschwachen Zweitkläßler. Begründung und Beschreibung einer nicht buchstabenorientierten Unterrichtsfolge zum Lesenlernen. In: Weingarten & Günther: Schriftspracherwerb. Baltmannsweiler: Schneider Verlag Hohengehren, 1999.

Röber-Siekmeyer, Christa 1999: Ein anderer Weg zur Groß- und Kleinschreibung. Leipzig et al.: Klett

Röber-Siekmeyer Ch., 2002. Schrifterwerbskonzepte zwischen Pädagogik und Sprachwissenschaft. In: Schrifterwerbskonzepte zwischen Sprachwissenschaft und Pädagogik. Röber-Siekmeyer, Christa & Tophinke, Doris (eds.). Baltmannsweiler: Schneider Verlag Hohengehren.

Röber-Siekmeyer Ch., Tophinke D. (Hrsg.): Schrifterwerbskonzepte zwischen Sprachwissenschaft und Pädagogik. Baltmannsweiler: Schneider Verlag Hohengehren. 2002.

Röber-Siekmeyer Ch., 2003. Die Entwicklung orthografischer Fähigkeiten im mehrsprachigen Kontext. In: Didaktik der deutschen Sprache. Bd. 1. Bredel, U. u.a., Paderborn: Schöningh.

Röber-Siekmeyer, Christa (2004): Die Berücksichtigung des kindlichen Sprachwissens für den Schrifterwerb. In: Huneke, H.-W. (Hrsg.): Geschriebene Sprache. Strukturen. Erwerb, didaktische Modellbildung. Verlag Beltz Wissenschaft, Schriftenreihe der PH Heidelberg, S.

Röber Siekmeyer, Christa (2005): Lautung und Schrift in der Grundschule. Ein sprachanalytisches Konzept für Unterricht und Lehrerbildung. Band I Grundlagen für die Diagnose der sprachlichen Leistungen von Grundschulkindern. Teil eines Buchmanuskriptes. Freiburg.

Röber-Siekmeyer Ch., (2005). Die Systematik der Orthographie als Basis von Analysen von Kinderschreibungen. Eine empirische Untersuchung zur Schreibung der i-Laute.

Röber-Siekmeyer, Ch. (2006): Lautung und Schrift im Anfangsunterricht. Hohengehren: Schneider.

Röhrig, R., 1996, Mathematik mangelhaft. Fehler entdecken, Ursachen erkennen, Lösungen finden, Reinbek.

Rode, C. (1999). Secondary school students' diagrammatic literacy: Competencies and Deficits. Paper presented at the 8th EARLI-Conference, Göteborg, Schweden.

Romonath, R. (2003) Spracherwerbsstörungen im Jugendalter: Empirische Befunde und deren theoretische und praktische Einordnung. In Grohnfeldt, M. (Hrsg.) Spezifische Sprachentwicklungsstörungen. Würzburg: Freiesleben.

Rosenblum L.D. (2005). Perceiving speech and speakers: Modal, informational, and cosmic convergences. Invited paper presented at the ATR Symposium on the Cross-modal Processing of Faces and Voices, Kyoto, Japan.

Rosenkötter H, Nyffenegger C, Nyffenegger R (1994) Das Gehörtraining nach Dr. Guy Bérard. Autismusheft 38:3-7.

Rosenkötter H (1997), Hören, auditive Hypersensibilität und auditives Wahrnehmungs-training. In: Rosenkötter H, Minning U, Minning S (Hrsg) Hörtraining und Klangtherapie. Audiva Selbstverlag, Lörrach-Hauingen.

Rosenkötter, H., Auditive Wahrnehmungsstörungen, Verlag Klett-Cotta Stuttgart 2003.

Roth G., Aus der Sicht des Gehirns, Führkamp, Frankfurt, 2003.

Roth, E. (1999). Prävention von Lese- und Rechtschreibschwierigkeiten: Evaluation einer vorschulischen Förderung der phonologischen Bewußtheit und der Buchstabenkenntnis. Frankfurt: Lang.

Rottmann Th., Huth Ch., 2005, Zareki und OTZ unter der Lupe, Grundschulzeitschrift/182

Rühl K. (2005). Strategieorientiertes Unterrichten. In A. Sasse & R. Valtin (Hrsg.), Lesen lehren. Berlin: Deutsche Gesellschaft für Lesen und Schreiben.

Rüsseler, J., Kowalczuk, J., Johannes, S., Wieringa, B.M. & Münte, T.F. (2002). Cognitive brain potentials to novel acoustic stimuli in adult dyslexic readers. Dyslexia, 8.

Rüsseler, J., Johannes, S., Kowalczuk, J., Wieringa, B.M. & Münte, T.F. (2003).

Developmental dyslexics show altered allocation of attention in visual classification tasks. Acta Neurologica Scandinavica, 107.

Rüsseler J., 2006, Neurobiologische Grundlagen der Lese-Rechtschreib-Schwäche, Zeitschrift für Neuropsychologie, Vol. 17, No. 2, Verlag Hans Huber

Rumsey, J. M. et al., Failure to activate the left temporoparietal cortex in dyslexia. An oxygen 15 positron emission tomographic study. Archives of Neurology 49 (1992).

Rye, J. & Rubba, P. (2002). Scoring concept maps: An expert map-based scheme weighted for relationships. School Science and Mathematics, 102.

Sabisch B., Hahne A., Glass E. von Suchodoletz W., Friederici A.D.; 2006 Auditory Language Comprehension in Children with Developmental Dyslexia: Evidence from Event-related Brain Potentials. J. Cogn. Neurosci. 2006; 18.

Salamé, P. & Baddeley, A.D. (1989). Effects of background music on phonological short-term memory. The Quarterly Journal of Experimental Psychology, 41A.

Salmelin R, Service E, Kiesilä P, Uutela K, Salonen O. Impaired visual word processing in dyslexia revealed with magneto-encephalography. Ann Neurol 1996; 40.

Sambanis, M. (2002) Fremdsprachenunterricht bei LRS-Kindern in der Primarstufe, Legasthenie und Rechenstörung Neue Wege in die Zukunft: Aktuelle Ergebnisse aus Praxis und Forschung. 14. Internationaler Kongress des Bundesverbandes Legasthenie e. V. in Zusammenarbeit mit der European Dyslexia Association und der Abteilung für Psychiatrie und Psychotherapie im Kindes- und Jugendalter der Universität Freiburg.

Samuels, S.J. (1979). The method of repeated readings. The Reading Teacher, 32, S. 403-408.

Scarborough, H. S. (2001). Connecting early language and literacy to later reading (dis)abilities: Evidence, theory, and practice. In S. Neuman & D. Dickinson (Eds.), Handbook for research in early literacy (pp. 97-110). New York: Guilford Press.

Schaffner, E., Schiefele, U., & Schneider, W. (2004). Ein erweitertes Verständnis der Lesekompetenz: Die Ergebnisse des nationalen Ergänzungstests. In U. Schiefele, C. Artelt, W. Schneider & P. Stanat (Hrsg.), Struktur, Entwicklung und Förderung von Lesekompetenz. Wiesbaden: VS-Verlag.

Schatschneider, C., Carlson, C.D., Francis, D.J., Foorman, B.R. & Fletcher, J.M. (2002). Relationship of rapid automatized naming and phonological awareness in early reading development: implications for the double-deficit hypothesis. Journal of Learning Disabilities, 35.

Schenk, Christa (1997). Lesen und Schreiben lernen und lehren: eine Didaktik des Erstlese- und Erstschreibunterrichts. Baltmannsweiler: Schneider Verlag; Hohengehren Scheerer-Neumann, G.: Intervention bei Lese-Rechtschreibstörung. Überblick über Theorien, Methoden und Ergebnisse. Kamp, Bochum 1979.

Scheerer-Neumann, G.: Rechtschreibtraining mit rechtschreibschwachen Hauptschülern auf kognitionspsychologischer Grundlage: Eine empirische Untersuchung. Westdeutscher Verlag, Opladen 1988.

Scheerer-Neumann, G.: Interventions in developmental reading and spelling disorders. In Grimm, H., Skowronek, H. (Eds.): Language acquisition problems and reading disorders: aspects of diagnosis and intervention. Walter de Gruyter, Berlin 1993.

Scheerer-Neumann, Gerheid: Der Erwerb der basalen Lese- und Schreibfähigkeiten. In: Schrift und Schriftlichkeit. Ein interdisziplinäres Handbuch internationaler Forschung. 2. Halbband. Hg. v. Hartmut Günther/Otto Ludwig. Berlin: Walter de Gruyter 1996.

Schiff R, Ravid D., J Psycholinguist Res. 2007 May, 36 (3). Morphological analogies in hebrew-speaking university students with dyslexia compared with typically developing gradeschoolers.

Schleswig-holsteinischen Kultusministerium, 1996, Einsatz von Methoden der Kinesiologie und des Neurolinguistischen Programmierens (NLP) in Schulen und der Lehrerfortbildung, www.schulrecht-sh.de/texte/k/kinesiologie.htm.

Schmid-Barkow, I. (1997). Vom didaktischen Nährwert der Silbe. Didaktik Deutsch, H. 3.

Schmid, R.G.: Lese- und Rechtschreibstörung. Monatsschrift Kinderheilkunde 152, 2004.

Schneider, W., Näslund, J. (1993). The impact of early metalinguistic competencies and memory capacities on reading and spelling in elementary school: Results of the Munich Longitudinal Study on the Genesis of individual competencies. European Journal of Psychology of Education, 8.

Schneider, W. & Weinert, F. E. (1990). The role of knowledge, strategies, and aptitudes in cognitive performance: Concluding remarks. In W. Schneider & F. E. Weinert (Eds.), Interactions among aptitudes, strategies, and knowledge in cognitive performance. New York: Springer.

Schneider, W., Vise, M., Reimers, P., Blaesser, B.: Auswirkungen eines Trainings der sprachlichen Bewusstheit auf den Schriftspracherwerb in der Schule. Zeitschrift für Päd. Psychologie 8 (1994).

Schneider, W., Küspert, P., Roth, E., Vise, M., Marx, H.: Short- and long-term effects of training phonological awareness in kindergarten: evidence from two German studies. Journal of Experimental Child Psychology 66 (1997).

Schneider, W., Näslund, J.-C. (1997). The early prediction of reading and spelling: Evidence from the Munich Longitudinal Study on the genesis of individual competencies. In C.Leong, R. Joshi (Hrsg.), Cross-language studies of learning to read and spell. Dordrecht: Kluwer Academic Publishers.

Schneider, W., Roth, E., Küspert, P., Ennemoser, M.: Kurz- und langfristige Effekte eines Trainings der phonologischen Bewusstheit bei unterschiedlichen Leistungsgruppen: Befunde einer Sekundäranalyse. Zeitschrift für Entwicklungspsychologie und Pädagogische Psychologie, XXX (1), 1998.

Schneider, W.; Näslund, J.: The impact of early metalinguistic competencies and memory capacity on reading and spelling in elementary school: Results of the Munich Longitudinal Study on the Genesis of Individuel Competencies. In: European Journal of Psychology of Education, Jg. 1999, Heft 8.

Schneider,W. (2000). Das Konzept der phonologischen Bewusstheit und seine Bedeutung für den Schriftspracherwerb. In: B. Ganser (Hrsg.). Lese-Rechtschreib-Schwierigkeiten – Diagnose – Förderung – Materialien. Donauwörth.

Schneider, W. & Krajewski, K., Deutsche Mathematiktests für erste und zweite Klassen (DEMAT 1+ und DEMAT 2+). In M. Hasselhorn, H. Marx & W. Schneider (Hrsg.), Diagnostik von Mathematikleistungen - Tests und Trends, Göttingen: Hogrefe. 2005.

Schneider W., Marx P. & Weber J.; 2006. www.psychologie.uni-wuerzburg.de/i4pages/html/lese-rechtschreibprojekt.html.

Schnotz, W. & Bannert, M. (1999). Einflüsse der Visualisierungsform auf die Konstruktion mentaler Modelle beim Text- und Bildverstehen. Zeitschrift für experimentelle Psychologie, 4.

Schnotz, Bannert, 2007. Das Generieren von Bildern als Verstehenshilfe beim Lernen aus Texten, Zeitschrift für Entwicklungs- und Pädagogische Psychologie, 2007 Vol. 39/1, Hogrefe Verlag Göttingen.

Schöler, H. (2001a): Sprachleistungsmessungen im Schulalter. Ein Überblick. Heidelberg: Pädagogische Hochschule Heidelberg, Fakultät I – Psychologie in der Fachrichtung Lernbehindertenpädagogik, Arbeitsbericht Nr. 11 aus dem Forschungsprojekt „Differentialpädagogik".

Schöler H., 2006; www.ph-heidelberg.de/wp/SCHOELER/Workshop%20Schulreifes%20Kind%2011-07-2006%20Stuttgart.pdf.

Schöler, H. & Schakib-Ekbatan, K. (2001). Sprachentwicklungsstörungen und Verarbeitungs- bzw. Lernstörungen. In M. Grohnfeldt (Hrsg.), Lehrbuch der Sprachheilpädagogik und Logopädie, Bd. 2. Stuttgart: Kohlhammer.

Schöler, H., Roos, J. & Fromm, W. (2003). Arbeitsgedächtnis und Sprechen lernen. Untersuchungen an sprachentwicklungsgestörten und sprachunauffälligen Schulkindern. In Schöler, H. & Welling, A. (Hrsg.), Handbuch der Pädagogik und Psychologie bei Behinderungen, Band 3: Förderschwerpunkt Sprache. Göttingen: Hogrefe.

Schulte-Körne, G., Remschmidt, H., Warnke, A.: Selektive visuelle Aufmerksamkeit und Daueraufmerksamkeit bei legasthenen Kindern. Eine experimentelle Untersuchung. Zeitschrift für Kinder- und Jugendpsychiatrie 19 (1992)

Schulte-Körne, G., Schäfer, J., Deimel, W., Remschmidt, H.: Das Marburger Eltern-Kind-Rechtschreibtraining. Zeitschrift für Kinder- und Jugendpsychiatrie und Psychotherapie, 25, 1997.

Schulte-Körne, G., Deimel, W., Remschmidt, H.: Das Marburger Eltern-Kind-Rechtschreibtraining - Verlaufsuntersuchung nach 2 Jahren. Zeitschrift für Kinder- und Jugendpsychiatrie und Psychotherapie, 26, 1998a.

Schulte-Körne, G., Deimel, W., Bartling, Remschmidt, H.: Die Bedeutung der auditiven Wahrnehmung und der phonologischen Bewußtheit für die Lese-Rechtschreibschwäche, Sprache - Stimme – Gehör, 1998b, 22.

Schulte-Körne, G., Mathwig, F.: Das Marburger Rechtschreibtraining. Winkler Verlag, Bochum 2001.

Schulte-Körne G., W. Deimel, H. Remschmidt; Zur Diagnostik der Lese-Rechtschreibstörung, Zeitschrift für Kinder- und Jugendpsychiatrie und Psychotherapie, 2001a, 29.

Schulte-Körne, G.: Lese-Rechtschreibschwäche und Sprachwahrnehmung. Waxmann, Münster 2001b.

Schulte-Körne, G. (Hrsg): Legasthenie: erkennen, verstehen, fördern. Verlag Dr. Winkler, Bochum 2001c.

Schulte-Körne G. (Hrsg.), 2002, Legasthenie: Zum aktuellen Stand der Ursachenforschung, der diagnostischen Methoden und der Förderkonzepte, Verlag Dr. Dieter Winkler.

Schulte-Körne, Remschmidt, 2003, Deutsches Ärzteblatt Jg. 100, Heft 7 und www.info-legasthenie.de/diagnose.php.

Schulte-Körne, Gerd (2004). Elternratgeber Legasthenie. München: Knaur Verlag.

Schwanenflugel, P. J., Hamilton, A. M., Kuhn, M. R.,Wisenbaker, J., & Stahl, S. A. (2004). Becoming a fluent reader: Reading skill and prosodic features in the oral reading of young readers. Journal of Educational Psychology, 96.

Schwenck, C. & Schneider, W. (2003a). Der Zusammenhang von Rechen- und Schriftsprach-Kompetenz im frühen Grundschulalter. Zeitschrift für Pädagogische Psychologie, 17.

Schydlo, R. (1993). Welche Beziehungen bestehen zwischen Legasthenie, anderen Teilleistungsschwächen und Hyperaktivität? In: Bundesverband Legasthenie (Hrsg.) Legasthenie. Bericht über den Fachkongreß 1993. Hannover.

Schydlo, R., Interdisziplinäre Zusammenarbeit aus der Sicht des niedergelassenen Kinder- und Jugendpsychiaters, Forum der Kinder- und Jugendpsychiatrie und Psychotherapie, I/1993.

Seabaugh, G. O. & Schumaker, J. B. (1994). The effects of self-regulation training on the academic productivity of secondary students with learning problems. Journal of Behavioral Education, 4.

Seibert, A., Dierks, A., Strehlow, U., Haffner, J. et al. (2001). Der Mottier-Test als computergestütztes Screeningverfahren bei der Legastheniediagnostik. Zeitschrift für Differentielle und Diagnostische Psychologie, 22(2).

Seitz, K. & Schumann-Hengsteler, R. (2000). Mental multiplication and working memory. European Journal of Cognitive Psychology 12.

Seufert T. & Hardy I., 2005, Visualisierungen als Lern- und Denkwerkzeuge, www.sbg.ac.at/erz/aepf_2005/abstractband/Symposium%2014.pdf.

Seufert, T. & Brünken, R. (2005). Zum effektiven Einsatz von Bildern als „Denkwerkzeug." Vortrag im Rahmen der 67. Tagung der AEPF 2005, Universität Salzburg

Shalev, R. S., & Gross-Tsur, V. (2001). Developmental dyscalculia. Pediatric Neurology, 24(5)

Shaywitz SE, Stuebing KK, Shaywitz BA, and Fletcher JM. Developmental lag versus deficit models of reading disability: a longitudinal, individual growth curves analysis. Journal of Educational Psychology, 88/1 (1996).

Shaywitz SE, Shaywitz BA, The science of reading and dyslexia. J AAPOS 2003; 7(3).

Shaywitz, B. A., Shaywitz, S. E., Blachman, B. A., Pugh, K. R., Fulbright, R. K., Skudlarski, P., Mencl, W. E., Constable, R. T., Holahan, J. M., Marchione, K. E., Fletcher, J. M., Lyon, G. R. & Gore, J. C. (2004). Development of left occipitotemporal systems for skilled reading in children after a phonologically-based intervention. Biological Psychiatry, 55, (9).

Si K., S. Lindquist, Kandel E., Cold Spring Harb Symp Quant Biol. 2004 ;69.

Siegel, L., Ryan, E.: Development of grammatical sensitivity, phonological, and short-term memory skills in normally achieving and learning disabled children. Developmental Psychology 24 (1988).

Simon, D. P. & Simon, H. A. (1973). Alternative uses of phonemic information in spelling. Review of Educational Research, 43.

Simos, P., Breier, J., Fletcher, J., Bergman, E., Papanicolaou, A. (2000). Cerebral mechanisms involved in word reading in dyslexic children: A magnetic source imaging approach. Cerebral Cortex, 10, (8)

Simos, P. G. (2002). Dyslexia-specific brain activation profile becomes normal following successful remedial training. Neurology, in Press.

Skowronek, H. & Marx, H. (1989). Die Bielefelder Längsschnittstudie zur Früherkennung von Risiken der Lese- und Rechtschreibschwäche: Theoretischer Hintergrund und erste Befunde. Heilpädagogische Forschung, 15.

Slotte, V. & Lonka, K. (1999). Spontaneous concept maps aiding the understanding of scientific concepts. International Journal of Science Education, 21, 515-531.

Snowling, M. (1991). Developmental Reading Disorders. Journal of Child Psychology and Psychiatry, Nr.1.

Snowling, M. (2000) Dyslexia (2nd.Edition) Blackwell Publishers, Oxford. U.K. Snowling, M./ Adams, J., Bishop, D., Stothard, S. (2001). Educational attainments of school leavers with a preschool histotry of language impairments. International Journal of Language and Communication Disorders 36

Souvignier, E. (2000). Förderung räumlicher Fähigkeiten. Münster: Waxmann.

Souvignier E., Küppers J. & Gold A. (2003). Lesestrategien im Unterricht: Einführung eines Programms zur Förderung des Textverstehens in 5. Klassen. Unterrichtswissenschaft, 31

Souvignier, E. & Gold, A. (2004). Lernstrategien und Lernerfolg bei einfachen und komplexen Lernanforderungen. Psychologie in Erziehung und Unterricht, 51.

Sperling, A. et al. (2005): Leseschwäche durch Informationsüberfluss, in Nature Neuroscience, Online Vorabveröffentlichung DOI: 10.1038/nn1474.

Spitzer, M. (2002). Musik im Kopf: Hören Musizieren, Verstehen und Erleben im neuronalen Netzwerk. Schattauer Verlag.

Spitzer, M. (2003). Lernen: Gehirnforschung und Schule des Lebens. Spektrum Akad. Verlag

Springer, S. P., & Deutsch, G. (1998). Left brain, right brain. New York: Freeman.

Stackhouse, J. (2000). Barriers to literacy development in children with speech and language difficulties. In D. V. M. Bishop & L. B. Leonard (Eds.), Speech and Language Impairment in Children (pp. 73-97). Philadelphia: Tayler & Francis Inc.

Stahl, S., Heubach, K. (2005). Fluency-oriented reading instruction. Journal of Literacy Research, 37.

Stark LW, Giveen SC, Terdiman JF (1991). Specific dyslexia and eye movements; IN: Stein, J. F. (ed): Vision and visual dysfunction, 12, Macmillian, London.

Stark, R.E., & Blackwell, P.B. (1997). Oral volitional movements in children with language impairments. Child Neuropsychology, 3.

Steffens, M. L., Eilers, R. E., Gross-Glenn, K., Jallad, B.: Speech perception in adult subjects with familial dyslexia. Journal of Speech and Hearing Research 35 (1992).

Stein, J. (2003). Visual motion sensitivity and reading. Neuropsychologia, 41(13).

Stein, J., Richardson, A.J. & Fowler, M.S. (2000). Monocular occlusion can improve binocular control and reading in dyslexics. Brain, 123.

Stein, J. (2001). The magnocellular theory of developmental dyslexia. Dyslexia, 7

Steinbüchel, v. N. (1995). Temporal system states in speech processing: In H.J. Herrmann, D.E. Wolf, E. Pöppel (Eds.): Supercomputing in brain research: from tomography to neural networks. World Scientific, Singapore.

Steinbüchel, N. von, Wittmann, M., de Langen, E. G. (1996). Zeitliche Informationsverarbeitung und Sprache – ein integraler Anteil in der Aphasietherapie. In: Verhaltensmodifikation und Verhaltensmedizin 17.

Steinbüchel, v. N., Wittmann, M. & Pöppel, E. (1996a). Timing in perceptual and motor tasks after disturbances of the brain. In M.A. Pastor, J. Artieda (Eds.): Time, internal clocks and movement. Elsevier Science, Amsterdam.

Steinbüchel, v. N., Wittmann, M. & de Langen, E.G. (1996b). Zeitliche Informationsverarbeitung und Sprache – ein integraler Ansatz in der Aphasietherapie. Verhaltensmodifikation und Verhaltensmedizin 4.

Steinhauer, K., Alter, K. & Friederici, A. D. (1999) Brain potentials indicate immediate use of prosodic cues in natural speech processing. Nature Neuroscience 2.

Stern, E., Aprea, C. & Ebner, H. (2003). Improving cross-content transfer in text processing by means of active graphical representation. Learning and Instruction, 13.

Sternberg, R. J. (1987). Most vocabulary is learned from context. In: M. G. KcKeown, & M. E. Curtis (Eds.), The nature of vocabulary acquisition. Hillsdale, NJ: Erlbaum.

Sterr, A., Elbert, T., & Rockstroh, B. (1999). Functional reorganization of human cerebral cortex and its perceptual concomitants. To appear in M. Fahle & T. Poggio: Perceptual Learning, MIT Press.

Stickgold R., J. A. Hobson, R. Fosse, M. Fosse. Sleep, Learning, and Dreams: Off-line Memory Reprocessing, Science ,2001, Vol. 294. no. 5544.

Stock, C., Marx, P. & Schneider, W. (2003). Basiskompetenzen für Lese-Rechtschreibleistungen (BAKO 1-4). Ein Test zur Erfassung der phonologischen Bewusstheit vom ersten bis vierten Grundschuljahr. Göttingen: Hogrefe.

Stolterfoht B., Hahne A., Friederici A., Bader M., 202 Word order variations, Syntactic and prosodic revision processes. http://qcpages.qc.edu/~efernand/CUNY2002/program/absts/104.htm.

Stoodley CJ, Talcott JB, Carter EL, Witton C, Stein JF (2000). Selective deficits of vibrotac tile sensitivity in dyslexic readers. Neuroscience Letters, 295.

Stoodley CJ, Fawcett AJ,Nicolson RI, Stein JF (2005a) Impaired balancing ability in dyslexic children. Experimental Brain Research.

Stoodley CJ, Harrison EP, Stein JF (2005b) Implicit motor learning deficits in dyslexic adults. Neuropsychologia.

Stoodley CJ, Fawcett AJ, Nicolson RI, Stein JF, 12/4, 2006; Balancing and pointing tasks in dyslexic and control adults.

Stoodley CJ, Harrison EP, Stein JF. Implicit motor learning deficits in dyslexic adults. Neuropsychologia. 2006;44.

Stoodley CJ, Stein JF. A processing speed deficit in dyslexic adults? Evidence from a peg-moving task. Neurosci Lett. 2006; 399.

Storch, S. A. & Whitehurst, G. J. (2002). Oral language and code-related precursors to reading: Evidence from a longitudinal structural model. Development. Psychology, 38.

Streif J., 2001, www.therapaed.com/entbehrlich.htm#psychotechnik.

Streblow, L. (2004): Zur Förderung der Lesekompetenz. In: Schiefele, U. u. a. (Hrsg.): Struktur, Entwicklung und Förderung von Lesekompetenz. Vertiefende Analysen im Rahmen von PISA 2000. Wiesbaden: vs Verlag für Sozialwissenschaften.

Strehlow, U., Kluge, R., Moller, H., Haffner, J.: Der langfristige Verlauf der Legasthenie über die Schulzeit hinaus: Katamnesen aus einer Kinderpsychiatrischen Ambulanz. Zeitschrift für Kinder und Jugendpsychiatrie, 1992.

Strehlow U. & Haffner J., 2002, Definitionsmöglichkeiten und sich daraus ergebende Häufigkeit der umschriebenen Lese- bzw. Rechtschreibstörung - theoretische Überlegungen und empirische Befunde an einer repräsentativen Stichprobe junger Erwachsener. Zeitschrift für Kinder- und Jugendpsychiatrie und Psychotherapie 30.

Studdert-Kennedy, M. (2002). Deficits in phoneme awareness do not arise from failures in rapid auditory processing. Reading and Writing, 15.

Studdert-Kennedy M, Mody M (1995). Auditory temporal perception deficits in the reading-impaired: a critical review of the evidence. Psychonomic Bulletin and Review 2.

Suchan B, Yágüez L, Wunderlich G, Canavan AGM, Herzog H, Tellmann L, Hömberg V, Seitz RJ (2002) Hemispheric dissociation of visual-pattern processing and visual rotation. Behav Brain Res. 136

Suchodoletz, W. v. Hrsg. (2003). Therapie der Lese-Rechtschreibstörung (LRS) zwischen etablierten und alternativen Angeboten. Stuttgart: Kohlhammer.

Suchodoletz von, W., Alberti A.; Berwanger D., (2004): Sind umschriebene Sprachentwick-lungsstörungen Folge von Defiziten in der auditiven Wahrnehmung? Klinische Pädiatrie, 02.

Swan, D. & Goswami, U. (1997). Phonological Awareness deficits in developmental dyslexia and the phonological representations hypothesis. Journal of Experimental Child Psychology, 66

Swanson H, Saez L (2003). Memory difficulties in children and adults with learning disabilities. In H. Swanson, S. Graham, KR Harris (Eds.), Handbook of learning disabilities, New York: Guildford Press

Swanson HL, Ashbaker MH, Lee C. (1996). Learning disabled readers working memory as a function of processing demands. J. Exp. Child Psychol. 61.

Swanson, H. L. & Sachse-Lee, C. (2000). A meta-analysis of single-subject-design intervention re-search for students with L D. Journal of Learning Disabilities.

Swanson HL., Sachse-Lee C (2001). Mathematical problem solving and working memory in children with learning disabilities: Both executive and phonological processes are important. J. Exp. Child Psychol. 79.

Swanson H, Saez L (2003). Memory difficulties in children and adults with learning disabilities. In H.Swanson, S. Graham, KR Harris (Eds.), Handbook of learning disabilities, New York: Guildford Press.

Swanson HL, Beebe-Frankenberger M (2004). The relationship between working memory and mathe-matical problem solving in children at risk and not at risk for math disabilities. J. Educ. Psychol. 96.

Tacke, G., Nock, H., Staiber, W.: Rechtschreibförderkurse in der Schule: Wie erfolgreich sind sie, und welche Faktoren tragen zu Leistungsverbesserungen bei? Zeitschrift für Päd. Psychologie, 1, 1987.

Tacke, G., Wörner, R., Schultheiss, G., Brezing, H.: Die Auswirkung rhythmisch-syllabierenden Mitsprechens auf die Rechtschreibleistung. Zeitschrift für Pädagogische Psychologie 7, 1993.

Tacke, G. (1999a). Schulische und häusliche Leseförderung: Empirische Befunde und Förderpro-gramme. Kindheit und Entwicklung, 8 (3).

Tacke, G. (1999b). Flüssig lesen lernen. Donauwörth: Auer.

Tallal, P., & Piercy, M. (1973). Defects of non-verbal auditory perception in children with develop-mental aphasia. Nature, 241(5390).

Tallal, P. (1980). Auditory temporal perception, phonics, and reading disabilities in children. Brain and Language, 9.

Tallal, P., & Stark, R. E. (1981). Speech acoustic-cue discrimination abilities of normally developing and language-impaired children. Journal of the Acoustic Society of America, 69.

Tallal, P., Stark, R. and Mellits, D. 1985: Identification of language-impaired children on the basis of rapid perception and production skills. Brain andLanguage 25.

Tallal et al., 1993; Temple, E., et al., Neural deficits in children with dyslexia ameliorated by behav-ioral remediation: Evidence from MRI. Proc Natl Acad Sci U S A, 2003. 100(5) Elise Temple, Gayle K. Deutsch, R. Poldrack, Steven Miller, Paula Tallal,, Michael Merzenich, John Gabrieli San Francisco.

Tallal, P., Miller, S.L., Bedi, G., Byma, G., Wang, X., Nagarajan, S.S., Schreiner, C., Jenkins, W.M. & Merzenich, M.M. (1996). Language comprehension in language learning impaired children improved with acoustically modified speech. Science, 271.

Tallal, P., Merzenich, M. M., Miller, S., & Jenkins, W. (1998). Language learning impairments: Integrating basic science, technology, and remediation. Experimental Brain Research, 123(1-2).

Tallal, P. (2004). Improving language and literacy is a matter of time. Nature Reviews Neuroscience, 5.

Tallal 2006, Implicity, Children of the Code and Learning 1st Productions, www.childrenofthecode.org/interviews/tallal.htm.

Taub E, Uswatte G, Pidikiti R (1999): Constraint-Induced Movement Therapy: a New Family of Techniques with Broad Application to Physical Rehabilitation - a Clinical Review. J. Rehabil Research & Development: 36(3).

Taub, E., Uswatte, G. & Elbert, T. (2002) New treatments in neurorehabilitation founded on basic research. Nat Rev Neurosci, 3.

Telfeian AE, Berqvist C, Danielak C, Simon SL, Duhaime AC.; Recovery of language after left hemispherectomy in a sixteen-year-old girl with late-onset seizures. Pediatr. Neurosurg., 37(1), 2002.

Temple E., Deutsch G. K., Poldrack RA., Miller SL., Tallal P., Merzenich M., et al. (2003). Neural deficits in children with dyslexia ameliorated by behavioral remediation: evidence from functional MRI. Proceedings of the National Academy of Science, 100.

Tewes, U., Rossmann, P. & Schallberger, U.: Hamburg-Wechsler-Intelligenztest für Kinder (HAWIK-III). Hans Huber, Bern 2000.

Tewes, U., Steffen, U. & Warnke, F. (2003). Automatisierungsstörungen als Ursache von Lernproblemen. Forum Logopädie, 1/2003.

Thelen, T. Schrift ist berechenbar. In: Röber-Siekmeyer, C. / Tohpinke, D. (Hrsg.). Schrifterwerbskonzepte zwischen Pädagogik u. Sprachwissenschaft. Baltmannsweiler: Schneider Hohengehren 2002.

Thomson J. M., Fryer, B.; Maltby, J.; Goswami, U.; 2006; Auditory and Motor Rhythm Awareness in Adults with Dyslexia; Journal of Research in Reading 29-3, Blackwell Publishing.

Tomatis A. (1987) Die Lateralität. Der Klang des Lebens. Rowohlt, Hamburg.

Tophinke D., 2002. Die lautlich-segmentale Analyse des Gesprochenen und ihre Forcierung im Schrifterwerb. In: Schrifterwerbskonzepte zwischen Sprachwissen-schaft und Pädagogik. Röber-Siekmeyer, Christa & Tophinke, Doris (eds.). Balt-mannsweiler: Schneider.

Tophinke D. & Röber-Siekmeyer C. (Hrsg.). (2002). Schärfungsschreibung im Fokus: Zur schriftlichen Repräsentation sprachlicher Strukturen im Spannungsfeld von Sprachwissenschaft und Didaktik. Baltmannsweiler: Schneider Verlag Hohengehren.

Tophinke D., (2002): Sprachförderung im Kindergarten – Julia, Elena und Fatih entdecken gemeinsam die deutsche Sprache. Materialien und praktische Anleitung. Beltz Verlag, Weinheim, Basel, Berlin.

Uttenweiler, V. (1996). Diagnostik zentraler Hörstörungen, auditiver Wahrnehmungs- und Verarbeitungsstörungen. Sprache-Stimme-Gehör 20 und www.kize.de/5-downloads/publikation10.pdf.

Valdois, S., Bosse, M.L., Ans, B., Carbonnel, S., Zorman, M., David, D. & Pellat, J. (2003). Phonological and visual processing deficits can dissociate in developmental dyslexia: Evidence from two case studies. Reading and Writing: An Interdisciplinary Journal, 16.

Valtin, R. (2000). Die Theorie der kognitiven Klarheit – Das neue Verständnis von Lese-Rechtschreibschwierigkeiten. In: B. Ganser (Hrsg.). Lese-Rechtschreib-Schwierigkeiten – Diagnose – Förderung – Materialien. Donauwörth.

van Bon, W.H.J. (1994). Remediation of reading problems: Effects of training at word and sub-word levels. In: E.M.H. Assink (Ed.). Literacy and social context. New York: Harvester Wheatsheaf.

van den Bosch L. (1991). Schaal Vorderingen in Spellingvaardigheid. Arnhem: Cito.

van den Bosch, A., Weijters, A., Van den Herik, H. J., & Daelemans, W. 1995. The profit of learning exceptions. Pages 118--126 of: Proceedings of the 5th Belgian-Dutch Conference on Machine Learning, benelearn'95. http://citeseer.ist.psu.edu/article/vandenbosch95profit.html.

van der Lely, H.K. & Howard, D. (1993). Children with specific language impairment: Linguistic impairment or short-term memory deficit. Journ. of Speech and Hearing 36.

van Dijk, I., van Oers, B. & Terwel, J. (2003). Providing or designing? Constructing models in primary maths education. Learning and Instruction, 13.

Vargas & Camilli, (1999). Meta-analysis of research on sensory integration treatment. Am J Occup Ther 1999, 53.

Velay J.L; Daffaure, V; Giraud, K; Habib, M (2002), Interhemispheric sensorimotor integration in pointing movements: a study on dyslexic adults, Neuropsychologia, 40,7.

Vicari S, Finzi A, Menghini D, Marotta L, Baldi S, Petrosini L. Do children with developmental dyslexia have an implicit learning deficit? J Neurol Neurosurg Psychiatry. 2005;76 (10).

Viholainen H, Ahonen T, Cantell M, Lyytinen P, Lyytinen H. (2002) Development of early motor skills and language in children at risk for familial dyslexia. Dev Med Child Neurol 44.

Waber D, Weiler MD, Bellinger DC, Marcus DJ, Forbes PW, Wypij D, Wolff PH, Diminished motor timing control in children referred for diagnosis of learning problems. Dev Neuropsychol. 2000; 17(2).

Wagner, R. /Torgesen, J. (1987): The nature of phonological processing and its causal role in the acquisition of reading skills. In: Psychological Bulletin, 101.

Wagner, R. K., Torgesen, J. K., Rashotte, C. A., Hecht, S. A., Barker, T. A., Burgess, S. R., Donahue, J., & Garon, T. (1997). Changing relations between phonological processing abilities and word-level reading as children develope from beginning to skilled readers: A 5-year longitudinal study. Developmental Psychology, 33.

Wagner, R. K., Torgesen, J. K., & Rashotte, C. A. (1999). Comprehensive test of phonological processing. Austin, TX: PRO-ED.

Walley A, Metsala J, Garlock V (2003), "Spoken vocabulary growth: Its role in the development of phoneme awareness and early reading ability", Reading and writing, 16.

Walker B., Edu-Kinestetik - ein pädagogischer Heilsweg?, 2004 Tectum Verlag.

Walter et al. 1997. Welche Effekte bringt das zusätzliche Einbinden von Lautgebärden für den Leseunterricht bei Förderschülern? Ergebnisse erster experimenteller Untersuchungen. Heilpädagogische Forschung 4.

Walter, J. (2001). Förderung bei Leseschwäche und Rechtschreibschwäche. Göttingen: Hogrefe.

Warnke, A. et al., Legasthenie - Leitfaden für die Praxis, Hogrefe Verlag Göttingen 2002.

Warnke, A. & Roth, E. (2000). Umschriebene Lese- und Rechtschreibstörung. In F. Petermann (Hrsg.), Lehrbuch der klinischen Kinder- und Jugendlichenpsychotherapie. Göttingen: Hogrefe.

Warnke, F. (1995a). Was Hänschen nicht hört...Elternratgeber Lese-Rechtschreib-Schwäche. Freiburg i. B.: Verlag für angewandte Kinesiologie.

Warnke, F. (1995b). Der Takt des Gehirns. Wie Sie Informationen schneller verarbeiten. Freiburg i. B.: Verlag für angewandte Kinesiologie.

Warnke, F. (1996). Screeningverfahren zur Überprüfung der zentralen Hörverarbeitung. Theorie und Praxis 3.

Warrick, N., Rubin, H. and Rowe-Walsh, S., 1993, Phoneme awareness in language-delayed children: comparative studies and intervention. Annals of Dyslexia, 43.

Watson, B. U.: Auditory temporal acuity in normally achieving and learning-disabled college students. Journal of Speech and Hearing Research 35 (1992).

Wechsler, D. (1964). Die Messung der Intelligenz Erwachsener (3. Aufl.). Bern: Huber.

v. Wedel, H. et al.: „Anamnesebogen zur Erfassung zentral – auditiver Verarbeitungs- und Wahrneh-mungsstörungen (AVWS)"; Klinik und Poliklinik für HNO- Heilkunde der Universität zu Köln, Audi-ologie und Pädaudiologie.

Wehrmann M., 2003, Qualitative Diagnostik von Rechenschwierigkeiten im Grundlagenbereich Arith-metik, Berlin Köster.

Weidenmann, B. (1997). Multicodierung und Multimodalität im Lernprozess. In Issing, L. J. & Klimsa, P. (Hrsg.), Informationen und Lernen mit Multimedia. Weinheim: Beltz.

Weinert, S. (1994). Interventionsforschung und Interventionspraxis bei dysphasisch sprachgestörten Kindern. In Grimm, H. & Weinert, S. (Hrsg.). Intervention bei sprachgestörten Kindern: Voraus-setzungen, Möglichkeiten und Grenzen (S.33-57). Stuttgart: Fischer.

Weinert, S. (1996). Prosodie – Gedächtnis – Geschwindigkeit: Eine vergleichende Studie zu Sprachver-arbeitungsdefiziten dysphasisch-sprachgestörter Kinder. Sprache & Kognition 1-2.

Weinert S., 2002: Therapie bei Sprachentwicklungsstörungen. Forschung und Praxis. In: Suchodoletz, Waldemar von (Hrsg.): Therapie von Sprachentwicklungsstörungen. Stuttgart: Kohlhammer.

Weismer, S. E. (1993). Perceptual and cognitive deficits in children with specific language impair-ment: Implications for diagnosis and intervention. In H. Grimm, H. Skowronek (Eds.), Language acquisition problems and reading disorders: Aspects of diagnosis and intervention. New York: de Gruyter

Weismer, S., Hesketh, L. J. (1998): The Impact of Emphatic Stress on Novel Word Learning by Chil-dren with Specific Language Impairment. Journal of Speech, Language, and Hearing Research 41

Weiß, R.H.: Grundintelligenztest Skala 2 (CFT 20). Hogrefe, Göttingen 1998.

Weiss, S. (1997). EEG-Kohärenz und Sprachverarbeitung: Die funktionelle Verkopplung von Gehirnre-gionen während der Verarbeitung unterschiedlicher Nomina. In: G. Rickheit (Hrsg.). Studien zur Klinischen Linguistik - Modelle, Methoden, Intervention. Opladen: Westdeutscher Verlag

Weissenborn, J. (2000) Der Erwerb von Morphologie und Syntax. In H. Grimm (ed.) Enzyklopädie der Psychologie, Band 3: Sprachentwicklung. Göttingen: Hogrefe.

Weltgesundheitsorganisation (1992). Internationale Klassifikation psychischer Störungen. Verlag Hans Huber, Bern.

Wentink W., van Bon W., Schreuder R. (1997). Training of poor readers. phonological decoding skills: Evidence for syllable-bound processing. Reading and Writing: An Interdisciplinary Journal, 9.

Werth R., Legasthenie und andere Lesestörungen - wie man sie erkennt und behandelt, Verlag C.H. Beck, München, 2. aktualisierte Auflage 2003.

Wickelgren W. (1965). Short-term memory for phonemically similar lists. American Journal of Psy-chology, 78

Widmann A., Kujala T., Tervaniemi M., Kujala A., Schröger E., (2004). From symbols to sounds: Visual symbolic information activates sound representations. Psychophysiology, 41.

Wiese R. (1988). Silbische und lexikalische Phonologie. Tübingen: Niemeyer.

Wiese R. (1990). Über die Interaktion von Morphologie und Phonologie – Reduplikation im Deutschen. Zeitschrift für Phonetik, Sprachwissenschaft und Kommunikations-forschung, 43.

Wiese R. (1991). Was ist extrasilbisch im Deutschen und warum? Zeitschrift für Sprach-wissenschaft, 10, 1. Wiese, R. (1995). The Phonology of German. Oxford: Oxford University Press.

Wiese R. (1996): The Phonology of German. Oxford: Oxford University Press 1996

Wiese R. (2000): The Phonology of German. Oxford.

Wieser, B. (2002). Lesen lernen um sprechen zu lernen. www.down-syndrom.at/foerd/foerderung.htm

Wilson, K., Swanson, H. (2001). Are mathematic disabilities due to a domain-general or a domain-specific working memory deficit? Journal of Learning Disabilities, 34 (3).

Wimmer, H. & Hartl, M., (1991): Erprobung einer phonologisch, multisensorischen Förderung bei jungen Schülern mit Lese-Rechtschreibschwierigkeiten. Heilpädagogische Forschung 17.

Wimmer, H. (1996). The nonword reading deficit in developmental dyslexia: Evidence from children learning to read German. Journal of Experimental Child Psychology, 61(1).

Wimmer, H. & Landerl, K. (1998). Lese-Rechtschreib-Schwächen. In D. H. Rost (Hg.), Handwörterbuch Pädagogische Psychologie. Weinheim: Beltz Psychologie Verlags Union.

Wimmer, H., Mayringer, H. & Landerl, K. (2000). The double-deficit hypothesis and difficulties in learning to read a regular orthography. Journal of Educational Psychology, 92(4).

Wimmer, H., & Landerl, K. (2001). Lese-Rechtschreib-Schwächen. In D. H. Rost (Hrsg.), Handwörterbuch Pädagogische Psychologie (S. 442-449). Weinheim: Beltz.

Witton C, Talcott JB, Hansen PC, Richardson AJ, Griffiths TD, Rees A, Stein JF, Green GG (1998). Sensitivity to dynamic auditory and visual stimuli predicts nonword reading ability in both dyslexic and normal readers. Current Biology 8.

Wohlleben, B., Untersuchung der auditiven Verarbeitung und Wahrnehmung bei Schulkindern der 2. und 3. Klassenstufe, Dissertation, Freie Universität Berlin, Fachbereich Humanmedizin, 2004.

Wolf, M., Bowers, P. & Biddle, K. (2000). Naming-speed processes, timing, and reading: a conceptual review. Journal of Learning Disabilities, 33.

Wolf, M., Katzir-Cohen, T. (2001). Reading fluency and its intervention. Scientific Studies of Reading, 5.

Wolfe V, Presley C, Mesaris J., The importance of sound identification training in phonological intervention. Am J Speech Lang Pathol. 2003,12(3).

Wolff, P. H., (2002), Timing precision and rhythm in developmental dyslexia Journal Reading and Writing, Springer Netherlands, Volume 15, Numbers 1-2.

Wright, B., Lombardino, L., King, W., Puranik, C., Leonard, C. and Merzenich, M. 1997: Deficits in auditory temporal and spectral resolution in language-impaired children. Nature 387.

Wurm-Dinse, U. & Esser, G. (2003). Hörstörungen bei Kindern und deren Auswirkungen. In A. Schick, M. Klatte, M. Meis & C. Nocke (Hrsg.), Beiträge zur Psychologischen Akustik. Ergebnisse des 9. Oldenburger Symposiums zur Psychologischen Akustik: Hören in Schulen. Oldenburg: BIS.

Yu, S. (1992). Unterspezifikation in der Phonologie des Deutschen. Tübingen: Niemeyer.

Quellennachweis Abbildungen:

Sämtliche **Fotografien** wurden durch die Autorinnen bearbeitet. Die Ausgangsmaterialien wurden freundlicherweise von der Wikimedia Commons zur Verfügung gestellt.

Die abgebildeten **Sonagramme** wurden von den Autorinnen erstellt.

Sämtliche **Illustrationen** wurden von den Autorinnen angefertigt. Die Ausgangsmaterialien wurden freundlicherweise von der Open Clip Art Library zur Verfügung gestellt.

Stichwortverzeichnis